Grundlagen der Wirtschaftswissenschaften

Teil 4 Mikroökonomie

Haushalt · Unternehmen · Markt
Wettbewerb
Konzentration

Ein Lehr- und Arbeitsbuch
von
Uwe Taenzer, Paderborn
Hans-Gert Braun, Stuttgart

Ernst Klett Stuttgart

Vorbemerkungen

Mit diesem vierten Teil der „Grundlagen der Wirtschaftswissenschaften" wurde das Gesamtwerk abgeschlossen. Es umfaßt somit:

Teil 1 *Einführung*
Wirtschaftliche Grundtatbestände
Wirtschaftssysteme
Wirtschaftskreislauf

Teil 2 *Geld und Kredit*
Geldfunktion
Geldpolitik
Inflation

Teil 3 *Makroökonomie*
Volkswirtschaftliche Gesamtrechnung
Konjunktur
Konjunkturpolitik

Teil 4 *Mikroökonomie*
Haushalt · Unternehmen · Markt
Wettbewerb
Konzentration

Teil 4 setzt die Begriffe und Zusammenhänge, die in den vorangegangenen Teilen behandelt wurden, als bekannt voraus. Er bietet eine Analyse der Haushalte, Unternehmen und Märkte auf der Grundlage der Wert-, Haushalts-, Produktions- und Preistheorien. Anschließend erfolgt eine Analyse des Wettbewerbs und der Konzentrationserscheinungen auf der Grundlage der Wettbewerbstheorie und der Wettbewerbspolitik.

Es schrieben:
Hans-Gert Braun: Hauptabschnitte 1–3,
Uwe Taenzer: Hauptabschnitte 4–6.

1. Auflage 1 5 4 3 2 1 | 1983 82 81 80 79

Alle Drucke dieser Auflage können im Unterricht nebeneinander benutzt werden. Die letzte Zahl bezeichnet das Jahr dieses Druckes.

Druck: Gutmann & Co., Heilbronn.
ISBN 3-12-885400-9

Inhaltsverzeichnis

Hinweise zur Benutzung des Lehr- und Arbeitsbuches

Lernziele. Jedem Abschnitt sind Lernziele vorangestellt, die nach dem Durcharbeiten der sich daran anschließenden Ausführungen erreicht sein sollen.

Kontroverses Prinzip. In den *Texten,* die meistens im Anschluß an die Ausführungen zu finden sind, wird zu grundlegenden Problemen in der Regel kontrovers Stellung genommen. Diese Texte sollen der Problematisierung und der Vertiefung wesentlicher wirtschaftlicher Grundtatbestände dienen, die zur Erarbeitung der Lernziele erforderlich sind.[1] *Kontroverse* Texte wurden gewählt, um deutlich zu machen, daß Wissenschaft ein Prozeß ist, der durch Kontroversen vorangetrieben wird, und daß verschiedene politische und ideologische Einstellungen gerade in den Wirtschaftswissenschaften zu unterschiedlichen Ergebnissen und Ansichten führen können. Die Benutzer des Buches sollen dadurch zu selbständigem Denken und eigener Urteilsfindung in wirtschaftlichen Fragen angeregt werden. Damit soll auch ein Beitrag zur politischen Bildung geleistet werden.

Wissenschaftspropädeutik. Das Werk ist so angelegt, daß seine Benutzer an wissenschaftspropädeutisches Arbeiten herangeführt werden, wozu in besonderem Maße Hinweise auf die wissenschaftliche Literatur beitragen sollen. Diese Hinweise innerhalb der Ausführungen und im Anschluß an einzelne Hauptabschnitte sind zur vertiefenden Auseinandersetzung mit der jeweiligen Problematik gedacht.

Übungen. An jeden Abschnitt schließen sich Übungen an, die in erster Linie die jeweils erarbeiteten Lerninhalte festigen sollen. Sie dienen jedoch nicht nur dem Zweck, Sachwissen und Erkenntnisse zu vertiefen, sondern gestatten es auch, Arbeitstechniken einzuüben.

Testaufgaben. Sie befinden sich am Ende eines jeden Hauptabschnittes und sollen die Selbstkontrolle ermöglichen. Dadurch kann jeder selbst feststellen, ob und inwieweit die vorgegebenen Lernziele erreicht worden sind. Die *Lösungen* zu den Testaufgaben finden sich zusammengefaßt am Schluß des Buches. Die in der jeweiligen Lösungsmatrix angekreuzten Buchstaben bei den einzelnen Testaufgaben markieren die richtigen Antworten. Bei den Aufgaben können auch mehrere – sogar alle – Antworten richtig sein.

Register und Erläuterungen. Neben dem Sach- und Namensverzeichnis enthält das Register auch Erläuterungen. Begriffe, die in den Darstellungs- oder Textteilen nur erwähnt und mit einem Stern gekennzeichnet sind, werden im Register erläutert oder haben dort Hinweise auf Stellen, wo sie erklärt werden.

Abbildungen. Die Darstellung wird häufig durch Abbildungen veranschaulicht. Diese sind wie folgt gekennzeichnet: Die Zahl vor dem Komma weist auf die Seite des Buches und die Zahl nach dem Komma auf die Reihenfolge der Abbildungen auf der entsprechenden Seite hin.

---

1 In einigen der zitierten Texte sind Verstöße gegen Stil und Grammatik festzustellen. Zitate können jedoch nicht korrigiert werden, und es wurde bewußt darauf verzichtet, nur stilistisch einwandfreie Texte zu verwenden. Anmerkungen der Verfasser sind mit „H.-G. B." (Hans-Gert Braun) oder „U. T." (Uwe Taenzer) gekennzeichnet, um Verwechslungen mit Autoren der zitierten Texte zu vermeiden.

1 Wertlehre

1.1 Drei Ansätze einer Wertlehre

- Drei Ansätze einer Wertlehre unterscheiden können.
- Die Fragestellungen der drei Arten von Wertlehren erläutern können.

Im 19. Jahrhundert und zu Beginn des 20. Jahrhunderts war die Wertlehre das zentrale Thema der Nationalökonomie. Sie hatte zum Ziel, den Wert von Gütern zu bestimmen. Obwohl hinsichtlich dieser praktischen Fragestellung Einhelligkeit bestand, haben sich drei verschiedene Ausrichtungen der Wertlehre entwickelt. Sie unterscheiden sich in der grundsätzlichen Auffassung darüber, was den Wert eines Gutes ausmacht. Da der Wert eines Gutes keine physikalische Eigenschaft ist, die man nur feststellen muß, kann es einen Wert an sich nicht geben. Es muß deshalb zunächst einmal geklärt werden, was man unter dem Wert eines Gutes verstehen kann. Man braucht, will man den Wert eines Gutes messen, einen Maßstab. Die drei klassischen Ausrichtungen der Wertlehre unterscheiden sich vor allem dadurch, daß sie jeweils einen anderen Maßstab zur Messung des Wertes verwenden.

Der Wert eines Gutes läßt sich bestimmen mit Hilfe der Güter, die zur Produktion des betreffenden Gutes aufgewendet werden müssen. Dies ist der Ansatz der Vertreter der *objektivistischen Wertlehre*. Sie waren der Auffassung, daß die Wertlehre eine Lehre von den produktiven Faktoren zu sein habe. Da aber wiederum unterschiedliche Auffassungen darüber bestehen können und bestanden haben, was als Produktionsfaktor gelten soll, hat es auch unterschiedliche Ausrichtungen innerhalb der objektivistischen Wertlehre gegeben. Maßstab des Wertes eines Gutes sind aber – beim objektivistischen Ansatz – immer Mengen anderer Güter, die in das betreffende Gut eingegangen sind.

Mit dem Begriff der *subjektivistischen Wertlehre* werden üblicherweise zwei Theoriekomplexe bezeichnet: die Nutzentheorie und die Preistheorie. Beide arbeiten mit verschiedenen Wertbegriffen und sollten deshalb sorgfältig unterschieden werden. Die *Nutzentheorie* fragt nach dem Wert, den ein Gut für ein Individuum, eine Gruppe oder für die Gesellschaft hat. Er richtet sich danach, welche Bedürfnisse das Gut befriedigen kann. Es ist plausibel, daß einzelne Individuen einem bestimmten Gut subjektiv einen anderen Wert beimessen als andere Individuen und daß sich dieser Wert laufend ändern kann. Der Nutzen ist innerhalb dieser Theorie unabhängig vom objektivistischen Wert des Gutes (Produktionskosten); er ist auch unabhängig davon, welchen Nutzen das Gut für andere Personen als die, die den Wert bestimmen, hat. Maßstab dieses Wertes ist demnach der individuelle Nutzen, d. h. der Grad, in dem das betreffende Gut individuelle Bedürfnisse befriedigen kann. Da man aber den Grad der Bedürfnisbefriedigung und damit den Nutzen des Gutes nicht unmittelbar messen kann, begnügt man sich mit einem indirekten Maßstab. Man mißt den Nutzen eines Gutes anhand der Güter, auf die das betreffende Individuum zugunsten des Gutes zu verzichten bereit ist. Deren Wert kann z. B. in Form eines bestimmten Geldbetrages, der notwendig ist, um das Gut zu erwerben, ausgedrückt sein („willingness to pay"). Dieser Geldbetrag ist dann ein indirektes Maß des individuellen Nutzens und damit des subjektiven Wertes.

Der dritte Ansatz der Wertlehre, die *Preistheorie*, basiert auf der Nutzentheorie. Geht man von einem bestimmten Gut aus und davon, daß verschiedene Individuen außer dem derzeitigen Eigentümer das Gut besitzen möchten, dann ist zu erwarten, daß jedes dieser Individuen dem Gut einen subjektiven Wert in Form eines Geldbetrages beimißt, den es als Interessent für das Gut zu zahlen bereit wäre oder den es als Eigentümer für die Hergabe des Gutes als Entschädigung verlangen würde. Üblicherweise erwirbt oder behält dann derjenige das Gut, der ihm den höchsten subjektiven Wert beimißt, d. h., der den höchsten Kaufpreis bietet oder verlangt. Dieser Kaufpreis verkörpert einen dritten Wertbegriff.[1]

Die verschiedenen subjektiven Werte erfahren eine gewisse Objektivierung, wenn die Individuen in Tausch- oder Kaufbeziehungen zueinander treten. Es ergeben sich *Tauschwerte* oder *Preise*. Tauschwerte ergeben sich in Naturaltauschwirtschaften, wenn Güter gegen Güter und nicht gegen Geld getauscht werden. Ein Preis läßt sich – wie im Falle einer Auktion – ermitteln, indem man die subjektiven Werte aller Individuen, denen ein bestimmtes Gut angeboten wird, erfragt. Das Gut erwirbt der, der ihm den höchsten subjektiven Wert beimißt und entsprechend viel dafür bietet.

Mit der Bestimmung des Wertes im Sinne der Preistheorie befassen sich die Hauptabschnitte 4 und 5. Vorläufig sollen nur die objektivistische Wertlehre und die Nutzentheorie behandelt werden.

Zusammenfassung

Die Wertlehre wurde und wird unter drei verschiedenen Fragestellungen betrieben. Die *objektivistische Wertlehre* faßt Wertlehre als Lehre von den produktiven Faktoren auf. Die *Nutzentheorie* fragt nach dem subjektiven Wert, den Güter für Individuen haben. Die *Preistheorie* (Tauschwertlehre) fragt nach den Bestimmungsgründen der Preise.

Text 1 Karl Muhs:

„Aus dem Erzeugungsvorgang ergibt sich jedoch nicht a priori, daß sein Effekt, das Gut, den Zweck der Bedürfnisbefriedigung zu erfüllen geeignet ist, zumal in der kapitalistischen Warenproduktion, in der Produzenten und Konsumenten grundsätzlich verschieden sind, die Produktion den Bedarf der Märkte zu decken bestimmt ist. In welchem Grade das Gut seiner Bestimmung zu genügen fähig ist, hängt nur zum Teil von der Art und Qualität der Produktion ab, nur zum Teil von der konkreten Arbeit, die in den Gütern verkörpert ist, wird darüber hinaus wesentlich mitbestimmt von den Bedarfsverhältnissen derjenigen Wirtschaften, denen das Gut letztlich dienen soll. Nachdem das Gut die Produktionsstätte verläßt und bevor es in die Konsumtion eingeht, tritt das *nachfragende Subjekt* dem Gute gegenüber; Ware und Bedürfnis werden prüfend in eine Vergleichsbeziehung gestellt; die Eignung des Gutes als Mittel der Bedürfnisbefriedigung im Zusammenhang mit der jeweils gegebenen Dringlichkeit und Konstitution der Bedürfnisse im allgemeinen und des durch das Tauschgut zu befriedigenden Bedürfnisses im besonderen wird Gegenstand der wirtschaftlichen Erwägungen des Subjekts, die schließlich das Gut zum Objekt einer Bewertung, positiven oder negativen, prägen. Wird dem Gute auf Grund seiner substantiellen Eigenschaften eine bestimmte Bedeutung als Mittel der Bedürfnisbefriedigung vom Subjekt zuerkannt, dann ist es Träger eines Wertes.

Die Frage nach der Entstehung des Wertes führt also vom Objekt zu den Subjekten der Tauschhandlung.

---

1 In Text 2 wird die Auffassung vertreten, daß dieser Wertbegriff der eigentliche der Nationalökonomie sei.

Die Güter werden nur dann getauscht und erlangen nur dann Wert, wenn sie in eine Beziehung zu den bedürftigen und begehrenden Subjekten treten. Der Wert ist darum kein Wesensausdruck der Ware, der mit deren Substanz gegeben ist; ‚ein der Ware innerlicher, immanenter Wert ist eine contradictio in adjecto'*. Der Wert beruht vielmehr auf der Funktion des Gutes, nämlich auf seiner Funktion, als Mittel der Bedürfnisbefriedigung zu dienen. Wieder läßt sich erkennen, daß der Wert keine absolute Erscheinung der Ware darstellt, sondern eine Funktion von Subjekt und Objekt, des Inhalts, daß das Gut in seinem materiellen Aufbau als Repräsentant bestimmter Eigenschaften und dadurch als Mittel der wirtschaftlichen Zwecke des Subjektes erkannt und als solches geschätzt wird. *Die Genesis des Wertes liegt darum nicht in der Substanz, sondern in den psychischen Reaktionen der Subjekte auf die substantielle Beschaffenheit des Gutes begründet. Der Wert ist keine Kategorie des Seins*, wie ihn die marxistische Theorie definiert, keine Kategorie der Substanz, *sondern eine Kategorie der Funktionalität.*"

Karl Muhs: Anti-Marx, Band I: Der Produktionsprozeß des Kapitals, Jena (Gustav Fischer) 1927, S. 61 f.

Text 2 Alfred Amonn:

„Während nun der Ausdruck ‚Preis' ziemlich eindeutig in der Bedeutung der im Tauschverkehr für ein wirtschaftliches Gut zu erlangenden oder zu zahlenden Geldsumme gebraucht wird, wird der Ausdruck ‚Wert' vielfach auch noch zur Bezeichnung *anderer* Tatbestände als des Austauschverhältnisses zwischen einem Gut und den anderen Gütern im wirtschaftlichen Verkehr gebraucht, vor allem im *subjektiven* Sinne von ‚Wertung' oder ‚Wertschätzung' eines Gutes seitens eines Wirtschaftssubjektes, ganz unabhängig von seiner Vertauschbarkeit (wenn allerdings *auch* eventuell mit Rücksicht darauf), oder aber, wie man sagt, im Sinne der ‚*Bedeutung*, die einem wirtschaftlichen Gute von einem Wirtschaftssubjekt mit Rücksicht darauf zugeschrieben wird, daß dieses die Befriedigung eines Bedürfnisses oder eine Zweckerreichung von der Verfügung über es als abhängig erkennt' (‚subjektiver Wert' oder ‚Wert im subjektiven Sinne'). Da dieser Tatbestand nun in einer inneren Beziehung steht zu jenem anderen, ebenfalls als ‚Wert' bezeichneten, der regelmäßigen Vertauschbarkeit eines Gutes gegenüber den anderen Gütern, sind *beide* ‚Wert'begriffe in der theoretischen Nationalökonomie von Wichtigkeit und nebeneinander gebräuchlich. Es ist aber zu beachten, daß nur der *eine* von ihnen ein spezifisch *nationalökonomischer*, d. h. einen *nationalökonomischen* Tatbestand ausdrückender Begriff, der andere aber ein *psychologischer*, ein einen *psychischen* Tatbestand ausdrückender Begriff ist.

Das ist wichtig zur Erkenntnis der Eigenart des *nationalökonomischen ‚Wert'problems*. Als ein ‚nationalökonomisches' Problem und mithin als ‚das nationalökonomische Wertproblem' kann nämlich nur die Frage angesehen werden, wodurch und in welcher Weise die regelmäßigen Austauschverhältnisse zwischen den Gütern bestimmt werden, während die Frage, wodurch und in welcher Weise die subjektive Wertschätzung eines Gutes bestimmt wird, ein Problem psychologischer Natur ist. Es handelt sich mithin nicht nur um zwei verschiedene Probleme, sondern um zwei Probleme grundsätzlich *verschiedener* Art. Die Nationalökonomie hat es primär und wesensmäßig nur mit dem ‚Wert'problem im Sinne des Problems der Bestimmtheit der regelmäßigen Austauschverhältnisse zwischen den Gütern zu tun, mit dem *anderen* der Bestimmtheit der subjektiven Wertschätzung nur *subsidiär** und insoweit, als dessen Lösung eine Voraussetzung für die Lösung des einen bildet, was sich erst im Laufe der Untersuchung zeigen kann. Die regelmäßigen Austauschverhältnisse zwischen den wirtschaftlichen Gütern sind natürlich durch das Verhalten der Wirtschaftssubjekte beim Tausch bestimmt, und dieses Verhalten ist seinerseits durch ihre subjektiven Wertschätzungen bestimmt. Insoferne besteht ein notwendiger Zusammenhang zwischen beiden Arten von Problemen, der sich bei der Bildung der Theorie geltend machen muß. Um sie dort in die richtige Beziehung zueinander zu bringen, ist es notwendig, ihre Eigenart und ihr gegenseitiges Verhältnis klar zu erkennen."

Alfred Amonn: Grundzüge der theoretischen Nationalökonomie, Bern (Francke) 1948, S. 19 f.

ÜBUNGEN

1/1 Sind außer den drei Ansätzen der Wertlehre weitere Ansätze denkbar und sinnvoll? Wäre z. B. eine Wertlehre, die den Wert eines Gutes nach dem Energieaufwand bei der Produktion dieses Gutes bestimmt, denkbar und sinnvoll? Wäre dies eine objektivistische Wertlehre? Begründen Sie Ihre Antworten.

1/2 Inwiefern basiert die Preistheorie auf der Nutzentheorie?

1/3 Definieren Sie die den verschiedenen Wertlehren zugrundeliegenden Wertbegriffe, und analysieren Sie deren Beziehung zum Begriff Preis.

1/4 Nehmen Sie Stellung zu Text 1, in dem geleugnet wird, daß eine objektivistische Wertlehre sinnvoll ist.

1/5 Wie definiert Muhs in Text 1 den Wertbegriff? Wie entsteht seiner Meinung nach der Wert?

1/6 Vergleichen Sie Text 2 mit der in diesem Abschnitt vorgenommenen Dreiteilung der Wertlehre.

1/7 Warum kann Amonn in Text 2 bezweifeln, daß der Nutzen eine ökonomische Kategorie ist? Was ist überhaupt das Kriterium dafür, daß etwas ein ökonomischer Tatbestand ist?

1.2 Die Arbeitswertlehre als objektivistische Wertlehre

- Die Entwicklung der Arbeitswertlehre vor Marx zusammenfassen können.
- Die Marxsche Arbeitswertlehre darstellen und als objektivistische Wertlehre interpretieren können.
- Die Begriffe Wert, Gebrauchswert und Tauschwert gegeneinander abgrenzen können.

1.2.1 Die Entwicklung der Arbeitswertlehre vor Marx

Die objektivistische Wertlehre ist eine Lehre von den wertbegründenden Faktoren und somit eine Lehre von den Produktionsfaktoren. Die grundsätzliche Frage, die ihre Vertreter im 18. Jahrhundert (Merkantilismus*, Frühklassik*) zu beantworten versuchten, war die Frage nach den Quellen des „Reichtums der Nationen" (so der Titel des berühmten Buches von Adam Smith, 1756). In der Theoriegeschichte standen sich vor allem zwei Antworten auf diese Frage und damit zwei Ansätze der objektivistischen Wertlehre gegenüber: die Lehre der *physiokratischen* Schule* und die *Arbeitswertlehre*.

Die Vertreter der *physiokratischen Schule* in Frankreich (vor allem François Quesnay und seine Schüler) waren der Auffassung, daß der *Boden* – als Träger der „Wirkkräfte der Natur" – der einzige Produktionsfaktor sei. Damit haben die Physiokraten dem Boden die gesamte Wertschöpfung zugerechnet, sie haben es aber unterlassen, einen konkreten Maßstab zur Messung der Wertschöpfung und damit des Wertes zu entwickeln. An diesem Mangel setzen die Vertreter der Arbeitswertlehre an.

Werner Hofmann schreibt über die Arbeitswertlehre:

„Die Lehre von der wertbildenden Kraft der Arbeit ist so recht die Theorie eines aufstrebenden tätigen ‚Dritten Standes' gewesen. Mit ihr wendet sich das frühe Bürgertum gegen den grundbesitzenden Adel: Ihm wird nachgewiesen, daß er zur Mehrung des Volksreichtums nicht beitrage, sondern von diesem vielmehr in Gestalt der Rente*, eines bloßen Besitz- und Machteinkommens, nutznießend zehre. Die Arbeitswerttheorie tritt auf den Plan als eine gesellschaftliche Kampflehre des arbeitenden Bürgertums gegenüber der Grundaristokratie."[1]

Die *Arbeitswertlehre* wurde zuerst in England entwickelt. John Locke verwandte große Mühe darauf, das Eigentum am Produkt *menschlicher Arbeit* und damit das Privateigentum allgemein aus dem unbestreitbaren Eigentum des Menschen an seiner eigenen Person und ihren Wirkkräften zu begründen. William Petty hat sodann versucht, die menschliche Arbeit auch zum Maßstab des Produktwertes zu machen, indem er die auf ein Produkt verwandte Arbeitszeit zum Wertmaß erhob. Adam Smith und David Ricardo haben die Arbeitswertlehre im Rahmen ihrer Theorien der Politischen Ökonomie* weiterentwickelt.
Vor allem bei Adam Smith vermischen sich aber die Fragestellung der objektivistischen Wertlehre mit der Fragestellung der Nutzentheorie und der einer Tauschwertlehre. Erst David Ricardo leistete hier eine Bereinigung der Wertlehre, aber er entwickelte auf der Basis der Arbeitswertlehre keine objektivistische Wertlehre, sondern eine Tauschwertlehre. Sein grundlegendes Theorem* lautet: „Die Güter tauschen sich im Verhältnis der auf sie verwendeten Arbeit, gemessen an der Zeit." Karl Marx war es schließlich, der die Arbeitswertlehre zu voller Reife brachte und sie zur Grundlage einer objektivistischen Wertlehre machte.

1.2.2 Die Marxsche Arbeitswertlehre

Auch für Karl Marx ist die Wertlehre kein isoliertes Teilgebiet der ökonomischen Theorie mit vorwiegend selbständiger Fragestellung. Vielmehr ist die Wertlehre für ihn die Basis, von der her er den volkswirtschaftlichen Verteilungs- und Reproduktionsprozeß der kapitalistischen Gesellschaft analysiert. Marx' Anliegen war es deshalb auch nicht, den Wert von Gütern schlechthin zu bestimmen, sondern den von *Waren*, d. h. von Gütern, die bei kapitalistischer Produktionsweise auf Märkten gehandelt werden. Wie schon die englischen Klassiker unterscheidet Marx zwischen dem *Gebrauchswert* und dem *Tauschwert* der Ware. Vom Tauschwert als der „Erscheinungsform" des (objektivistischen) *Wertes* geht er dann auf diesen selbst zurück. Während aber Adam Smith den Begriff Gebrauchswert im Sinne des Begriffs Nutzen der Bürgerlichen Ökonomik* verwendet, benutzt ihn Karl Marx im Sinne des Begriffs Gut (vgl. die Zitate, s. u.) der bürgerlichen Ökonomik. Für Marx sind Gebrauchswerte Dinge, die Nutzen stiften.

Karl Marx hat nicht nur eine (objektivistische) *Wertlehre* geschaffen, sondern auch eine *Tauschwert- und Preislehre*. Im Gegensatz zu vielen seiner Vorläufer hat er jedoch die Fragestellungen der objektivistischen Wertlehre, der Tauschwert- oder Preislehre und die der Nutzentheorie säuberlich getrennt. Im folgenden soll vor allem seine objektivistische Wertlehre dargestellt werden. Marx schreibt: „Die Nützlichkeit eines Dings macht es zum Gebrauchswert. . . Gebrauchswerte bilden den stofflichen Inhalt des Reichtums. . . Der Tauschwert erscheint zunächst als das quanti-

1 Werner Hofmann: Wert- und Preislehre, Berlin (Duncker & Humblot) 1964, S. 23.

tative Verhältnis, die Proportion, worin sich Gebrauchswerte einer Art gegen Gebrauchswerte anderer Art austauschen, ein Verhältnis, das beständig mit Zeit und Ort wechselt" (S. 18).[1]

Da sich nun jede Ware gegen eine Vielzahl anderer Waren tauschen läßt, „... folgt daher erstens: Die gültigen Tauschwerte derselben Ware drücken ein Gleiches aus. Zweitens aber: Der Tauschwert kann überhaupt nur die Ausdrucksweise, die ‚Erscheinungsform' eines von ihm unterscheidbaren Gehalts sein...
Sieht man nun vom Gebrauchswert der Warenkörper ab, so bleibt ihnen nur noch eine Eigenschaft, die von *Arbeitsprodukten*. Jedoch ist uns auch das Arbeitsprodukt bereits in der Hand verwandelt. Abstrahieren wir von seinem Gebrauchswert, so abstrahieren wir auch von den körperlichen Bestandteilen und Formen, die es zum Gebrauchswert machen. Es ist nicht länger Tisch oder Haus oder Garn oder sonst ein nützlich Ding. Alle seine sinnlichen Beschaffenheiten sind ausgelöscht. Es ist auch nicht länger das Produkt der Tischlerarbeit oder der Bauarbeit oder der Spinnarbeit oder sonst einer bestimmten produktiven Arbeit. Mit dem nützlichen Charakter der Arbeitsprodukte verschwindet der nützliche Charakter der in ihnen dargestellten Arbeiten, es verschwinden also auch die verschiedenen konkreten Formen dieser Arbeiten, sie unterscheiden sich nicht länger, sondern sind alle zusammen reduziert auf gleiche menschliche Arbeit, *abstrakt* menschliche Arbeit" (S. 19f.)
Sie sind „... eine bloße Gallerte unterschiedsloser menschlicher Arbeit, d. h. der Verausgabung menschlicher Arbeitskraft ohne Rücksicht auf die Form ihrer Verausgabung" (S. 20).
„Ein Gebrauchswert oder Gut hat also nur einen Wert, weil abstrakt menschliche Arbeit in ihm vergegenständlicht oder materialisiert ist. Wie nun die Größe seines Werts messen? Durch das Quantum der in ihm enthaltenen ‚wertbildenden Substanz', der Arbeit. Die Quantität der Arbeit selbst mißt sich an ihrer Zeitdauer, und die Arbeitszeit besitzt wieder ihren Maßstab an bestimmten Zeitteilen wie Stunde, Tag usw." (ebenda).

Marx trifft noch weitere Differenzierungen:

„Es könnte scheinen, daß, wenn der Wert einer Ware durch das während ihrer Produktion verausgabte Arbeitsquantum bestimmt ist, je fauler oder ungeschickter ein Mann, desto wertvoller seine Ware, weil er desto mehr Zeit zu ihrer Verfertigung braucht" (S. 21). Deshalb hat nach Marx' Auffassung nur die *gesellschaftlich notwendige Arbeitszeit* zu zählen. „Gesellschaftlich notwendige Arbeitszeit ist Arbeitszeit, erheischt,[2] um irgendeinen Gebrauchswert mit den vorhandenen gesellschaftlich-normalen Produktionsbedingungen und dem gesellschaftlichen Durchschnittsgrad von Geschick und Intensität der Arbeit darzustellen" (ebenda). Auch *Änderungen der Arbeitsproduktivität* berücksichtigt Marx: „Je größer die Produktivkraft der Arbeit, desto kleiner die zur Herstellung eines Artikels erheischte Arbeitszeit, desto kleiner die in ihm kristallisierte Arbeitsmasse, desto kleiner sein Wert... Die Wertgröße einer Ware wechselt also direkt wie das Quantum und umgekehrt wie die Produktivkraft der sich in ihr verwirklichenden Arbeit" (S. 22). Schließlich ergab sich für Marx die Notwendigkeit, qualitativ unterschiedliche Arbeit in homogene und daher nur noch quantitativ unterschiedliche Arbeit zu übersetzen. Arbeit, die höhere Anforderungen stellt, wird entsprechend als ein Vielfaches „einfacher Durchschnittsarbeit" betrachtet. So bleibt die Einheit des Arbeitsmaßes gewahrt.

Marx ist – wie gesagt – bei dieser objektivistischen Wertlehre nicht stehengeblieben. Vielmehr hat er darauf – in Weiterführung der Theorie David Ricardos – eine Tauschwert- und Preistheo-

---

1 Dieses und die folgenden Marx-Zitate sind zitiert nach Karl Marx: Das Kapital. Kritik der politischen Ökonomie, Band 1: Der Produktionsprozeß des Kapitals, 6. Aufl., Frankfurt am Main, Berlin, Wien (Ullstein) 1969.

2 Erheischen: veraltend für erfordern.

rie aufgebaut. Diese ist in seinem sogenannten „*Wertgesetz*“ enthalten, das seiner Auffassung nach dem Warenaustausch immanent ist. Es besagt, daß sich die Waren untereinander nach dem Verhältnis der in ihnen verkörperten gesellschaftlich notwendigen Arbeitszeit austauschen. Andere Marxsche Formulierungen desselben Gesetzes besagen, daß sich die Waren zu ihren Werten austauschen, oder, daß es sich um den „Austausch von Äquivalenten“ (S. 137) handelt. Marx räumt ein, daß auch Preise zustandekommen können, die vom Wert abweichen. Aber: Diese „beständigen Oszillationen* der Marktpreise, ihr Steigen und Sinken, kompensieren sich, heben sich wechselseitig auf und reduzieren sich selbst zum Durchschnittspreis als ihrer inneren Regel“ (S. 137) – behauptet er. „Waren können zwar zu Preisen verkauft werden, die von ihren Werten abweichen, aber diese Abweichung erscheint als Verletzung des Gesetzes des Warenaustausches!“ (S. 130).

Marx' Wertlehre, insbesondere aber seine Tauschwert- und Preislehre, sind immer wieder heftig kritisiert worden (vgl. Texte 1 und 3). Ein Teil dieser Kritik ist berechtigt, ein Teil beruht aber auf Mißverständnissen oder ist unzutreffend, wie z. B. W. Hofmann[1] gezeigt hat.

Joseph A. Schumpeter hat ein ausgewogenes Urteil über die Arbeitswertlehre von Marx als Tauschwertlehre abgegeben, wenn er schreibt: „Jedermann weiß, daß diese Werttheorie unbefriedigend ist. In der umfangreichen Diskussion, die sich darüber entsponnen hat, war das Recht bestimmt nicht nur auf einer Seite, und viele fehlerhafte Argumente sind von ihren Gegnern verwendet worden. Der wesentliche Punkt ist nicht der, ob die Arbeit die wahre Quelle oder Ursache des wirtschaftlichen Wertes ist. Diese Frage mag von vordringlichem Interesse für Sozialphilosophen sein, die daraus ethische Ansprüche auf das Produkt ableiten wollen und Marx selbst war selbstverständlich dieser Seite des Problems gegenüber nicht gleichgültig. Für die Wirtschaftstheorie als eine positive Wissenschaft* jedoch, die tatsächliche Vorgänge zu beschreiben oder zu erklären hat, ist es viel wichtiger zu fragen, wie die Arbeitswerttheorie als analytisches Werkzeug funktioniert; und der wirkliche Kummer ist, daß sie dies sehr schlecht tut. Erstens funktioniert sie überhaupt nicht außerhalb des Falls der vollkommenen Konkurrenz (zum Begriff der vollkommenen Konkurrenz vgl. Hauptabschnitt 4, H.-G. B.). Zweitens funktioniert sie selbst bei vollkommener Konkurrenz nie reibungslos, außer wenn die Arbeit der einzige Produktionsfaktor ist.“[2]

---

1 Werner Hofmann: Wert- und Preislehre, a. a. O., S. 105.

2 Joseph A. Schumpeter: Kapitalismus, Sozialismus und Demokratie, 2. Aufl., München (Lehner) 1950, S. 47.

Zusammenfassung

Die *objektivistischen Wertlehren* sind vor allem in Form der *Arbeitswertlehre* von Bedeutung. Die Arbeitswertlehre war bei den englischen Klassikern die herrschende Lehre von den produktiven Faktoren. Ihren höchsten Reifegrad als objektivistische Wertlehre erhielt die Arbeitswertlehre durch Karl Marx. Die Marxsche Wertlehre basiert auf einer sorgfältigen Unterscheidung der Begriffe *Wert*, *Tauschwert* und *Gebrauchswert*.

Der Inhalt der Marxschen Wertlehre läßt sich folgendermaßen zusammenfassen:

„1. Der Gebrauchswert beruht auf der Nützlichkeit der Ware, die durch deren *materielle* Eigenschaften bestimmt ist.
2. Der Tauschwert ist das *quantitative Verhältnis*, in dem Gebrauchswerte verschiedener Art sich austauschen.
3. Der Warenaustausch vollzieht sich nach dem *Prinzip der Äquivalenz*.
4. Der Tauschwert bemißt sich nach dem in der Ware verkörperten *Arbeitsquantum*.
5. Die in der Ware materialisierte Arbeit stellt menschliche Arbeit schlechthin, *abstrakte Arbeit* dar.
6. Die Wertgröße bewegt sich entgegengesetzt der Produktivkraft der Arbeit.
7. Die wertbildende Arbeit wird gemessen an der *gesellschaftlich notwendigen Arbeitszeit*."[1]

Text 3 Karl Muhs:

„Der marxistische Wert beruht auf der Annahme, daß *Produktion und Wertbildung zusammenfallen*, daß der Wert sich als Effekt des technischen Produktionsvorganges unmittelbar kristallisiert, die Sphäre der Gütererzeugung zugleich die Sphäre der Werterzeugung ist. Ist der Tauschwert eine Funktion (im mathematischen Sinne) der Produktion, oder enger gefaßt, eine Funktion der Arbeit, dann ist er, wie der marxistische Gebrauchswert, eine der Ware ursprüngliche Größe, ein konstitutives Wesensmerkmal der Ware. Es folgt, daß Waren mit gegebenem Arbeitsgehalt bei gegebener Produktivkraft der Arbeit von konstantem Wertmaß sind, unabhängig von Zeit und Ort, unabhängig von allen Faktoren außerhalb des Bereiches der Produktion. Vergleicht man nun diese Konsequenz aus der Bindung des Warenwertes an den Arbeitsgehalt mit der Bewegung der Werte in der Wirklichkeit des ökonomischen Lebens, dann läßt sich erkennen, daß die Werte keineswegs jene Konstanz aufweisen, die aus der Konstanz des Arbeitsquantums, das in den Waren verkörpert ist, resultieren müßte. Im Gegenteil, die Wertkurve der Waren ist in der kapitalistischen Verkehrswirtschaft auf Grund der Verwurzelung aller Tauschtransaktionen mit den Angebots- und Bedarfsverhältnissen der nationalen und internationalen Märkte ständigen Veränderungen unterworfen; auch unter der Voraussetzung einer konstanten Produktivkraft der Arbeit ist ein konstanter absoluter Warenwert eine Fiktion, eine theoretische Spekulation, die in der ökonomischen Tatsächlichkeit keinerlei Bestätigung findet. Marx selbst verweist auf diese Grundtatsache des Warenverkehrs, indem er den Tauschwert als ein ‚Verhältnis von Gebrauchswerten' bezeichnet, ‚das beständig mit Zeit und Ort wechselt'.

Mit diesem Anerkenntnis aber setzt sich Marx in *Widerspruch* zu dem Grundsatz seiner Wertauffassung. Es ist dargelegt worden, daß die kausale Bindung des Wertes an den Arbeitsgehalt des Produktes seine Emanzipation von allen Einflüssen außerhalb des Warenkörpers bedeutet. Wird nun die Wertbewegung von Faktoren mitbestimmt, die außerhalb der Produktion wirken und aus den allgemeinen örtlichen und zeitlichen Verhältnissen der gesellschaftlichen Wirtschaft resultieren, dann ist auch die Ursache des Wertes nicht mehr ausschließlich auf die Arbeit zurückzuführen, ist vielmehr jenen Faktoren, die auf die Wertbewegung einwirken, ebenfalls Kausalqualität zuzuerkennen. Indem Marx die *Relativität* des Wertes betont, verneint er die Arbeitsbedingtheit der Wertgenesis."

Karl Muhs: Anti-Marx, Band I: Der Produktionsprozeß des Kapitals, a. a. O., S. 60.

1 Karl Muhs: Anti-Marx, Band I: Der Produktionsprozeß des Kapitals, a. a. O., S. 53.

ÜBUNGEN

1/8 Vergleichen Sie Arbeitswertlehre und objektivistische Wertlehre. Inwiefern ist die Arbeitswertlehre nicht nur objektivistische Wertlehre, und inwiefern ist die objektivistische Wertlehre nicht nur Arbeitswertlehre?

1/9 Kommentieren Sie die physiokratische Auffassung, daß nur der Boden, und die Auffassung der Vertreter der Arbeitswertlehre, daß nur die menschliche Arbeit produktiv sei.

1/10 Inwieweit stützte die physiokratische Lehre die Grundaristokratie, und wieso kann man, wie W. Hofmann, die Arbeitswertlehre als Kampflehre des arbeitenden Bürgertums bezeichnen?

1/11 Überprüfen Sie die Werttheorien von Adam Smith und Karl Marx im Hinblick auf die Unterscheidung zwischen Gebrauchswert und Nutzen.

1/12 Wie bestimmt sich nach Marxscher Auffassung der Wert eines zufällig gefundenen Diamanten?

1/13 Wie beeinflußt die Realisierung technischen Fortschritts – und damit steigende Arbeitsproduktivität – den Wert der Produkte nach Marxscher Auffassung?

1/14 Nehmen Sie Stellung zu der in Text 3 geäußerten Kritik.

1/15 Vergleichen Sie das folgende Zitat mit den übrigen Aussagen der Marxschen Wertlehre: „Ist ein Ding nutzlos, so ist auch die in ihm enthaltene Arbeit nutzlos, zählt nicht als Arbeit und bildet daher keinen Wert." (Karl Marx, Das Kapital, a. a. O., S. 23.)

1.3 Die Nutzentheorie als Wertlehre

- Das Zustandekommen der individuellen Bedürfnisstruktur erläutern können.
- Die Gossenschen Gesetze formulieren und anhand von Beispielen erklären können.
- Ordinale und kardinale Präferenzordnungen unterscheiden und ihre Aussagen erläutern können.
- Das Konzept der Grenzrate der Substitution erläutern können.

Wenn ein Wirtschaftssubjekt eine Handlung vornehmen will, dann muß es die sich ihm bietenden Handlungsmöglichkeiten (subjektiv) bewerten, um festzustellen, welche Möglichkeit die beste ist. Konkreter: Eine Hausfrau, die einkaufen geht, muß die verschiedenen sich ihr bietenden Kaufalternativen in eine Rangordnung bringen, wenn sie die beste realisieren will. Gleiches gilt, wenn ein Parlament zwischen verschiedenen Projekten (Straße, Krankenhaus, Sportplatz) entscheiden muß. Wenn derartige Entscheidungen zu treffen sind, dann müssen sogenannte *Kosten-Nutzen-Analysen* durchgeführt werden. Kosten im Sinne der Kosten-Nutzen-Analyse sind dabei nichts anderes als negative Nutzen. Da aber die Kosten-Nutzen-Analyse bei den Kaufvorhaben einer Hausfrau keiner Abstimmung mit anderen Individuen und insbesondere keiner schriftlichen Analysen bedarf, spricht man von Kosten-Nutzen-Analysen meist nur bei staatlichen Projekten. In einem ersten Schritt werden dabei die vermuteten Auswirkungen eines Projektes erfaßt, in einem zweiten Schritt werden diese bewertet. Grundlage dieser Bewertung sind bei individuellen wie auch bei staatlichen Kosten-Nutzen-Analysen die Nutzenvorstellungen von Individuen. Mit ihnen befaßt sich die *Nutzentheorie*. Sie versucht zu zeigen, wonach sich der subjektive Wert, d. h. der Wert für ein Wirtschaftssubjekt, bestimmt und wie sich dieser *subjektive Wert* methodisch erfassen läßt.

1.3.1 Bedürfnisse als Determinanten des Nutzens

Der *Nutzen* eines Gutes für ein Individuum ist nichts anderes als der Beitrag dieses Gutes zur Befriedigung der Bedürfnisse dieses Individuums. Somit sind die menschlichen Bedürfnisse die entscheidende Bestimmungsgröße für den Nutzen von Gütern. Lange Zeit wurde im Rahmen der ökonomischen Theorie davon ausgegangen, daß die menschlichen Bedürfnisse naturgegeben und konstant sind. Bei den Individuen vollziehen sich jedoch lebenslange Entwicklungs- und Lernprozesse: deshalb verändern sich ihre Bedürfnisse. Im Gegensatz zum Tier verfügt der Mensch nur über sehr wenige angeborene Verhaltensmuster, „*Instinkte*", die ihm vorgeben, wie er sich zu verhalten hat und wessen er bedarf. Und diese Instinkte sind durch *erlernte Verhaltensweisen* überlagert. Die Triebe wie Hunger, Durst, Sexualität, Machtstreben geben dem Menschen zwar gewisse Richtungshinweise für sein Handeln und für das Erkennen seiner Bedürfnisse, aber sie determinieren nicht konkret, welche bestimmten Güter ein Individuum z. B. kaufen oder gebrauchen soll. Diese Konkretisierung vollzieht sich aufgrund individueller Lernprozesse.

Der Mensch lernt durch eigene *Erfahrung* oder durch Erziehung, also durch Information und Kommunikation, Mittel und Möglichkeiten der Bedürfnisbefriedigung kennen. An diesen Mitteln der Bedürfnisbefriedigung entwickelt der einzelne seine konkreten Bedürfnisse: z. B. welche Sorte Brot er verzehren, welche Schallplatten, welches Auto er besitzen möchte. Diesen Bereich kann man als den Bereich der Erfahrung bezeichnen.

Es gibt aber einen großen Bereich jenseits aller primären Erfahrung, in dem der Mensch handeln muß und handelt und in dem er auch Bedürfnisse entwickelt hat. Die Mode ist ein Bereich, wo menschliches Handeln nicht aufgrund von Erfahrung sinnvoll ist, sondern allein durch Konvention. Die Kleiderlänge hat keine Funktion, ist nicht am Klima oder am Wetter orientiert, sondern ist sozusagen ein Produkt der Willkür von Modeschöpfern. In gleicher Weise konnte man nicht auf Erfahrung zurückgreifen, als die Frage Rechtsverkehr oder Linksverkehr in Deutschland zu entscheiden war.

Der Bereich, der hier mit Beispielen angedeutet wurde, ist der Bereich *gesellschaftlicher Institutionen**. Tischsitten, Uniformen, Mode, aber auch die gesamte Rechtsordnung – alles kulturell „Geltende" – sind Institutionen, deren sichtbares Kennzeichen bestimmte Normen sind, nach denen man sich zu verhalten hat (*wertrationales Handeln*, Max Weber). Und diese *Normen* entwickeln und bestimmen ebenfalls Bedürfnisse im Menschen.

Das Bedürfnis, sich nach der Mode zu kleiden, kann genauso stark sein wie Hunger, Durst oder andere Bedürfnisse. In beträchtlichem Maße ist somit jedes Individuum bei der Entwicklung seines Bedürfnissystems ein Produkt seiner *Bezugsgruppe* und seiner *Umwelt*.

Diese Notwendigkeit der Entwicklung einer individuellen Bedürfnisstruktur durch Kommunikation mit der Umwelt wird pervertiert, wenn durch massive einseitige Beeinflussung versucht wird, die Bedürfnisse des Individuums zugunsten anderer Personen zu manipulieren. Der freie Wille des Individuums, der über die konkrete *Bedürfnisstruktur* des Individuums entscheiden sollte, wird heutzutage in beträchtlichem Maße durch Manipulation eingeschränkt. So ist denn die konkrete Bedürfnisstruktur eines jeden Individuums von vielfältigen Einflüssen abhängig. Es ist verständlich, daß sie sich laufend ändern kann. Zu jedem Zeitpunkt aber verfügt das Individuum über eine Bedürfnisstruktur, die sein rationales Urteilen, Planen und Handeln bestimmt. Diese Struktur ist keine bloße Addition von einzelnen Bedürfnissen, sondern ein System mit wechselseitigen Abhängigkeiten zwischen den Bedürfnissen.

Natürlich können nicht alle menschlichen Bedürfnisse als wirtschaftliche Bedürfnisse interpretiert werden. Die weiteren Ausführungen beschränken sich aber auf wirtschaftliche Bedürfnisse, d. h. auf Bedürfnisse, die durch *übertragbare Güter* befriedigt werden können.

1.3.2 Die Gossenschen Gesetze

Die Bedürfnisstruktur eines Individuums besteht in jedem Augenblick aus einer Vielzahl von Einzelbedürfnissen, die alle zu befriedigen sind. Mit dem Prozeß der Befriedigung der Bedürfnisse durch Güter und deshalb mit dem Nutzen dieser Güter befassen sich die auf Hermann Heinrich Gossen[1] zurückgehenden *Gossenschen Gesetze*. Das erste Gossensche Gesetz, das sogenannte *Bedürfnissättigungsgesetz*, betrifft solche Bedürfnisse, die sich schrittweise befriedigen lassen. Es macht eine Aussage darüber, wie sich der Nutzen, d. h. der Beitrag zur Bedürfnisbefriedigung, ändert, wenn ein bestimmtes Bedürfnis schrittweise gesättigt wird. Das Gesetz besagt, daß der Nutzenzuwachs, den jede zusätzliche Gütereinheit stiftet, bei zunehmender Bedürfnisbefriedigung geringer wird. Dieser Nutzenzuwachs ist der „*Grenznutzen*". Der Grenznutzen ist der subjektivistische Wert der jeweils letzten (konsumierten oder erworbenen) Einheit eines Gutes.

Hierzu schreibt Heinrich von Stackelberg: „Das Wasser ist ein lebenswichtiges Gut, aber wo Wasser im Überfluß vorhanden ist, dort kommt einer Mengeneinheit dieses Gutes keine Bedeutung. . . zu. Deshalb ist dieses Gut normalerweise wertlos. In der Wüste aber, wo das Wasser knapp ist, kann es nicht mit Gold aufgewogen werden; jede kleinste Teilmenge ist von größtem Nutzen, und der Wert ist selbstverständlich hoch. Brot hat einen niedrigen Wert, wenn es reichlich vorhanden ist. Es wird zum wichtigsten Gut, sobald die Erhaltung unseres Lebens von ihm abhängt. Der Grenznutzen eines Gutes ist also für dessen Wert entscheidend, und dieser Wert gehorcht einem merkwürdigen Gesetz: er ist desto kleiner, je größer die insgesamt verfügbare Gutsmenge ist."[2]

Zu bemerken ist, daß es zahlreiche Bedürfnisse gibt, die sich *schrittweise befriedigen* lassen, für die das erste Gossensche Gesetz also gilt. Klassisches Beispiel ist der Hunger nach Brot, der mit jedem Bissen, den man ißt, nachläßt, bis er schließlich völlig gestillt ist. Diese Gesetzmäßigkeit trifft vermutlich bei vielen Menschen auch auf zahlreiche andere Bedürfnisse zu, z. B. auf die Bedürfnisse nach Kleidung, Unterhaltung und Urlaubsreisen. Jeder wird aber auch Güter nennen können, von denen er nur eine Einheit (Auto, Fernsehgerät, Kühlschrank) oder eine bestimmte andere Anzahl, z. B. ein Dutzend (z. B. Gläser), und nicht mehr besitzen möchte – solange sich seine Einkommens- und Vermögensverhältnisse nicht radikal ändern. Und es gibt Bedürfnisse, die mit zunehmendem Konsum der betreffenden Güter nicht ab-, sondern zunehmen, z. B. das Bedürfnis, Kunstgegenstände zu sammeln.

---

1 Hermann H. Gossen: Entwicklung der Gesetze des menschlichen Verhaltens und der daraus fließenden Regeln für menschliches Handeln, Braunschweig 1854.

2 Heinrich von Stackelberg: Grundlagen der theoretischen Volkswirtschaftslehre, 2. Aufl., Tübingen (Mohr) 1951.

In ähnlicher Weise äußert sich auch Günter Wiswede, der die These kritisiert, daß „Bedürfnisse prinzipiell der Sättigungsmöglichkeit unterliegen. Damit ist unterstellt, daß es keine Bedürfnisse gibt, die grenzenlos und unendlich sind. Aber gerade diese Voraussetzung geht am Wesen des Bedürfnisses weit vorbei. Den diesbezüglichen Einwand hat Brentano (1924) als erster und später insbesondere Böhler (1957) gegen das Gesetz der Bedürfnissättigung vorgebracht. Dort wird ausgeführt, daß die Tendenz des abnehmenden Nutzens lediglich für physiologische Bedürfnisse gelten kann, niemals aber für geistige und sozial bedingte Bedürfnisse, wie etwa das Geltungs- und Machtstreben, das dem Wesen nach grenzenlos ist oder zumindest keine festliegenden Grenzen kennt."[1]

Für diese Bedürfnisse trifft das erste Gossensche Gesetz nicht zu. Aber auch dort, wo es gilt, macht es keine Aussage über die absolute Größe des Nutzens bzw. des Grenznutzens, sondern nur über die *relative* Größe, die Richtung seiner Veränderung. Wie groß der Grenznutzen einer Gütereinheit ist, hängt auch von der Intensität des jeweils zu befriedigenden Bedürfnisses ab. Das erste Gossensche Gesetz läßt sich graphisch so veranschaulichen:

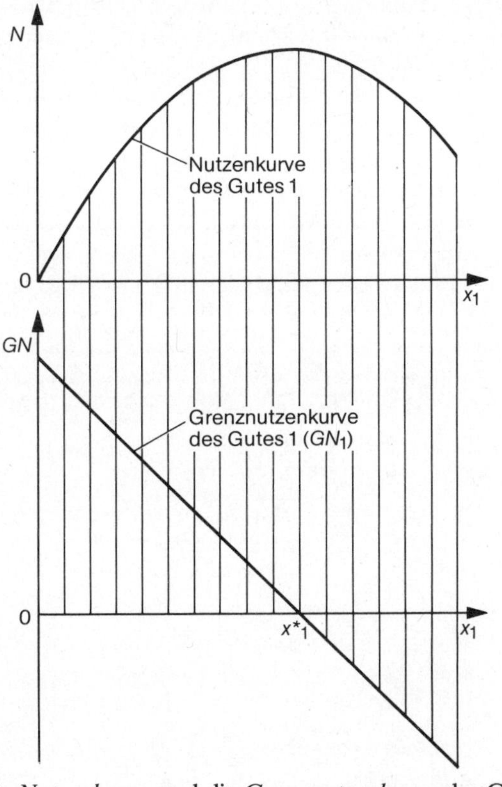

Abb. 19,1

Die **Abb. 19,1** zeigt die *Nutzenkurve* und die *Grenznutzenkurve* des Gutes 1. Der Nutzen steigt bis zur *Sättigungsmenge* x^*_1, allerdings mit abnehmender Steigung. Die Grenznutzenkurve ergibt sich aus den jeweiligen Steigungen der Nutzenkurve. Sie fällt kontinuierlich, erreicht bei der Sättigungsmenge den Abszissenwert 0 (Grenznutzen = 0) und dann den negativen Bereich (Grenznutzen <0).

1 Günter Wiswede: Motivation und Verbraucherverhalten, 2. Aufl., München, Basel (UTB) 1973, S. 46.

Statt des Grenznutzens eines Gutes kann man aber auch den gleichen Grenznutzen der Geldausgabe für das Gut untersuchen und darstellen:

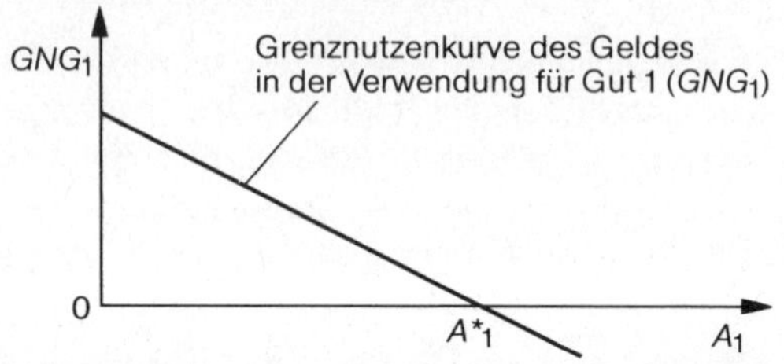

Abb. 20,1

Die **Abb. 20,1** zeigt, wie der *Grenznutzen des Geldes* in der Verwendung für Gut 1 (GNG_1) sinkt, wenn die Geldausgaben für Gut 1 (A_1) vergrößert werden. Bei der Ausgabe A^*_1 wird der Grenznutzen Null (= Sättigung); jede weitere Ausgabe stiftet einen negativen Grenznutzen.

Für ein rational handelndes Individuum stellt das zweite Gossensche Gesetz – *das Genußausgleichsgesetz* – eine Handlungsmaxime dar. Es zeigt, wie ein Individuum seine (z. B. finanziellen) Mittel für die Befriedigung der einzelnen Bedürfnisse am besten einsetzt. Sinnvollerweise befriedigt es die einzelnen Bedürfnisse nach Maßgabe ihrer Dringlichkeit, soweit seine Mittel reichen. Die Handlungsweise eines Individuums wird anschaulich, wenn man sie – unrealistischerweise – als einen Suchprozeß mit sich ständig wiederholenden Schritten darstellt. Das Individuum setzt seine Mittel zunächst für die Befriedigung seines dringendsten Bedürfnisses ein und befriedigt es schrittweise. Dabei sinkt der Grenznutzen (erstes Gossensches Gesetz) mit jeder zusätzlichen Gütereinheit. Das Individuum wird sein dringendstes Bedürfnis zunächst nur so weit befriedigen, bis der Grenznutzen einer Befriedigung dieses Bedürfnisses gleich dem Grenznutzen der Befriedigung des zweitdringendsten Bedürfnisses ist. Ab diesem Punkt wird es für das Individuum sinnvoll, diese beiden Bedürfnisse gleichzeitig schrittweise zu befriedigen, bis der Grenznutzen gesunken ist auf das Niveau des Grenznutzens des Gutes zur Befriedigung des drittdringendsten Bedürfnisses usw. Dieser Prozeß setzt sich so weit fort, bis die Mittel aufgeteilt sind. Die Logik* dieses Prozesses und damit des zweiten Gossenschen Gesetzes besagt, daß ein Individuum dann rational handelt, wenn es seine Mittel so verteilt, daß die letzte eingesetzte Einheit bei allen Verwendungsweisen den gleichen Nutzen (Grenznutzen) stiftet.

Man kann nun auch für ein Gut 2 eine entsprechende Grenznutzenfunktion des Geldes erstellen. Beide Funktionen (für Gut 1 und Gut 2) lassen sich zusammen abbilden (vgl. **Abb. 20,1**).

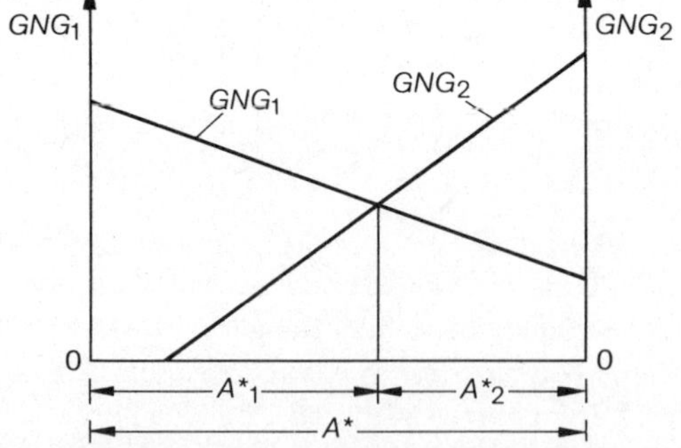

Abb. 20,2

Der Abstand der Ursprungspunkte der beiden Koordinatensysteme entspricht der Strecke A^*. Die Strecke A^* stellt den Geldbetrag dar, den ein Individuum für Mengen der Güter 1 *und* 2 ausgeben will. Wie wird der Gesamtbetrag nun aufgeteilt? Die **Abb. 20,2** zeigt, daß das Individuum dann seinen Gesamtnutzen maximiert, wenn es den Geldbetrag A^*_1 für Gut 1 und den Geldbetrag A^*_2 für Gut 2 ausgibt. Bei dieser Aufteilung der Gesamtausgabe ist der Grenznutzen in beiden Verwendungsweisen gleich groß – wie es das zweite Gossensche Gesetz befiehlt.

1.3.3 Präferenzordnungen

Die Handlungsweise, die das zweite Gossensche Gesetz impliziert, ist plausibel. Deshalb ist nun zu fragen, ob sich der Nutzen, den einzelne Güter stiften, messen läßt. Ließe er sich messen, so könnte man das Nutzenmaximum bestimmen und durch bloße Addition sämtlicher Grenznutzen den Gesamtnutzen eines Budgets ermitteln.
In der Nationalökonomie war es lange Zeit strittig, ob der Nutzen meßbar ist. Dieser Streit ist auch heute noch nicht entschieden. Immerhin läßt sich aber soviel sagen: Wenn der Nutzen eines Gutes sein Beitrag zur Bedürfnisbefriedigung ist, Bedürfnisse aber Effekte einer psychischen Spannung sind, dann läßt sich Bedürfnisbefriedigung als Reduktion der psychischen Spannung interpretieren. Nutzenmessung müßte dann auf eine Messung dieser Spannungsreduktion abzielen und wäre somit nur mit Methoden der Psychologie, nicht aber mit solchen der Ökonomik zu leisten.
Es läßt sich aber zeigen, daß eine *Messung des Nutzens* nicht erforderlich ist, um einen rationalen Handlungsplan aufzustellen. Es genügt, wenn man sämtliche möglichen Handlungspläne in eine Rangfolge bringt, so daß man sagen kann, welche Alternativen größeren, kleineren oder den gleichen Nutzen stiften. Eine solche Rangfolge von Plänen wird als *ordinale Nutzen-* oder *Präferenzordnung* bezeichnet. Demgegenüber besagt eine *kardinale Ordnung* auch noch, wie groß der Nutzen einer Handlungsalternative ist und um wie viel größer er ist als der Nutzen einer anderen. Ein *Handlungsplan* läßt sich dabei als eine Gütermengenkombination, die ein Individuum realisieren könnte, interpretieren. Eine solche Gütermengenkombination läßt sich schreiben als $X^{(1)} = x_1^{(1)}, \ldots, x_n^{(1)}$, d. h., die Gütermengenkombination $X^{(1)}$ besteht aus bestimmten Mengen verschiedener Güter $x_1^{(1)}, x_2^{(1)} \ldots$ Alternativ dazu lassen sich Güterbündel $X^{(2)}, X^{(3)}$ usw. denken. Eine Präferenzordnung ist nun nichts anderes als eine Rangfolge von Gütermengenkombinationen, die zeigt, in welcher Reihenfolge das Individuum die verschiedenen Kombinationen in ihren Nutzen einstuft, welche auf einem höheren und welche auf einem niedrigeren Nutzenniveau eingestuft werden. Bei zwei Gütermengenkombinationen, $X^{(1)}$ und $X^{(2)}$, sind folgende Präferenzordnungen möglich:

- $X^{(1)} > X^{(2)}$, d. h., $X^{(1)}$ wird $X^{(2)}$ vorgezogen,
- $X^{(2)} > X^{(1)}$, d. h., $X^{(2)}$ wird $X^{(1)}$ vorgezogen,
- $X^{(1)} \equiv X^{(2)}$, d. h., $X^{(1)}$ und $X^{(2)}$ sind gleichwertig.

Die übliche Darstellungsform solcher Präferenzordnungen ist die in Form von *Indifferenzkurven*, was im Rahmen der Theorie des Haushalts (Hauptabschnitt 2) noch ausführlich behandelt wird.

1.3.4 Die Grenzrate der Substitution

Eine andere Formulierung der Nutzentheorie – und zwar eine Operationalisierung* des zweiten Gossenschen Gesetzes – haben R. G. D. Allen und J. R. Hicks 1934 vorgenommen.[1] Auch sie

---

1 J. R. Hicks und R. G. D. Allen: Eine erneute Betrachtung der Werttheorie, in: Alfred E. Ott, Hrsg.: Preistheorie, Köln, Berlin (Kiepenheuer & Witsch) 1965, S. 117–161.

gingen von der Nichtmeßbarkeit des Nutzens aus und entwickelten deshalb eine Nutzentheorie, in der die nicht faßbaren (nicht meßbaren) Begriffe Nutzen und Grenznutzen nicht mehr vorkommen. Diese wurden ersetzt durch das Konzept der *Grenzrate der Substitution*.

Dem Konzept liegt folgendes Bild zugrunde: In jedem Moment verfügt jedes Individuum über ein bestimmtes Vermögen, über eine Gütermengenkombination. Individuen können – von einigen Ausnahmen abgesehen – andere Güter immer nur dann erwerben, wenn sie eigene Güter dafür hergeben. Alle Handlungen zur Befriedigung von Bedürfnissen sind somit *Substitutionsakte*: Güter werden hergegeben, um andere zu erwerben. Die Dringlichkeit eines Bedürfnisses oder der Nutzen eines Gutes läßt sich nun indirekt messen mit Hilfe der Güter oder der Geldmenge, auf die das Individuum zu verzichten bereit ist, um eine Einheit eines gewünschten Gutes zu erwerben. Befriedigt das betreffende Gut ein dringendes Bedürfnis, so wird das Individuum bereit sein, eine große Geld- oder Gütermenge dafür herzugeben. Nur dann aber wird ein Individuum zu einem Kauf oder Tauschakt bereit sein, wenn die erworbene Gütermenge mindestens einen gleichen Grenznutzen zu stiften vermag wie die Geld- oder Gütermenge, die es dafür hergibt. Genau das bringt die Grenzrate der Substitution zum Ausdruck. Die Grenzrate der Substitution von Gut A in bezug auf Gut B ist die Gütermenge des Gutes A, die das Individuum herzugeben bereit ist, um eine zusätzliche Einheit eines bestimmten Gutes B zu erwerben. (Müßte es mehr von A hergeben, so würde sich sein Nutzenniveau verschlechtern, folglich würde es in den Tausch nicht einwilligen.) Drückt man die Grenzrate der Substitution in Form eines Geldbetrages aus, so bezeichnet man sie als „*willingness to pay*" (vgl. S. 8).

$$\text{Grenzrate der Substitution} = \frac{\mathrm{d}A}{\mathrm{d}B}$$

Hicks erläutert sein Konzept der Grenzrate der Substitution wie folgt:

„Wenn der Gesamtnutzen nicht quantitativ definierbar ist, ist es der Grenznutzen auch nicht. Aber die Werttheorie braucht keine genaue Definition des Grenznutzens. Was sie braucht, ist lediglich die Kenntnis der *Grenzrate der Substitution* zweier Güter, wenn ein Individuum eine gegebene Bedürfnisstruktur hat und irgendein gegebenes Sortiment von Gütern $X, Y, Z \ldots$ besitzt. Die Grenzrate der Substitution von irgendeinem Gut Y in bezug auf irgendein anderes Gut X ist als die Menge des Gutes Y definiert, die den Verlust einer Grenzeinheit von X gerade kompensieren würde. Wenn das Individuum weniger als jene Menge von Y erhielte, wäre es schlechter gestellt, als es gestellt war, bevor die Substitution stattfand; bekäme es mehr, wäre es besser gestellt; es muß eine Menge geben, die es genauso gut stellt wie vorher.
Es wird dem Leser klar sein, daß diese *Grenzrate der Substitution* nichts anderes ist als das – wie wir es zu nennen gewohnt waren – Verhältnis des Grenznutzens von X zu dem von Y; wir hätten es den ‚relativen Grenznutzen' nennen können."[1]

1.3.5 Die Marginalanalyse

In den letzten Abschnitten war insbesondere vom *Grenz*nutzen und von der *Grenz*rate der Substitution die Rede. Diesen Begriffen liegt die Grenzbetrachtung oder *Marginalanalyse* als methodischer Ansatz zugrunde. Die Vorgehensweise der Marginalanalyse beschreibt Heinz Sauermann folgendermaßen:

„Ausgangspunkt der Untersuchung ist eine ganz bestimmte wirtschaftliche Situation, die durch eine Reihe von (interdependenten und variablen) ökonomischen Größen charakterisiert wird.

---

1 J. R. Hicks und R. G. D. Allen: a. a. O., S. 119.

Die für die Marginalanalyse typische Fragestellung lautet: Welchen Effekt auf diese Ausgangssituation hat die geringfügige Änderung einer (oder auch mehrerer) der ökonomischen Variablen? Anders ausgedrückt: In welchem Maße ändern sich die Ausgangswerte aller übrigen Variablen bei einer ‚marginalen' Änderung einer bestimmten Variablen? Zur Beantwortung dieser Frage kommt es also wesentlich darauf an, festzustellen, in welchem quantitativen Verhältnis die Änderungsraten der einzelnen ökonomischen Variablen zueinander stehen. Ein allgemeines Maß für die Relation zwischen den Änderungen zweier Größen, x und y, die funktional voneinander abhängig sind, sind die Differentialquotienten dy/dx und dx/dy. Das mathematische Werkzeug der Marginalanalyse ist daher in erster Linie die Differentialrechnung; ...
Wir werden im folgenden sehr häufig mit Differentialquotienten zu operieren haben und wollen deshalb gleich an dieser Stelle eine Sprachregelung vereinbaren: Ein Differentialquotient, z. B. $\frac{dy}{dx}$, ist bekanntlich der Grenzwert des Differenzenquotienten $\frac{\Delta y}{\Delta x}$, wenn die Änderung der unabhängigen Variablen, x, gegen Null geht: $\frac{dy}{dx} = \lim_{\Delta x \to 0} \frac{\Delta y}{\Delta x}$. Bei der ökonomischen Interpretation solcher Differentialquotienten werden wir aber der Kürze halber oft sagen: dy ist die Änderung von y, die sich ergibt, wenn wir x ‚um eine Einheit' oder ‚um einen sehr kleinen Betrag dx' oder ‚infinitesimal' ändern. Gemeint ist in allen diesen Fällen der Grenzwert des Differenzenquotienten, denn natürlich ist der Quotient aus zwei ‚unendlich kleinen Größen' gar nicht definiert."[1]

1.3.6 Die Nutzentheorie als Logik wirtschaftlichen Handelns

Will ein Wirtschaftssubjekt rational handeln, so muß es sich die Grenzraten der Substitution (seine „willingness to pay") in bezug auf alle sich ihm bietenden Gütermengen-Alternativen überlegen. Diese Grenzraten der Substitution bringen zum Ausdruck, welche Gütermengenrelationen nach dem Urteil des betreffenden Wirtschaftssubjekts gleichwertig sind. Hieraus folgt als *Handlungsmaxime*: Immer dann ist ein Substitutionsakt und wirtschaftliches Handeln überhaupt lohnend für das Wirtschaftssubjekt, wenn die Menge eines Gutes A, die das Individuum bei einem Tauschakt tatsächlich hergeben muß, um eine Einheit des Gutes B zu erwerben, kleiner ist als seine subjektive Grenzrate der Substitution von Gut A in bezug auf Gut B. Angewendet auf eine Marktwirtschaft: Sinnvollerweise wird jedes Individuum seine Substitutionsakte und sein wirtschaftliches Handeln so lange fortsetzen, bis der Marktpreis eines jeden Gutes größer ist als seine subjektive „willingness to pay".

Diese Handlungsmaxime und die Nutzentheorie überhaupt gelten für *sämtliche* Wirtschaftssubjekte. Wenn also in den folgenden Abschnitten eine Theorie des Haushalts und eine Theorie des Unternehmens dargestellt werden, so sind dies Konkretisierungen der Nutzentheorie. Es wird sich aber zeigen, daß die Nutzentheorie nur eine geringe praktische Bedeutung für die Theorie des Unternehmens hat, weil ihre Vertreter in der Regel davon ausgehen, daß das Unternehmen nur *ein* „Bedürfnis" hat bzw. nur *ein* Ziel verfolgt, nämlich die Maximierung des Gewinns. Nur die Theorie des Haushalts baut deshalb üblicherweise auf der Nutzentheorie auf, weil Haushalte stets viele Bedürfnisse zu befriedigen suchen. Die Notwendigkeit einer Berücksichtigung weiterer Ziele und damit eine Verknüpfung der Theorie des Unternehmens mit der Nutzentheorie betont aber z. B. Hans Raffée.[2]

---

1 Heinz Sauermann: Einführung in die Volkswirtschaftslehre, Band II, Wiesbaden (Gabler) 1964, S. 26.

2 Hans Raffée: Grundprobleme der Betriebswirtschaftslehre, Göttingen (UTB) 1974, S. 125ff.

Zusammenfassung

Die *Nutzentheorie* zeigt, wie sich der Nutzen von Gütern bestimmt und wie ein Individuum gemäß seinen Nutzenvorstellungen rational handelt. Der Nutzen eines Gutes ist sein *Beitrag zur Bedürfnisbefriedigung* des jeweiligen Individuums. Die menschliche Bedürfnisstruktur ist nicht von Natur aus vorgegeben, vielmehr entwickelt und verändert sie sich in einem lebenslangen Lernprozeß.

Das *erste Gossensche Gesetz* besagt, daß der Grenznutzen eines Gutes bei schrittweiser Befriedigung eines Bedürfnisses abnimmt. Das *zweite Gossensche Gesetz* ist eine Handlungsmaxime: Es besagt, daß ein rational handelndes Individuum seine Mittel so verteilt, daß der Grenznutzen in allen Verwendungsweisen gleich ist.

Alternative Gütermengenkombinationen lassen sich als *ordinale Präferenzordnung* darstellen. Eine andere Darstellung erfolgt mittels der *Grenzrate der Substitution*, eine dritte mit Hilfe von *Indifferenzkurven*.

ÜBUNGEN

1/16 Zeigen Sie anhand von Beispielen, wie institutionelle Normen menschliche Bedürfnisse bestimmen.

a) Warum ist es sinnvoll, den Beitrag eines Gutes zur Bedürfnisbefriedigung zum Kriterium seines Nutzens zu erheben? Wie kann man diesen Nutzen messen?

b) Suchen Sie Beispiele, in denen das erste Gossensche Gesetz gilt, und solche, in denen es nicht gilt.

1/17 Welche Aussage macht das erste Gossensche Gesetz über die Größe des Grenznutzens eines Gutes?

1/18 Inwiefern hat das erste Gossensche Gesetz praktische Bedeutung?

1/19 Wie müßte man bei dem Versuch einer empirischen Nutzenmessung eines Gutes vorgehen?

1/20 Warum genügt eine ordinale Präferenzordnung, um rationale Handlungspläne aufzustellen? Formulieren Sie eine kardinale Präferenzordnung.

1/21 Definieren Sie die Begriffe Grenznutzen und Grenzrate der Substitution, und vergleichen Sie sie miteinander.

1/22 Wie ändert sich der Grenznutzen eines Gutes, wenn sich die Dringlichkeit derjenigen Bedürfnisse ändert, die mit Hilfe dieses Gutes befriedigt werden können?

1/23 Inwiefern ist das Konzept der Grenzrate der Substitution eine andere Formulierung des zweiten Gossenschen Gesetzes? Inwiefern ist es mehr als das?

1/24 Wieso kann man die Nutzentheorie als Logik wirtschaftlichen Handelns bezeichnen? Definieren Sie auch den hier verwandten Logikbegriff, und grenzen Sie ihn von anderen ab.

1/25 Das Individuum entwickelt seine Bedürfnisse in kommunikativen Prozessen mit seiner Umwelt. Wann aber spricht man von Manipulation? Wie ist Kommunikation ohne Manipulation denkbar und möglich?

1/26 Die Klassiker der Nationalökonomie waren nicht imstande, das sogenannte *Wert-Paradoxon* zu lösen, das Adam Smith wie folgt formuliert: „Dinge, die den größten Gebrauchswert haben, besitzen oft wenig oder keinen Tauschwert; und umgekehrt: die, welche über den größten Tauschwert verfügen, haben oft wenig oder gar keinen Gebrauchswert. Nichts ist brauchbarer als Wasser, aber man kann kaum etwas dafür kaufen: man kann fast nichts dafür eintauschen. Dagegen hat ein Diamant kaum einen Gebrauchswert, und doch ist oft eine Menge anderer Güter dafür im Tausch zu haben." Wieso wurde das Wert-Paradoxon durch die Unterscheidung der Begriffe Nutzen und Grenznutzen lösbar?

Literatur

Eugen von Böhm-Bawerk: Grundzüge der Theorie des wirtschaftlichen Güterwertes. In: Jahrbücher für Nationalökonomie und Statistik, N. F., 13, Jena 1886, S. 1–82, 477–541.

Erich Carell: Der Ordinalismus in der Nutzentheorie. In: Zeitschrift für die gesamte Staatswissenschaft, Band 111, Tübingen (Mohr) 1955, S. 25 ff.

Gérard Debreu: Werttheorie, Berlin, Heidelberg, New York (Springer) 1976.

Gérard Gäfgen: Theorie der wirtschaftlichen Entscheidung, 3. Aufl., Tübingen (Mohr) 1974.

Hermann Heinrich Gossen: Entwicklung der Gesetze des menschlichen Verkehrs und der daraus fließenden Regeln für menschliches Handeln, Braunschweig 1854.

J. R. Hicks, R. G. D. Allen: Eine erneute Betrachtung der Werttheorie. In: Alfred Eugen Ott, Hrsg.: Preistheorie, Köln, Berlin (Kiepenheuer & Witsch) 1965, S. 117–161.

Werner Hofmann: Wert- und Preislehre, Berlin (Duncker & Humblot) 1964.

Leo Illy: Das Gesetz des Grenznutzens. Untersuchungen über die Wirtschaftsrechnung der Konsumenten, Wien (Springer) 1948.

Wilhelm Krelle: Präferenz- und Entscheidungstheorie, Tübingen (Mohr) 1968.

Alexander Mahr: Indifferenzkurven und Grenznutzenniveau. In: Zeitschrift für Nationalökonomie, Band 14, Wien (Springer) 1954, S. 325 ff.

Karl Marx: Das Kapital. Kritik der politischen Ökonomie, Band 1: Der Produktionsprozeß des Kapitals, 6. Aufl., Frankfurt am Main, Berlin, Wien (Ullstein) 1969.

Hubertus Müller-Groeling: Maximierung des sozialen Gesamtnutzens und Einkommensgleichheit, Diss. Saarbrücken 1964.

Joseph A. Schumpeter: Kapitalismus, Sozialismus und Demokratie, Bern (Francke) 1950.

Eugen E. Slutsky: Zur Theorie des Verbraucherbudgets, in: Alfred Eugen Ott, Hrsg.: Preistheorie, Köln, Berlin (Kiepenheuer & Witsch) 1965.

Heinrich von Stackelberg: Die Entwicklungsstufen der Werttheorie. In: Schweizerische Zeitschrift für Volkswirtschaft und Statistik, 83, 1947, S. 1–18.

Erich und Monika Streissler, Hrsg.: Konsum und Nachfrage, Köln und Berlin (Kiepenheuer & Witsch) 1966.

Wilhelm Weber, Erich Streissler: Artikel „Nutzen", in: Handwörterbuch der Sozialwissenschaften, Band 8, Stuttgart, Tübingen, Göttingen (Vandenhoeck & Ruprecht, Fischer, Mohr) 1964, S. 1–19.

Günter Wiswede: Motivation und Verbraucherverhalten, 2. Aufl., München und Basel (UTB) 1973.

Waldemar Wittmann: Produktionstheorie, Berlin, Heidelberg, New York (Springer) 1968.

Artur Woll: Allgemeine Volkswirtschaftslehre, 4. Aufl., München (Vahlen) 1974.

TESTAUFGABEN

Reihe 1

1 Die drei Ansätze der Wertlehre
   a) sind objektivistische und subjektivistische Wertlehre sowie Preistheorie,
   b) unterscheiden sich dadurch, daß sie jeweils einen anderen Maßstab zur Messung des Wertes vorschlagen,
   c) haben alle zum Ziel, den Tauschwert bzw. Preis von Gütern zu bestimmen,
   d) sind die einzig denkbaren Ansätze einer Wertlehre.

2 Die objektivistische Wertlehre
   a) ist identisch mit der Arbeitswertlehre,
   b) ist eine Lehre von den produktiven Faktoren,
   c) kann als eine „gesellschaftliche Kampflehre des arbeitenden Bürgertums gegenüber der Grundaristokratie" bezeichnet werden,
   d) kannte als wichtigste Ausrichtungen die Wertlehre der physiokratischen Schule sowie die Arbeitswertlehre.

3 Die Arbeitswertlehre
   a) vertritt die Auffassung, daß die menschliche Arbeit der einzige Produktionsfaktor ist,
   b) vertritt die Auffassung, daß die menschliche Arbeit den Wert, den Tauschwert und den Gebrauchswert einer Ware bestimmt,
   c) David Ricardos besagt, daß sich der Tauschwert der Waren nach dem Verhältnis der auf sie verwandten Arbeitszeit richtet,
   d) als Tauschwert- bzw. Preistheorie funktioniert nicht außerhalb des Falles der vollkommenen Konkurrenz.

4 Die Nutzentheorie
   a) fragt nach den Bestimmungsgründen des subjektiven Wertes eines Gutes für ein Individuum oder eine Gruppe von Individuen,
   b) ist die theoretische Grundlage der Theorie des Unternehmens und der Theorie des Haushalts,
   c) basiert auf der Preistheorie,
   d) kann als eine Theorie des (wirtschaftlichen) Handelns interpretiert werden.

5 Die Gossenschen Gesetze
   a) werden auch als „Bedürfnissättigungs-" und „Genußausgleichsgesetz" bezeichnet,
   b) sind nicht falsifizierbar,
   c) sind in das Konzept der Grenzrate der Substitution eingegangen,
   d) enthalten eine Marginalanalyse.

6 Das Konzept der Grenzrate der Substitution
   a) ist eine Operationalisierung des zweiten Gossenschen Gesetzes,
   b) vermeidet die Begriffe Nutzen und Grenznutzen,
   c) basiert auf der modernen Bedürfnistheorie,
   d) kennt als wichtigen Begriff die „willingness to pay".

2 Theorie des Haushalts

2.1 Funktionen des Haushalts

- Einen Überblick über die Funktionen des Haushalts geben können.
- Einen Vergleich moderner Haushalte mit solchen in Subsistenzwirtschaften durchführen können.

Betrachtet man wenig entwickelte Volkswirtschaften, wie z. B. die der Entwicklungsländer*, so stellt man fest, daß *Haushalte* dort umfassendere *Funktionen* haben als in modernen Industrieländern. Haushalte können dort – unter wirtschaftlichem Aspekt – definiert werden als der Zusammenschluß einzelner Menschen, z. B. einer Großfamilie oder Sippe, zum Zwecke gemeinsamen wirtschaftlichen Handelns. In einer solchen Haushaltswirtschaft* (*Subsistenzwirtschaft**) wird gemeinsam *produziert, konsumiert, gespart* und *Vermögen gebildet.*

Dagegen sind in einer modernen Industriegesellschaft die Haushalte anders zusammengesetzt (Kleinfamilie, Einpersonenhaushalte, Wohngemeinschaften) und unterscheiden sich vor allem in ihren Funktionen von Haushalten in Entwicklungsländern. Die modernen Industriegesellschaften sind in hohem Maße arbeitsteilig organisiert. In bezug auf die Haushalte bedeutet das, daß die Funktion der Produktion fast ganz aus den Haushalten ausgegliedert und den Unternehmen übertragen ist. Die Funktion der Produktion wird im Rahmen der Theorie des Unternehmens (vgl. Hauptabschnitt 3) analysiert werden.

Eine Theorie (moderner) Haushalte befaßt sich nur mit den für die Haushalte verbliebenen Funktionen. Statt selbst zu produzieren, stellen die Haushalte den Unternehmen ihre *Produktionsfaktoren* (Arbeit, Boden, Kapital, Unternehmerleistung)[1] zur Verfügung und beziehen dafür *Einkommen.* Das Einkommen können die Haushalte verwenden, um durch den Kauf von Konsumgütern ihre aktuellen Bedürfnisse zu befriedigen. Die Haushalte können aber auch auf einen sofortigen Kauf verzichten und statt dessen Teile ihres Einkommens sparen. Die Ersparnisse vergrößern das Vermögen der Haushalte, und die Haushalte müssen entscheiden, in welcher Form sie ihr Vermögen anlegen. In der Regel vergrößert das zusätzliche Vermögen ihren Bestand an ausleihbaren Produktionsfaktoren (Boden, Kapital). Die Auflösung von Vermögen verschafft dem Haushalt Einnahmen, die wie Faktoreinkommen für Konsumzwecke verwandt werden können. Statt selbst zu sparen, kann ein Haushalt notfalls auch einen Kredit aufnehmen.

Eine umfassende ökonomische Theorie des modernen Haushalts muß das wirtschaftliche Handeln der Haushalte hinsichtlich sämtlicher oben skizzierter Funktionen analysieren. Hier soll das ausführlich nur hinsichtlich des Konsums geschehen. Die Einkommenserzielung, die Ersparnisbildung, die Kreditaufnahme und die Vermögensanlage werden nicht behandelt.

---

1 Die Klassiker kannten als Produktionsfaktoren nur Arbeit, Boden und Kapital.

Zusammenfassung

In *Subsistenzwirtschaften* wird die gesellschaftliche Funktion der Produktion in den Haushalten selbst erfüllt. In stark *arbeitsteiligen Industriegesellschaften* jedoch stellen die Haushalte ihre Produktionsfaktoren den Unternehmen zur Verfügung.

ÜBUNGEN

2/1 Welche Funktionen übt ein moderner Haushalt aus? Inwiefern kann man die Tätigkeit einer Hausfrau als Produktion interpretieren?

2/2 Wodurch unterscheiden sich Haushalte in Industrieländern von subsistenzwirtschaftlichen Haushalten in Entwicklungsländern?

2/3 Welche Funktionen müßte eine umfassende Theorie des Haushalts behandeln?

2.2 Private Haushalte in der Bundesrepublik Deutschland und ihre Konsumausgaben

- Die Entwicklung der Struktur der privaten Haushalte in Deutschland darstellen können.
- Die von der Statistik erfaßten drei Haushaltstypen unterscheiden können.
- Die wichtigsten Kategorien von Konsumausgaben der drei Haushaltstypen nennen können.

In den letzten 100 Jahren haben sich in Deutschland die *Anzahl* und die *Struktur der privaten Haushalte* sehr gewandelt:

Während die Gesamtzahl privater Haushalte im Deutschen Reich im Jahre 1871 nur 8,697 Mio. betrug, waren es 1974 in der Bundesrepublik Deutschland 23,651 Mio. Dieses Anwachsen der Anzahl war aber verbunden mit einem Trend zur Kleinfamilie, so daß die Personenzahl pro Haushalt im selben Zeitraum von durchschnittlich 4,63 Personen auf 2,61 Personen sank. Besonders fällt die Zunahme bei den Einpersonenhaushalten auf, deren Anteil an der Gesamtzahl der Haushalte 1871 nur 6,2%, 1974 immerhin 27,2% betrug (vgl. dazu die Tabelle auf S. 29).

Neben Anzahl und Struktur der privaten Haushalte sind in der Bundesrepublik Deutschland auch deren *Verbrauchs-* (Konsum-) *ausgaben* Gegenstand der statistischen Beobachtung.

Dabei treten für die Statistik zwei bedeutende Probleme auf:

- Die Haushaltsgrößen sind sehr unterschiedlich.
- Die monatlichen oder jährlichen Konsumsummen (Budgets) der einzelnen Haushalte sind sehr verschieden.

Zahl und Struktur der Privathaushalte

	Insgesamt	davon Einpersonen-haushalte	Zweipersonen-haushalte	Mehrpersonen-haushalte	Personen je Haushalt
	a) in 1 000				
Deutsches Reich					
1871	8 697	536	8 161		4,63
1910	14 283	1 045	13 238		4,40
1939	20 335	1 984	18 351		3,27
Bundesgebiet					
13. 9. 1950[1])	16 650	3 229	4 209	9 212	2,99
6. 6. 1961[1])	19 460	4 010	5 156	10 294	2,88
27. 5. 1961[1])	21 991	5 527	5 959	10 505	2,74
April 1974[2])	23 651	6 431	6 724	10 496	2,61
1985[3])	23 727	7 026	6 663	10 038	2,52
	b) in %				
1871	100	6,2	93,8		
1910	100	7,3	92,7		
1939	100	9,8	90,2		
13. 9. 1950[1])	100	19,4	25,3	55,3	
6. 6. 1961[1])	100	20,6	26,5	52,9	
27. 5. 1970[1])	100	25,1	27,1	47,8	
April 1974[1])	100	27,2	28,4	44,4	
1985[3])	100	29,6	28,1	42,3	

[1]) Volkszählungen. [2]) Mikrozensus*. [3]) Vorausschätzung des Statistischen Bundesamtes.

Quelle: Institut der deutschen Wirtschaft, Hrsg.: Zahlen zur wirtschaftlichen Entwicklung der Bundesrepublik Deutschland, Köln (Deutscher Instituts-Verlag) 1976, S. 3.

Die Statistik wäre irreführend, würde sie diesen Unterschieden nicht Rechnung tragen. Sie macht es, indem sie drei verschiedene *Haushaltstypen* definiert und deren *Konsumsummen** bzw. *Konsumausgabenstrukturen* im Zeitablauf beobachtet. Diese drei Haushaltstypen sind:

- Zwei-Personen-Haushalt mit geringem Einkommen (Haushaltstyp 1),
- Vier-Personen-Haushalt mit mittlerem Einkommen (Haushaltstyp 2),
- Vier-Personen-Haushalt mit höherem Einkommen (Haushaltstyp 3).

Eine Informationsschrift der Bundesregierung erläutert die drei Haushaltstypen wie folgt:

„Der Haushaltstyp 1 oder auch ‚Zwei-Personen-Haushalt mit geringem Einkommen' repräsentiert Haushalte von Renten- und Sozialhilfeempfängern (ältere Ehepaare). Im Haushaltstyp 2 oder ‚Vier-Personen-Haushalt mit mittlerem Einkommen' werden Arbeitnehmer (Arbeiter und Angestellte) mit etwa durchschnittlichem Einkommen des allein verdienenden Haushaltsvorstandes erfaßt; der Haushalt besteht aus einem Ehepaar mit zwei Kindern, wovon mindestens eins unter 15 Jahre alt ist. Unter Haushaltstyp 3 oder ‚Vier-Personen-Haushalt mit höherem Einkommen' sind Beamten- und Angestellten-Haushalte etwa gleicher Familienstruktur zu verstehen, deren Einkommen deutlich höher liegt."[1]

1 Presse- und Informationsamt der Bundesregierung, Hrsg.: Gesellschaftliche Daten in der Bundesrepublik Deutschland 1973, Bonn 1973, S. 140.

Verbrauchsausgaben nach Verwendungszwecken je Haushalt und Monat in der Bundesrepublik Deutschland

Verwendungszweck	1973	1974	1975	1976	1977
	1. Zwei-Personen-Haushalt mit geringem Einkommen (Haushaltstyp 1)				
Privater Verbrauch in DM	677,02	753,86	818,03	877,58	926,50
davon in % für					
Nahrungs- und Genußmittel	41,0	38,7	38,2	38,8	37,6
Bekleidung, Schuhe	7,0	7,3	6,9	6,4	6,4
Wohnungsmieten u. ä.	20,7	21,2	22,2	22,6	22,2
Elektrizität, Gas, Brennstoffe u. ä.	7,5	7,5	7,6	7,7	8,2
Übrige Haushaltsführung	9,7	9,7	9,3	8,5	9,1
Sonstiges[1])	14,1	15,6	15,8	16,0	16,5
	2. Vier-Personen-Haushalt mit mittlerem Einkommen (Haushaltstyp 2)				
Privater Verbrauch in DM	1470,87	1600,12	1801,21	1960,74	2082,86
davon in % für					
Nahrungs- und Genußmittel	37,7	31,2	29,8	29,7	29,0
Bekleidung, Schuhe	10,0	10,1	9,9	9,0	9,1
Wohnungsmieten u. ä.	15,5	15,9	15,5	15,7	15,6
Elektrizität, Gas, Brennstoffe u. ä.	5,0	5,0	5,1	5,2	5,3
Übrige Haushaltsführung	11,0	10,3	9,9	9,4	9,5
Sonstiges[1])	20,8	27,5	29,8	31,0	31,5
	3. Vier-Personen-Haushalt mit höherem Einkommen (Haushaltstyp 3)				
Privater Verbrauch in DM	2327,07	2573,55	2849,49	3117,07	3288,33
davon in % für					
Nahrungs- und Genußmittel	25,3	23,9	23,0	22,7	22,6
Bekleidung, Schuhe	10,0	10,0	9,9	9,6	9,3
Wohnungsmieten u. ä.	14,8	15,1	14,8	14,7	14,6
Elektrizität, Gas, Brennstoffe u. ä.	4,0	4,3	4,2	4,5	4,3
Übrige Haushaltsführung	10,6	11,2	10,6	9,5	10,4
Sonstiges[1])	35,3	35,5	37,5	39,0	38,8

[1]) Güter für Verkehr, Nachrichtenübermittlung, Körper- und Gesundheitspflege, Bildung und Unterhaltung, persönliche Ausstattung, sonstige Güter.

Quelle: Statistisches Bundesamt Wiesbaden, Hrsg.: Statistisches Jahrbuch 1978 für die Bundesrepublik Deutschland, Stuttgart und Mainz (Kohlhammer), S. 436–439.

Beim Haushaltstyp 1 fällt der hohe Anteil der Ausgaben für Nahrungsmittel (33,3%) und Wohnungsmiete (20,6%) auf. Ein Vergleich der drei Haushaltstypen hinsichtlich dieser beiden Kategorien zeigt, daß der prozentuale Anteil dieser Ausgaben am Haushaltsverbrauch mit steigendem Budget abnimmt, obwohl die Ausgaben dieser Kategorien absolut zunehmen. Bei den Haushaltstypen 2 und 3 sind vor allem die Ausgaben für Bekleidung und Schuhe eine wichtige Kategorie. In der **Abb. 31.1** ist die Verwendungsstruktur der privaten Einkommen – gegliedert nach Haushaltstypen – für das Jahr 1975 graphisch veranschaulicht:

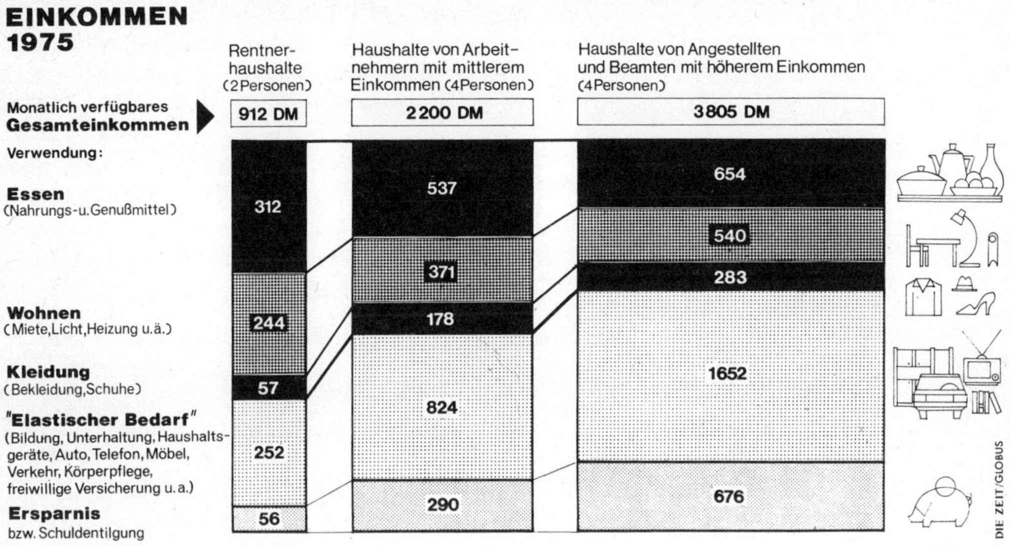

Quelle: Die Zeit, 03.09.1975.

Abb. 31,1

Die **Abb. 31,1** zeigt nicht nur die Struktur der Konsumausgaben, sondern außerdem die *Struktur der Verwendung der verfügbaren Einkommen* der drei Haushaltstypen. In Teil 3 dieser Grundlagen der Wirtschaftswissenschaften (Abschnitt 2.3) war gezeigt worden, daß das verfügbare Einkommen der privaten Haushalte Y_v nur auf zweierlei Weise verwendet werden kann, nämlich für Konsum C und Ersparnis S, so daß gilt:

$$Y_v = C + S.$$

Die Komponenten dieser Gleichung werden in **Abb. 31,1** statistisch belegt.

Die Struktur der Verbrauchsausgaben ist in verschiedenen Ländern unterschiedlich und wechselt außerdem mit der Höhe des Lebensstandards beträchtlich. Die Tabelle auf S. 32 zeigt, wie sich die Konsumstruktur in RGW-Ländern* von derjenigen der Bundesrepublik Deutschland unterscheidet. Zu dieser Tabelle heißt es in einer Studie des Deutschen Instituts für Wirtschaftsforschung (DIW), Berlin:

„Verbrauch von Nahrungsmitteln.

Nach dem Kalorienverbrauch, einem allerdings groben Maßstab des Ernährungsstandards, liegen alle RGW-Länder auf einem international hohen Niveau. Je Einwohner werden täglich mehr als 3000 Kalorien verbraucht, das ist ebensoviel, teilweise mehr als in den führenden westlichen Industrieländern. Ein hoher Kalorienverbrauch, der überwiegend auf dem Verzehr pflanzlicher Kost beruht, ist typisch für eine agrarisch geprägte, körperlich schwer arbeitende Bevölkerung. Jedoch ist bekanntlich auch der Kalorienanteil tierischen Ursprungs ein wesentliches Indiz für den Lebensstandard.
Für die wichtigsten Grundnahrungsmittel wird der Pro-Kopf-Verbrauch in den Ostblockländern seit einer Reihe von Jahren amtlich ausgewiesen, so daß sich Wandlungen der Ernährungsstruktur eines Landes im Zeitablauf ebenso nachweisen lassen wie spezifische Unterschiede von Land

zu Land. Diese können in direktem Zusammenhang mit dem verschieden hohen Entwicklungs- und Reifegrad der Volkswirtschaften stehen, aber auch Ausdruck traditioneller – oft klimatisch bedingter – Verbrauchsgewohnheiten sein (insbesondere bei Kartoffeln, Reis, Brot und Teigwaren). Ganz deutlich tritt dies bei der DDR auf der einen (hoher Kartoffel-, geringer Getreideverbrauch) und Bulgarien auf der anderen Seite (hoher Getreide-, niedriger Kartoffelverbrauch) hervor. Ähnlich wie in Bulgarien sind die Verbrauchsgewohnheiten in den südosteuropäischen Ländern Rumänien und Ungarn, während in den nördlicher gelegenen Ostblockländern Polen, ČSSR und UdSSR die Kartoffel von jeher das Grundnahrungsmittel ist.

Pro-Kopf-Verbrauch von ausgewählten Nahrungsmitteln

Land	Jahr	Fleisch [1]	Eier	Mehl [1]	Kaffee [2]	Kartoffeln
		kg	Stück	kg	kg	kg
Bulgarien	1960	32,7	84	190	·	35
	1970	43,7	122	174	·	26
	1973	52,4	135	170	·	27
	1975 Plan	55,0	159	·	·	·
ČSSR	1960	56,8	179	126	0,42	100
	1970	71,9	277	113	0,86	103
	1973	77,3	292	109	0,89	105
	1975 Plan	78,0	·	·	·	·
DDR	1960	55,0	197	102	1,10	174
	1970	66,0	239	97	2,20	154
	1973	74,0	249	95	2,30	143
	1975 Plan	73,5	247	·	2,80	·
Polen	1960	49,9	143	145	0,11	223
	1970	61,2	186	132	0,40	190
	1973	70,5	202	126	0,58	183
	1975 Plan	63,0	184	·	·	·
Rumänien[3]	1960	28,0	113	180	·	162
	1970	40,0	144	165	·	102
	1973	55,0	204	·	·	·
	1975 Plan	·	·	·	·	·
UdSSR	1960	40,0	118	164	[4] 0,09	143
	1970	48,0	158	149	[4] 0,17	130
	1973	52,0	194	145	[4] 0,13	124
	1975 Plan	61,0	207	·	·	·
Ungarn	1960	47,6	160	133	0,14	98
	1970	57,8	247	124	1,64	75
	1973	63,2	270	121	2,10	67
	1975 Plan	67,0	237	·	3,00	·
Bundesrepublik Deutschland	1960	57,0	226	80	2,87	132
	1970	79,6	281	66	·	102
	1973	79,0	300	66	5,17	94
	1975 Plan	·	·	·	·	·

[1]) Einschließlich verarbeiteter Erzeugnisse. – [2]) Röstkaffee. – [3]) Verfügbare Mengen. – [4]) Rohkaffeeimport je Einwohner.

Quellen: Statistische Jahrbücher der betreffenden Länder.

Symptomatisch für die Entwicklung in allen RGW-Ländern ist, daß einem allgemein wachsenden Konsum von Fleisch, Fisch, Milch, Butter und Eiern ein durchweg rückläufiger Verbrauch an Getreideerzeugnissen und Kartoffeln gegenübersteht. Es ist also eine Verlagerung von überwiegend kohlehydrathaltigen zu mehr eiweiß- und fetthaltigen Nahrungsmitteln eingetreten, begleitet von einer Zunahme des Genußmittelverbrauchs (Kaffee, alkoholische Getränke)."

Verständlicherweise ist aber nicht nur von Interesse, wie die Struktur der Konsumausgaben bei verschiedenen Haushaltstypen und bei steigenden Budgets ist, sondern wie es zu der jeweiligen Struktur der Verbrauchsausgaben privater Haushalte kommt. Das soll in den folgenden Abschnitten analysiert werden.

Zusammenfassung

In den letzten 100 Jahren ist die *Anzahl privater Haushalte* in Deutschland stark gestiegen. Im gesamten Deutschen Reich gab es 1871 etwa 9 Mio. Haushalte, in dem wesentlich kleineren Gebiet der Bundesrepublik Deutschland zählte man 1974 circa 24 Mio. Die durchschnittliche Größe der Haushalte hat sich dabei von 4,63 auf 2,61 Personen verringert. Das Statistische Bundesamt erfaßt Daten für verschiedene *Haushaltstypen:* Zwei-Personen-Haushalte mit geringem Einkommen, Vier-Personen-Haushalte mit mittlerem und mit höherem Einkommen. Dabei zeigt sich, daß mit steigendem Budget die Ausgaben für Nahrungsmittel und Wohnung relativ abnehmen. Diese Tendenz läßt sich auch für andere Länder belegen.

ÜBUNGEN

2/4 Wie entwickelte sich die Durchschnittsgröße der privaten Haushalte in den letzten 100 Jahren in Deutschland?

2/5 Welche Bevölkerungsgruppen werden durch die drei Haushaltstypen repräsentiert und welche nicht?

2/6 Wie verändert sich die Ausgabenstruktur mit zunehmendem Einkommen?

2/7 Wodurch unterscheiden sich das Budget und das verfügbare Einkommen eines privaten Haushalts?

2/8 Worin unterscheidet sich die Verbrauchsstruktur in der Bundesrepublik Deutschland von der in RGW-Ländern?

2/9 Resümieren und interpretieren Sie die Entwicklung der Verbrauchsausgabenstruktur bei den Haushaltstypen 1, 2 und 3.

2.3 Die Budget- oder Bilanzgleichung

- Die Begriffe Verbrauchsplan und Verbrauchsebene definieren und interpretieren können.
- Die Budgetgleichung und -ungleichung formulieren können.
- Die Budgetgerade für den Zweigüterfall konstruieren können.
- Den Einfluß von Budget- oder Preisänderungen auf den Verlauf der Budgetgeraden aufzeigen können.

Wenn ein Haushalt entschieden hat, wie er sein verfügbares Einkommen einer Periode für Konsum und Ersparnis aufteilt, dann stellt sich die Frage, wie er die *Konsumsumme,* sein *Budget,* auf die verschiedenen möglichen Konsumzwecke verteilt. Welche Überlegungen stellt ein Haushalt an, wenn zu entscheiden ist, welche Mengen welcher Konsumgüter gekauft werden sollen? Der Haushalt stellt einen *Konsum-* oder *Verbrauchsplan* auf, in dem die Güter und deren Mengen, die ein Haushalt zu kaufen beabsichtigt, enthalten sind. Zunächst soll ein solcher Verbrauchsplan graphisch veranschaulicht werden. Der Einfachheit halber soll davon ausgegangen werden, daß der Haushalt nur zwischen zwei Konsumgütern wählen kann (Zweigüterfall).

Trägt man auf den Achsen eines Koordinatensystems Gütermengen x_1 und x_2 der Güter 1 und 2 ab, so läßt sich jeder Punkt im ersten Quadranten interpretieren als eine bestimmte Gütermengenkombination (x_1, x_2), als ein bestimmter *Warenkorb* (vgl. **Abb. 34,1**). Dieser Bereich wird deshalb auch als *Verbrauchsebene* bezeichnet. Zum Beispiel kennzeichnet der Punkt ($x_1 = 6$, $x_2 = 4$) einen bestimmten Verbrauchsplan; ebenso der Punkt ($x_1 = 4$, $x_2 = 0$) einen anderen, bei dem nur Mengen des Gutes 1 gekauft würden.

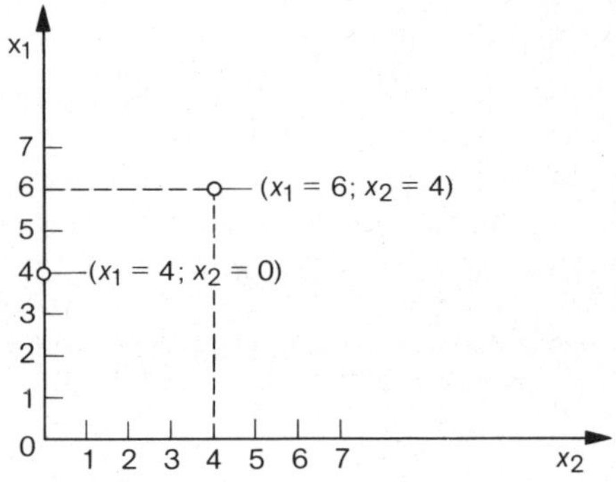

Abb. 34,1

Es ergibt sich die Frage, welchen der möglichen Verbrauchspläne der Haushalt realisieren wird. Eine Bedingung für die Realisierbarkeit eines Verbrauchsplanes ist, daß die Ausgaben des Haushalts für diesen Verbrauchsplan das Budget des Haushalts nicht übersteigen. Die Ausgaben des Haushalts hängen sowohl von den jeweiligen Gütermengen ($x_1, x_2 \ldots x_n$) als auch von den Güterpreisen ab. Im folgenden wird davon ausgegangen, daß der einzelne Haushalt keinerlei Einfluß auf die Höhe der Güterpreise nehmen kann. Er kann lediglich seine Nachfragemenge variieren (*Mengenanpasser*). Die Ausgaben a für einen Verbrauchsplan ergeben sich somit als

$$p_1x_1 + p_2x_2 + \ldots + p_nx_n = a.$$

Wenn aber die Ausgaben das Budget c nicht übersteigen dürfen, so muß zugleich die „*Budget- oder Bilanzungleichung*"

$$a \leq c$$

erfüllt sein. Im Zweigüterfall lautet dann die Budgetungleichung

$$p_1x_1 + p_2x_2 \leq c.$$

Graphisch läßt sich dieser Fall wie folgt veranschaulichen. Nimmt man einmal an, daß der Haushalt sein gesamtes Budget c für den Erwerb von Mengen des Gutes 1 ausgibt, so läßt sich dieser Verbrauchsplan darstellen als die Menge des Gutes 1, die man mit der Budgetsumme c kaufen kann. Sie läßt sich errechnen als der Quotient $\frac{c}{p_1}$ (vgl. **Abb. 35,1**).

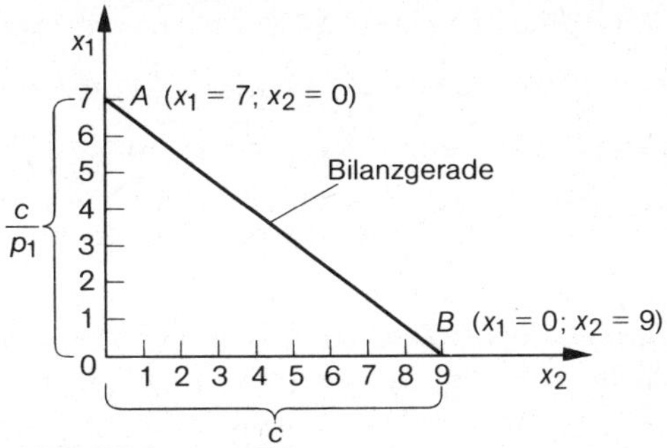

Abb. 35,1

Der Quotient $\frac{c}{p_2}$ ergibt analog einen Verbrauchsplan, der nur aus einer Menge des Gutes 2 besteht. Beiden extremen Verbrauchsplänen ist gemeinsam, daß sie das Budget c voll ausschöpfen. Verbindet man nun diese beiden Punkte auf der x_1- und x_2-Achse, so ergibt sich – unter der Annahme, daß die Güter 1 und 2 unendlich teilbar sind – die sogenannte *Budget-* oder *Bilanzgerade.* Sie ist der geometrische Ort aller Verbrauchspläne, die das Budget c voll ausschöpfen. Alle Punkte und damit Verbrauchspläne, die rechts von der Budgetgeraden liegen, sind nicht realisierbar ($a > c$), alle Punkte und Verbrauchspläne, die links von der Budgetgeraden liegen, schöpfen das Budget nicht voll aus.

Wie aus den oben gemachten Annahmen zu ersehen ist, hängt die Lage der Budgetgeraden im ersten Quadranten vom Budget c sowie von den Preisen p_1 und p_2 der beiden Güter ab. Folglich muß sich der Verlauf der Budgetgeraden ändern, wenn sich eine oder mehrere ihrer Determinanten ändern. Das soll schrittweise gezeigt werden. Wenn das Budget c wächst, die Preise p_1 und p_2 aber konstant bleiben, so werden die Quotienten $\frac{c}{p_1}$ *und* $\frac{}{p_2}$ größer. Dadurch entfernt sich in **Abb. 35,2** die Bilanzgerade bei gleichbleibender Steigung vom Nullpunkt. Eine *Budgeterhöhung* schiebt die Budgetgerade vom Ursprung des Koordinatensystems weg, eine *Budgetsenkung* zum Ursprung hin:

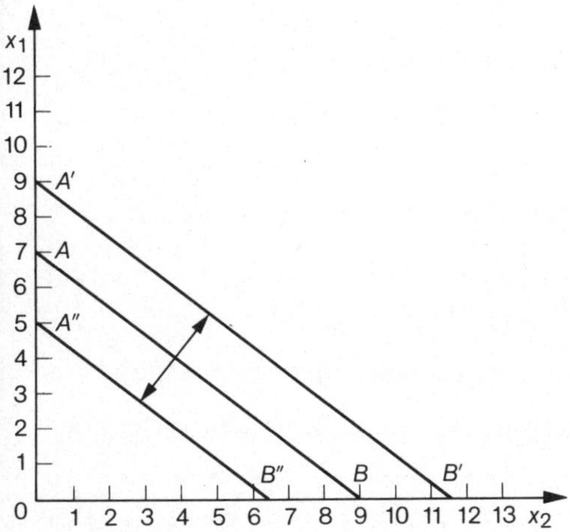

Abb. 35,2

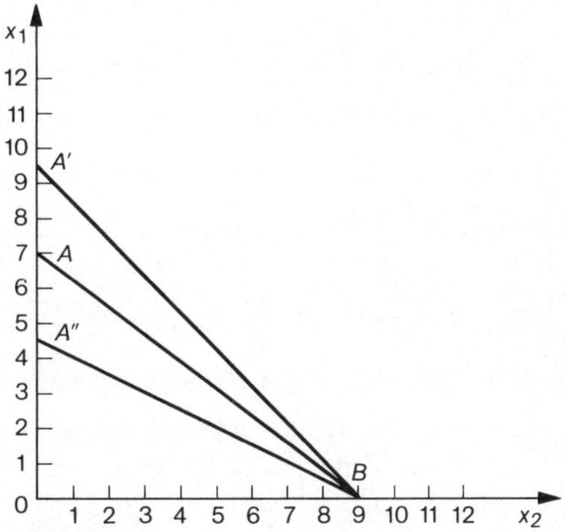

Abb. 35,3

Ebenso läßt sich die Wirkung der *Variation des Preises eines Gutes,* p_1, zeigen, wenn man das Budget c und den Preis des anderen Gutes, p_2, als konstant annimmt. Steigt p_1, so wird die Menge des Gutes 1, die mit dem Budget c maximal gekauft werden könnte, kleiner. Mit steigendem p_1 verringert sich auch der Quotient $\frac{c}{p_1}$, der Punkt A in **Abb. 35,3** bewegt sich zum Ursprung hin, während der Punkt B bestehen bleibt. Eine Variation des Preises p_1 bewirkt also, daß sich die Budgetgerade um den Punkt B dreht – bei einem Anstieg von p_1 dreht sie sich zum Ursprung hin, bei einem Sinken von p_1 vom Ursprung weg.

Bei einer *Variation des Preises* p_2 und Konstanz von p_1 und c dreht sich die Budgetgerade entsprechend um A. Verändern sich mehrere Variablen gleichzeitig, so addieren sich die Wirkungen. Es können sich also Drehungen *und* Verschiebungen ergeben.
Mit der Budgetgeraden sind die *realisierbaren Verbrauchspläne* bestimmt und damit der Bereich objektiver Handlungsmöglichkeiten des Haushalts. Er wird durch das Feld OAB angegeben. Über die Vorteilhaftigkeit der einzelnen Verbrauchspläne für den Haushalt ist jedoch noch nichts gesagt. Das ist erst möglich, wenn neben den Aussagen über das Können auch Aussagen über das Wollen der Haushalte vorliegen.

Zusammenfassung

Hat der Haushalt bei gegebenem, verfügbarem Einkommen die Höhe seiner Konsumsumme (Budget) bestimmt, stellt er einen *Verbrauchsplan* auf. Mit dem Verbrauchsplan entscheidet er über die *Zusammensetzung der Güter,* die er zu erwerben beabsichtigt (Warenkorb). Für einen Zweigüterfall lassen sich alle möglichen *Güterkombinationen,* die das Budget voll ausschöpfen, mit Hilfe der *Bilanzungleichung* formulieren und mit Hilfe der *Bilanzgeraden* darstellen.

ÜBUNGEN

2/10 Wie ist das Budget definiert, das der hier entwickelten Theorie des Haushalts zugrunde liegt?

2/11 Aus welchen Quellen kann dieses Budget gespeist werden?

2/12 Unterscheiden Sie Budget, verfügbares Einkommen, Konsumsumme und Verbrauchsplan.

2/13 Was besagt der Begriff Verbrauchsebene?

2/14 Warum ist die Budgetgerade eine stetige Kurve?

2/15 Was heißt „Der Haushalt agiert als Mengenanpasser"? Warum ist das so?

2/16 Welche Wirkung entsteht, wenn der Haushalt sein Budget nicht ausschöpft?

2/17 Wie läßt sich die Gütermenge eines Gutes, die ein Haushalt maximal mit seinem Budget kaufen kann, ausdrücken?

2/18 Wie ändert sich die Bilanzgerade, wenn sich das Budget oder ein Preis ändert? Welche Möglichkeiten ergeben sich, wenn sich mehrere Variablen gleichzeitig ändern?

2.4 Indifferenzkurven

- Die Begriffe Bedarfsstruktur, Präferenzordnung und Indifferenzkurve definieren und Bezüge zwischen ihnen herstellen können.
- Die den Indifferenzkurven zugrundeliegenden Annahmen aufzählen und erläutern können.
- Die Entwicklung eines Indifferenzkurvensystems graphisch darstellen und erläutern können.

Die *Bedarfstruktur* ist ein Katalog und eine Rangordnung der Güter bzw. Gütermengenkombinationen, die ein Haushalt konsumieren will. Diese *Rang-* oder *Präferenzordnung* ermöglicht es, eindeutige Aussagen über die Vorteilhaftigkeit einzelner Verbrauchspläne zu machen.

Die Existenz einer Präferenzordnung bedeutet, daß der Haushalt in der Lage ist, bei zwei verschiedenen Gütermengenkombinationen $X^{(1)} = (x_1^{(1)}, x_2^{(1)}, \dots x_n^{(1)})$ und $X^{(2)} = (x_1^{(2)}, x_2^{(2)}, \dots x_n^{(2)})$ zu beurteilen, ob er

- die Kombination $X^{(1)}$ der Kombination $X^{(2)}$ vorzieht oder
- die Kombination $X^{(2)}$ der Kombination $X^{(1)}$ vorzieht oder
- die Kombinationen $X^{(1)}$ und $X^{(2)}$ als gleichwertig ansieht.

Der Haushalt muß also angeben können, ob er eine Kombination höher oder niedriger einschätzt als eine andere oder ob ihm zwei Kombinationen als gleichwertig erscheinen. Diese Voraussetzung bezeichnet man als „*ordinale Vergleichbarkeit*". Ordinale Vergleichbarkeit verlangt nicht, daß der Haushalt angeben kann, um wieviel er eine Kombination höher einschätzt als eine andere. Es kommt nur auf die Rangordnung an.

Geht man nun von einem bestimmten Verbrauchsplan, einem bestimmten Punkt V_1 ($x_1 = 3$, $x_2 = 4$) in der Verbrauchsebene (vgl. **Abb. 37,1**), aus, so muß die Präferenzordnung des Haushalts bestimmen, welche anderen Verbrauchspläne der Haushalt höher und welche er niedriger einschätzt als V_1. Ein erster Bereich läßt sich definieren, der Verbrauchspläne umfaßt, die sämtlich dem Verbrauchsplan V_1 vorgezogen werden. Das sind alle Verbrauchspläne, die von keinem der beiden Güter weniger, aber von einem oder beiden Gütern eine größere Menge enthalten. Graphisch läßt sich das wie folgt veranschaulichen:

Man zieht durch V_1 je eine Parallele zur x_1- und x_2-Achse. Auf der Parallelen zur x_1-Achse liegen alle Punkte und damit Verbrauchspläne, die von Gut 2 die gleiche Menge wie bei der Kombination V_1 enthalten, aber alternative Mengen von Gut 1. Auf der Parallelen zur x_2-Achse liegen alle Punkte, die von Gut 1 die gleiche Menge wie bei der Kombination V_1 enthalten, aber alternative Mengen von Gut 2. Sämtliche Punkte auf diesen Parallelen, die bei gleicher Menge des einen Gutes größere Mengen des anderen Gutes enthalten, werden V_1 vorgezogen.

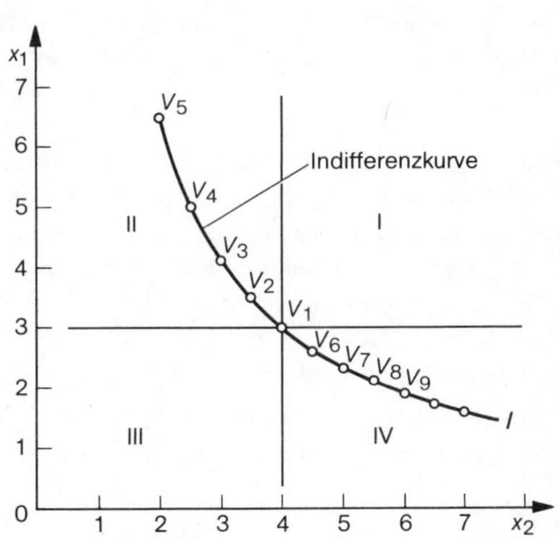

Abb. 37,1

Gleiches gilt für die Kombinationen innerhalb des Bereiches I der Verbrauchsebene, denn sie repräsentieren alle Verbrauchspläne, die sowohl von Gut 1 als auch von Gut 2 größere Mengen enthalten als die Kombination V_1.

Analog kann aber auch gesagt werden, daß der Bereich III, einschließlich der ihn begrenzenden Abschnitte der Parallelen zur x_1- und x_2-Achse, alle Gütermengenkombinationen und damit Verbrauchspläne enthält, die für den Verbraucher weniger vorteilhaft als die Kombination V_1 sind. Diese Verbrauchspläne enthalten von keinem Gut mehr Mengeneinheiten als die Kombination V_1, aber entweder weniger Einheiten von Gut 1 oder von Gut 2 oder von beiden Gütern.

Während man hinsichtlich der Punkte in den Bereichen I und III schlüssige Aussagen über die Präferenzordnung des Haushalts machen konnte, ist das für die Bereiche II und IV nicht möglich. Hier bleibt nur die Möglichkeit einer direkten Befragung des betreffenden Haushalts.

Zunächst soll der Bereich II betrachtet werden. Alle Punkte dieses Bereiches bezeichnen Verbrauchspläne, die eine größere Menge von Gut 1 und eine kleinere Menge von Gut 2 enthalten als V_1. Wenn nun ein Haushalt einen Punkt im Bereich II bzw. den dadurch bezeichneten Verbrauchsplan höher schätzt als V_1, so besagt das, daß das Mehr an Gut 1 dem Haushalt mehr bedeutet als das Weniger an Gut 2. Solche Resultate müssen in einer Befragung eines Haushalts systematisch ermittelt werden. Das kann in folgender Weise geschehen:
Ausgehend von V_1 stellt man dem betreffenden Haushalt die Frage, wie groß die zusätzliche Menge von Gut 1 sein muß, die ihn für den Verlust einer Einheit von Gut 2 entschädigt. Aufgrund dieser Befragung erhält man einen neuen Verbrauchsplan, repräsentiert durch den Punkt V_2 im Bereich II, der im Urteil des Haushalts dem Punkt und Verbrauchsplan V_1 absolut gleichwertig ist (vgl. **Abb. 37,1**). Für den Punkt V_2 läßt sich die Befragung wiederholen, und der Haushalt wird wiederum eine Menge des Gutes 1 angeben, die ihn für den Verzicht auf eine Einheit des Gutes 2 voll entschädigen würde. Setzt man diese Befragung fort und führt man sie auch bei Verzicht auf Gut 1 zugunsten von Gut 2 für den Bereich IV durch, so erhält man, indem man die einzelnen Punkte verbindet, eine Kurve. Diese Kurve ist der geometrische Ort aller Verbrauchspläne, die nach dem Urteil des Haushalts dem Verbrauchsplan V_1 gleichwertig sind, die also den gleichen Nutzen stiften. Diese Kurve heißt *Indifferenzkurve* (der Haushalt ist diesen Verbrauchsplänen gegenüber indifferent).
Bei der Ableitung dieser Indifferenzkurve wurde von dem Verbrauchsplan bzw. Punkt V_1 ausgegangen. Selbstverständlich kann man aber auch von jedem Punkt rechts oder links von der soeben abgeleiteten Indifferenzkurve ausgehen. Daraus folgt, daß durch jeden Punkt der Verbrauchsebene eine Indifferenzkurve verläuft. Oder anders ausgedrückt: Die gesamte Verbrauchsebene ist überdeckt mit einer *Schar* von Indifferenzkurven.
Jeder Indifferenzkurve entspricht ein bestimmtes *Nutzenniveau,* so daß jeder Indifferenzkurve ein bestimmter *Nutzenindex* zugeordnet werden kann. Die Indizierung erfolgt dabei so, daß der Nutzenindex mit zunehmender Entfernung vom Nullpunkt des Koordinatensystems steigt. Das ergibt sich aus der mit der obigen Ableitung der Indifferenzkurven verbundenen Folgerung, daß alle Punkte rechts von einer Indifferenzkurve den Punkten auf dieser Indifferenzkurve vorgezogen werden (vgl. **Abb. 39,1**).

Wichtig ist, daß sich die Indifferenzkurven nicht schneiden. Wäre das der Fall, wie in **Abb. 39,2** angenommen, so würde dies eine *Inkonsistenz* im Verhalten des Haushalts bedeuten.

Vergleicht man die Verbrauchspläne V_1 und V_2, so kann gesagt werden, daß V_2 dem Verbrauchsplan V_1 vorgezogen wird, denn der Verbrauchsplan V_2 enthält von jedem der beiden Güter 1 und 2 eine größere Menge als V_1. Bei der Wahl zwischen V_1 und V_3 ist der Haushalt indifferent; das gleiche gilt für V_2 und V_3. Hier aber liegt ein Widerspruch vor. Wenn der Haushalt V_1 und V_3 einerseits und V_2 und V_3 andererseits als jeweils gleichwertig einschätzt, dann müßte er logischerweise auch V_1 und V_2 den gleichen Nutzen zumessen. Das ist aber nicht der Fall. Dieser Widerspruch kann nicht auftreten, wenn die für ein Indifferenzkurvensystem notwendige *Transitivitätsbedingung* erfüllt ist. Sie besagt, daß V_1 dem V_3 vorgezogen wird, wenn V_1 dem V_2 und V_2 dem V_3 vorgezogen wird, d. h., daß der Haushalt alle zur Wahl stehenden Gütermengenkombinationen widerspruchsfrei ordnen kann.

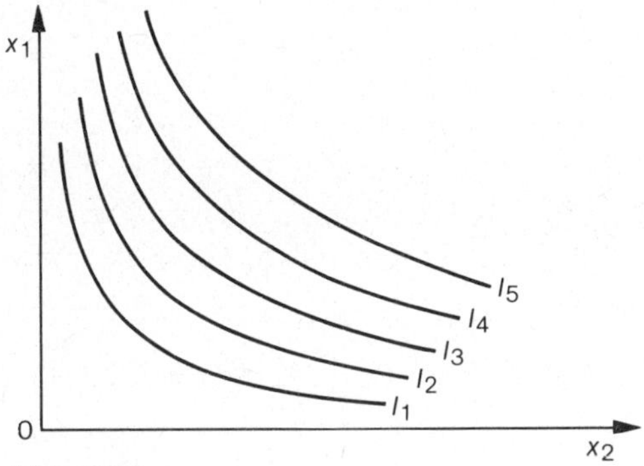

Abb. 39,1

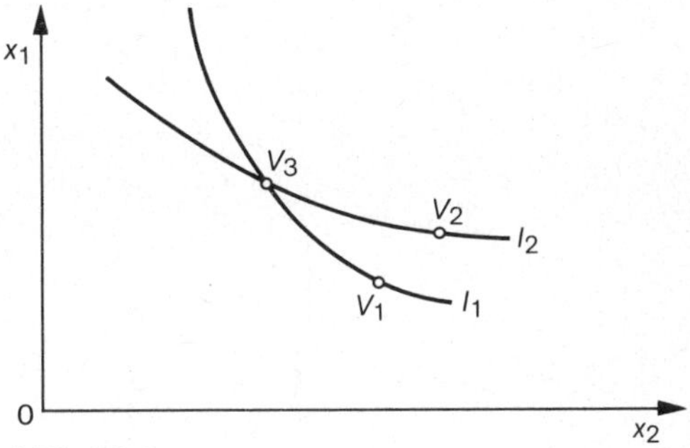

Abb. 39,2

Weiterhin ist zu überlegen, warum der in **Abb. 37,1** dargestellte Verlauf einer Indifferenzkurve typisch ist. Die Kurve ist dadurch charakterisiert, daß sie stetig, monoton fallend und konvex zum Nullpunkt hin verläuft.

„*Stetig*" bedeutet: Die Kurve hat keine Lücken oder Sprünge. Diese Annahme dient der Anschaulichkeit und der leichteren Handhabung. Sie ist aber nicht realistisch. Sie unterstellt infinitesimal kleine Substitutionsakte der Haushalte und setzt somit eine infinitesimale Teilbarkeit der Güter voraus. „*Monoton fallend*" ist eine Kurve dann, wenn abnehmenden Werten von x_2 zunehmende Werte von x_1 entsprechen. Ein Weniger von x_2 kann dann nur durch ein Mehr von x_1 ausgeglichen werden.

Weiterhin ist die Annahme der *Konvexität* bedeutsam. Anhand der Indifferenzkurve in **Abb. 39,3** läßt sich zeigen, was geschieht, wenn nach und nach jeweils eine Einheit von Gut 1 durch Mengen von Gut 2 substituiert wird. Es ist festzustellen, daß bei einer konstanten Abnahme von x_1 die diese Abnahme im Urteil des Haushalts kompensierenden Zugänge von x_2 immer größer werden, je weniger Einheiten von Gut 1 im Verbrauchsplan enthalten sind. Bei einer Kurve mit konkavem Verlauf wäre das nicht der Fall.

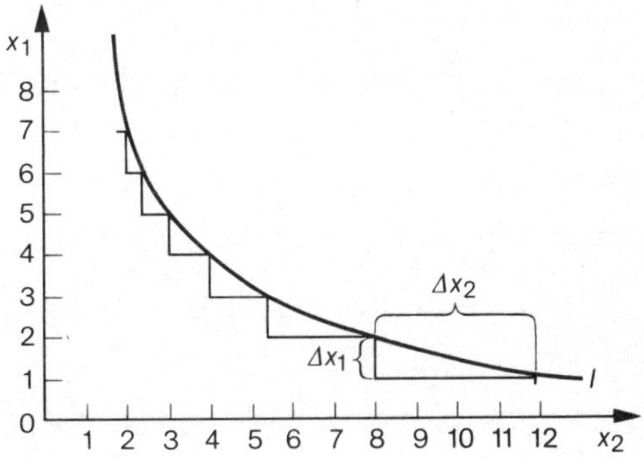

Abb. 39,3

Der Absolutbetrag des *Differenzquotienten*

$$\frac{\text{Änderung der Menge des Gutes 1}}{\text{Änderung der Menge des Gutes 2}} \quad \text{oder} \quad \left| \frac{\Delta x_1}{\Delta x_2} \right|$$

wird als *Substitutionsrate* bezeichnet. In der Regel betrachtet man Änderungen „an der Grenze",

d. h., man läßt Δx_1 gegen Null streben und erhält so die „*Grenzrate der Substitution*" von Gut 1 durch Gut 2, $\left|\frac{dx_1}{dx_2}\right|$. Diese Grenzrate der Substitution ist also ein *Differentialquotient*. Sieht man vom Vorzeichen ab, so gibt er die Steigung der Indifferenzkurve in dem ihm zugeordneten Punkt der Kurve an.

Die Konvexität der Indifferenzkurve bedeutet somit, daß entlang der Kurve die Grenzrate der Substitution abnimmt. Inhaltlich besagt das, daß sich Haushalte bei fortlaufender Substitution von Gut 1 durch Gut 2 nur mit wachsenden Mengen von Gut 2 pro Einheit von Gut 1 zufrieden geben. Ein solches Verhalten der Haushalte wird üblicherweise als normal angesehen. Es entspricht der Aussage des ersten Gossenschen Gesetzes. Hier wird aber davon ausgegangen, daß die Indifferenzkurven nie parallel zu den Koordinatenachsen verlaufen, d. h., daß die Grenzrate der Substitution nie 0 wird bzw. daß die *Sättigungsgrenze* in bezug auf ein Gut nie erreicht wird.

Weiterhin nehmen wir an, daß die betreffenden Güter sich gegenseitig nicht völlig, sondern nur peripher* substituieren können. Das bedeutet, daß die Indifferenzkurven *asymptotisch* zu den Koordinatenachsen verlaufen, diese also nie berühren.

Zusammenfassung

Indifferenzkurven sind die graphische Darstellung der Bedarfsstruktur bzw. Präferenzordnung eines Haushalts. Eine Indifferenzkurve ist der geometrische Ort aller Verbrauchspläne, die nach dem Urteil des Haushalts gleichwertig sind, d. h., die den gleichen Nutzen stiften. Indifferenzkurven repräsentieren einen um so höheren Nutzen, je weiter sie vom Ursprung entfernt liegen. Letztlich können Indifferenzkurven nur durch *Befragung* gewonnen werden. In der Theorie des Haushalts wird üblicherweise mit *stetigen, monoton fallenden, konvex zum Nullpunkt* und *asymptotisch zu den Achsen* verlaufenden Indifferenzkurven gearbeitet.

ÜBUNGEN

2/19 Wie verhalten sich die Begriffe Bedarfsstruktur, Präferenzstruktur und Indifferenzkurve zueinander?

2/20 Was besagt die Annahme ordinaler Vergleichbarkeit?

2/21 Warum ist die Annahme der Nicht-Sättigung von Bedeutung?

2/22 Wie läßt sich die Indifferenzkurve eines Haushalts ermitteln?

2/23 Warum schneiden sich Indifferenzkurven im Modell nicht?

2/24 Was besagt die Annahme der Stetigkeit der Indifferenzkurven? Erläutern Sie, ob diese Annahme realistisch ist.

2/25 Was besagt die Annahme, daß Indifferenzkurven monoton fallend von links oben nach rechts unten verlaufen? Wie beurteilen Sie diese Annahme im Hinblick auf die Realität?

2/26 Was bedeutet die Annahme der Konvexität der Indifferenzkurven?

2/27 Anhand der Indifferenzkurven wurde gezeigt, daß bei fortlaufender Substitution eines Gutes durch ein anderes die Grenzrate der Substitution *abnimmt.* Vergleichen Sie diese Feststellung mit den folgenden Ausführungen von Hicks:
„*Abnehmender Grenznutzen.* Ebenso muß das Prinzip vom abnehmenden Grenznutzen der *steigenden Grenzrate der Substitution* Platz machen. Wenn wir mit gegebenen Mengen aller Güter *X, Y, Z* ... beginnen und zuerst eine Grenzeinheit von *X* mit der Menge *Y* austauschen, die sie gerade ersetzt, und dann eine zweite Grenzeinheit von *X* mit jener Menge von *Y* austauschen, die gerade diese zweite Einheit ersetzt, muß die zweite Einheit von *Y* größer sein als die erste. Mit anderen Worten, je mehr wir *X* durch *Y* ersetzen, desto größer wird die Grenzrate der Substitution von *Y* in bezug auf *X* sein."
J. R. Hicks und R. G. D. Allen: Eine erneute Betrachtung der Werttheorie, in: Alfred E. Ott, Hrsg.: Preistheorie, Köln, Berlin (Kiepenheuer & Witsch) 1965, S. 120.

2/28 Inwiefern ist das erste Gossensche Gesetz bei dem angenommenen Verlauf der Indifferenzkurve berücksichtigt?

2/29 Welche Annahme wird aufgehoben, wenn sich Indifferenzkurven und Koordinatenachsen berühren?

2.5 Der optimale Verbrauchsplan

- Den optimalen Verbrauchsplan mit Hilfe der Budgetgeraden und eines Indifferenzkurvensystems graphisch darstellen können.
- Erläutern können, in welchem Sinne das Haushaltsgleichgewicht ein Optimum ist.

Eine Zusammenschau der Budgetgeraden und der Indifferenzkurven ermöglicht nunmehr die Bestimmung des *optimalen Verbrauchsplans.* Der optimale Verbrauchsplan muß zwei Bedingungen erfüllen: Er muß das *Budget ausschöpfen,* d.h., er muß auf der Budgetgeraden liegen. Weiterhin muß er auf einer Indifferenzkurve mit *möglichst hohem Nutzenniveau* liegen.
Graphisch ist dies in der nebenstehenden **Abb. 41,1** veranschaulicht.
Die realisierbaren Verbrauchspläne liegen in jenem Teil der Verbrauchsebene, der durch die Koordinatenachsen einerseits und die Budgetgerade andererseits begrenzt wird. Zeichnet man nun das Indifferenzkurvensystem als Ausdruck der Präferenzordnung und der Bedarfsstruktur des Haushalts in die Verbrauchsebene ein, so wählt der Haushalt jenen Verbrauchsplan, der auf der höchsten erreich-

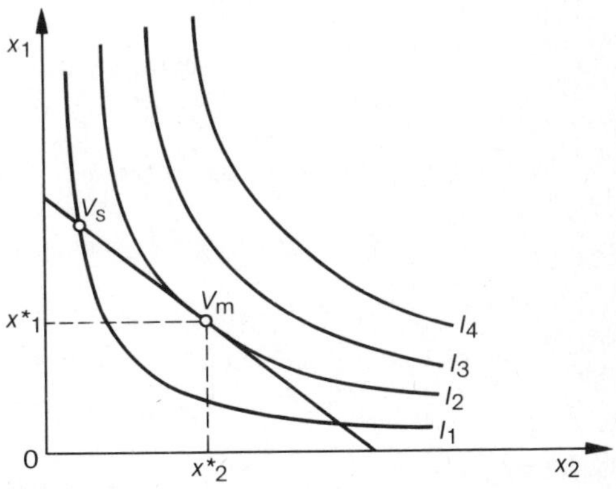

Abb. 41,1

baren Indifferenzkurve liegt. Dieser Verbrauchsplan liegt aber auch auf der Budgetgeraden: der Haushalt schöpft in diesem Fall sein Budget voll aus. Der optimale Verbrauchsplan ist somit bei gegebener Bedarfsstruktur, gegebener Konsumsumme und gegebenen Güterpreisen durch den Punkt V_m (x_1*, x_2*) bestimmt, in dem die Budgetgerade eine Indifferenzkurve tangiert. Aufgrund der Annahmen über die Eigenschaften der Indifferenzkurven gibt es für jede Budgetgerade auch nur einen einzigen Tangentialpunkt. Er stellt das *Haushaltsgleichgewicht* dar.

Zusammenfassung

Der *optimale Verbrauchsplan* eines Haushalts ergibt sich durch eine Zusammenschau der Bilanzgeraden mit dem Indifferenzkurvensystem. Der Tangentialpunkt der Bilanzgeraden mit einer Indifferenzkurve stellt den optimalen Verbrauchsplan und damit das *Haushaltsgleichgewicht* dar.

ÜBUNGEN

2/30 Wie verhalten sich Budgetgerade und Indifferenzkurven im Haushaltsgleichgewicht zueinander?

2/31 In welchem Sinne ist der optimale Verbrauchsplan optimal?

2/32 Welches sind die Annahmen über die Indifferenzkurven, die bedingen, daß es nur einen einzigen optimalen Verbrauchsplan gibt?

2/33 Begründen Sie, warum der Punkt V_s (vgl. Abb. 41,1) keinen optimalen Verbrauchsplan darstellt.

2.6 Die Nachfrage des Haushalts

- Die generelle individuelle Nachfragefunktion formulieren und interpretieren können.
- Die Veränderungen des optimalen Verbrauchsplans bei Variation der Konsumsumme oder der Güterpreise im Zweigüterfall graphisch darstellen und erläutern können.
- Die Budget-Konsumkurve und die Preis-Konsumkurve graphisch ableiten können.
- Die Nachfragekurven aus der Budget-Konsumkurve und aus der Preis-Konsumkurve zeichnerisch entwickeln können.

Der optimale Verbrauchsplan eines Haushalts bildet die Grundlage für die Ableitung der Nachfrage dieses Haushalts nach den einzelnen Gütern. Bei gegebener Präferenzstruktur (ausgedrückt in der Indifferenzkurve), gegebener Konsumsumme c sowie gegebenen Preisen p_1 und p_2 (ausgedrückt in der Bilanzgeraden) als Voraussetzungen für die Aufstellung des optimalen Verbrauchsplanes sind die nachzufragenden Mengen der Güter 1 und 2 bereits bestimmt.

Wenn in diesem Abschnitt nun zusätzlich die „*Nachfrage des Haushalts*" abgeleitet werden soll, so geht es darum, diese Bedingungen der konstanten Konsumsumme c und der konstanten Preise p_1 und p_2 aufzulösen. Der optimale Verbrauchsplan ändert sich, wenn man eine oder mehrere dieser Variablen verändert.

Die funktionale Beziehung zwischen der nachgefragten Menge eines bestimmten Gutes einerseits und seinem Preis, den Preisen aller anderen Güter und der Konsumsumme des Haushalts andererseits bezeichnet man als *generelle (individuelle) Nachfragefunktion* für dieses Gut. Wenn der Haushalt n verschiedene Güter nachfragt, so existieren n verschiedene Nachfragefunktionen von der Form:

$$x_i = x_i\ (p_1, p_2, \ldots, p_n, c).$$

Im Falle zweier Güter, der im folgenden genauer untersucht werden soll, gibt es also zwei Nachfragefunktionen:

$$x_1 = x_1\ (p_1, p_2, c),$$
$$x_2 = x_2\ (p_1, p_2, c).$$

Zunächst ist zu fragen, wie sich der optimale Verbrauchsplan eines Haushalts bei Variation der Konsumsumme ändert. Eine *Variation der Konsumsumme* bei gleichbleibenden Preisen bedeutet eine Parallelverschiebung der Budgetgeraden. Eine Erhöhung des Budgets bedeutet eine Rechtsverschiebung der Budgetgeraden und bewirkt, daß diese eine Indifferenzkurve mit höherem Nutzenniveau berührt und der Haushalt somit ein höheres *Versorgungsniveau* erreicht. Nun sollte man annehmen, daß der Haushalt im Falle eines höheren Versorgungsniveaus auch von beiden Gütern größere Mengen nachfragt. Das ist die Regel, aber Abweichungen von dieser Regel sind nicht selten. Es kommt dabei allein auf die individuelle Bedarfsstruktur des Haushalts an, die in den Indifferenzkurven ausgedrückt ist.

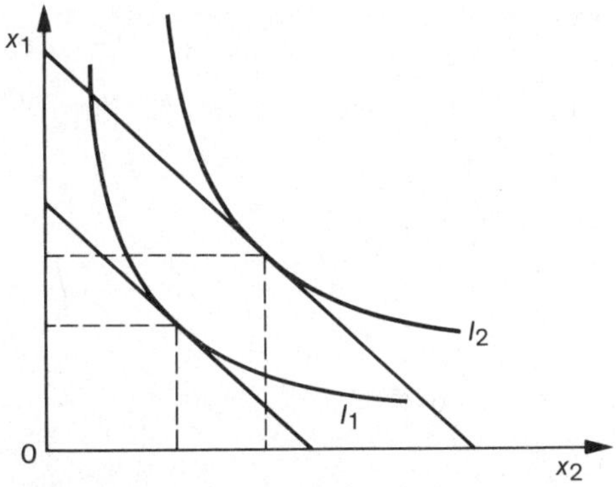

Abb. 43,1

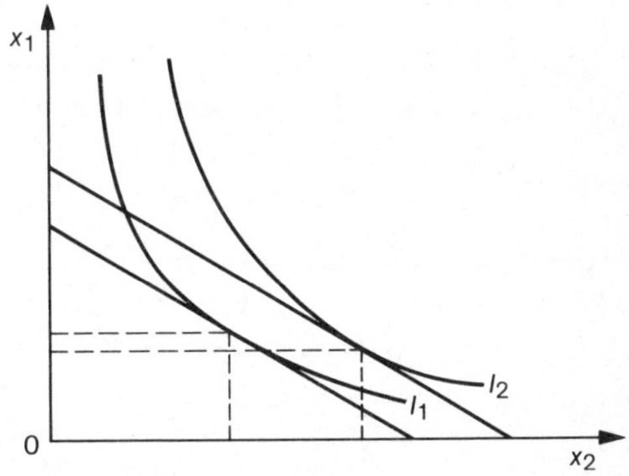

Abb. 43,2

Abb. 43,1 zeigt den Regelfall, in dem bei Erhöhung der Konsumsumme von Gut 1 und Gut 2 größere Mengen nachgefragt werden. **Abb. 43,2** zeigt einen Fall, bei dem trotz höherer Konsumsumme von einem Gut weniger als vorher nachgefragt wird. Güter, für die das zutrifft, werden als „*inferiore Güter*" bezeichnet, weil es sich dabei typischerweise um Güter geringerer Qualität handelt, die bei einer Verbesserung der Einkommenssituation und des Budgets vom Haushalt durch qualitativ bessere Güter ersetzt werden, z. B. Kartoffeln und Getreideerzeugnisse durch Fleisch, Fisch, Milch, Butter und Eier. Bei einer Verringerung des Budgets ergeben sich die entgegengesetzten Effekte.

Statt des Budgets kann sich auch einer der beiden Güterpreise ändern, z. B. p_1. Die Budgetgerade dreht sich dann, wie bereits gezeigt wurde (vgl. **Abb. 35,3**). Der optimale Verbrauchsplan des Haushalts liegt bei einer Senkung von p_1 auf einer höheren, bei einer Erhöhung von p_1 auf einer niedrigeren Indifferenzkurve (vgl. **Abb. 44,1**).

Entsprechend läßt sich der Fall einer Änderung von p_2 konstruieren. Denkbar ist auch der Fall einer gleichzeitigen Änderung aller drei Variablen, p_1, p_2 und c.

Nimmt man nun an, die Bedarfsstruktur eines Haushalts sei in Form eines Indifferenzkurvensystems bekannt, so lassen sich die *individuellen Nachfragefunktionen* für die einzelnen Güter mit Hilfe der verschiedenen Bilanzgeraden ableiten.

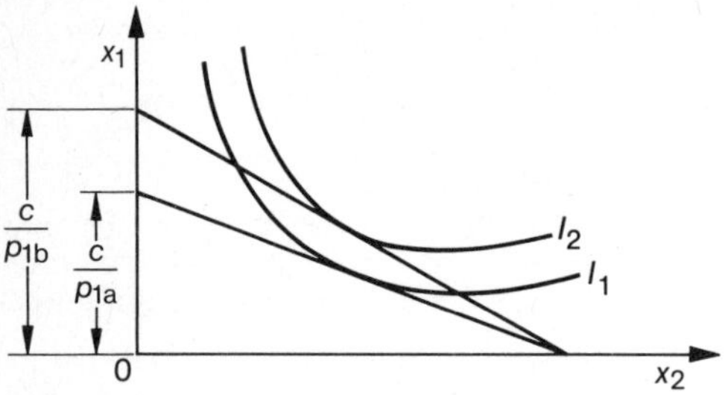

Abb. 44,1

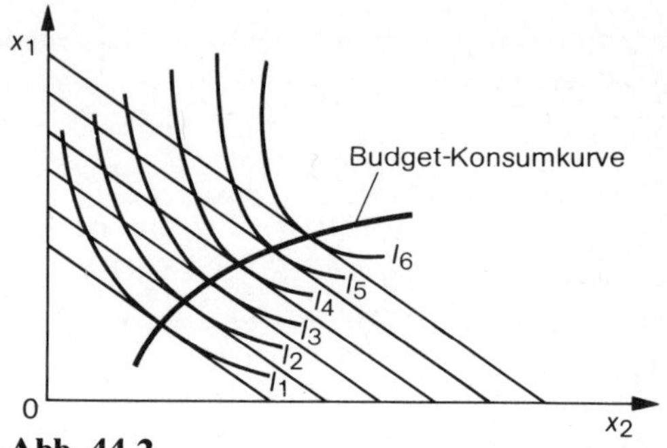

Abb. 44,2

Geht man wie in **Abb. 44,2** davon aus, daß die Preise p_1 und p_2 konstant sind, so erhält man bei vielen *alternativen Budgets* auch eine Vielzahl von Tangentialpunkten und damit Verbrauchsplänen. Verbindet man diese Tangentialpunkte, so ergibt sich die *Budget-Konsumkurve*[1], die zeigt, wie der Haushalt bei einer Änderung seiner Konsumsumme hinsichtlich der mengenmäßigen Nachfrage nach den Gütern 1 und 2 reagiert.

Die mengenmäßigen Beziehungen zwischen c und x_1 bzw. zwischen c und x_2 in den Punkten der Budget-Konsumkurve lassen sich auch isoliert darstellen. Dabei ergeben sich **Abb. 44,3** und **Abb. 44,4**.

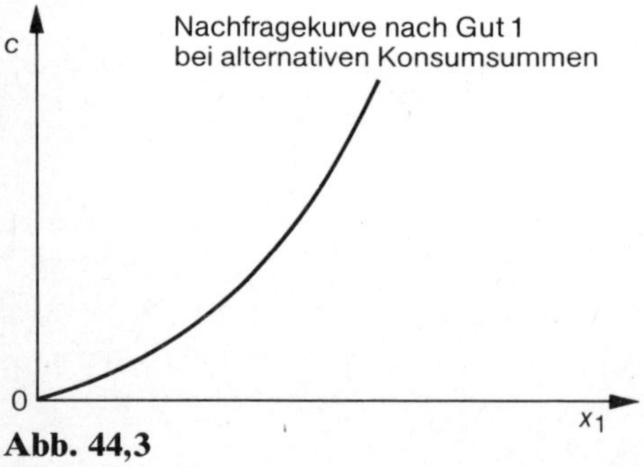

Abb. 44,3

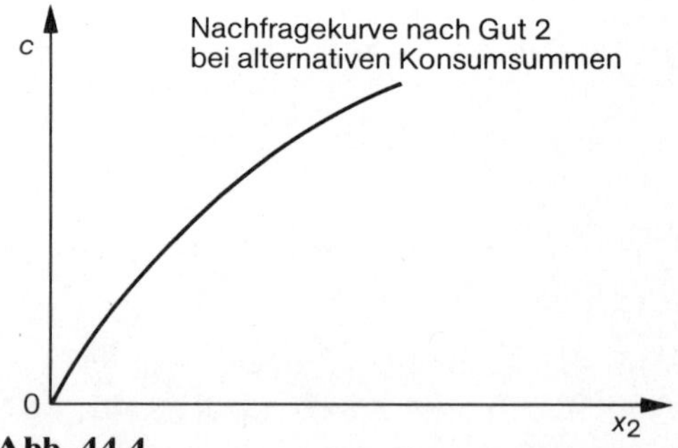

Abb. 44,4

Die Steigung dieser beiden Nachfragekurven hängt von der speziellen Gestalt des Indifferenzkurvensystems, d. h. der Bedarfsstruktur des individuellen Haushalts, ab. Eine gewisse Gesetzmäßigkeit wurde jedoch mit dem *„Engel-Schwabeschen Gesetz"* festgestellt. Der Statistiker

1 Sie wird auch „Einkommens-Konsumkurve" genannt.

Ernst Engel hatte 1857 herausgefunden, daß mit steigendem Einkommen und steigender Konsumsumme die Ausgaben für Nahrungsmittel zwar absolut zunehmen, ihr Anteil an der Konsumsumme bzw. dem Einkommen jedoch abnimmt. Ein ähnliches Resultat ermittelte Gustav Schwabe 1868 für die Mietausgaben (in Berlin).

Häufiger als die Abhängigkeit der nachgefragten Menge eines Gutes von der Konsumsumme interessiert die *Abhängigkeit von den Preisen*. Auch sie läßt sich graphisch darstellen. Variiert man z. B. den Preis p_1 und läßt man c und p_2 konstant, so ergibt sich eine Schar von Budgetgeraden, die alle im Punkt $\frac{c}{p_2}$ auf der x_2-Achse beginnen und von denen jede eine Indifferenzkurve tangiert (vgl. **Abb. 45,1**). Die Kurve, die diese Preise verbindet, heißt *Preis-Konsumkurve*. Sie gibt die jeweiligen nachgefragten Mengenkombinationen der Güter 1 und 2 bei verschiedenen Preisen des Gutes 1 wieder.

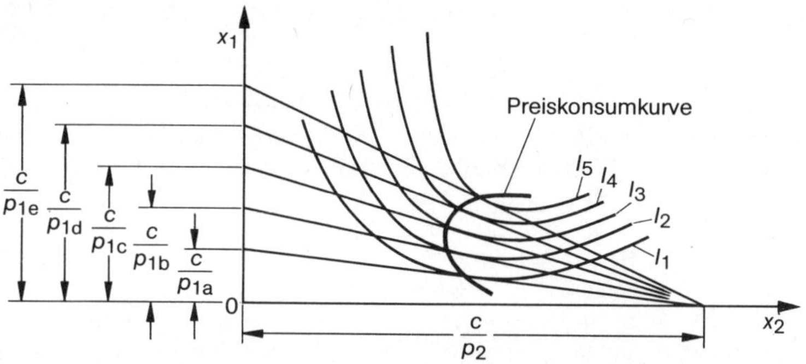

Abb. 45,1

Wie im Falle der Einkommensänderungen gewinnt man aus dieser Darstellung (**Abb. 45,1**) zwei Nachfragefunktionen für die beiden Güter. Überträgt man die entsprechenden Werte des (x_1, x_2)-Diagramms in ein (p_1,x_1)- bzw. in ein (p_1,x_2)-Diagramm, so zeigen die sich ergebenden Kurven die Mengen des Gutes 1, die bei Änderungen von p_1 und Konstanz von p_2 und c nachgefragt werden, bzw. die Mengen des Gutes 2, die bei Änderungen von p_1 und Konstanz von p_2 und c nachgefragt werden (vgl. **Abb. 45,2** und **Abb. 45,3**; **Abb. 45,2** stellt die als typisch angesehene Nachfragefunktion dar).

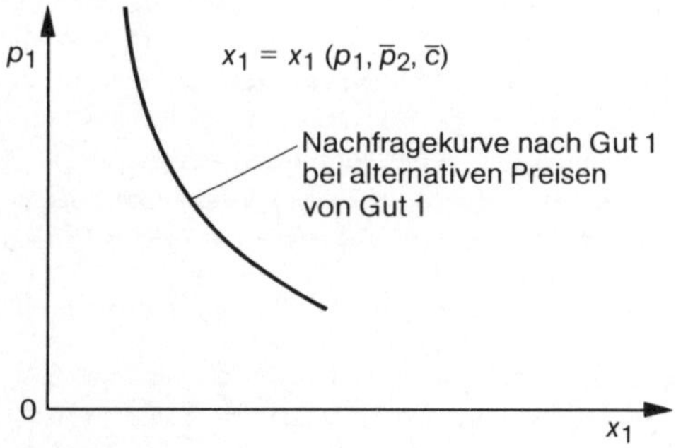

Abb. 45,2

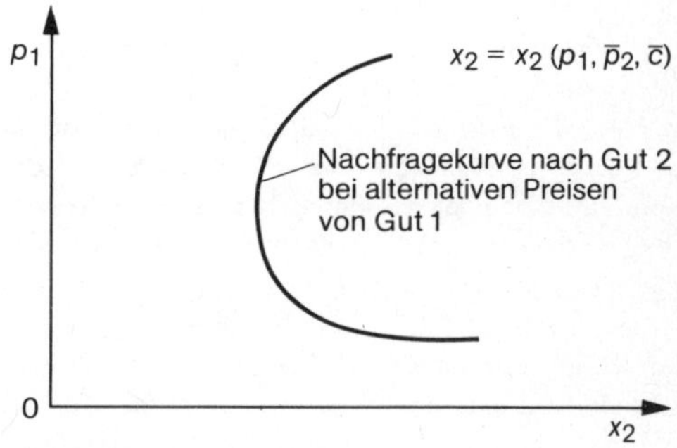

Abb. 45,3

Analoge Resultate ergeben sich, wenn man den Preis p_2 variiert und p_1 sowie c konstant hält.

Zusammenfassung

Die *generelle individuelle Nachfragefunktion* lautet:

$$x_i = x_i\ (p_1, p_2, \ldots p_i, \ldots p_n, c).$$

Spezielle Nachfragefunktionen und -kurven lassen sich *ableiten aus* der *Budget-Konsumkurve* und der *Preis-Konsumkurve*. Das sind Nachfragekurven, bei denen die nachgefragten Mengen nur in Abhängigkeit von einer Variation des Budgets bzw. eines Preises analysiert werden.

Text 4 Erich und Monika Streissler:

„*Die Hickssche Ableitung des Gesetzes der Nachfrage*, . . .

A. Die neoklassische* Konsumtheorie hat ihre ökonomisch fruchtbarste Ausformung in John Hicks' *Value and Capital* (1939 . . .) gefunden und ihre wohl abschließende und mathematisch eleganteste Fassung in Paul Samuelsons *Foundations of Economic Analysis* (1947. . .), Kapitel III und V bis VII. Sie stellt eine hochgradig mathematisch formalisierte Disziplin dar. Dabei darf man nicht glauben, daß die in ihr angewandten mathematischen Methoden lediglich akzidentielle* Form der Darstellung seien. Vielmehr sind in der neoklassischen Konsumtheorie Inhalt und mathematische Ausdrucksweise vollkommen isomorph*. Wie G. Kade (1962. . .) gezeigt hat, sind die inhaltlichen Annahmen über die Vollständigkeit der Information der Wirtschaftssubjekte, über ihr Maximierungsstreben (Rationalverhalten) und über ihre unendlich rasche Reaktionsgeschwindigkeit (keine sozialen, rechtlichen oder technischen Bindungen der Menschen) sowie über die vollständige und sofortige Anpassungsfähigkeit aller Güter an menschliche Wünsche genau diejenigen, die formal die Anwendung der Infinitesimalrechnung ermöglichen. Andrerseits können die Hauptaussagen der neoklassischen Konsumtheorie, wie Samuelson gezeigt hat, auch in Form allgemeinerer, nichtinfinitesimaler Maximierungskalküle* gewonnen werden. Auch diese beruhen aber auf der Annahme der Nutzenmaximierung, wodurch letztere als die Zentralannahme des Systems hervortritt.

Aufgabe des komplizierten, oben skizzierten Annahmengebäudes ist es, trotz der unendlichen Komplexität des ökonomischen Kosmos zu eindeutigen Theoremen zu gelangen. In dem Widerstreit zwischen Wirklichkeitsnähe einerseits und Einfachheit und Eindeutigkeit der Aussagen andrerseits hat die neoklassische Konsumtheorie sich für die zweite Alternative entschieden: Darin liegt ihre Stärke wie ihre Schwäche. Die neoklassische Konsumtheorie ist noch wirklichkeitsfremder als ihr Spiegelbild, die auf der Gewinnmaximierungsannahme der Produzenten beruhende neoklassische Produktionstheorie. Denn die Rechenhaftigkeit der Haushalte ist wohl geringer als die der Unternehmer (relativ weniger Rationalverhalten), sie wird weiter auch nur viel seltener als beim Unternehmer durch eine ausgebildete Buchhaltung unterstützt, und schließlich ist der Nutzen gegenüber dem Gewinn ein viel vagerer, oft nur ad hoc konkretisierter, ja sogar erst nach der Entscheidung gebildeter Bewertungsmaßstab.

B. Im Grunde stelle sich die neoklassische Konsumtheorie, wie Samuelson hervorhebt, nur eine einzige Aufgabe: die Ableitung der verallgemeinerten, von allen Preisen und dem Einkommen eines Wirtschaftssubjektes abhängigen *mikroökonomischen Nachfragekurve*. Ja, man könnte sogar noch weiter gehen und sagen: Vor allem untersucht sie, wie der rationale Konsument auf Preisänderungen reagieren werde. Hicks entwickelt hierbei zwei neue Erklärungseinfälle:

a) Gegenüber der plumpen Darstellung der Wahlhandlung als nur *partieller* Kombination *zweier Güter* (z. B. Brot und Wein) unterliegt in seinem wohl wirklichkeitsnäheren Modell jeweils lediglich *ein Gut* der Entscheidung. Dieses wird in seiner preisabhängigen Kaufwürdigkeit beurteilt im Vergleich zu *allen anderen*, nicht näher spezifizierten Konsummöglichkeiten, im Vergleich zur anonymen und noch verbleibenden *Kaufkraft* in der Periode, im Vergleich zu ‚Geld' als zweitem Gut. In dieser Darstellung sieht Samuelson die fundamentale Vereinfachung von Hicks: Dieser habe als erster bewiesen, daß die Nachfrage nach einer Gruppe von Gütern, deren relative Preise untereinander unverändert bleiben, analytisch wie die Nachfrage nach einem einzigen Gut behandelt werden könne. Darüber hinaus umgeht er auf diese Art alle Komplikationen infolge der Komplementarität von Gütern, da, wie er zeigt, zwischen einem Gut und einer Summe aller anderen Güter nur Substitutionsbeziehungen möglich sind. Die zu wählende Kaufmenge eines Gutes wird vom Konsumenten nach Maßgabe seines Preises im Vergleich zu ‚Geld' bestimmt: Das gesamte Einkommen wird so zwischen allgemeiner Kaufkraft, die für andere Güter verbleibt, einerseits und der Kaufsumme für das fragliche Gut andererseits aufgeteilt, daß das höchstmögliche Nutzenniveau erreicht wird. Der Berührungspunkt der Preisgeraden mit der einzigen von ihr tangierten Indifferenzkurve gibt die Mengenaufteilung an. Daß es sich hierbei nur um die Entscheidung für eine größere oder kleinere zu kaufende Menge handeln kann, ist die Schwäche dieser Konstruktion: Denn sie ist strenggenommen nur auf homogene und leicht teilbare, also in mehreren Stücken oder in Gewichtseinheiten zu kaufende Waren anwendbar. Die Analyse wäre somit auf Grundnahrungsmittel anwendbar, die aber andererseits eher gewohnheitsmäßig als rational gekauft werden.

b) Hicks' zweiter, noch berühmter gewordener Erklärungseinfall ist die *Einführung der Einkommensabhängigkeit* des Konsums in die Partialanalyse, eine Abhängigkeit, die Marshall durch die Annahme eines konstanten Grenznutzens des Geldes ausgeschaltet hatte. Hicks geht von der Tatsache aus, daß z. B. jede Preissenkung eines Gutes *immer* auch die Wirkung habe, daß bei konstantem *Nominal*einkommen das *Real*einkommen steige: Die neue Preisgerade tangiert eine höhere Indifferenzkurve. Die Wirkung jeder Preisveränderung zerfällt daher logisch in zwei Teile:

1. den *Einkommenseffekt*, ausgelöst durch die infolge der Preisveränderung eingetretene Realeinkommensänderung (Bewegung *zwischen* den Indifferenzkurven). Dieser Effekt folgt den Gesetzen der Einkommenselastizität der Nachfrage;
2. Den *Substitutionseffekt*, die Verlagerung der Nachfrage zwischen Gütern infolge einer relativen Preisänderung bei gleichbleibendem Realeinkommen (Bewegung *auf* der *neuen* Indifferenzkurve). Dieser Effekt folgt den Gesetzen der Preiselastizität der Nachfrage: Auf Kosten der absolut gleich teuer gebliebenen Güter wird aufgrund eines Substitutionsprozesses mehr von nunmehr billigeren konsumiert und umgekehrt. Mit zunehmender Verbilligung des betrachteten Gutes werde dieser Effekt immer schwächer, woraus Hicks verallgemeinernd das *Gesetz der abnehmenden Grenzrate der Substitution* gewinnt.

Hicks vermag durch diese Scheidung das Gesetz der Nachfrage ohne irgendeine Ausnahme abzuleiten: Solange rational und nur für die gegenwärtige Periode geplant wird, solange weiter die Indifferenzkurven alle konvex zum Ursprung sind und sich nicht schneiden, bedeutet jede Preissenkung eines Gutes bei Konstanz aller anderen Preise und gleichem Realeinkommen *eindeutig*, daß die Nachfrage nach diesem Gut steigen wird; Analoges gilt für Preissteigerungen. Bei gleichem Nominaleinkommen kann der sogenannte *Giffen-Fall** (steigende Nachfrage bei steigendem Preis und umgekehrt) nur bei inferioren Gütern eintreten, bei denen der hier negative Einkommenseffekt den Preiseffekt überwiegt. Dies wird nur dann der Fall sein, wenn das in Frage stehende Gut sowohl eine hohe negative Einkommenselastizität aufweist, als auch einen bedeutenden Anteil am Gesamtverbrauch einnimmt. Die ‚normale' Nachfragereaktion ist hingegen nicht nur bei allen superioren Gütern zu erwarten, sondern auch bei denjenigen inferioren Gütern, die entweder eine nur wenig von Null verschiedene negative Einkommenselastizität aufweisen oder nur einen geringen Anteil am Gesamtverbrauch einnehmen.

C. Hicks leitet weiter bei konstantem Nominaleinkommen eine *Preis-Konsum-Kurve* als die Verbindung der Tangentialpunkte verschiedener Preisgeraden mit den sie jeweils berührenden (höchsten) Indifferenzkurven ab: Die Rotation der Preisgeraden um einen festen Punkt der ‚Geld'-Achse ergibt die Nachfragekurve bezüglich Preisänderungen. Durch Parallelverschiebung der Preisgeraden (konstante Preisverhältnisse, aber sich verändernde Realeinkommen) erhält er eine andere Tangentialkurve: die *Einkommens-Konsum-Kurve*, das ist die Nachfragekurve bezüglich Einkommensänderungen."

Einleitung, in: Erich und Monika Streissler, Hrsg.: Konsum und Nachfrage, Köln, Berlin (Kiepenheuer & Witsch) 1966, S. 47–50.

ÜBUNGEN

2/34 In welcher Beziehung stehen ein Verbrauchsplan und die individuelle Nachfragekurve für ein Gut zueinander?

2/35 Was besagt die generelle individuelle Nachfragefunktion? Welche beiden anderen Arten von Nachfragefunktionen gibt es?

2/36 Was sind inferiore Güter? Nennen Sie Beispiele für inferiore und entsprechend höherrangige (superiore) Güter.

2/37 Welche Aussage macht die Budget-Konsumkurve?

2/38 Wie leitet man aus der Budget-Konsumkurve die Nachfragekurven ab?

2/39 Wie leitet man aus der Preis-Konsumkurve die Nachfragekurven ab?

2/40 Wie hat Hicks aus dem Zwei-Gütermodell der Wahlhandlungstheorie ein n-Gütermodell entwickelt? Welches sind die Schwächen dieser Theorie (vgl. Text 4)?

2/41 Versuchen Sie, den Einkommens- und den Substitutionseffekt der Preissenkung eines Gutes graphisch darzustellen (vgl. Text 4).

2.7 Elastizitäten

- Den ökonomischen Elastizitätsbegriff erläutern können.
- Preiselastizität, Kreuzpreiselastizität und Einkommenselastizität der Nachfrage interpretieren können.
- Den Elastizitätskoeffizienten in drei Versionen schreiben können.
- Die Preiselastizität der Nachfrage für einen beliebigen Punkt einer beliebigen Nachfragekurve bestimmen können.
- Die Preiselastizitätsbereiche (elastischer und unelastischer Bereich) mathematisch begründen können.

Die im vorigen Abschnitt theoretisch abgeleiteten Nachfragekurven sind in der Praxis – als Nachfragekurven für einzelne Güter – fast immer unbekannt und, wenn überhaupt, nur äußerst schwierig zu ermitteln. Denn: In der Praxis werden die Nachfrager häufig nur mit einem bestimmten Preis für ein Gut (Marktpreis) konfrontiert, so daß keine vollständige Nachfragekurve mit alternativen Preisen ermittelt werden kann. Entsprechendes gilt in bezug auf das Budget: Der Haushalt verfügt nicht über alternative Budgets, sondern in jedem Zeitpunkt immer nur über eins, aus dem er dann nach Maßgabe seiner Bedarfsstruktur einen bestimmten Betrag für ein bestimmtes Gut abzweigt. Statt kompletter Nachfragekurven hat man also häufig nur Vermutungen darüber, wie sich die Nachfragemengen eines Gutes ändern, wenn sich der Preis dieses Gutes oder der Preis eines anderen Gutes oder das Einkommen und damit das Budget des Haushalts ändern.

Drei Beispiele sollen diese Problematik veranschaulichen:

- Angenommen, das verfügbare Einkommen der privaten Haushalte und ihre Budgets steigen in einem Jahr um 10%, die Menge der nachgefragten Volkswagen nehme aber nur um 5% zu. In diesem Fall hat die Bevölkerung nicht in gleichem Maße Volkswagen vermehrt nachgefragt, wie ihre Budgets gestiegen sind.
- Angenommen, der Preis der Volkswagen steigt um 5%, die Preise aller übrigen Autos bleiben konstant. Dann kann es sein, daß die Zahl der nachgefragten Volkswagen zurückgeht, z. B. um 10%, vielleicht aber nur um 2%. Es ist dagegen unwahrscheinlich, daß die nachgefragte Menge konstant bleibt oder gar steigt.
- Angenommen, der Preis der Volkswagen vom Typ Golf bleibt konstant, der Preis des Renaults vom Typ R 5 steigt dagegen um 6%. Da aus der Sicht der Nachfrager beide Auto-Typen einander substituieren können, kann es sein, daß bei einer Preiserhöhung für den Typ R 5 die Menge der nachgefragten Volkswagen vom Typ Golf um 2% zunimmt – weil frühere Renault-Kunden nun Volkswagen kaufen.

In allen drei Beispielen wurden die Reaktionen der Nachfrager beschrieben.

Mit dem Elastizitätskonzept ist ein Instrumentarium entwickelt worden, das es ermöglicht, diese Reaktionen der Haushalte auf Preis- oder Einkommensänderungen[1] quantitativ zu erfassen. Man unterscheidet deshalb vor allem *Preis- und Einkommenselastizität der Nachfrage*. Beide Elastizitätsbegriffe drücken das Verhältnis der relativen Änderungen zweier ökonomischer Größen aus. Oder genauer: Sie drücken das Verhältnis der relativen Änderung einer abhängigen Variablen zur relativen Änderung einer unabhängigen Variablen aus. Der numerische Wert der Elastizität, der *Elastizitätskoeffizient*, beantwortet die Frage: Wie groß ist die relative (oder prozentuale) Änderung einer Variablen a, die durch eine bestimmte relative (oder prozentuale) Änderung einer Variablen *b verursacht* wird? Ein solcher Elastizitätskoeffizient, für den das Symbol η_{ab} üblich ist, stellt einen allgemeinen quantitativen Zusammenhang dar, der für beliebige Variablen formuliert und ermittelt werden kann. *Elastizitätskoeffizienten* lassen sich in unterschiedlicher Form schreiben.

Die gebräuchlichsten Formen sind:

a) $\eta_{ab} = \dfrac{\text{prozentuale Änderung von } a}{\text{prozentuale Änderung von } b}$,

b) $\eta_{ab} = \dfrac{\frac{\Delta a}{a}}{\frac{\Delta b}{b}} = \dfrac{\Delta a}{\Delta b} \cdot \dfrac{b}{a}$ (Differenzenkoeffizient),

c) $\eta_{ab} = \dfrac{\frac{\mathrm{d}a}{a}}{\frac{\mathrm{d}b}{b}} = \dfrac{\mathrm{d}a}{\mathrm{d}b} \cdot \dfrac{b}{a}$ (Differentialkoeffizient).

Alle drei Formen sind im Prinzip gleichwertig. Die exakteste Form ist jedoch c).

---

1 Häufig wird in der Theorie des Haushalts unterstellt, daß die Konsumsumme gleich dem verfügbaren Einkommen des Haushalts ist, sodaß mit dem Einkommensbegriff statt mit dem Begriff der Konsumsumme bzw. dem des Budgets gearbeitet werden kann. Da der Begriff Einkommenselastizität eingeführt ist, folgen wir dieser Annahme und vernachlässigen die Ersparnis.

Wenn der absolute Wert des Elastizitätskoeffizienten größer als 1 ist – Q ändert sich relativ stärker als b – spricht man von einer elastischen Beziehung. Liegt er zwischen 0 und 1 – a ändert sich relativ schwächer als b – von einer unelastischen Beziehung. Ist der Koeffizient exakt 1, so sagt man „elastisch gleich 1". Ein Elastizitätskoeffizient von 0 bezeichnet eine völlig unelastische (starre) Nachfrage.

Die *Preiselastizität der Nachfrage* drückt – in der Lesart a) – aus, wie sich die nachgefragte Menge eines Gutes prozentual ändert, wenn sich der Preis dieses Gutes um einen bestimmten prozentualen Betrag ändert. Entsprechend mißt die *Einkommenselastizität der Nachfrage* die prozentuale Änderung der Nachfragemenge an der prozentualen Änderung des Einkommens. Neben der (direkten) Preiselastizität der Nachfrage gibt es den Begriff *Kreuzpreiselastizität der Nachfrage*. Dabei wird die prozentuale Veränderung der nachgefragten Menge des Gutes 1 gemessen an der prozentualen Veränderung des Preises eines Gutes 2.

$$\text{Preiselastizität der Nachfrage} = \eta_{x_1 p_1} = \frac{\text{prozentuale Änderung der nachgefragten Menge des Gutes 1}}{\text{prozentuale Änderung des Preises des Gutes 1}}$$

$$\text{Kreuzpreiselastizität} = \eta_{x_1 p_2} = \frac{\text{prozentuale Änderung der nachgefragten Menge des Gutes 1}}{\text{prozentuale Änderung des Preises des Gutes 2}}$$

$$\text{Einkommenselastizität der Nachfrage} = \eta_{x_1 e} = \frac{\text{prozentuale Änderung der nachgefragten Menge eines Gutes}}{\text{prozentuale Änderung des Einkommens}}$$

Es muß beachtet werden, daß Elastizitätskoeffizienten dimensionslose Zahlen sind, die negative oder positive Werte annehmen können.

Nunmehr sind einige wichtige Eigenschaften der Preiselastizität der Nachfrage zu erläutern. Dabei wird von der Form c) für den Elastizitätskoeffizienten und von einer linearen Nachfragefunktion ausgegangen:

$$p = -ax + b,$$

oder nach x aufgelöst,

$$x = -\frac{1}{a}p + \frac{b}{a},$$

wobei vorausgesetzt wird, daß $a > 0$ und $b > 0$.

Bei graphischer Darstellung ergibt sich **Abb. 50,1**.

Es ist in den Wirtschaftswissenschaften üblich, den Preis auf der Ordinate und die Menge auf der Abszisse abzutragen, auch wenn in der Mathematik die abhängige Variable (hier: x) in der Regel auf der Ordinate und die unabhängige Variable (hier: p) auf der Abszisse abgetragen werden.

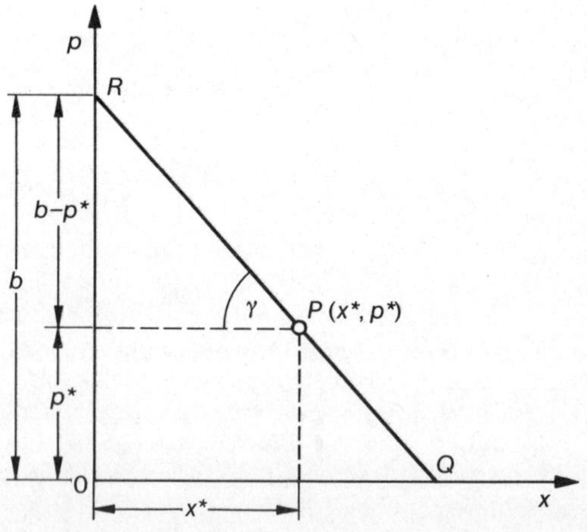

Abb. 50,1

Es soll nun versucht werden, die Preiselastizität der Nachfrage für einen beliebigen Punkt P der Nachfragekurve zu bestimmen.

Allgemein gilt für die Preiselastizität der Nachfrage:

$$\eta_{xp} = \frac{\mathrm{d}x}{\mathrm{d}p} \cdot \frac{p^*}{x^*}.$$

Da $\frac{\mathrm{d}x}{\mathrm{d}p}$ die Steigung generell angibt, und da die Steigung der Funktion

$$x = -\frac{1}{a} p + \frac{b}{a}$$

den Wert $-\frac{1}{a}$ hat, kann man $\frac{\mathrm{d}x}{\mathrm{d}p}$ durch $-\frac{1}{a}$ ersetzen und die Preiselastizität der Nachfrage im Punkte P schreiben als

$$\eta_{xp} = -\frac{1}{a} \cdot \frac{p^*}{x^*}.$$

Nun ist aber die Steigung $\frac{\mathrm{d}p}{\mathrm{d}x} = -a$, wie aus der **Abb. 50,1** ersichtlich, dem absoluten Betrag nach gleich dem Tangens des Winkels γ, also

$$\left|\frac{\mathrm{d}p}{\mathrm{d}x}\right| = a = \frac{b - p^*}{x^*},$$

so daß man schreiben kann:

$$|\eta_{xp}| = \left|\frac{\mathrm{d}x}{\mathrm{d}p}\right| \cdot \frac{p^*}{x^*} = \frac{x^*}{b - p^*} \cdot \frac{p^*}{x^*} = \frac{p^*}{b - p^*}.$$

Nach dem ersten Strahlensatz gilt dann aber auch:

$$|\eta_{xp}| = \frac{p^*}{b - p^*} = \frac{\overline{QP}}{\overline{PR}}.$$

Bei der geometrischen Ermittlung der Preiselastizität in einem beliebigen Punkt einer geradlinigen Nachfragekurve braucht man also nur festzustellen, in welchem Verhältnis die Strecke, die die Nachfragefunktion zwischen den Koordinatenachsen darstellt, von diesem Punkt geteilt wird. Ähnliches gilt auch für gekrümmte Nachfragekurven: Man legt dann im Punkt P, für den die Preiselastizität bestimmt werden soll, eine Tangente an die Kurve, zieht diese bis zu den Koordinatenachsen durch und bestimmt das Verhältnis, in dem P die so erhaltene Strecke $\overline{QR}$ in zwei Teile teilt (vgl. **Abb. 50,1**). Auch hier ist

$$\eta_{xp} = -\frac{\overline{QP}}{\overline{PR}}.$$

Es ist aber falsch, von elastischen oder unelastischen Nachfragekurven zu sprechen. Elastizitäten sind nur für *einzelne* Punkte auf der Nachfragekurve definiert, und jede Kurve hat in der Regel einen Bereich von Punkten mit elastischer Nachfrage und einen solchen von Punkten mit unelastischer Nachfrage. Ausnahmsweise gibt es auch Nachfragekurven,

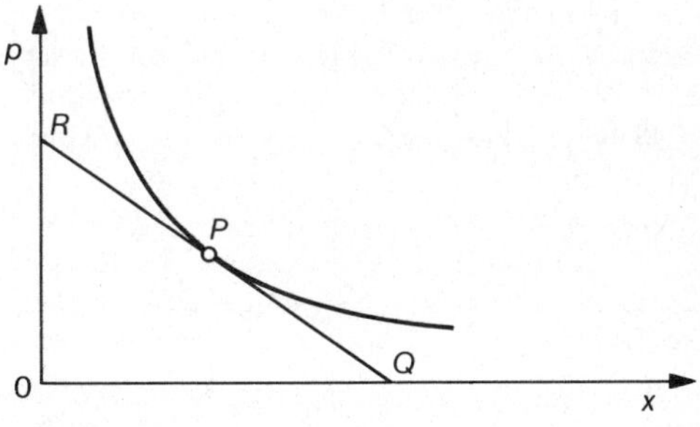

Abb. 51,1

die in jedem Punkt die gleiche Elastizität der Nachfrage aufweisen (sog. isoelastische Nachfragekurven). Das gilt vor allem für Nachfragekurven, die parallel zur Mengen- oder Preisachse verlaufen. Im ersten Fall gilt die Nachfragefunktion p = const. = p^*, und entlang der ganzen Kurve ist $\eta_{xp} = -\infty$ (unendlich groß): Zu dem Preis p^* wird jede verfügbare Menge des betreffenden Gutes nachgefragt. Die Nachfrage ist in jedem Punkt vollkommen elastisch. Im zweiten Fall ist x = const. = x^* und $\eta_{xp} = 0$, und zwar wie oben entlang der gesamten Kurve: Die Nachfrage ist starr bzw. vollkommen unelastisch (vgl. **Abb. 52,1**).

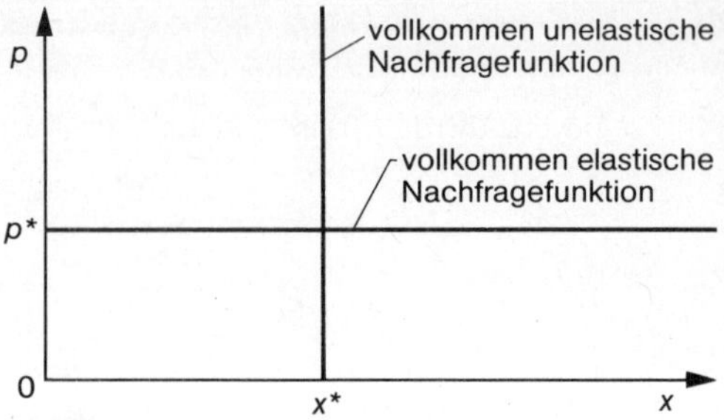

Abb. 52,1

Zusammenfassung

Die *Elastizität* ist ein Instrument zur Messung der relativen Veränderung einer abhängigen Variablen an der relativen Veränderung einer unabhängigen Variablen. Der *Elastizitätskoeffizient* läßt sich schreiben als Quotient prozentualer Veränderungen, aber auch als Differenzen- oder – exakter – als Differentialkoeffizient. Bekannteste Anwendungen sind die *Einkommenselastizität* und die *Preiselastizitäten der Nachfrage*. Sie werden in der Regel nur für einzelne Punkte auf der Nachfragekurve ermittelt.

Text 5 Erich und Monika Streissler:

„Preis- und Einkommenselastizität der Nachfrage

... Die Preisnachfrageelastizität ist, insbesondere wenn in ihrer Ceteris-paribus-Bedingung die Realeinkommen konstant gehalten werden, *fast stets negativ (Gesetz der Nachfrage)*: Niedrigere Preise führen zu häufigeren und umfangreicheren Käufen. Ausnahmen bilden nur gewisse Erwartungsinterpretationen von Preisveränderungen, ... Qualitätsunkenntnis... sowie der Veblen*- und unter Umständen der Mitläufereffekt... Es muß entgegen wiederholten Behauptungen hervorgehoben werden, daß andererseits die bloße Tatsache negativer Preiselastizitäten insbesondere bei konstantem *Nominal*einkommen *nicht* auf Rationalverhalten schließen läßt. Wohl aber kann die *Höhe* dieser Elastizität etwas über Rationalverhalten aussagen: je höher die Elastizität, desto stärker und häufiger dieser Verhaltenstyp.

C. Eher schon ist das Vorhandensein von merklichen *Kreuzpreiselastizitäten* der Nachfrage ein Anzeichen von Rationalverhalten... Sie werden fast nur bei zumindest partiell durchgeplantem Konsum auftreten. Bei Gütern, die im Substitutionsverhältnis stehen, sind sie positiv, bei komplementären Gütern negativ. (Güter heißen *Substitute*, wenn sie sich psychisch oder technisch gegenseitig als Ersatz anbieten, hingegen *Komplemente*, wenn sie aus psychischen und/oder technischen Gründen gemeinsam und aneinander gekoppelt verbraucht werden. Derselbe Tatbestand läßt sich auch nutzentheoretisch ausdrücken: Die Verfügung über ein Substitut senkt, die über ein Komplement erhöht den Nutzen eines bestimmten Gutes.)

D. Im Gegensatz zu früher nehmen heute die *Einkommenselastizitäten* der Nachfrage den wichtigsten Platz in der Konsumtheorie ein: Sie fügen sich am besten der Analyse des als Einkommensvermehrungsprozeß verstandenen *Wirtschaftswachstums* ein.... Einkommenselastizitäten sind im allgemeinen positiv (mit steigendem Einkommen steigt die Nachfrage: superiore Güter), in Sonderfällen hingegen negativ (inferiore Güter). Inferior sind Güter, die im Einkommenswachstum infolge eines qualitativen Substitutionsprozesses absolut zurückgedrängt werden, z. B. Kartoffeln, Brot.

E. Tendenziell läßt sich zu den Nachfrageelastizitäten folgendes festhalten:

a) Bei Gütern mit hohem Preis ist die Nachfrage im allgemeinen elastischer als bei solchen mit niedrigerem, da billige Güter bei mehr Konsumenten in die nicht einzeln rational verplante Kategorie der Bagatellgüter fallen.

b) Notwendige Güter haben niedrigere Preis- und Einkommenselastizitäten der Nachfrage als entbehrlichere. . . Innerhalb dieser Aussage gilt nach Wold, daß bei notwendigen Gütern die Einkommenselastizitäten kleiner, bei entbehrlicheren hingegen größer als die absoluten Preiselastizitäten sind.

c) Wegen der Substitutionsschwierigkeiten zwischen sehr unterschiedlichen Gütern sind große Bedarfskategorien ‚notwendiger' als ihre Einzelgüter. Hier ist die Nachfrage daher unelastischer. Dies ist besonders für Markenwaren bedeutsam. Die Kreuzpreiselastizität der Nachfrage ist z. B. zwischen Kühlschränken und anderen dauerhaften Konsumgütern am geringsten, sie ist schon höher für verschiedene Typen von Kühlschränken untereinander und wird am höchsten für die gleiche Type eines Kühlschrankes gegenüber verschiedenen, die Preise differenzierenden Anbietern.

d) Die Nachfrage nach dem Gut eines Unternehmers ist aus denselben Gründen elastischer als die nach dem Angebot der gesamten Branche.

e) Die Nachfrageelastizität auf einer bestimmten Stufe der Produktion (bzw. des Absatzes) ist um so höher, je näher diese dem Endverbraucher liegt.

f) Wegen der zum Abbau von Gewohnheiten und des Bewußtwerdens veränderter Daten benötigten Zeitspanne ist die Nachfrage langfristig gesehen elastischer als kurzfristig, wobei langfristige Elastizität als Summe aller kurzfristigen Elastizitäten definiert ist. Preisänderungen benötigen daher oft eine erhebliche Zeit, bis ihre volle Wirkung sichtbar wird.

g) Im wirtschaftlichen Wachstum sinken die Preiselastizitäten (Harrods Gesetz sinkender Elastizitäten) und Einkommenselastizitäten der meisten alteingeführten Güter, zumindestens wenn nicht ein Verkaufsdurchbruch zu ganz neuen sozialen Schichten erzielt wird. Die Abnahme der Einkommenselastizität ist um so stärker, je höher ein Gut in der Bedürfnishierarchie steht, so daß das *Verhältnis* der Elastizitäten von weniger dringlich zu dringlich nachgefragten Gütern steigt.

h) Eine anhaltende Inflation führt wahrscheinlich zu einer Senkung insbesondere der kurzfristigen Preiselastizitäten (Preissteigerungen werden als alltäglich hingenommen und stoßen auf geringeren Kaufwiderstand). In der Reaktion auf eine Preissteigerung wird vom Konsumenten *nicht* mehr die Annahme der *Konstanz*, sondern eine vage Annahme der ungefähren Parallelentwicklung aller Preise getroffen. Die genannte Veränderung gilt für die Preiselastizität von Gütergruppen, während andrerseits die Preiselastizität bezüglich verschieden hoher Preisnachlässe bei Anbietern gleicher (Marken-) Waren steigen kann. Das Sinken der Elastizität dürfte bei entbehrlicheren Gütern besonders stark sein, da diese in einer Inflation meist auch noch durch eine Differenzierung der Einkommensverteilung begünstigt werden."

Einleitung, in: Erich und Monika Streissler, Hrsg.: Konsum und Nachfrage, Köln, Berlin (Kiepenheuer & Witsch) 1966, S. 47–50.

ÜBUNGEN

2/42 Was besagt der (ökonomische) Elastizitätsbegriff generell?

2/43 Was besagen die folgenden Werte des Elastizitätskoeffizienten: 0; 0,1; 1; 2; ∞?

2/44 Welche Elastizitätskoeffizienten sind in den drei Beispielen auf S. 49 jeweils angesprochen? Drücken Sie die einzelnen Koeffizienten verbal aus, und berechnen Sie diese für die Beispiele.

2/45 Wie bestimmt man bei gegebenem Marktpreis die Preiselastizität im Falle einer konvexen Nachfragekurve?

2/46 Warum ist die Nachfrage nach großen Bedarfskategorien (Obst) unelastischer als nach kleinen (Äpfel) – wie es in Text 5 heißt? Warum ist die Nachfrage nach dem Produkt eines einzelnen Anbieters elastischer als die Nachfrage nach dem Angebot der ganzen Branche?

2/47 Interpretieren Sie Harrods Gesetz sinkender Elastizitäten (vgl. Text 5).

2/48 Was bedeutet ein negativer Elastizitätskoeffizient? Nennen Sie Fälle, in denen die Preis- bzw. Einkommenselastizität negativ ist.

2/49 In welchem speziellen Fall darf man sagen, die Nachfrage*kurve* sei elastisch?

2/50 Resümieren Sie anhand des folgenden Schaubilds, wie sich die Einkommenselastizität der einzelnen Verwendungsbereiche des verfügbaren Einkommens entwickelt hat, und versuchen Sie, die Entwicklung zu begründen:

Einkommenselastizität* der zusammengefaßten Verwendungsbereiche in der Bundesrepublik Deutschland

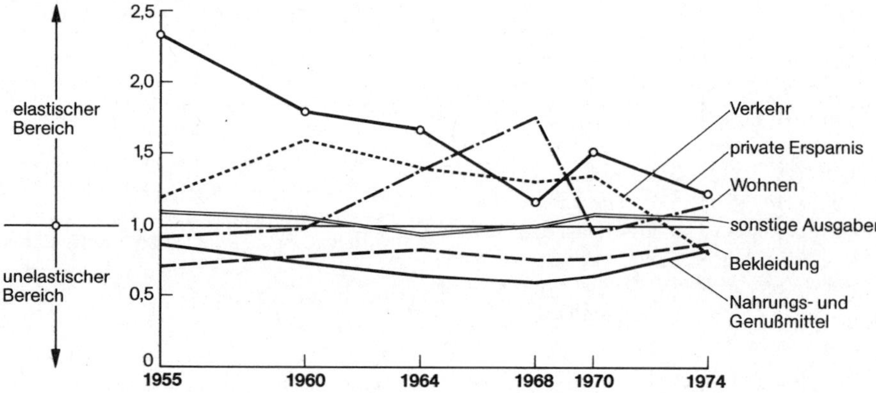

* Die Einkommenselastizität ist ein quantitatives Maß für die relative Veränderung der Aufwendungen für den jeweiligen Verwendungsbereich bei einer relativen Veränderung des verfügbaren Einkommens.

2/51 Läßt sich aus den Kurven der Einkommenselastizität der Nachfrage (vgl. Aufg. 2/50) eine Bestätigung des Engel-Schwabeschen Gesetzes ablesen?

Literatur

Erich Carell: Über die Voraussetzungen und den Erkenntniswert des Indifferenzkurvenkonzepts des Haushalts, in: Alfred Kruse, Hrsg.: Wirtschaftstheorie und Wirtschaftspolitik, Berlin (Duncker & Humblot) 1951.

Erich Egner: Der Haushalt. Eine Darstellung seiner volkswirtschaftlichen Gestalt, 2. Aufl., Berlin, München (Duncker & Humblot) 1976.

Ernst Helmstädter: Wirtschaftstheorie, Band 1: Einführung – Dispositionsgleichgewicht, Marktgleichgewicht, München (Vahlen) 1974.

James M. Henderson, Richard E. Quandt: Mikroökonomische Theorie, Eine mathematische Darstellung, 3. Aufl., München (Vahlen) 1973.

George Katona: Das Verhalten der Verbraucher und Unternehmer. Über die Beziehungen zwischen Nationalökonomie, Psychologie und Sozialpsychologie, Tübingen (Mohr) 1960.
Wilhelm Krelle: Artikel: Elastizität des Angebots und der Nachfrage, in: Handwörterbuch der Sozialwissenschaften, Band 3, Stuttgart, Tübingen, Göttingen (G. Fischer/Mohr/Vandenhoeck & Ruprecht) 1961.
Helga Luckenbach: Theorie des Haushalts, Göttingen (Vandenhoeck & Ruprecht) 1975.
Campbell R. McConnell: Volkswirtschaftslehre, Band 2, Köln (Bund) 1975.
Rudolf Richter: Preistheorie, Wiesbaden (Gabler) 1963.
Heinz Sauermann: Einführung in die Volkswirtschaftslehre, Band II, Wiesbaden (Gabler) 1964.
Gerhard Scherhorn: Bedürfnis und Bedarf, Berlin (Duncker & Humblot) 1959.
Erich Schneider: Einführung in die Wirtschaftstheorie, II. Teil: Wirtschaftspläne und wirtschaftliches Gleichgewicht in der Verkehrswirtschaft, 9. Aufl., Tübingen (Mohr) 1964.
Jochen Schumann: Grundzüge der mikroökonomischen Theorie, Berlin, Heidelberg, New York (Springer) 1971.
Heinrich von Stackelberg: Grundlagen der theoretischen Volkswirtschaftslehre, 2. Aufl., Tübingen (Mohr) 1951.
Erich und Monika Streissler, Hrsg.: Konsum und Nachfrage, Köln, Berlin (Kiepenheuer & Witsch) 1966.
Monika Streissler: Theorie des Haushalts, Stuttgart (UTB) 1974.
Artur Woll: Allgemeine Volkswirtschaftslehre, 4. Aufl., München (Vahlen) 1974.

TESTAUFGABEN

Reihe 2

1 Die Funktionen des Haushalts
a) sind aus ökonomischer Sicht Einkommenserzielung, Konsum, Ersparnisbildung, Vermögensanlage, Kreditaufnahme,
b) umfassen in Subsistenzwirtschaften auch die Produktion,
c) hängen davon ab, ob es sich um einen Einpersonenhaushalt, um den Haushalt einer Klein- oder den einer Großfamilie handelt,
d) haben sich infolge der gesellschaftlichen Arbeitsteilung verringert.

2 Das Budget eines Haushalts
a) ist mit seinem verfügbaren Einkommen identisch,
b) läßt sich in Form einer Budgetgeraden graphisch darstellen,
c) ist eine wichtige Determinante der Einkommenselastizität der Nachfrage,
d) begrenzt den wirtschaftlichen Handlungsspielraum eines Haushalts.

3 Ein Verbrauchsplan
a) ist immer identisch mit der Konsumsumme eines Haushalts,
b) ist ein Punkt in der Verbrauchsebene,
c) kann ein Punkt auf der Budgetgeraden sein,
d) besteht immer aus Mengen verschiedener Güter.

4 Die Verbrauchsebene
a) ist der geometrische Ort aller denkbaren Verbrauchspläne,
b) wird begrenzt durch die Budgetgerade,
c) wird begrenzt durch den positiven Bereich der Achsen des Koordinatensystems,
d) definiert die Gütermenge, die ein Haushalt maximal mit seinem Budget kaufen kann.

5 Indifferenzkurven
a) sind ein Ausdruck der Nutzenvorstellungen eines Haushalts,
b) sind die graphische Darstellung einer Präferenzordnung bzw. einer Bedarfsstruktur,
c) erlauben einen ordinalen sowie kardinalen Vergleich verschiedener Güterbündel,
d) sind ein System paralleler Kurven.

6 Der üblichen Darstellung eines Indifferenzkurvensystems liegen folgende Annahmen zugrunde:
a) Die Kurven sind stetig und monoton fallend,
b) die Kurven dürfen sich nicht schneiden,
c) die Kurven implizieren die Annahme einer abnehmenden Grenzrate der Substitution,
d) die Kurven beginnen auf den Koordinatenachsen.

7 Der optimale Verbrauchsplan
a) ist derjenige Verbrauchsplan, der das Budget des Haushalts voll ausschöpft,
b) läßt sich darstellen als Punkt auf der Indifferenzkurve mit dem höchsten Nutzenniveau,
c) ist eine Gütermengenkombination, die bei einem gegebenen Budget dem betreffenden Haushalt – nach dessen Meinung – den höchsten Nutzen stiftet,
d) stellt das Haushaltsgleichgewicht dar.

8 Die Nachfrage eines Haushalts
a) bestimmt sich nach dessen optimalem Verbrauchsplan,
b) nach einem Gut hängt ab von den Preisen aller Güter und vom Budget dieses Haushalts,
c) nach einem Gut ändert sich immer, wenn sich das Budget des Haushalts ändert,
d) nach einem Gut kann mit steigendem Einkommen auch abnehmen.

9 Eine Variation des Preises eines Gutes
a) hat eine Änderung des Budgets eines Haushalts zur Folge,
b) hat keinen Einfluß auf den optimalen Verbrauchsplan eines Haushalts,
c) kann die Nachfrage eines Haushalts nach anderen Gütern beeinflussen,
d) verschiebt das Indifferenzkurvensystem.

10 Elastizität
a) ist das Verhältnis der Veränderung zweier ökonomischer Größen, zwischen denen eine Kausalbeziehung besteht,
b) läßt sich ausdrücken als Elastizitätskoeffizient,
c) besagt, daß sich eine Größe relativ stärker ändert als eine andere Größe,
d) der Nachfrage ist ein Maß für die Reaktionsfähigkeit der Nachfrage.

11 Ein Elastizitätskoeffizient
a) läßt sich als Differenzen- und als Differentialkoeffizient schreiben,
b) kann nie negativ sein,
c) kann die Preiselastizität der Nachfrage, die Einkommenselastizität der Nachfrage oder die Kreuzelastizität des Einkommens messen,
d) ist Null, wenn die Nachfrage völlig elastisch ist.

12 Eine Nachfragekurve

a) hat in der Regel einen elastischen und einen unelastischen Bereich,
b) ist umso elastischer, je steiler sie verläuft,
c) ist vollkommen unelastisch, wenn sie senkrecht verläuft,
d) muß linear verlaufen, wenn man die Elastizität in einem Punkt ermitteln will.

13 Die Preiselastizität der Nachfrage

a) kann ein nützliches Instrument sein, wenn man die Nachfragekurve eines Gutes nicht kennt,
b) nach einem Gut hat Einfluß auf die Kreuzpreiselastizität dieses Gutes,
c) wird für einen Punkt der Nachfragekurve ermittelt,
d) ist für inferiore Güter in der Regel geringer als für Luxusgüter.

14 Die Einkommenselastizität der Nachfrage

a) ist in der Bundesrepublik Deutschland geringer als in den Ostblockländern,
b) nach Grundnahrungsmitteln nimmt mit steigendem Einkommen in der Regel zu,
c) nach Wohnraum nimmt mit steigendem Einkommen in der Regel zu,
d) und die Preiselastizität der Nachfrage eines Haushalts in bezug auf ein Gut können den gleichen Elastizitätskoeffizienten haben.

3 Theorie des Unternehmens

3.1 Einleitung

- Die gesellschaftliche Funktion der Unternehmen erläutern können.
- Substitutionale und limitationale Faktoren unterscheiden können.
- Die Prämissen der Theorie des Unternehmens aufzählen und erläutern können.
- Den Begriff Produktionsfunktion erklären können.

Die zentrale gesellschaftliche Funktion von Unternehmen ist es, Güter zu produzieren, die die Haushalte benötigen. Für diese Produkte gibt es eine Reihe von Begriffen, die synonym verwendet werden: *Produktmenge, Produktion(smenge), Ausbringung(smenge), Produktionsausstoß, (physischer) Ertrag* oder auch *Output.* Um der Aufgabe der Güterproduktion nachkommen zu können, fragen die Unternehmen *Produktionsfaktoren (Arbeit, Boden, Kapital)* von den Haushalten nach sowie *Vorleistungen* von anderen Unternehmen. Die Produktionsfaktoren werden mit *Einkommen (Löhne bzw. Gehälter, Grundrente, Zins)* entgolten. Vorleistungen sind *Zwischenprodukte,* in die bereits auf einer vorgelagerten *Produktionsstufe* Produktionsfaktoren eingegangen sind. Produktionsfaktoren und Vorleistungen werden als Faktoren bezeichnet. In diesem Sinne spricht man vom *Faktoreinsatz (Input)* bei der Produktion.
Hinsichtlich der Faktoren ist nun eine bedeutsame Unterscheidung zu treffen, nämlich die in *substitutionale* und *limitationale Faktoren.* Substitutionale Faktoren sind solche, die bei der Produktion durch andere ersetzt werden können oder die andere ersetzen können. Limitationale Faktoren sind dagegen solche, die sich aus technischen Gründen nicht und auch nicht teilweise ersetzen lassen.

Gegenstand der Analyse ist zunächst ein einzelnes Unternehmen. Um die Theorie des Unternehmens überschaubar darstellen zu können, müssen einige *vereinfachende Annahmen* getroffen werden, die aber alle den Nachteil haben, daß die Theorie sich dadurch von der Realität entfernt. In einer umfassenden Darstellung der Theorie des Unternehmens müßten die im folgenden getroffenen einschränkenden Annahmen daher aufgehoben werden.

Die Annahmen sind:
- Das Unternehmen existiert bereits. (Somit müssen die Aspekte der Gründung eines Unternehmens nicht untersucht werden.)
- Das Unternehmen stellt nur ein Produkt her (Einproduktunternehmen) und nicht mehrere (Mehrproduktunternehmen).
- Das zu produzierende Produkt liegt bereits fest (und muß nicht erst bestimmt werden).
- Das Unternehmen verfügt über eine bestimmte Produktionskapazität. (Damit entfällt das Problem der Bestimmung der optimalen Betriebsgröße.)

Betrachtet man nun den Produktionsprozeß (im weiteren Sinne) eines Unternehmens, so lassen sich folgende *Teilfunktionen* unterscheiden:
- *Beschaffung der Faktoren* (soweit sie nicht schon durch die vorhandenen Produktionskapazitäten gegeben sind),

- *Lagerhaltung der Faktoren* (insbesondere der Roh-, Hilfs- und Betriebsstoffe, Halbfabrikate, Werkzeuge, Ersatzteile usw.),
- *Produktion der Produkte* (durch Kombination der Faktoren),
- *Lagerhaltung der Fertigfabrikate,*
- *Absatz der Produkte.*

Diesen fünf Funktionen der *realen Sphäre* des Unternehmens steht die *Finanzierung* als *monetäre Funktion* gegenüber.

Anhand dieser Einteilung der Teilfunktionen des Unternehmens sollen nun weitere vereinfachende Annahmen getroffen werden:

- Das Unternehmen beschafft die Faktoren immer in den Mengen, wie es sie unmittelbar für die Produktion benötigt.
- Das Unternehmen setzt seine Produktion immer sofort ab, d. h., es betreibt keinerlei Lagerhaltung.
- Die Funktion der Finanzierung wird außer Betracht gelassen.

Aufgrund dieser Annahmen hat sich der Produktionsprozeß auf die Phasen Beschaffung – Produktion – Absatz reduziert, und nur diese drei Teilfunktionen des Unternehmens sollen hier untersucht werden. In diesem Abschnitt wird dabei mit der Funktion der Produktion begonnen.

Trotz der vielfältigen Annahmen, die über das zu analysierende Unternehmen getroffen wurden, wurden keinerlei Aussagen über das *technische Produktionsverfahren* gemacht. Manche Güter können aber mit Hilfe verschiedener Produktionsverfahren produziert werden, manche auch nur mit einem einzigen. Ökonomisch gesehen: Es gibt Produkte, bei deren Produktion die Einsatzverhältnisse der Faktoren variiert werden können, und es gibt Produkte, die mit ganz bestimmten technisch determinierten *Faktoreinsatzverhältnissen* produziert werden müssen. Die Beziehung zwischen den eingesetzten Faktormengen und den damit (höchstens) herstellbaren Produktmengen bezeichnet man als *Produktionsfunktion.* Wenn das Faktoreinsatzverhältnis zur Produktion einer bestimmten Produktmenge variiert werden kann, dann spricht man von einer *substitutionalen Produktionsfunktion,* weil sich die eingesetzten Produktionsfaktoren zumindest teilweise gegenseitig substituieren können. Ist dagegen ein bestimmtes Faktoreinsatzverhältnis technisch vorgeschrieben, so spricht man von einer *limitationalen Produktionsfunktion.*
Zu diesen Grundtypen von Produktionsfunktionen gibt es eine Vielzahl von Varianten, die alle versuchen, die Beziehung zwischen dem Einsatz von Produktionsfaktoren und der Ausbringungsmenge zu beschreiben. Eine umfassende Theorie der Produktion muß selbstverständlich alle verschiedenen Arten von Produktionsfunktionen berücksichtigen. Auch hier gilt aber, daß die Theorie mit zunehmender Realitätsnähe immer komplexer wird. Hier sollen nur zwei relativ einfache Produktionsfunktionen behandelt werden: die *Produktionsfunktion A* als eine spezielle *substitutionale Produktionsfunktion* und die lineare *Produktionsfunktion B* als eine spezielle *limitationale Produktionsfunktion.*

Zusammenfassung

Unternehmen fragen Faktoren nach und bieten Produkte an. Es können *limitationale* und *substitutionale Faktoren* unterschieden werden.

Für den Begriff *Output* gibt es als Synonyme die Begriffe *Ausbringung(smenge), Produktmenge, Produktion(smenge), (physischer) Ertrag, Produktionsausstoß.*

Die der – im folgenden dargestellten – *Theorie des Unternehmens* zugrundeliegenden *Prämissen* sind: Das Unternehmen existiert bereits, stellt nur ein Produkt, das bereits festliegt, her und verfügt über eine bestimmte Produktionskapazität. Weiterhin besteht keinerlei Lagerhaltung, und die Finanzierung bleibt außer Betracht.

Eine *Produktionsfunktion* drückt die Beziehung zwischen Faktoreinsatzmengen und den mit diesen (höchstens) herstellbaren Produktmengen aus.

Die Produktionsfunktion A ist eine spezielle *substitutionale* Produktionsfunktion, die lineare Produktionsfunktion B eine spezielle *limitationale.*

ÜBUNGEN

3/1 Unterscheiden Sie substitutionale und limitationale Faktoren und Produktionsfunktionen. Welche anderen Faktoreinteilungen gibt es?

3/2 Nennen Sie Synonyme zu Output und einen synonymen Begriff zu Input.

3/3 Wie könnte man Produktion im weiteren Sinne und Produktion im engeren Sinne gegeneinander abgrenzen?

3/4 Zählen Sie die Annahmen auf, die der hier dargestellten Theorie des Unternehmens zugrundeliegen, und erläutern Sie die Konsequenzen, die sich ergeben, wenn man einzelne Annahmen aufhebt.

3.2 Die Theorie der Produktion auf der Basis der Produktionsfunktion A (Ertragsgesetz)

3.2.1 Die Produktionsfunktion A (Ertragsgesetz)

- Die Grundannahmen der Produktionsfunktion A aufzählen und erläutern können.
- Die vier Phasen der ertragsgesetzlichen Ertragskurve abgrenzen und erläutern können.

Die *Produktionsfunktion A* ist eine spezielle substitutionale Produktionsfunktion, die den Fall beschreibt, daß ein Unternehmen, das seine Produktion ausweiten will, lediglich einen einzigen Faktor (z. B. Arbeit) vermehrt einsetzt. Alle anderen Faktoreinsatzmengen bleiben konstant. Für diesen Fall wurde im sog. *Ertragsgesetz* die folgende Aussage formuliert: Bei einem kontinuierlich ansteigenden Einsatz des variablen Faktors nimmt die Ausbringungsmenge zunächst überproportional, später unterproportional zu und schließlich wieder ab. Diese Aussage soll zunächst an einem Beispiel erläutert werden. Da das Ertragsgesetz vor allem bei der landwirtschaftlichen Produktion von Bedeutung ist und auch für diesen Bereich ursprünglich aufgestellt wurde, soll ein Beispiel aus dem Agrarbereich gewählt werden.

Ein Gutsbesitzer möchte wissen, wie viele Arbeiter er in der Heuernte einsetzen muß, um seinen Gewinn zu maximieren. Wenn er nur wenige Arbeiter einsetzt, kann er nur wenig Heu einfahren, während ein großer Teil der Ernte durch Regen vernichtet wird. Wenn er viele Arbeiter einsetzt, kann er zwar die ganze Ernte in relativ kurzer Zeit einbringen, er muß jedoch viele Arbeiter entlohnen. Durch praktische Experimente – so sei angenommen – hat er herausgefunden, wie groß seine eingebrachte Ernte innerhalb einer Ernteperiode sein wird, wenn er 2, 3, 4 . . . usw. bis 17 Arbeiter – die jeweils gleiche Leistungen erbringen – während der Zeit der Heuernte beschäftigt. Seine Ergebnisse sind in Spalte 2 der folgenden Tabelle wiedergegeben.

1	2	3	4
Arbeiter	Physischer Gesamtertrag (in Wagen Heu)	Grenzertrag (in Wagen Heu)	Durchschnittsertrag (in Wagen Heu)
1	10	10	10,0
2	26	16	13,0
3	50	24	16,7
4	78	28	19,5
5	110	32	22,0
6	140	30	23,3
7	168	28	24,0
8	192	24	24,0
9	212	20	23,6
10	228	16	22,8
11	242	14	22,0
12	252	10	21,0
13	260	8	20,0
14	264	4	18,8
15	264	0	17,6
16	260	– 4	16,2
17	254	– 6	14,9

Wenn ein zweiter, dritter . . . fünfter Arbeiter eingesetzt wird, steigt der *physische Gesamtertrag* mehr als proportional. Ab dem sechsten Arbeiter nimmt der physische Gesamtertrag unterproportional zu und fällt sogar ab dem sechzehnten Arbeiter. Statt den physischen Gesamtertrag zu betrachten, kann man aber auch die Zunahme des Gesamtertrages, den *Grenzertrag,* untersuchen. Der Grenzertrag drückt aus, wieviel eine zusätzliche Arbeitskraft dem Gesamtertrag hinzuzufügen vermag. Wenn der Gesamtertrag überproportional zunimmt, so entspricht das steigenden Grenzerträgen. Die Grenzerträge sind in Spalte 3 der obigen Tabelle wiedergegeben. Vom sechzehnten Arbeiter an fällt der Grenzertrag, beim fünfzehnten Arbeiter wird er Null. Ab dem sechzehnten Arbeiter ist der Grenzertrag negativ, der Einsatz eines zusätzlichen Arbeiters vermindert hierbei also die eingebrachte Ernte – etwa weil die Arbeiter sich gegenseitig behindern –, der Gesamtertrag sinkt. In Spalte 4 der obigen Tabelle wurde der *Durchschnittsertrag* berechnet. Man erhält diese Werte, indem man den Gesamtertrag durch die Anzahl der eingesetzten Arbeitskräfte dividiert. Bis zum siebten Arbeiter nimmt der Durchschnittsertrag stets zu. Ab dem neunten Arbeiter sinkt der Durchschnittsertrag.

Den höchsten Grenzertrag hat der Gutsbesitzer beim fünften Arbeiter, den höchsten Durchschnittsertrag bei sieben bzw. acht Arbeitern. Das bedeutet, daß der durchschnittliche Ertrag noch steigt, während der Grenzertrag bereits fällt. Dies wundert nicht, da der sechste Arbeiter dem Gesamtertrag noch 30 Wagen hinzufügt, der Durchschnittsertrag der ersten fünf Arbeiter aber nur 22 Wagen beträgt. So lange der Grenzertrag größer ist als der Durchschnittsertrag, steigt letzterer. Der Durchschnittsertrag fällt, wenn der Grenzertrag kleiner ist als der Durchschnittsertrag. Der Inhalt der vorstehenden Tabelle ist in **Abb. 62,1** noch einmal wiedergegeben.

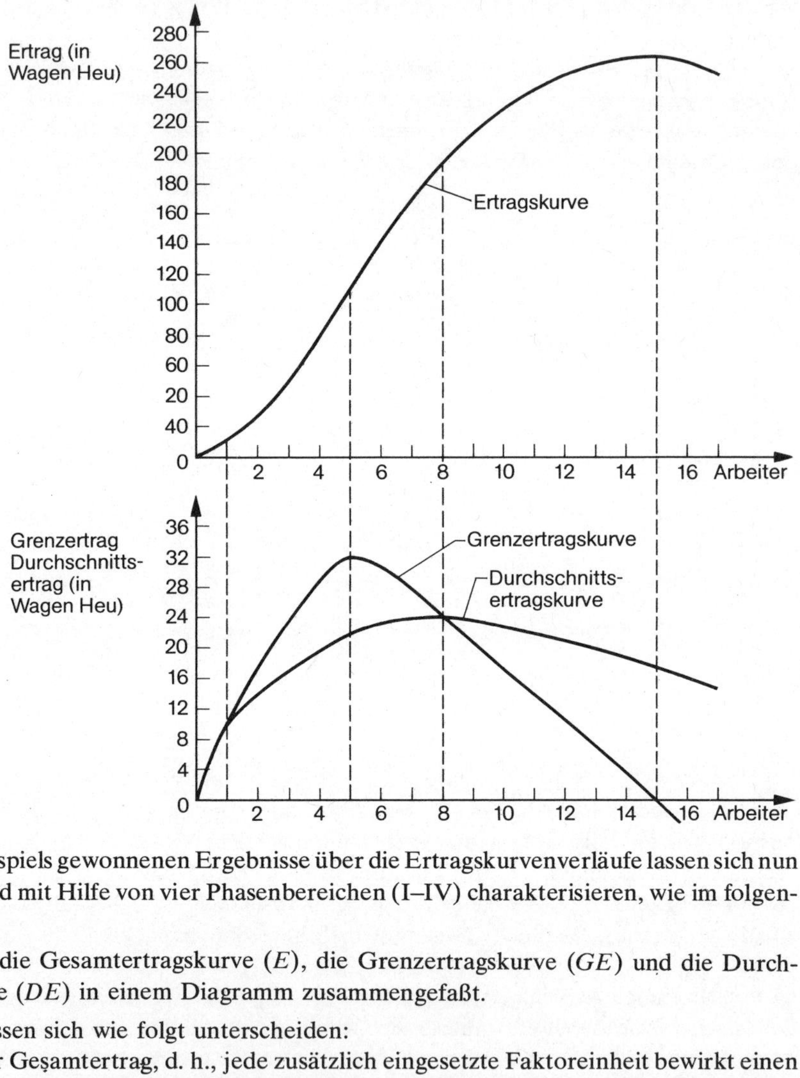

Abb. 62,1

Die anhand des Beispiels gewonnenen Ergebnisse über die Ertragskurvenverläufe lassen sich nun verallgemeinern und mit Hilfe von vier Phasenbereichen (I–IV) charakterisieren, wie im folgenden gezeigt wird:

In **Abb. 63,1** sind die Gesamtertragskurve (*E*), die Grenzertragskurve (*GE*) und die Durchschnittsertragskurve (*DE*) in einem Diagramm zusammengefaßt.

Die vier Phasen lassen sich wie folgt unterscheiden:
In **Phase I** steigt der Gesamtertrag, d. h., jede zusätzlich eingesetzte Faktoreinheit bewirkt einen größeren Produktionsbeitrag als die vorherige. Der Grund dafür ist, daß bei einer relativ kleinen Einsatzmenge des variablen Faktors das Faktoreinsatzverhältnis zwischen dem konstanten und dem variablen Faktor sehr ungünstig ist, mit vermehrtem Einsatz des variablen Faktors jedoch immer günstiger wird. Am Ende der Phase I erreicht der Grenzertrag sein Maximum. Hier ist das

Faktoreinsatzverhältnis, technisch gesehen, d. h. unter Vernachlässigung der Faktorpreise, am günstigsten. In Phase I steigen die Ertragszuwächse, in den drei übrigen Phasen fallen sie.

In **Phase II** steigt zwar der Gesamtertrag, weil der Grenzertrag weiterhin positiv ist. Der Grenzertrag fällt jedoch. Die Grenzertragskurve nähert sich zunehmend der Durchschnittsertragskurve und schneidet sie schließlich. Dieser Schnittpunkt liegt im Maximum der Durchschnittsertragskurve, denn bei höheren Einsatzmengen des variablen Faktors ist dessen Grenzertrag kleiner als dessen Durchschnittsertrag, was sinkenden Durchschnittserträgen gleichkommt. Das Maximum der Durchschnittsertragskurve markiert das Ende der Phase II.

Die **Phase III** ist geprägt durch das weitere Sinken der Grenzertragskurve. Die Faktoreinsatzmenge des variablen Faktors, bei der der Grenzertrag Null ist, bestimmt den Endpunkt der Phase III. Bis zu dieser Faktoreinsatzmenge steigt der Gesamtertrag, bei dieser Faktoreinsatzmenge erreicht er sein Maximum.

In **Phase IV** sinkt der Gesamtertrag, weil der Grenzertrag negativ ist. Hier wird der variable Faktor in so großen Mengen eingesetzt, daß Behinderungen eintreten. Der variable Faktor wirkt hier nicht mehr produktiv, sondern destruktiv.

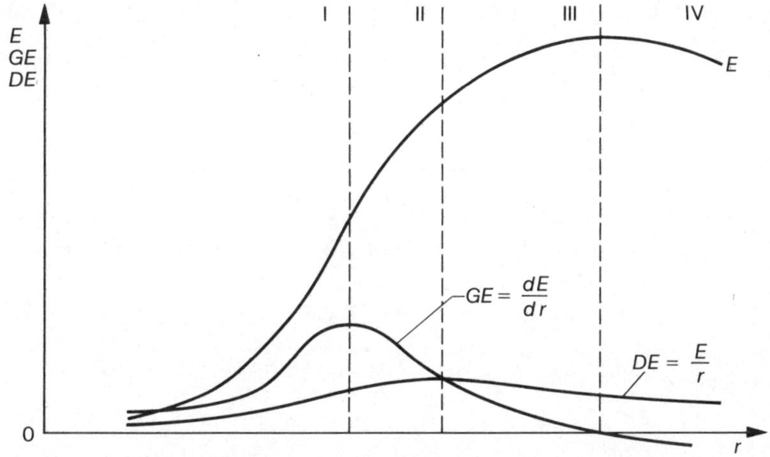

Abb. 63,1

Die nachfolgende Tabelle resümiert noch einmal die Aussagen des Vierphasenschemas:[1]

	Gesamtertrag E	Durchschnittsertrag $DE = \frac{E}{r}$	Grenzertrag $GE = \frac{dE}{dr}$	Endpunkte
Phase I	positiv steigend	positiv steigend	positiv steigend	Wendepunkt GE = max.
Phase II	positiv steigend	positiv steigend bis zum Maximum	positiv fallend aber $GE > DE$	Maximum des Durchschnittsertrags $DE = GE$
Phase III	positiv steigend	positiv fallend	positiv bis 0 fallend $GE < DE$	Maximum des Gesamtertrags $GE = 0$
Phase IV	positiv fallend	positiv fallend	negativ fallend	

1 Vgl. Wolfgang Kilger: Produktions- und Kostentheorie, Wiesbaden (Gabler) 1958, S. 25 ff. Das Vierphasenschema und die Abbildung wurden etwas abgewandelt (H.-G. B.).

Zusammenfassung

Die *Produktionsfunktion A* ist eine *spezielle substitutionale Produktionsfunktion,* die beschreibt, wie sich die Ertragsmenge eines Unternehmens ändert, wenn es die Einsatzmenge nur *eines* Faktors variiert, die Einsatzmengen aller übrigen Faktoren dagegen konstant läßt. Die Aussage des sog. *Ertragsgesetzes* ist, daß die Ausbringungsmenge bei kontinuierlich steigendem Einsatz des variablen Faktors zunächst überproportional, später unterproportional zunimmt und schließlich abnimmt.

ÜBUNGEN

3/5 Zeichnen Sie eine Ertragskurve, und entwickeln Sie zeichnerisch die dazugehörigen Durchschnitts- und Grenzertragskurven. Teilen Sie die Kurve in die vier typischen Phasen ein.

3/6 Begründen Sie die Kurvenverläufe in den vier typischen Phasenbereichen des Ertragsgesetzes.

3/7 Wie wirkt sich die Realisierung technischen Fortschritts in einem Unternehmen auf den Verlauf seiner Ertragskurve aus?

3/8 Zwischen dem Ertragsgesetz und dem ersten Gossenschen Gesetz gibt es Parallelen und Unterschiede; worin bestehen diese?

3/9 Diskutieren Sie den Satz: Daß die Menschen nicht sämtliche Agrargüter, die sie benötigen, in ein paar Blumentöpfen züchten, ist ein Beweis für die Existenz abnehmender Ertragszuwächse.

3.2.2 Die Kostenfunktion

- Die Beziehung zwischen Produktionsfunktion (Ertragskurve) und Kostenkurve darlegen können.
- Faktoreinsatzfunktion (-kurve) und Kostenfunktion (-kurve) unterscheiden können.
- Variable Kosten und Fixkosten unterscheiden können.
- Den Begriff Kosten definieren können.

Die Aussage der Produktionsfunktionen, hier die des Ertragsgesetzes, kann man auch umkehren, indem man nicht beobachtet, wie sich die Ausbringungsmenge bei Variation eines Faktors ändert (Produktionsfunktion), sondern indem man beobachtet, wie sich die Einsatzmenge des variablen Faktors bei Variation der Ausbringungsmenge entwickelt (*Faktoreinsatzfunktion*).

Geometrisch gesehen erhält man eine *Faktoreinsatzkurve* aus einer Ertragskurve, wenn man die Koordinaten austauscht und die Ertragskurve an der Winkelhalbierenden spiegelt. Die Faktoreinsatzkurve in **Abb. 65,1** wurde auf diese Weise aus der obigen Ertragskurve abgeleitet.

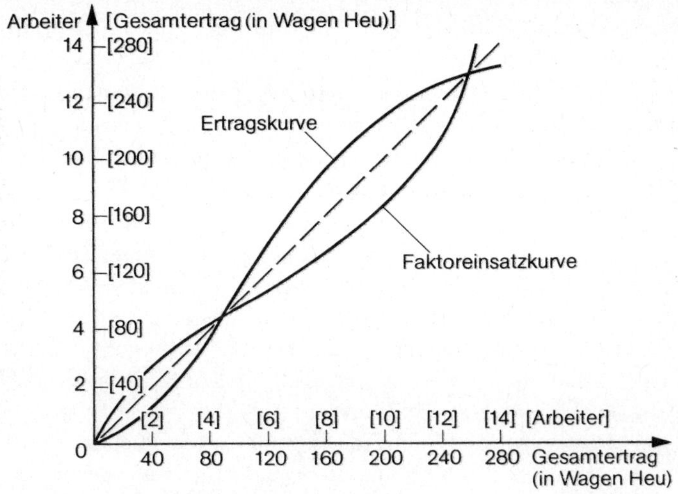

Abb. 65,1

Wenn man nun im landwirtschaftlichen Beispiel die jeweilige Anzahl der Arbeitskräfte mit ihrem Lohnsatz multipliziert, so erhält man die jeweilige Lohnsumme, die bezahlt werden muß, um eine bestimmte Menge Heu zu ernten. Oder abstrakter und vom Beispiel losgelöst formuliert: Multipliziert man die jeweiligen Faktoreinsatzmengen des *variablen Faktors* mit dem *Faktorpreis*, so erhält man die *variablen Kosten* der alternativen Produktionsmengen.

Es wird angenommen, der Lohn pro Arbeiter und Woche beträgt 300,— DM. Geht man von einer Erntezeit von 10 Wochen aus, so betragen die Lohnkosten für diese Zeit pro Arbeiter 3000,— DM. Aus der Tabelle auf S. 61 lassen sich dann die Spalten 1–3 der folgenden Tabelle übertragen bzw. ableiten:

1	2	3	4	5
Physischer Gesamtertrag (in Wagen Heu)	Zahl der Arbeiter	Lohnkosten in 1 000 DM	Fixkosten in 1 000 DM	(Gesamt-)Kosten in 1 000 DM
10	1	3	12	15
26	2	4	12	18
50	3	9	12	21
78	4	12	12	24
110	5	15	12	27
140	6	18	12	30
168	7	21	12	33
192	8	24	12	36
212	9	27	12	39
228	10	30	12	42
242	11	33	12	45
252	12	36	12	48
260	13	39	12	51
264	14	42	12	54
264	15	45	12	57
269	16	48	12	60
254	17	51	12	63

Eine Gegenüberstellung dieser Spalten zeigt, welche – alternativ möglichen – Produktionsmengen mit welchen Lohnkosten verbunden sind.

Hier wurde nun schon verschiedentlich der Begriff „Kosten" verwendet. Er soll deshalb an dieser Stelle präzisiert werden: Von *Kosten* spricht man, wenn man Faktoreinsatzmengen mit ihrem Preis multipliziert bzw. bewertet, z. B. den Arbeitseinsatz mit dem Lohnsatz. Kosten sind also bewertete Faktoreinsatzmengen.

Nun wurde bei der Erläuterung der Produktionsfunktion A gesagt, daß *ein* Faktor variabel, alle übrigen Faktoren aber konstant seien. Die Lohnkosten sind deshalb auch nur die variablen Kosten der Produktion und nicht schon die *(Gesamt- oder Total-)Kosten.* Die Gesamtkosten erhält man erst, wenn man die *Kosten der konstanten Faktoren,* die *fixen Kosten* oder *Fixkosten*, addiert. Diese Fixkosten fallen unabhängig von der Produktionsmenge an, weil die konstanten Faktoren der Produktionsmenge nicht angepaßt werden (können). Das kann rein technische Gründe haben, die sich unter dem Stichwort der *Unteilbarkeit der Produktionsfaktoren* zusammenfassen lassen. Maschinen gibt es meist nur in wenigen verschiedenen Größen, d. h., die Größe kann nicht jeder möglichen Produktionsmenge genau angepaßt werden. Weiterhin hat sich ein Unternehmen, wenn es bestimmte Maschinen gekauft hat, damit für die Nutzungsdauer festgelegt. Neben Maschinen sind Gebäude und Grundstücke wichtige Verursacher von Fixkosten. Eine genaue Anpassung der Produktionskapazitäten an die Produktionsmenge kann aber auch aus rein rechtlichen Gründen, z. B. wegen bestehender langfristiger Mietverträge oder sonstiger Verträge, häufig nicht vorgenommen werden.

Im obigen Rechenbeispiel wurden Fixkosten in Spalte 4 der Tabelle ausgewiesen. Durch Addition der variablen Kosten (hier Lohnkosten in Spalte 3) und der Fixkosten (Spalte 4) ergeben sich die Gesamtkosten (Spalte 5). Überträgt man die Werte der obigen Tabelle in ein Koordinatensystem, ergibt sich **Abb. 66,1**.

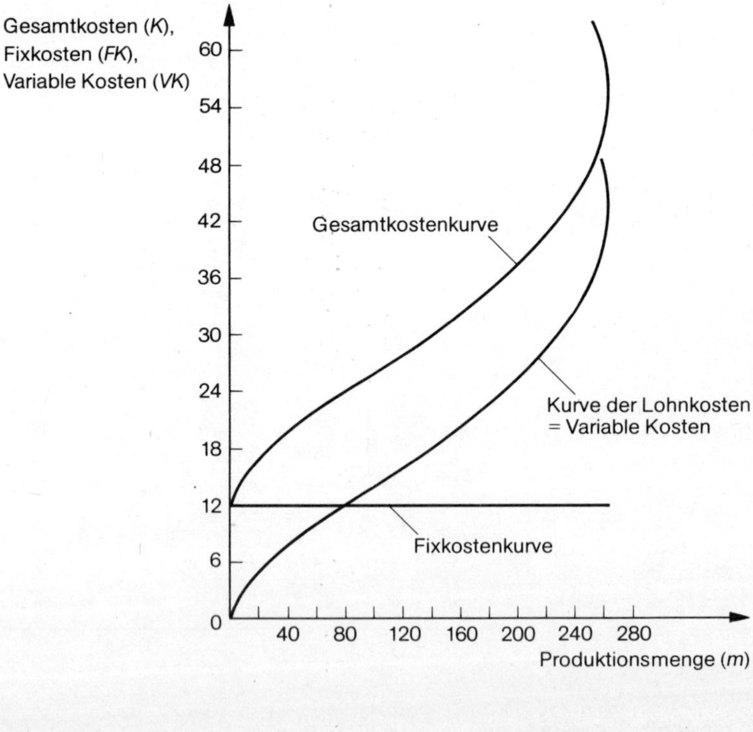

Abb. 66,1

Die *Kurve der variablen Kosten* beginnt im Ursprung. Sie steigt zunächst *degressiv* und ab dem Wendepunkt *progressiv*. Die *Kurve der Fixkosten* ist eine Parallele zur Abszissenachse. Verschiebt man die Kurve der variablen Kosten um den Betrag der Fixkosten nach oben, so erhält man die *Gesamtkostenkurve*.

Die bisherige Darstellung der Handlungsweise eines Unternehmens basierte auf der Annahme einer ertragsgesetzlichen Produktionsfunktion, d. h. auf der Annahme, daß nur ein einziger Faktor variabel, alle übrigen Faktoren dagegen konstant sind. Diese Bedingung des Ertragsgesetzes ist in der Realität nur selten erfüllt. Häufiger ist der Fall, daß *mehrere* Faktoren *variabel* und *mehrere konstant* sind. Die theoretische Ableitung der Kostenkurven ist in diesen Fällen wesentlich komplizierter. Andererseits haben aber die sich in diesen Fällen ergebenden Kostenkurven einen ähnlichen S-förmigen Verlauf.

Zusammenfassung

Durch Umkehrung der Funktionalzusammenhänge der Produktionsfunktion erhält man die *Faktoreinsatzfunktion;* durch Multiplikation der Faktoreinsatzfunktion mit dem (konstanten) Faktorpreis erhält man die *Kostenfunktion.* Die ertragsgesetzliche Kostenkurve hat einen S-förmigen Verlauf. Die *Gesamtkostenkurve* erhält man durch Verschieben der Kurve der *variablen Kosten* nach oben, und zwar um den Betrag der *Fixkosten*.

Text 6 Erich Gutenberg:

„... Welches sind die Größen, die das Produktionskostenniveau eines Betriebes bestimmen? Die Tatsache, daß Kosten das Produkt aus Faktoreinsatzmengen und Faktorpreisen sind, zeigt, daß die Höhe der Produktionskosten einmal von den Faktoreinsatzmengen und zum anderen von den Faktorpreisen abhängt. Die Faktoreinsatzmengen, also das ‚Mengengerüst der Kosten', wird einmal durch die technisch-organisatorische Beschaffenheit der Produktionsbedingungen und zum anderen durch die Proportionen bestimmt, in denen die Faktoreinsatzmengen zueinander stehen. Bei gegebener Betriebsgröße und gegebenem Fertigungsprogramm ergeben sich also zunächst folgende das Kostenniveau eines Betriebes bestimmende Einflußgrößen: Erstens die Faktorqualitäten, zweitens die Faktorproportionen und drittens die Faktorpreise.

Es leuchtet unmittelbar ein, daß von mehreren Betrieben, die das gleiche Fertigungsprogramm aufweisen, derjenige die günstigste Kostensituation zeigt, dessen technische Ausrüstung für das Produktionsprogramm am besten geeignet ist, dessen Belegschaft den höchsten Leistungsstand aufweist und der mit Werkstoffen arbeitet, die für die Erzeugnisse qualitätsmäßig und konstruktiv am günstigsten sind. Ein solcher Betrieb steht gegenüber seinen Konkurrenten im übrigen um so günstiger da, je mehr die Betriebsleitung ihren Aufgaben gewachsen ist und je vorteilhafter die Probleme der Planung und der Lenkung und Überwachung, also der Betriebsorganisation, gelöst sind.

An anderer Stelle ist bereits darauf hingewiesen worden, daß die technisch-organisatorischen Produktionsbedingungen im Zeitablauf Schwankungen unterworfen sind. Diese Veränderungen im qualitativen Gefüge des Produktionsprozesses können oszillativer Natur sein. In diesem Falle pendeln sie um eine gewisse qualitative Norm. Auf die Dauer und im Durchschnitt gesehen, gleichen sie sich aus. Eine trendartige Hebung oder Senkung des Kostenniveaus wird durch sie nicht verursacht. Anders liegen die Dinge bei mehr stetigen Änderungen in den qualitativen Bedingungen des Produktionsprozesses, wie sie auf eine Verbesserung der Arbeitsvorbereitung, laufende Erneuerung des Maschinenparkes, Verwendung moderner Aggregate usw. zurückzuführen sind. Diese sich stetig vollziehenden Änderungen im Produktionsgefüge der Betriebe haben eine trendartige Erhöhung der betrieblichen Produktivität zur Folge, welche dann ihrerseits wieder das Kostenniveau zu senken tendiert. Natürlich kann sich ein solcher Prozeß auch in entgegengesetzter Richtung vollziehen. In diesem Falle nimmt der Produktivitätsstand des Betriebes ab, und die Kosten werden ungünstig beeinflußt.

Außer diesen mehr oszillierend oder stetig verlaufenden Änderungen in der Beschaffenheit der Produktionsbedingungen gibt es auch jene abrupten Änderungen in den Faktorqualitäten, die mehr mutativen Charakter besitzen. Änderungen solcher Art liegen zum Beispiel dann vor, wenn ein Betrieb seine Fertigung auf völlig andersartige Produktionsverfahren umstellt. Änderungen in den Faktorqualitäten bilden also die erste Haupt-Kosteneinflußgröße.

Neben Änderungen in den Faktorqualitäten treten Änderungen in den Faktorproportionen als die zweite Haupt-Kosteneinflußgröße auf . . .

Nun kann . . . eine Lage eintreten, die sich dadurch kennzeichnet, daß bei gegebener Betriebsgröße die Beschäftigung der vorhandenen betrieblichen Anlagen nicht mehr voll möglich ist. Eine solche Lage wird in der Regel darauf zurückzuführen sein, daß der Absatz des Betriebes zurückgeht und eine weitere Produktion auf Lager unvorteilhaft erscheint. Der Beschäftigungsrückgang ist der äußere Anlaß, der in diesem Falle zu einer Veränderung der Faktorproportionen führt. Und zwar deshalb, weil die Anpassungsfähigkeit der produktiven Faktoren an derartige Schwankungen der Beschäftigung unterschiedlich groß ist. Ändern sich aber die Faktorproportionen, so ändert sich damit auch das Produktionskostenniveau, da es von diesen Proportionen abhängig ist. Die Beschäftigung ist in diesem Fall die unabhängige Variable, die sich in Änderungen der Faktorproportionen auswirkt. Da aus systematischen Gründen die unabhängigen Variablen als Hauptkosteneinflußgrößen herausgestellt werden sollen, sei die Beschäftigung als zweite Haupt-Kosteneinflußgröße bezeichnet.

Kosten sind immer das Produkt aus Mengen und Preisen. Es ist deshalb klar, daß das Kostenniveau eines Betriebes auch von den Faktorpreisen, also den Betriebsmittelpreisen, den Werkstoffpreisen und den Arbeitsentgelten, abhängig ist. Diese Abhängigkeit ist von zweierlei Art. Beeinflußt eine Erhöhung oder Senkung der Faktorpreise das Mengengerüst der Kosten nicht, dann verändern sich die Produktionskosten entsprechend der Erhöhung oder Senkung der Kostengüterpreise. Beeinflußt dagegen eine Veränderung der Kostengüterpreise das Mengengerüst der Kosten, indem etwa im Preise gestiegene Produktionsmittel durch billigere ersetzt werden, dann wirkt sich eine Veränderung der Kostengüterpreise auch über Veränderungen im Mengengerüst der Kosten auf das Kostenniveau eines Betriebes aus. Die Faktorpreise sind also die dritte Haupt-Kosteneinflußgröße.

Bisher wurde davon ausgegangen, daß ein Betrieb von bestimmter Größe und bestimmtem Fertigungsprogramm gegeben sei. Hebt man die Voraussetzung konstanter Betriebsgröße auf, dann wird eine vierte Haupt-Kosteneinflußgröße sichtbar, die Betriebsgröße. Eine Änderung der Betriebsgröße, etwa ein Ausbau der Werksanlagen, muß allerdings nicht notwendigerweise das Kostenniveau eines Betriebes ändern. Denn wenn mit der Betriebserweiterung keine Änderung der Faktorbeschaffenheiten und der Faktorproportionen verbunden ist, also gewissermaßen der neue Betriebsteil nur ein Vielfaches der bereits vorhandenen Betriebsanlagen darstellt, dann ist nicht einzusehen, warum sich die Höhe der Produktionskosten ändern sollte. Wenn dagegen eine Erweiterung der betrieblichen Anlagen zur Folge hat, daß sich die Betriebseinrichtungen ihrer Beschaffenheit nach ändern, also neue Verfahren eingeführt werden oder günstigere (ungünstigere) Verhältnisse zwischen den produktiven Faktoren bestehen, dann beeinflußt ganz ohne Zweifel eine Änderung der Betriebsgröße das Kostenniveau des Betriebes.

Die Betriebsgröße bzw. ihre Änderung bildet die vierte Haupt-Kosteneinflußgröße.

Im Regelfall sind die gesamten Betriebseinrichtungen auf ein bestimmtes Fertigungsprogramm abgestellt. Ändert sich die Zusammensetzung des Programms oder unterliegt sie starken Schwankungen, dann entspricht die fertigungstechnische Ausstattung des Betriebes nur noch unvollkommen den neuen fertigungstechnischen Anforderungen. Das sich auf diese Weise ergebende Mißverhältnis zwischen Fertigungsprogramm und Betriebsausrüstung kann verhältnismäßig gering, unter Umständen aber auch ganz beträchtlich sein.

Liegt der Fall vor, daß der vorhandene Betriebsmittelbestand für das neue Produktionsprogramm nur noch zum Teil geeignet ist, dann bedeutet das eine

Verschlechterung der Produktionsbedingungen. Sie hat ihrerseits dann wieder eine Änderung des Kostenniveaus des Betriebes zur Folge.
Das Fertigungsprogramm bzw. eine Änderung desselben stellt mithin eine fünfte Haupt-Kosteneinflußgröße dar.
Das Kostenniveau eines Betriebes wird also durch die fünf Hauptkosteneinflußgrößen: Faktorqualität, Faktorpreis, Beschäftigung, Betriebsgröße und Fertigungsprogramm bestimmt. Bei genauerer Betrachtung zeigt sich, daß Änderungen der Kosteneinflußgrößen Beschäftigung, Betriebsgröße und Fertigungsprogramm stets Änderungen in den Faktorqualitäten und/oder den Faktorproportionen auslösen. Man kann deshalb sagen, daß sich grundsätzlich Änderungen im Kostenniveau eines Betriebes auf Änderungen in den Faktorqualitäten, den Faktorproportionen und den Faktorpreisen zurückführen lassen. Bleiben sie konstant, dann kann sich das Kostenniveau eines Betriebes nicht ändern. Diese drei Größen werden hier als die drei großen Kostendeterminanten bezeichnet."

Erich Gutenberg: Grundlagen der Betriebswirtschaftslehre, Band 1: Die Produktion, 22. Aufl., Berlin, Heidelberg, New York (Springer) 1976, S. 344–347.

ÜBUNGEN

3/10 Was besagt der Begriff „Mengengerüst der Kosten" (vgl. Text 6)? Worin liegt der Unterschied zum Begriff Kosten?

3/11 Welches sind die fünf Haupt-Kosteneinflußgrößen? Was besagt der Begriff Haupt-Kosteneinflußgröße? Was haben die Haupt-Kosteneinflußgrößen mit den Kostenkurven zu tun? (vgl. Text 6.)

3/12 Hat Gutenberg den technischen Fortschritt unter den fünf Haupt-Kosteneinflußgrößen berücksichtigt? (vgl. Text 6.)

3/13 Analysieren Sie anhand von Text 6, wie sich eine Betriebsgrößenvariation auf das Kostenniveau eines Unternehmens auswirken kann.

3/14 Erläutern Sie den Begriff „Unteilbarkeit der Produktionsfaktoren", und nennen Sie Beispiele.

3/15 Zeichnen Sie eine Faktoreinsatzkurve, und leiten Sie graphisch die zugehörige Ertragskurve ab.

3.2.3 Durchschnittskosten und Grenzkosten

- Die Begriffe Durchschnittskosten, durchschnittliche Fixkosten, durchschnittliche variable Kosten und Grenzkosten definieren können.
- Die verschiedenen Durchschnittskostenkurven aus der Gesamtkostenkurve graphisch ableiten können.
- Kurvenabläufe und Schnittpunkte der Kostenkurven erläutern können.

Aus den Gesamtkosten (K), den Fixkosten (FK) und den variablen Kosten (VK) lassen sich nun die *durchschnittlichen Totalkosten* (DTK), kurz *Durchschnittskosten* genannt, die *durchschnittlichen Fixkosten* (DFK), die *durchschnittlichen variablen Kosten* (DVK) und die *Grenzkosten* (GK) errechnen.

Dividiert man die Fixkosten durch die verschiedenen alternativen Produktionsmengen, so erhält man für jede Ausbringungsmenge die *durchschnittlichen Fixkosten.* Graphisch ableiten lassen sich die DFK, indem man einen Strahl vom Ursprung aus an die Fixkostenkurve legt, so daß dieser einen Winkel α mit der Abszissenachse bildet. Läßt man diesen Strahl an der Fixkostenkurve entlanggleiten, so mißt der Tangens des jeweiligen Winkels α die durchschnittlichen Fixkosten für die alternativen Produktmengen (vgl. **Abb. 70,1** und **Abb. 70,2**).

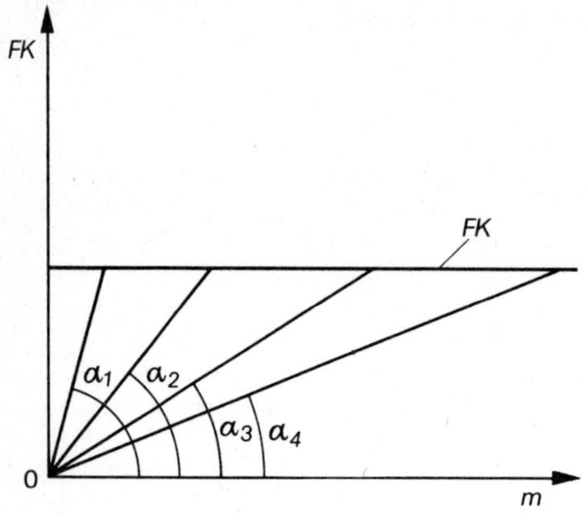

Abb. 70,1

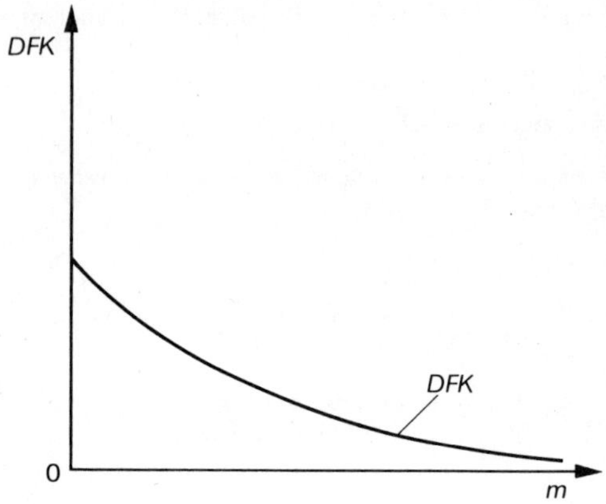

Abb. 70,2

Die DFK-Kurve zeigt einen kontinuierlich fallenden Verlauf; die Fixkosten verteilen sich auf eine immer größere Ausbringungsmenge, die Fixkosten pro Ausbringungseinheit sinken daher.

Man erhält die *durchschnittlichen variablen Kosten,* indem man die variablen Kosten einer jeden Produktionsmenge durch die betreffende Produktionsmenge dividiert. Graphisch abgeleitet werden die DVK, indem man Fahrstrahlen vom Ursprung der Kurve der variablen Kosten an dieselbe legt, so daß diese Fahrstrahlen jeweils einen Winkel β mit der m-Achse bilden. Der Tangens des jeweiligen Winkels mißt die durchschnittlichen variablen Kosten (vgl. **Abb. 70,3** und **Abb. 70,4**).

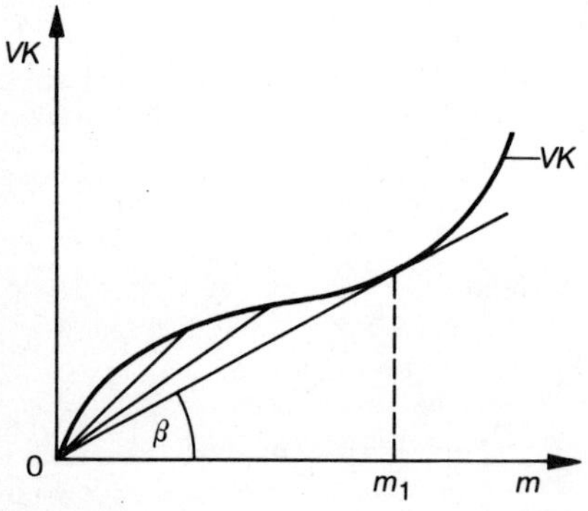

Abb. 70,3

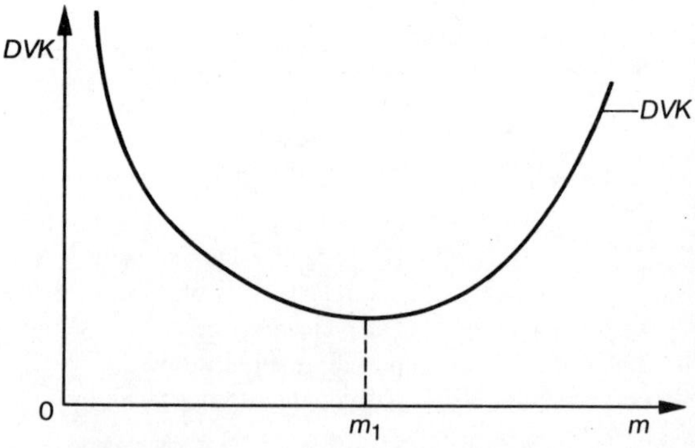

Abb. 70,4

Die DVK-Kurve sinkt zunächst. Bei der Produktionsmenge, bei der der Fahrstrahl an die Kurve der variablen Kosten zur Tangente wird, hat die DVK-Kurve ihren Tiefpunkt.

Die *Durchschnittskosten* drücken aus, wie hoch im Durchschnitt die Kosten einer jeden Produkteinheit bei der betreffenden Ausbringungsmenge sind. Sie werden deshalb auch „Stückkosten" genannt. Man erhält sie, indem man die Gesamtkosten einer jeden Produktionsmenge durch die betreffende Produktionsmenge dividiert. Für die graphische Ableitung bedeutet das: Man legt Fahrstrahlen an die Gesamtkostenkurve, die mit der Abszissenachse jeweils einen Winkel γ bilden. Der Tangens des jeweiligen Winkels γ mißt die Durchschnittskosten (DTK) der alternativen Produktionsmengen (vgl. **Abb. 71,1** und **Abb. 71,2**). Ein anderer Weg der graphischen Ableitung wäre, bei jeder Ausbringungsmenge die Ordinatenwerte der durchschnittlichen Fixkosten und der durchschnittlichen variablen Kosten zu addieren und in die Graphik zu übertragen.

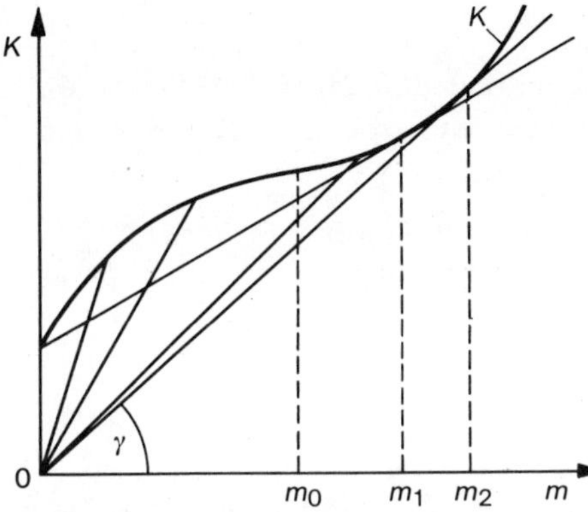

Abb. 71,1

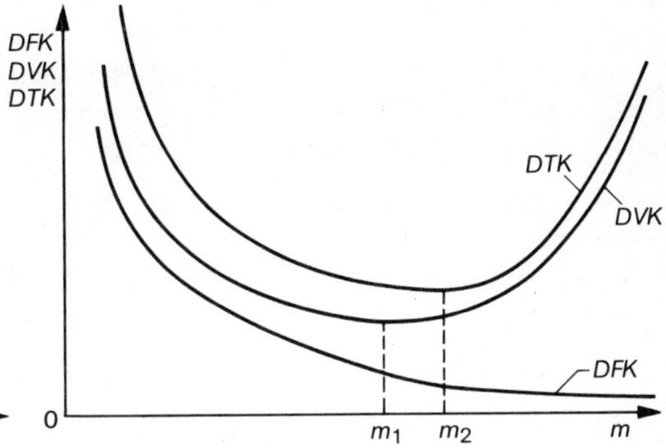

Abb. 71,2

Aus der Gesamtkostenkurve läßt sich aber auch die Grenzkostenkurve ableiten. Die Grenzkosten sind die Kosten, die aufgewendet werden müssen, um eine zusätzliche Einheit des betreffenden Produktes zu produzieren. Wenn die Produktion von 100 Wagen Heu z. B. 30000,— DM kostet, die von 101 Wagen aber 30280,— DM, so betragen die Grenzkosten des 101. Wagens 280,— DM. Es ist leicht einzusehen, daß die Grenzkosten – geometrisch gesehen – nichts anderes sind als die Steigung der Gesamtkostenkurve. Folglich ist die Funktion der Grenzkostenkurve die erste Ableitung der Gesamtkostenkurve.

Die Grenzkostenkurve schneidet die DVK- und die DTK-Kurve jeweils in deren tiefstem Punkt (vgl. **Abb. 71,3**). Sie selbst hat ihren Tiefpunkt bei der Ausbringungsmenge, bei der die Gesamtkostenkurve ihren Wendepunkt hat. So lange die Grenzkosten niedriger sind als die variablen Durchschnittskosten, hat die DVK-Kurve einen fallenden Verlauf. Das Entsprechende gilt in bezug auf die DTK-Kurve.

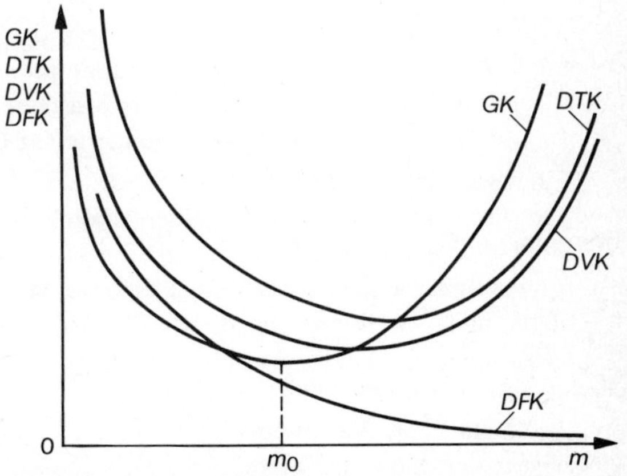

Abb. 71,3

Zusammenfassung

Dividiert man die Gesamtkosten, variablen Kosten und Fixkosten jeweils durch die Ausbringungsmenge, so erhält man die *durchschnittlichen Totalkosten* oder *Durchschnittskosten (DTK)*, die durchschnittlichen variablen Kosten *(DVK)* und die durchschnittlichen Fixkosten *(DFK)*. Die Grenzkostenfunktion ist die erste Ableitung der Gesamtkostenfunktion.

ÜBUNGEN

3/16 Zeichnen Sie eine typische Gesamtkostenkurve, und leiten Sie dazu die *DFK*-, *DVK*-, *DTK*- und *GK*-Kurven ab. Warum schneidet die *GK*-Kurve die *DVK*-Kurve und die *DTK*-Kurve in deren Tiefpunkten?

3/17 Warum haben die *DVK*-, *DTK*- und *GK*-Kurven einen U-förmigen Verlauf?

3.2.4 Die Relevanz des Ertragsgesetzes für die Industrie

– Erklären können, warum das Ertragsgesetz für die Industrie nicht als repräsentativ angesehen werden kann.

Das *Ertragsgesetz* und die aus ihm abgeleiteten Kostenverläufe wurden im landwirtschaftlichen Bereich entwickelt und durch einen Analogieschluß auf die Industrie übertragen, ohne daß diese Übertragbarkeit empirisch überprüft worden wäre. Das Ertragsgesetz galt deshalb lange Zeit als die typische Produktionsfunktion aller produktiven Bereiche.

Erich Gutenberg hat nachgewiesen, daß das Ertragsgesetz als Produktionsfunktion für den industriellen Bereich *nicht repräsentativ* ist, daß die Bedingungen, die dem Ertragsgesetz zugrunde liegen, in der Industrie nicht erfüllt sind. Gutenberg ging bei seinen Untersuchungen von der Frage aus, ob bei der industriellen Produktion *substitutionale* oder *limitationale Faktoren* überwiegen. Er kam zu dem Ergebnis, daß bei industriellen Produktionsprozessen die Faktoreinsatzrelationen zum größten Teil durch limitationale Bindungen technisch fixiert sind. Das gilt vor allem für die Kombination der Faktoren Maschinenarbeit, Material und manuelle Arbeit, da diese Kombination die Grundlage der industriellen Produktionsprozesse bildet.

Für zwei Fälle des Maschineneinsatzes sollen die limitationalen Beziehungen nun erläutert werden: für den Fall, daß die Laufgeschwindigkeit von Maschinen konstant gehalten wird sowie für den Fall, daß die Laufgeschwindigkeit der Maschinen variiert wird. Liegt bei konstanter Laufgeschwindigkeit einer Maschine zugleich das Bedienungssystem fest, so kann eine Maschine pro Zeiteinheit jeweils nur ganz bestimmte Mengen der Faktoren Material und Arbeit aufnehmen. Wird von einem Faktor zu viel eingesetzt, so werden die überschüssigen Einheiten dieses Faktors nicht mitverarbeitet. Sie bleiben dann ohne jeden produktiven Effekt, d.h., ihr Grenzertrag ist gleich Null. Eine Vermehrung der Ausbringungsmenge läßt sich nur dadurch erreichen, daß die Einsatzmengen aller Faktoren zugleich erhöht werden, wobei die Einsatzmengen in bestimmten festen Relationen zueinander stehen. Hieraus folgt aber, daß zwischen den Einsatzmengen und den Ausbringungsmengen limitationale Gesetzmäßigkeiten bestehen.

Das Ergebnis behält auch seine Gültigkeit, wenn die Laufgeschwindigkeit der Maschinen variiert wird. Da dabei der Maschinenbestand konstant bleibt, jedoch größere Materialmengen verarbeitet werden können, könnte man meinen, daß hier der Tatbestand des Ertragsgesetzes erfüllt sei. Das aber trifft nicht zu. Zwar bleibt bei einer Veränderung der Leistungsgrade von Maschinen der Maschinenbestand konstant, aber mit der Laufgeschwindigkeit ändert sich die Leistungsabgabe der Maschinen, deren kostenmäßiges Äquivalent die verbrauchsbedingten Abschreibungen darstellen, und diese Leistungsabgabe ist der eigentliche Produktionsfaktor. Der Maschinenbestand wirkt also hier nicht als konstanter Faktor, sein Einsatz ist vielmehr wegen des erhöhten Leistungsgrades und der damit verbundenen erhöhten Abschreibungen variabel.

Zusammenfassung

Das Ertragsgesetz kann nicht als die für die industrielle Produktion typische Produktionsfunktion angesehen werden, da die industriellen Produktionsprozesse nicht vergleichbar sind mit den Prozessen, die zur Entwicklung des Ertragsgesetzes führten.

ÜBUNG

3/18 Was heißt „das Ertragsgesetz kann nicht als die für die industrielle Produktion typische Produktionsfunktion angesehen werden"? Ergäbe sich nicht doch eine ertragsgesetzliche Produktionsfunktion, wenn man in einem Industriebetrieb die Zahl der Arbeitskräfte kontinuierlich variierte, alle übrigen Produktionsfaktoren aber konstant hielte?

3.3 Theorie der Produktion auf der Basis der Produktionsfunktion B

3.3.1 Die Produktionsfunktion B und ihre Kostenkurven

- Die Produktionsfunktion B erläutern und von der Produktionsfunktion A unterscheiden können.
- Einen linearen Verlauf der Ertragskurve der Produktionsfunktion B interpretieren können.
- Faktoreinsatzkurve und Kostenkurve aus der Ertragskurve graphisch ableiten können.
- Den Begriff Potentialfaktoren erläutern können.

Die *Produktionsfunktion B* beschreibt die Handlungsweisen eines Unternehmens, das die Produktionsfaktoren in bestimmten, *technisch notwendigen Proportionen* einsetzt. Nun könnte man annehmen, daß diese technisch determinierten Faktorproportionen sich ändern, wenn die Ausbringungsmenge variiert wird. Eine zentrale Aussage der Gutenbergschen Produktionsfunktion B ist es aber, daß diese Proportionen – der Tendenz nach – *konstant* sind. Eine solche Produktionsfunktion wird – im Gegensatz zu den substitutionalen – auch als *limitationale Produktionsfunktion* bezeichnet.

Gutenberg macht aber noch eine zweite wichtige Aussage über die Produktionsfunktionen im industriellen Bereich. Der proportionale Einsatz der Faktoren macht noch keine Aussage darüber, daß bei einer Variation des Faktoreinsatzes der Ertrag sich proportional zum Faktoreinsatz ändert. Die Grenzerträge einer solchen Variation des Faktoreinsatzes werden auch *Skalenerträge* genannt (vgl. Text 7).

Gutenberg betont jedoch, daß der *Leistungsgrad* oder die Skalenerträge im industriellen Bereich der Tendenz nach *konstant* sind, so daß sich die Ausbringungsmenge proportional zum Faktoreinsatz verändert. Das ist der Fall bei der linearen Produktionsfunktion B (linear-limitationale Produktionsfunktion), die Gutenberg als repräsentativ für industrielle Produktionsprozesse ansieht.

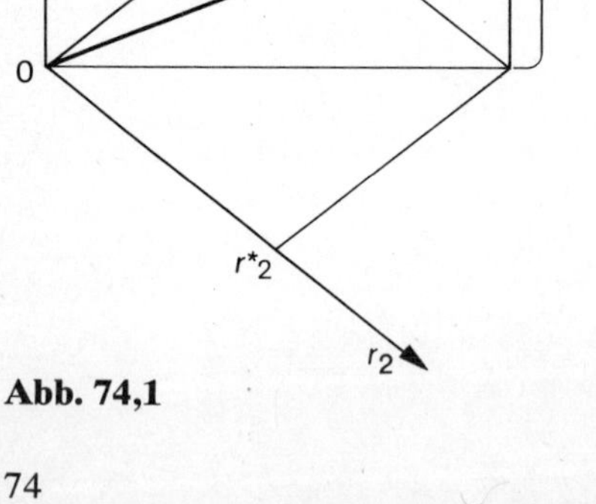

Abb. 74,1

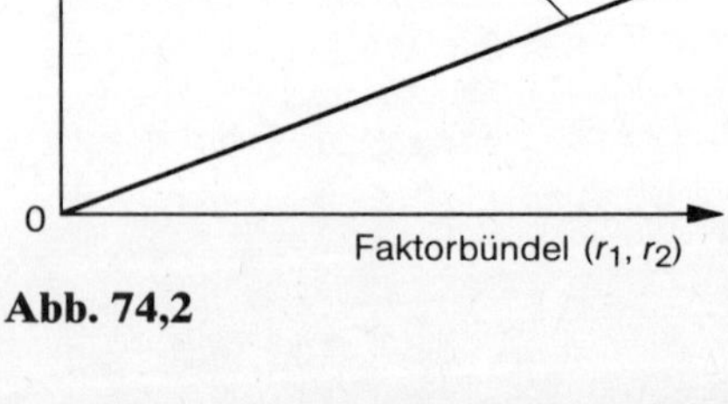

Abb. 74,2

Bei einer linearen Produktionsfunktion B ergibt sich ein *linearer Verlauf der Ertragskurve,* wie er in der **Abb. 74,1** und der **Abb. 74,2** für einen Zwei-Faktoren-Fall dargestellt ist. Die Ertragskurve zeigt die Entwicklung der Ausbringungsmengen in Abhängigkeit von der Variation der Faktoreinsatzmengen r_1 und r_2 bei konstantem Faktoreinsatzverhältnis. Multipliziert man die Faktoreinsatzmengen mit ihren Faktorpreisen, so ergeben sich Kosten der Faktoreinsatzmengen, die sich dann addieren lassen zu den variablen Kosten der Produktion:

$$VK = r_1 \cdot q_1 + r_2 \cdot q_2 \cdot$$

Die Ertragskurve in **Abb. 74,2** läßt sich damit aber auch in eine Ertragskurve überführen, bei der, wie **Abb. 75,1** zeigt, die Ausbringungsmengen in Abhängigkeit von den variablen Kosten der Produktion dargestellt werden.

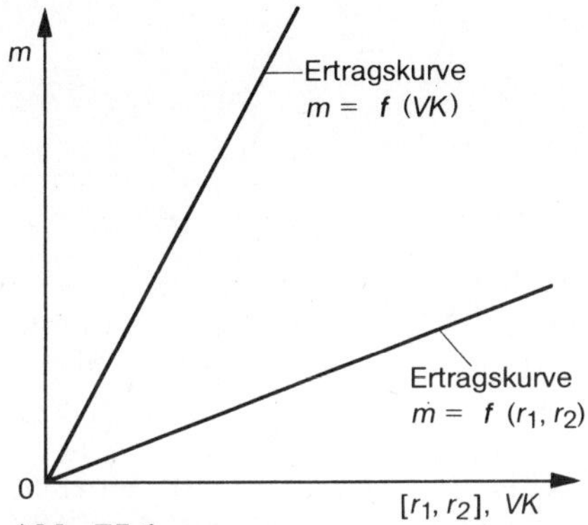

Abb. 75,1

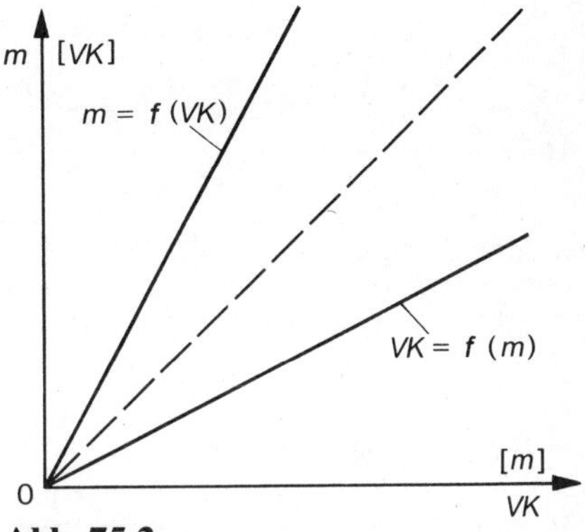

Abb. 75,2

Spiegelt man nun diese Ertragskurve an der Winkelhalbierenden und vertauscht die Koordinaten, so erhält man eine *Kostenkurve,* die die Entwicklung der variablen Kosten in Abhängigkeit von einer Variation der Ausbringungsmenge zeigt **(Abb. 75,2)**.

Es fällt auf, daß die obige Kostenkurve im Ursprung des Koordinatensystems beginnt. Nach Auffassung Gutenbergs fallen bei der industriellen Produktion auch keine fixen Kosten für konstante Faktoren an, wie es das Ertragsgesetz impliziert. Allerdings kann man – abweichend von Gutenbergs Auffassung – die Kosten der sogenannten *Potentialfaktoren* als fixe Kosten interpretieren. Kilger schreibt hierzu:

„In jeder Unternehmung wird ein bestimmter Teil der Produktionsfaktoren für die Aufrechterhaltung der Betriebsbereitschaft eingesetzt. Der Einsatz dieser Faktoren steht in keiner funktionalen Beziehung zur Leistungserstellung und wird weder durch die Produktmengen, noch durch die technischen Leistungsgrade der einzelnen Produktionsstätten beeinflußt. Die Höhe ihrer Einsatzmengen wird lediglich durch die geplanten Kapazitäten der einzelnen Betriebsabteilungen bestimmt. In der Regel handelt es sich bei Produktionsfaktoren dieser Art um begrenzt teilbare oder sogar unteilbare Güter und Dienstleistungen, durch deren Einsatz dem Betrieb periodenweise bestimmte Leistungspotentiale zur Verfügung gestellt werden, so daß man sie als Potentialfaktoren bezeichnen kann. Typische Beispiele solcher Potentialfaktoren sind der Zeitverschleiß von Betriebsmitteln, der Fabrikationsraum, der Einsatz von Angestellten und die Entgegennahme von Dienstleistungen, für die innerhalb bestimmter Zeitabschnitte feste Mieten, Pachten, Gebühren oder Beiträge anfallen."[1]

1 Wolfgang Kilger: Produktions- und Kostentheorie, a.a.O., S. 60.

Berücksichtigt man die Fixkosten der Potentialfaktoren, so verschiebt sich die Kurve der Gesamtkosten nach oben, ohne daß sich aber an ihrem linearen Verlauf etwas ändert (vgl. **Abb. 76,1**).

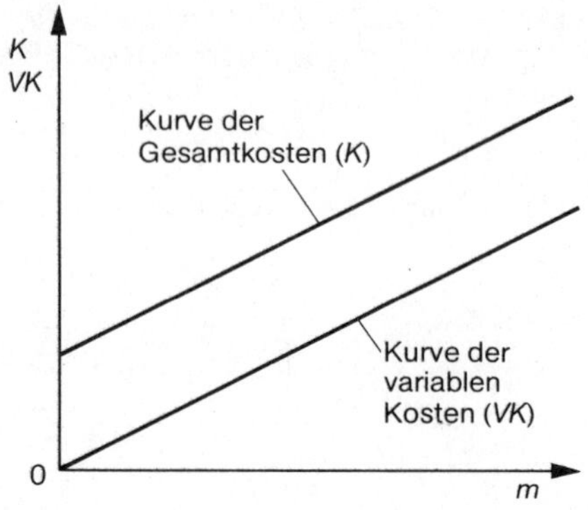

Abb. 76,1

Zusammenfassung

Die zentrale Aussage der *Produktionsfunktion B* ist, daß die *Proportionen* der Faktoreinsatzmengen bei einer Variation der Ausbringungsmenge *konstant* sind. Darüber hinaus wird angenommen, daß der *Leistungsgrad* der Faktoren der Tendenz nach *konstant* ist (konstante Skalenerträge), so daß sich eine *lineare Ertragskurve* ergibt.

Eine lineare Ertragskurve impliziert eine *lineare Kurve der Gesamtkosten,* die sich allerdings um den Betrag der Fixkosten (Potentialfaktoren) nach oben verschiebt.

Text 7 Joachim Klaus und Gerhard Hahn:

„2.5. Empirische Ansatzpunkte

2.5.1. Vorbemerkungen

Empirische Untersuchungen im Bereich der Produktion dienen wie in anderen Theoriebereichen zunächst der Beantwortung der Frage, ob bestimmte theoretische Konzepte zur Erklärung realer Produktions- und Kostenbeziehungen geeignet sind. Die aus dieser Konfrontation von Theorie und Realität gewonnenen Erkenntnisse können dann wiederum Ausgangspunkt für die Formulierung weiterführender Hypothesen sein. Haben sich bestimmte Konzepte als wertvoll für die theoretische Analyse erwiesen, so ist es Aufgabe der empirischen Forschung, durch die Ermittlung von numerischen Werten der einzelnen Parameter die Formulierung von Prognose- und Entscheidungsmodellen zu ermöglichen.

Die grundlegende Aufgabe der empirischen Untersuchungen zur Produktionstheorie ist die Ermittlung der Produktionsfunktion. Die Produktionsfunktion erlaubt als umfassendstes produktionsorientiertes Konzept die Abbildung der Beziehungen sowohl zwischen den Produktionsfaktoren selbst als auch zwischen Produktionsfaktoren und Produktionsausstoß in allen Variationsrichtungen. Ziel jeder empirischen Arbeit muß daher die Aufstellung einer Produktionstabelle sein, die als Spaltenbezeichnungen die quantitativen Einsatzmengen der spezifizierten Produktionsfaktoren trägt und aus deren Feldern sich der bei alternativen Faktorkombinationen erreichbare Output ablesen läßt.

Ohne auf die methodischen Probleme einzugehen, die empirische Untersuchungen allgemein und speziell im Bereich der Produktion mit sich bringen, ist es doch unmittelbar einleuchtend, daß sich bei einem Konzept, das die Produktionsfunktion als Katalog der im Rahmen eines gegebenen technischen Wissens möglichen Produktionskombinationen auffaßt, nur im Fall von sehr einfachen Produktionsprozessen oder bei einem unverhältnismäßig großen Arbeitsaufwand tatsächlich alle möglichen und daher in der Produktionsfunktion zu spezifizierenden Produktionsbeziehungen feststellen lassen. In vielen Fällen muß die Untersuchung auf die Ermittlung der tatsächlich realisierten Produktionsprozesse als Ausschnitte aus der gesamten Produktionsfunktion beschränkt bleiben. Mit Hilfe verschiedener statistischer Verfahren kann dann versucht werden, aus der begrenzten Anzahl empirisch erhobener Daten (näherungsweise) auf die zugrundeliegenden Produktionsfunktionen zu schließen. Neben den statistischen Methodenproblemen und den Fragen, die die Datengewinnung, Aufbereitung und die notwendige Isolierung konzeptfremder, externer Einflüsse bei dieser Vorgehensweise mit sich bringen, ist dabei jedoch zu berücksichtigen, daß aus dem Wunsch heraus, die zur Verfügung stehende Datenbasis zu vergrößern, häufig die einzelbetriebliche Ebene verlassen wird und Produktionsfunktionen nur noch auf einer aggregierten Ebene, beispielsweise für Branchen oder Wirtschaftssektoren, empirisch nachgewiesen werden.

Im folgenden werden beispielhaft einige empirische Untersuchungen auf dem Gebiet der Produktions- und Kostenbeziehungen angeführt ... Die Arbeiten sind nach den grundlegenden Fragestellungen der theoretischen Konzepte gegliedert. Mit diesem Abschnitt ist keine Gesamtdarstellung der empirischen Forschung auf dem betrachteten Theoriegebiet beabsichtigt, es soll vielmehr ein repräsentativer Überblick über Ansatzpunkte und Ergebnisse empirischer Produktions- und Kostenanalysen gegeben werden, zu deren theoretischer Durchdringung im weiteren Verlauf des Lehrbuches Instrumente und Konzepte erarbeitet werden müssen.

2.5.2. Empirische Untersuchungen zur Produktionsfunktion

Empirische Untersuchungen wurden für unterschiedliche Güter und für die verschiedensten Arten der Güterproduktion vorgenommen. Wesentliche Fragestellungen waren gemäß dem Konzept der Produktionsfunktion die Substitutionalität der Produktionsfaktoren, die Möglichkeit von Skaleneffekten und das Wirken des technischen Fortschritts. Eine Arbeit von Frisch (1935) beispielsweise befaßte sich mit der Produktion von Schokolade. Spezifizierte Inputs bei der Schokoladeerzeugung waren in seiner Untersuchung Kakaofett und der Arbeitsaufwand, der für die Formgebung und Abkühlung des Endprodukts notwendig ist. Das Endprodukt Schokoladentafeln mußte bestimmten Anforderungen in der Formgebung entsprechen; der Teil der Produktion, der diese Anforderungen nicht erfüllte, wurde noch einmal der Rohstoffmenge beigegeben und mußte durch zusätzlichen Arbeitsaufwand erneut in Formen gegossen werden. Frisch stellte in dieser Untersuchung einen weiten Substitutionsbereich zwischen den beiden spezifizierten Inputs fest. Die produzierte Menge ließ sich durch partiellen Mehreinsatz sowohl des Fettgehalts in der Grundmasse als auch der zur Formgebung und Abkühlung notwendigen Arbeitsmenge als Folge verminderter Ausschußproduktion erhöhen. Auf das Konzept der Produktionsfunktion bezogen bedeutet dieses Ergebnis, daß sich eine bestimmte Schokoladenmenge mit unterschiedlichen Kombinationen der eingesetzten Produktionsfaktoren Arbeit und Rohstoffe erzeugen ließ.

Die Frage möglicher Substitutionalitäten der Produktionsfaktoren wurde in den Arbeiten von Chenery (1949, 1953) und Smith (1961) für den Fall der Fernleitung von Gas, Elektrizität und Wärme untersucht. Endprodukt sind bei dieser Art der Produktion die übermittelten Mengen von Gas etc. pro Zeiteinheit. Als Produktionsfaktoren können die für die Übermittlung aufzuwendende Leistung (gemessen in PS) und die erforderliche Menge an Rohrleitungen (gemessen in Gewichtseinheiten) spezifiziert werden. In der Produktionsfunktion läßt sich der Output dann entweder in Abhängigkeit von den entsprechenden physischen Einsatzmengen der Faktoren oder als Funktion der mit Hilfe konstanter Preise umgerechneten Faktoren ‚Kapital' und ‚laufende Inputs' darstellen. Substitutionsmöglichkeiten der Produktionsfaktoren ergaben sich beispielsweise für den Fall der Fernleitung von Gas daraus, daß mit steigendem Durchmesser der Rohrleitungen eine geringere Kapazität der Kompressoren in den Pumpstationen und damit ein geringerer Aufwand von Energie erforderlich ist. Diese Substitutionalität verschiedener Kapitalgüter wurde jedoch erheblich eingeschränkt, sobald die gewünschten Anlagen einmal installiert waren. Bei Betrachtung des laufenden Betriebs der Fernleitungseinrichtungen erwies sich, daß die Nutzungsabgabe der Kapitalgüter nur in beschränktem Umfang gegen den Einsatz anderer laufender Produktionsfaktoren (beispielsweise des Faktors Arbeit) substituierbar war.

Ein weiterer Gegenstand empirischer Forschungen zur Frage der Substitutionalität der Faktoren war der Transport von Frachtgütern. De Salvo (1969) untersuchte dieses Problem für das Transportmittel Eisenbahn, Johansen (1972) für den Bereich der Tankschiffahrt. Der Output ließ sich für beide Transportarten in Tonnen-Meilen pro Zeiteinheit messen; als Inputfaktoren kamen die Pferdestärken der Lokomotive und die Anzahl der eingesetzten Waggons bzw. Geschwindigkeit und Fassungsvermögen der Tanker in Frage. In beiden Fällen zeigte sich, daß eine bestimmte Anzahl von Tonnen-Meilen pro Zeiteinheit mit unterschiedlichen Kombinationen von Antriebsgeschwindigkeit und Ladungskapazität der eingesetzten Transportmittel ‚produziert' werden konnte.

Neben der Frage, inwieweit sich die Produktionsfaktoren auf einem gegebenen Produktionsniveau gegeneinander substituieren lassen, ist das Auftreten von Skaleneffekten bei Veränderungen des Produktionsniveaus ein wichtiger Gegenstand empirischer Untersuchungen. Dhrymes und Kurz (1964) gingen diesem Problem im Produktionsbereich der Stromerzeugung nach. Da die Produktionsfunktion gewöhnlich nur für einen gegebenen Stand des technischen Wissens definiert ist, versuchten sie mit Hilfe bestimmter Annahmen über die Einführung des technischen Fortschritts in die Produktion (Jahrgangsmodell) den Einfluß des technischen Fortschritts auf die Produktivität von reinen Skaleneffekten zu trennen. Als ein wesentliches Ergebnis ihrer Untersuchung stellten sie fest, daß positive Skaleneffekte bei der Stromerzeugung eine wesentliche Rolle spielten.

Griliches und Ringstad (1971) versuchten in einer großangelegten Untersuchung sowohl für den Gesamtbereich des produzierenden Gewerbes in Norwegen als auch für einzelne Branchen die Bedeutung von Skaleneffekten für die Produktion zu ermitteln. Sie kamen dabei zu dem Ergebnis, daß im Gesamtbereich des produzierenden Gewerbes ebenso wie in der Mehrzahl der Einzelbranchen positive Skaleneffekte wirksam waren. Griliches (1968) hatte diese Tatsache bereits in einer früheren Untersuchung auch für die USA festgestellt. Für Norwegen fanden die Autoren jedoch zusätzlich heraus, daß der Einfluß der Skaleneffekte mit der Zunahme des absoluten Produktionsniveaus an Bedeutung verlor.

Das Konzept der Produktionsfunktion ist gewöhnlich nur für einen gegebenen Stand des technischen Wissens definiert. Da jedoch der technische Fortschritt auch auf der einzelbetrieblichen Ebene eine wichtige Rolle spielt, wurden zu seiner Erforschung ebenfalls empirische Untersuchungen durchgeführt.

Als Beispiel dazu sei die Arbeit von Hartley (1965) angeführt. Hartley untersuchte für den Bereich der Flugzeugproduktion den Einfluß, den die bei wiederholter Verrichtung gleicher oder ähnlicher Tätigkeiten eintretenden Lernprozesse auf das Produktionsergebnis ausüben. Er stellte dabei fest, daß die Zahl der Arbeitsstunden, die zur Produktion des achten Flugzeugs einer Serie notwendig waren, nur noch etwa 50 v. H. derjenigen Zahl von Arbeitsstunden betrug, die noch für die Produktion des ersten Flugzeugs der Serie aufgewendet werden mußten.

Der in den Lernprozessen zum Ausdruck kommende technische Fortschritt hatte also bei Vornahme der Produktion selbst die Produktionsfunktion wesentlich verändert.

2.5.3. Empirische Untersuchungen von Kostenverläufen

Die bisher zu Fragen der Substitutionalität der Produktionsfaktoren, des Auftretens von Skaleneffekten und des technischen Fortschritts angeführten empirischen Untersuchungen befaßten sich alle mit der Produktion als Kombination von Produktionsfaktoren und als Transformation dieser Faktorkombination in einen gewünschten Output. Ziel der Arbeiten war die Feststellung nicht nur der realisierten Produktionsprozesse, sondern der Gesamtheit aller unter bestimmten Bedingungen möglichen Produktionsalternativen. Eine zweite Gruppe empirischer Untersuchungen hat nun nicht den Nachweis der Produktionsfunktion als Ganzes zum Ziel, sondern will die als Ausschnitte aus der Produktionsfunktion aufzufassenden einzelbetrieblichen Kostenkurven ermitteln.

Ohne auf Verfahren und methodische Probleme empirischer Kostenuntersuchungen einzugehen, ist es doch schon allein aufgrund des geschilderten Ausschnittcharakters der Kostenkurven verständlich, daß sie sich in den meisten Fällen empirisch leichter ermitteln lassen als das umfassendere Konzept der Produktionsfunktion. Es wurde daher häufig versucht, die Produktionsfunktion nicht direkt, sondern nur mittelbar über zugehörige Kostenkurven zu schätzen. Empirische Kostenuntersuchungen dienten in diesen Fällen vor allem als Basis für die Ermittlung der Produktionsfunktion. Gerade die Tatsache aber, daß die Kostenkurven nur für bestimmte Produktionsprozesse gültig sind, bedingt, daß dieser Rückschluß nur mit zusätzlichen Annahmen darüber möglich ist, unter welchen Bedingungen die Kostenkurven aus der Produktionsfunktion abgeleitet wurden. Notwendig ist dabei vor allem eine Hypothese über die zugrundeliegende unternehmerische Zielsetzung, die dann wiederum im Zusammenspiel mit den gegebenen technischen Bedingungen Aussagen über Faktorkombination und Faktorvariation erlaubt. Soll die empirische Ermittlung der Produktionsfunktion aus der Kostenkurve sinnvoll sein, muß diese Hypothese ebenfalls empirisch getestet sein.

Empirische Untersuchungen von Kostenverläufen sind jedoch auch aus sich selbst heraus interessant. Vom einzelbetrieblichen Standpunkt aus gesehen dienen sie beispielsweise als Grundlage von Ausgabenkontrolle, Gewinnplanung oder Preisbestimmung. Volkswirtschaftlich sind sie vor allem als Determinanten des Angebots der Unternehmen auf den Märkten und als Hilfsmittel bei der Kontrolle von Marktunvollkommenheiten von Bedeutung.

Kostenkurven spiegeln die Abhängigkeit der Produktionskosten von der produzierten Gütermenge wider. Da eine Variation des Produktionsniveaus jedoch auf unterschiedliche Weise vorgenommen werden kann, wird in empirischen Untersuchungen häufig versucht, Kostenverläufe bei Veränderungen des Produktionsausstoßes im Rahmen einer gegebenen Betriebskapazität von Kostenverläufen bei einer Variation der Betriebskapazität selbst zu unterscheiden. Sinn dieser Unterscheidung ist die der jeweiligen Fragestellung angemessene Trennung der verschiedenen Kosteneinflußgrößen. Formuliert wurden die empirisch gefundenen Kostenverläufe sowohl für die gesamten Produktionskosten als auch für die durchschnittlichen Produktionskosten pro Stück der ausgebrachten Menge. Die in empirischen Untersuchungen ermittelten Kostenverläufe sollen zunächst für den Fall der Produktion im Rahmen einer gegebenen Betriebskapazität vorgestellt werden.

Dean (1941) beispielsweise untersuchte die Kostenentwicklung bei der Produktion von Strümpfen. In der Strumpffabrik stand eine bestimmte Anzahl von Maschinen (Kapazitätsgrenze) zur Produktion bereit, die mit konstanter Maschinengeschwindigkeit und Arbeitszeit im Produktionsprozeß eingesetzt wurden. Je nach Beschäftigung wurden mehr oder weniger Maschinen stillgelegt oder in Betrieb genommen.

Dean stellte fest, daß die Gesamtkosten proportional mit der ausgebrachten Menge zunahmen. Die Gesamtkostenkurve wies also einen linearen Verlauf auf. Zu diesem Ergebnis kamen auch Yntema (1940) für die Stahlproduktion und Johnston (1960) in seinen Untersuchungen zur Stromerzeugung, zur Personenbeförderung mit Kraftfahrzeugen und zur Nahrungsmittelverarbeitung.

In der Arbeit Biedermanns (1958) wurden die Kostenverläufe von sechs Betrieben unterschiedlicher Größe im Bereich des Stahlbaus zusammengestellt. In den Einzelbetrieben ermittelte Biedermann jeweils lineare Gesamtkostenverläufe, im Vergleich zwischen den Betrieben fand er jedoch heraus, daß der Kostenbetrag, den die Unternehmen unabhängig von der produzierten Menge zu tragen hatten (Fixkosten) mit wachsendem Kapazitätsvolumen ebenfalls anstieg. Die Produktionsmenge hingegen, um die die Unternehmen ihre Kapazitätsauslastung sinken ließen, lag in den größeren Betrieben erheblich höher als in den Mittelbetrieben.

Ehrke und Schneider (1933) versuchten in ihrer Untersuchung der Kostenverläufe in der Zementindustrie den Einfluß sowohl der Produktionsschwankungen im Rahmen einer gegebenen Betriebskapazität als auch der Variation der Betriebskapazität selbst auf die Kosten festzuhalten. Sie berücksichtigten daher Produktions- und Kostendaten über einen längeren Zeitraum (1867–1913) hinweg. Für die Perioden, in denen das Produktionsvolumen lediglich bei konstanter Kapazität variiert wurde, ermittelten sie lineare bzw. progressive Gesamtkostenverläufe. Um die Kostenwirkungen von Kapazitätserweiterungen zu ermitteln, wurde in reine Baukasteninvestitionen, d. h. in ein Hinzufügen bau- und funktionsgleicher Aggregate und in Investitionen mit technisch verbesserten Kapitalgütern unterschieden. Beide Arten der Kapazitätserweiterung zogen ein Ansteigen der Fixkosten nach sich. Während jedoch bei reinen Baukasteninvestitionen die Steigung der Gesamtkostenkurve unverändert blieb, verminderte sie sich bei Investitionen in technisch höherwertige Anlagen.

In einer Untersuchung der Kostenentwicklung von Schuhverkaufsläden betrachtete Dean (1942) nur den Einfluß des Kapazitätsvolumens (in diesem Beispiel der Ladengröße) auf die Kosten, die beim Verkauf von Schuhen anfallen. Er erhob zu diesem Zweck die Verkaufskosten pro Zeiteinheit von 55 in einer Stadt ansässigen Ladengeschäften einer Verkaufsorganisation. Da die Kapazität aller Läden in etwa gleich ausgelastet war, konnte er den Einfluß von Beschäftigungsschwankungen auf die Kostenentwicklung nahezu vollständig eliminieren. Dean stellte fest, daß die Gesamtkosten mit steigender Betriebsgröße (ausgedrückt durch die Anzahl der pro Jahr verkauften Paar Schuhe) progressiv zunahmen. Die durchschnittlichen Kosten pro Produktionseinheit sanken zunächst mit wachsender Betriebsgröße, stiegen jedoch nach Überschreiten eines Minimalwertes bei weiter wachsender Betriebsgröße wieder an. Die Durchschnittskostenkurve war also U-förmig gekrümmt.

Zu einem anderen Ergebnis über den Verlauf der Kostenkurve bei einer Variation der Betriebsgröße kam Moore (1959) für verschiedene Produktionszweige der chemischen Industrie, der Metallverarbeitung und der Zementindustrie. Ausgangspunkt seiner Untersuchungen war die Veränderung der Kapitalkosten bei Erweiterung der Produktionskapazität. Er stellte in diesem Zusammenhang fest, daß die Kapitalkosten im Durchschnitt bei einer Verdoppelung der Kapazität nur um etwa 60 bis 70 Prozent anstiegen. Diese unterproportionale Vermehrung der Kosten für den Kapitaleinsatz ließ sich bei den von Moore untersuchten Produktionstypen daraus erklären, daß die Kapazitätserweiterung nicht durch ein Hinzufügen baugleicher Aggregate, sondern durch den Einsatz größerer und leistungsfähigerer Anlagen vorgenommen wurde, deren Teilnahme am Produktionsprozeß jedoch vor dem Erreichen einer gewissen Mindestproduktionsmenge technisch und ökonomisch nicht möglich oder sinnvoll war. Für die übrigen Kostenbestandteile ermittelte Moore ein proportionales oder degressives Ansteigen bei Erweiterungen der Betriebsgröße. Die Gesamtkostenkurve wies damit in der Mehrzahl der untersuchten Fälle einen degressiven Verlauf auf, d. h., die Kapazitätssteigerungen wurden von einem nur unterproportionalen Wachstum der Gesamtkosten begleitet.

Joachim Klaus und Gerhard Hahn: Produktions- und Kostentheorie, Stuttgart (UTB) 1974, S. 28–32.

ÜBUNGEN

3/19 Bedeutet die Aussage, daß die Faktorproportionen technisch determiniert sind, auch schon, daß sich die Faktorproportionen bei einer Variation der Ausbringungsmenge nicht ändern? Warum ist das eine zusätzliche Hypothese Gutenbergs?

3/20 Bedeutet die Aussage, daß sich die Faktorproportionen bei einer Variation der Ausbringungsmenge nicht ändern, auch schon, daß der Leistungsgrad der Faktoren bzw. die Skalenerträge konstant sind? Warum ist das eine zusätzliche Hypothese Gutenbergs?

3/21 Warum haben die Ertragskurven in Abb. 75,1 unterschiedliche Steigungen?

3/22 Worin besteht der Unterschied zwischen den konstanten Faktoren, die die Produktionsfunktion A annimmt, und den Potentialfaktoren, die die Produktionsfunktion B einbezieht?

3/23 Warum muß die empirische Ermittlung von Produktionsfunktionen in vielen Fällen auf die Ermittlung der tatsächlich realisierten Produktionsprozesse als Ausschnitte aus der gesamten Produktionsfunktion beschränkt bleiben, wie es in Text 7 heißt?

3/24 Vergleichen Sie die empirischen Ergebnisse in Text 7 mit der Gutenbergschen Hypothese, daß die lineare Produktionsfunktion B für die industrielle Produktion repräsentativ sei.

3.3.2 Durchschnittskosten und Grenzkosten

– Durchschnittskostenkurve und Grenzkostenkurve graphisch aus der Gesamtkostenkurve ableiten können.

Wie bei der aus dem Ertragsgesetz abgeleiteten Kostenfunktion lassen sich auch bei der aus der Produktionsfunktion B abgeleiteten Kostenfunktion *Durchschnittskosten-* und *Grenzkostenkurven* entwickeln:

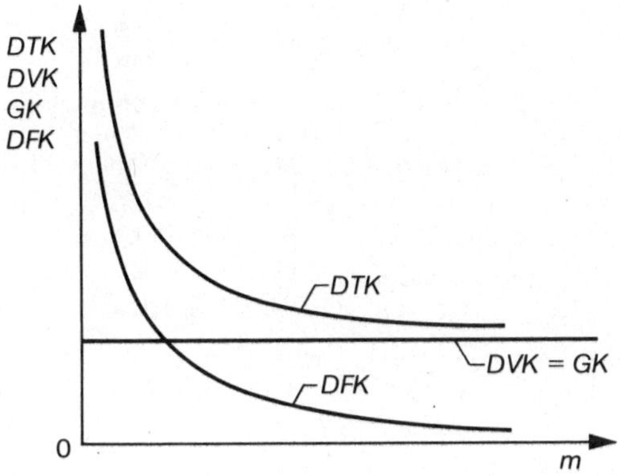

Abb. 81,1

Die *DFK*-Kurve fällt stetig. Die durchschnittlichen variablen Kosten und die Grenzkosten sind konstant und gleich groß, so daß deren Kurven zusammenfallen und eine Parallele zur Abszisse bilden. Die Addition der *DFK*-Kurve und der *DVK*-Kurve ergibt die *DTK*-Kurve, die einen permanent sinkenden Verlauf hat.

Zusammenfassung

Wie bei der aus dem Ertragsgesetz abgeleiteten Kostenfunktion lassen sich auch bei der aus der Produktionsfunktion B abgeleiteten *Kostenfunktion* die *DVK*-, *DFK*- und *DTK*-Kurven sowie die *GK*-Kurve ermitteln.

ÜBUNGEN

3/25 Leiten Sie graphisch aus einer linearen Kostenkurve die *DFK*-, *DVK*-, *DTK*- und *GK*-Kurven ab.

3/26 Warum fällt die *DTK*-Kurve in Abb. 81,1, obwohl die *DVK*- und *GK*-Kurve parallel zur Abszissenachse verlaufen?

Literatur

Gérard Debreu: Werttheorie, Berlin, Heidelberg, New York (Springer) 1976.

Erich Gutenberg: Grundlagen der Betriebswirtschaftslehre, Band 1: Die Produktion, 22. Aufl., Berlin, Heidelberg, New York (Springer) 1976.

Ernst Helmstädter: Wirtschaftstheorie, Band 1: Einführung – Dispositionsgleichgewicht – Marktgleichgewicht, München (Vahlen) 1974.

James M. Henderson, Richard E. Quandt: Mikroökonomische Theorie, Eine mathematische Darstellung, 3. Aufl., München (Vahlen) 1973.
Wolfgang Kilger: Produktions- und Kostentheorie, Wiesbaden (Gabler) 1958.
Joachim Klaus und Gerhard Hahn: Produktions- und Kostentheorie, Stuttgart (UTB) 1974.
Wilhelm Krelle: Produktionstheorie, Tübingen (Mohr) 1969.
Eilhard A. Mitscherlich: Die Ertragsgesetze, Berlin (Akademie-Verlag) 1948.
J. Heinz Müller: Produktionstheorie, in: Ehrlicher, Esenwein-Rothe, Jürgensen, Rose, Hrsg.: Kompendium der Volkswirtschaftslehre, Band 1, 3. Aufl., Göttingen (Vandenhoeck & Ruprecht) 1972.
Alfred E. Ott, Hrsg.: Preistheorie, Köln und Berlin (Kiepenheuer & Witsch) 1965.
Rudolf Richter: Preistheorie, Wiesbaden (Gabler) 1963.
Heinz Sauermann: Einführung in die Volkswirtschaftslehre, Band II, Wiesbaden (Gabler) 1964.
Erich Schneider: Einführung in die Wirtschaftstheorie, II. Teil, 9. Aufl., Tübingen (Mohr) 1964.
Jochen Schumann: Grundzüge der mikroökonomischen Theorie, Berlin, Heidelberg, New York (Springer) 1971.
Heinrich von Stackelberg: Grundlagen der theoretischen Volkswirtschaftslehre, 2. Aufl., Tübingen (Mohr) 1951.
Artur Woll: Allgemeine Volkswirtschaftslehre, 4. Aufl., München (Vahlen) 1974.

TESTAUFGABEN

Reihe 3

1 Eine gesellschaftliche Funktion der Unternehmen ist es,
   a) die Volkswirtschaft mit Gütern zu versorgen,
   b) Gewinne zu erzielen,
   c) Produktionsfaktoren nachzufragen,
   d) für Vollbeschäftigung zu sorgen.

2 Faktoren lassen sich unterteilen in
   a) Arbeit, Boden, Kapital, unternehmerische Leistung sowie Vorleistungen,
   b) limitationale und substitutionale Faktoren,
   c) Produktionsfaktoren, Zwischenprodukte und Endprodukte,
   d) konstante und variable Faktoren.

3 Ein Synonym für den Begriff Output ist
   a) der Grenzertrag,
   b) die Beschäftigung,
   c) die Ausbringungsmenge,
   d) die Produktmenge.

4 Die Theorie des Unternehmens umfaßt auch das Problem
   a) der Bestimmung der optimalen Betriebsgröße,
   b) der Beschaffung der Faktoren,
   c) des Absatzes der Produkte,
   d) der Produktion als einer Kombination von Faktoren.

5 Die Produktionsfunktion

a) kann vom Unternehmen frei gewählt werden,
b) ist die Beziehung zwischen den eingesetzten Faktormengen und den damit höchstens herstellbaren Produktmengen,
c) kann limitational oder substitutional sein,
d) setzt voraus, daß das Unternehmen sich als Mengenanpasser verhält.

6 Die Produktionsfunktion A

a) ist eine substitutionale Produktionsfunktion,
b) wird auch als Ertragsgesetz bezeichnet,
c) besagt, daß der Faktor Arbeit variiert wird, alle anderen Faktoren jedoch konstant eingesetzt werden,
d) ist vor allem bei der landwirtschaftlichen Produktion von Bedeutung.

7 Der Ertragsgesetz

a) besagt, daß bei einem kontinuierlich ansteigenden Einsatz aller Faktoren der Ertrag zunächst überproportional, später unterproportional zunimmt und noch später abnimmt,
b) ist für einen Zwei-Faktoren-Fall formuliert,
c) impliziert, daß die Einsatzmengen des variablen Faktors kontinuierlich variiert werden können,
d) läßt sich mit Hilfe einer Ertragskurve graphisch darstellen.

8 Aus dem Gesamtertrag läßt sich

a) der physische Ertrag ableiten,
b) der Grenzertrag als Steigung der Gesamtertragskurve ableiten,
c) der Durchschnittsertrag mittels Division durch die Menge der eingesetzten Einheiten des variablen Faktors ermitteln,
d) der Gewinn des Unternehmens ermitteln, wenn man die Gesamtkosten subtrahiert.

9 Für die vier Phasen des Ertragsgesetzes gilt:

a) Die Phasen sind durch das Maximum der *GK*-Kurve sowie deren Schnittpunkte mit der *DTK*-Kurve und der Achse der Faktormengen gegeneinander abgegrenzt.
b) In Phase I ist der Grenzertrag steigend.
c) In Phase III ist der Durchschnittsertrag steigend.
d) In Phase IV ist der Gesamtertrag negativ.

10 Kosten

a) lassen sich definieren als bewertete Faktoreinsatzmengen,
b) lassen sich ermitteln als Summierung der Grenzkosten,
c) lassen sich errechnen als Produkt des Mengengerüsts der Kosten und der Faktorpreise,
d) fallen nur an, wenn ein Unternehmen auch produziert.

11 Die Haupt-Kosteneinflußgrößen
a) sind bei gegebener Betriebsgröße und gegebenem Fertigungsprogramm: die Faktorqualitäten, die Faktorquantitäten und die Faktorpreise,
b) umfassen nicht die Beschäftigung,
c) sind die Determinanten des Mengengerüsts der Kosten,
d) reduzieren sich im Falle eines Einproduktunternehmens mit gegebener Betriebsgröße, das als Mengenanpasser auftritt, auf zwei Haupt-Kosteneinflußgrößen.

12 Die typische Kostenkurve
a) gilt für alle Produktionsfunktionen,
b) gilt auch für die Produktionsfunktion A,
c) beginnt im Ursprung,
d) verläuft S-förmig.

13 Die Grenzkostenkurve
a) fällt bei typischem Gesamtkostenverlauf ständig,
b) schneidet die *DTK*- und *DVK*-Kurve in deren Tiefpunkten,
c) kann die *DFK*-Kurve nicht schneiden,
d) hat ihren Tiefpunkt bei der Ausbringungsmenge, bei der die Gesamtkostenkurve ihren Wendepunkt hat.

14 Das Ertragsgesetz
a) gilt in weiten Bereichen der landwirtschaftlichen Produktion,
b) würde selbst dann nicht für den industriellen Bereich gelten, wenn die ihm zugrunde liegenden Annahmen erfüllt sind,
c) ist nicht repräsentativ für die industrielle Produktion, weil die ihm zugrunde liegenden Annahmen in diesem Bereich meist nicht erfüllt sind,
d) wurde mit Hilfe der Marginalanalyse gewonnen.

15 Die Produktionsfunktion B
a) und die Produktionsfunktion A wurden von Erich Gutenberg so bezeichnet,
b) und die Produktionsfunktion A sind zwei verschiedene substitutionale Produktionsfunktionen,
c) nimmt an, daß die Faktoreinsatzverhältnisse bei einer Variation der Ausbringungsmenge konstant bleiben,
d) impliziert konstante Skalenerträge.

16 Die Produktionsfunktion B impliziert
a) eine lineare Kostenkurve, die im Ursprung beginnt,
b) eine fallende *DTK*-Kurve,
c) daß *DVK*- und *GK*-Kurve zusammenfallen,
d) eine Konstanz der durchschnittlichen Fixkosten.

4 Marktformen, Zielsetzungen und Verhaltensweisen der Marktteilnehmer

4.1 Markt und Marktformen

- Den Begriff des Marktes definieren können.
- Marktmodelle als theoretische Konstruktionen ohne direkten Bezug zur Realität beschreiben können.
- Als Kriterien für die Klassifizierung der Märkte die quantitative Besetzung der Marktseiten und die qualitative Beschaffenheit der Märkte nennen können.
- Zwischen vollkommenen und unvollkommenen Märkten unterscheiden können.
- Die Merkmale des vollkommenen Marktes erklären können.
- Das Marktformenschema entwickeln können.
- Beispiele für verschiedene Marktformen nennen können.

Der Markt als Koordinationssystem und konstituierendes Element marktwirtschaftlicher Systeme wurde bereits in Teil 1, Abschnitt 6.4, behandelt. Der Markt übernimmt die Koordination der Vielzahl von einzelwirtschaftlichen Plänen, die sich als Angebot von und Nachfrage nach Gütern konkretisieren. Dabei wird als „*Markt*" der ökonomische Ort bezeichnet, an dem sich der Güter- und Leistungsaustausch zwischen Anbietern und Nachfragern vollzieht. Der Ausdruck „*ökonomischer* Ort" soll dem Rechnung tragen, daß ein Zusammentreffen von Anbietern und Nachfragern an einem bestimmten geographischen Ort, etwa dem Wochenmarkt, nicht erforderlich ist. Der Geldmarkt läßt sich beispielsweise nicht an einem bestimmten Ort lokalisieren, denn Geldmarktgeschäfte werden vor allem fernmündlich und fernschriftlich zwischen den Geschäftsbanken abgewickelt.
Der sich aus den Aktions-Reaktions-Beziehungen von Angebot und Nachfrage bildende Marktpreis hat als Knappheitsindikator Informations- und Sanktionsfunktionen (s. Teil 1). Entscheidend für marktwirtschaftliche Systeme ist nun die Annahme, daß mit Hilfe der Marktpreise, die sich für die verschiedenartigen Güter auf einer Vielzahl von Märkten bilden, die Produktionsfaktoren in die von den Konsumenten gewünschten Verwendungszwecke gelenkt werden; man spricht hierbei von der *Allokationsfunktion* des Preises.
Ein Blick in die wirtschaftliche Realität zeigt, daß es *den* Markt und *den* Marktpreis gar nicht gibt. Vielmehr lassen sich nach der Zahl der Anbieter und Nachfrager verschiedene *Marktformen* unterscheiden. Hierzu kommen unterschiedliche *Zielsetzungen* und *Verhaltensweisen der Marktteilnehmer*, so daß sich die Preisbildung sehr unterschiedlich vollzieht. Kein Markt gleicht dabei einem anderen völlig.
Betrachtet man beispielsweise isoliert die *Angebotsseite* eines Marktes, so können zwei Extremfälle unterschieden werden

- sehr viele Unternehmen, von denen jedes einzelne nur einen sehr geringen Anteil am Gesamtangebot eines Marktes hat, beispielsweise alle Weizenproduzenten in der Bundesrepublik Deutschland,

– ein einziges Unternehmen, das den Markt völlig beherrscht, beispielsweise die örtlichen Elektrizitätsversorgungsunternehmen oder die Bundespost in bezug auf die Telefonanschlüsse.

Zwischen diesen beiden Polen existieren zahlreiche Marktformen, bei denen die Marktmacht von Anbietern oder Nachfragern die Preisbildungprozesse sehr unterschiedlich beeinflußt. Es wäre allerdings ein aussichtloses Unterfangen, wollte man alle Preisbildungsprozesse der verschiedenen Märkte analysieren. Deshalb reduziert man in den Wirtschaftswissenschaften die Vielzahl der Märkte auf wenige überschaubare *Marktmodelle*, die annäherungsweise einzelne reale Marktsituationen widerspiegeln sollen. Problematisch ist dieses Vorgehen dann, wenn man die Theorien zur Erklärung realer Preisbildungsprozesse heranzieht, obwohl die Realität nicht in ihrer Komplexität in die Theorie eingegangen ist.

Für die Konstruktion von Marktmodellen sind drei Faktoren von entscheidender Bedeutung
– die *Marktformen*,
– die *Zielsetzungen*, mit denen Anbieter und Nachfrager auf den jeweiligen Märkten operieren,
– die *Verhaltensweisen* der Marktteilnehmer.

Zunächst werden verschiedene *Marktformen* beschrieben. Sie unterscheiden sich nach ihrer *qualitativen* Beschaffenheit und ihrer *quantitativen* Besetzung.

● Nach dem Kriterium der **qualitativen Beschaffenheit** werden *vollkommene* und *unvollkommene* Märkte unterschieden, wobei diese Begriffe in der wissenschaftlichen Literatur verschieden definiert werden. Die folgende Charakterisierung vollkommener und unvollkommener Märkte schließt sich den Definitionen von Alfred Ott an.[1] Danach wird ein Markt als vollkommen bezeichnet, wenn er folgende Bedingungen erfüllt:
  – Homogenität der Güter, d. h., die Güter sind sachlich gleichartig (in bezug auf Qualität, Verpackung und Aufmachung);
  – Fehlen von Präferenzen räumlicher, zeitlicher und persönlicher Art (keine räumlichen Differenzierungen, gleiche Lieferfristen, gleiche Bedienung usw.);
  – vollständige Markttransparenz; Nachfrager und Anbieter sind über die Kauf- bzw. Verkaufsbedingungen vollständig informiert (Höhe der Rabatte, Preise usw.).

  Aus den Bedingungen des vollkommenen Marktes folgt, daß es (im Modell) nur einen *einheitlichen Preis* für eine Güterart geben kann, zu dem alle Umsätze getätigt werden. Wenn beispielsweise eine homogene Güterart (bei fehlenden Präferenzen und gegebener Markttransparenz) zu verschiedenen Preisen angeboten wird, werden die Nachfrager Abschlüsse nur zu dem niedrigsten Preis tätigen.

  Unvollkommene Märkte bestehen dann, wenn eine der genannten Bedingungen des vollkommenen Marktes nicht erfüllt ist, was bei Konsumgütermärkten häufig zutrifft.

● Märkte lassen sich ferner nach der **quantitativen Besetzung** der Angebots- und Nachfrageseite klassifizieren. Je nachdem, ob auf der Angebots- oder Nachfrageseite nur *ein* Teilnehmer auftritt, ob es *wenige* oder *viele* sind, wird sich die Preisbildung anders vollziehen. Reduziert man die Vielzahl der Märkte nach ihrer quantitativen Besetzung auf beiden Marktseiten auf diese drei Möglichkeiten – viele, wenige, einer –, resultiert daraus das folgende *Marktformenschema*:

1 Vgl. Alfred E. Ott: Preistheorie, in: Werner Ehrlicher u. a., Hrsg.: Kompendium der Volkswirtschaftslehre, Bd. 1, Göttingen (Vandenhoeck & Ruprecht) 1969, S. 128 f.

Marktformenschema für vollkommene Märkte

Anbieter / Nachfrager	viele	wenige	einer
viele	vollkommener, atomistischer Markt (vollkommene Konkurrenz, vollständige Konkurrenz, bilaterales Polypol)	Oligopol	Monopol[1])
wenige	Oligopson	oligopolistisch-oligopsonistischer Markt (bilaterales Oligopol)	beschränktes Monopol
einer	Monopson	beschränktes Monopson	monopolistisch-monopsonistischer Markt (bilaterales Monopol)

Die vorstehenden Bezeichnungen der verschiedenen Marktformen gelten nur für vollkommene Märkte. Will man ausdrücken, daß es sich um unvollkommene Märkte handelt, wird vor die Bezeichnung der entsprechenden Marktform das Wort „unvollkommen" gesetzt: also unvollkommenes Monopol, unvollkommenes Oligopol oder auch Oligopoloid,[2] unvollkommene Konkurrenz oder auch monopolistischer Wettbewerb.

Zusammenfassung

Als *Markt* wird der ökonomische Ort bezeichnet, an dem sich der Güter- und Leistungsaustausch zwischen Anbietern und Nachfragern vollzieht.

In der Realität existieren unzählige Märkte, die sich nach der *Zahl der Teilnehmer* auf beiden Marktseiten, deren *Zielsetzungen* und *Verhaltensweisen* unterscheiden. Um die Preisbildung auf verschiedenen Märkten überschaubar untersuchen zu können, werden nur wenige *Marktmodelle* gebildet.

Die *Marktformen* können nach ihrer *qualitativen Beschaffenheit* in vollkommene und unvollkommene Märkte unterteilt werden. *Vollkommene Märkte* sind gekennzeichnet durch Homogenität der Güter, Fehlen von Präferenzen (räumlicher, zeitlicher und persönlicher Art) und vollständige Markttransparenz. *Unvollkommene Märkte* erfüllen eine Bedingung oder mehrere dieser Bedingungen nicht.

Nach der *quantitativen Besetzung* der Angebots- und Nachfrageseite durch jeweils einen, wenige oder viele Marktteilnehmer ergibt sich ein *Marktformenschema* mit neun Marktformen. Das Marktformenschema kann für vollkommene und unvollkommene Märkte verwandt werden.

1 Das Wort Monopol ist aus dem Griechischen abgeleitet: monos = allein, polein = verkaufen; ebenso Oligopol: oligoi = wenige; ebenso Monopson: monos = allein, opsonein = kaufen, nachfragen (insbesondere Lebensmittel); ebenso Polypol: poly = viel.

2 -oid, aus dem Griechischen, gleichbedeutend mit ähnlich.

ÜBUNGEN

4/1 Versuchen Sie, realitätsnahe Beispiele für die neun Marktformen zu finden.

4/2 Wenn Sie den deutschen Biermarkt betrachten, können Sie auf der Angebotsseite einige große Brauereien, eine Reihe mittlere und viele kleine Brauereien feststellen. Diesen Anbietern steht eine sehr große Zahl von Biertrinkern gegenüber.

a) Handelt es sich beim Biermarkt um einen vollkommenen oder unvollkommenen Markt? Begründen Sie Ihre Antwort.

b) Welcher Marktform würden Sie den Biermarkt zurechnen?

c) Problematisieren Sie unter Bezugnahme auf Ihre Antwort zu Frage b) den Aussagewert des Marktformenschemas.

4/3 Versuchen Sie anhand verschiedener Marktformen zu begründen, daß Macht bei der Preisbildung eine Rolle spielen kann.

4/4 Wiederholen Sie die Ausführungen über das Koordinations-, Informations- und Sanktionssystem in einer marktwirtschaftlichen Ordnung (vgl. Teil 1, Abschnitte 6.2 und 6.4).

4/5 Systematisieren Sie die Einwendungen von Recktenwald, die er in Text 8, S. 96, gegen die Lehre von den Marktformen formuliert.

4.2 Zielsetzungen und Verhaltensweisen der Marktteilnehmer

- Zwischen wirtschaftsfriedlichen und kämpferischen Zielsetzungen der Unternehmen unterscheiden können.
- Die kurzfristige Gewinnmaximierung als wichtigste Zielsetzung der Unternehmen von anderen wirtschaftsfriedlichen Zielsetzungen abgrenzen können.
- Die Begriffe Plandatum, Aktionsparameter und Erwartungsparameter definieren können.
- Die Verhaltensweisen des Mengenanpassers, Preis-, Mengen- und Optionsfixierers erklären können.
- Monopolistisches, oligopolistisches und polypolistisches Verhalten bei Preis- und Mengenfixierern erklären können.

4.2.1 Zielsetzungen der Marktteilnehmer

Wesentlich für die Preisbildungsprozesse sind neben den Marktformen die *Zielsetzungen* der Marktteilnehmer.

Für die **Konsumenten** wird in der Theorie des Haushalts die *Maximierung des Nutzens* als Zielsetzung angenommen. Diese Annahme beruht ebenfalls auf einer Reduktion der Realität. Haushalte handeln durchaus nicht immer streng rational nach der Zielsetzung der Nutzenmaximierung, vielmehr schränken z. B. Impulskäufe den Gültigkeitsbereich dieser Zielsetzung ein.

Die Zielsetzungen der **Produzenten** können danach unterschieden werden, ob sie die bestehende Marktsituation akzeptieren oder ob sie versuchen, die Marktform zu ihren Gunsten zu verändern. Bewegen sich die Zielsetzungen der Produzenten im Rahmen der bestehenden Marktform, kann man sie als „*wirtschaftsfriedlich*"[1] bzeichnen. Im anderen Falle bestehen „*kämpferische*" *Zielsetzungen*.

Zu den kämpferischen Zielsetzungen gehört z. B. die Erringung einer Monopolstellung durch Verdrängung von Mitkonkurrenten.

Zu den wirtschaftsfriedlichen Zielsetzungen zählen z. B.
- die Maximierung des Absatzes bei Einhaltung eines fixierten Mindestgewinns,
- die Erhaltung des Marktanteils,
- die Erzielung eines branchenüblichen Gewinns,
- die Maximierung des Gewinns in einer Wirtschaftsperiode (kurzfristige Gewinnmaximierung),
- die Maximierung des Gewinns über mehrere Perioden (langfristige Gewinnmaximierung).

Für die Gruppe der wirtschaftsfriedlichen Zielsetzungen wird die *Maximierung des Periodenerfolgs* als dominierende Zielsetzung in marktwirtschaftlich organisierten Wirtschaftsordnungen angesehen. Bei der Untersuchung der Preisbildungsprozesse in den folgenden Abschnitten wird diese Zielsetzung vorausgesetzt.

Die Zielsetzungen der Produzenten sind nicht völlig losgelöst von den Marktformen zu verstehen. Beispielsweise kann ein Monopolist sich nicht das Ziel setzen, seine Konkurrenten vom Markt zu verdrängen, da er Alleinanbieter ist. Andererseits wäre diese Zielsetzung der Verdrängung auf einem vollkommenen, atomistischen Markt zwar theoretisch möglich, aber nicht realisierbar.

4.2.2 Verhaltensweisen der Marktteilnehmer

Die Verhaltensweisen der Marktteilnehmer werden durch deren Zielsetzungen bestimmt. Analog den Zielsetzungen der Unternehmen können *wirtschaftsfriedliche Verhaltensweisen* – sie verändern die Marktform nicht – und *Kampf- und Verhandlungsstrategien* – sie bewirken Änderungen der Marktform – unterschieden werden. Im folgenden werden lediglich wirtschaftsfriedliche Verhaltensweisen der Unternehmen berücksichtigt.

Zur Charakterisierung der Verhaltensweisen ist die Kenntnis der Definitionen für die Begriffe *Plandatum*, *Aktionsparameter** und *Erwartungsparameter* notwendig. Diese Definitionen erfolgen hier aus der Sicht der Anbieter.
- *Plandaten* sind Größen, von denen der Anbieter annimmt, daß er sie nicht beeinflussen kann. Sie bilden das Fundament der Wirtschaftspläne, können sich aber im Zeitablauf ändern.
- *Aktionsparameter* sind solche Größen eines Wirtschaftsplans, die der Anbieter selbst festsetzen kann, z. B. Preis, Produktqualität, Menge.
- *Erwartungsparameter* sind Größen, von denen der Anbieter annimmt, daß er sie indirekt – nämlich durch die Festsetzung seiner Aktionsparameter – beeinflussen kann. Beispielsweise versucht der Anbieter über seine Aktionsparameter Preis und Produktqualität seinen Erwartungsparameter, nämlich die abzusetzende Menge, zu beeinflussen.

---

1 Erich Schneider: Einführung in die Wirtschaftstheorie, II. Teil, 9. Aufl., Tübingen (Mohr) 1964, S. 68.

Die folgende Übersicht stellt die wirtschaftsfriedlichen Verhaltensweisen systematisch dar:

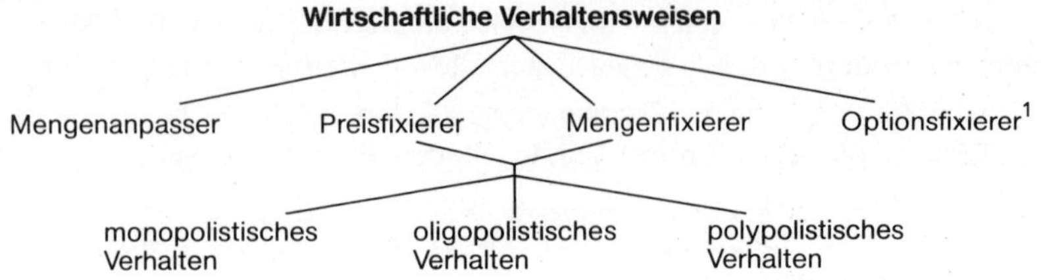

- Auf einem atomistischen Markt ist der Marktpreis für die anbietenden Unternehmen ein Plandatum. Ein Unternehmen auf diesem Markt kann nur bestimmen, welche Gütermenge bei dem gegebenen Preis verkauft werden soll, es paßt sich also mit der Menge, die sein Aktionsparameter ist, dem Marktpreis an. Ein Anbieter, der sich auf diese Weise verhält, wird als *Mengenanpasser* bezeichnet.
- Ein Unternehmen verhält sich als *Preisfixierer*, wenn es den Preis als seinen Aktionsparameter fixiert, sein Erwartungsparameter ist dann die Absatzmenge. Plandatum des Preisfixierers ist die konjekturale* Preis-Absatzkurve, d. h. die vermutete Preis-Absatzkurve, welche die erwarteten Absatzmengen des Unternehmens bei alternativen Preisen widerspiegelt.
- Für den *Mengenfixierer* ist die Menge Aktionsparameter, der Preis Erwartungsparameter und die konjekturale Preis-Absatzfunktion Plandatum.
- „Ein Anbieter handelt als *Optionsfixierer*. . ., wenn er Preis *und* Menge eines Gutes festlegt und dem Nachfragenden nur die Wahl zwischen Annahme und Ablehnung läßt."[2]

Sowohl der Preisfixierer als auch der Mengenfixierer können sich monopolistisch, oligopolistisch und polypolistisch verhalten. Auf Konsumgütermärkten dominieren die Verhaltensweisen des Preisfixierers, weil die Nachfrageseite eine atomistische Struktur hat. Daher werden monopolistisches, oligopolistisches und polypolistisches Verhalten nur in bezug auf den Preisfixierer beschrieben.

„Ein Anbieter verhält sich *monopolistisch*, wenn er damit rechnet, daß sein Absatz allein von seinen eigenen Aktionsparametern, nicht dagegen auch von den Aktionsparametern anderer Anbieter abhängt."[3] Der Produzent fixiert also die Preishöhe und nimmt an, daß sein Erwartungsparameter – die absetzbare Menge – nur von den Dispositionen der Käufer, nicht aber von den Preisen etwaiger Mitanbieter beeinflußt wird.

Sowohl beim *oligopolistischen* als auch beim *polypolistischen* Verhalten rechnen die Anbieter damit, daß ihre Erwartungsparameter von ihren eigenen Aktionsparametern, den Aktionsparametern der Mitanbieter und der Nachfrageseite beeinflußt werden.

Beim *polypolistischen* Verhalten rechnet der Anbieter *nicht* damit, daß eine Änderung seines Aktionsparameters die Mitanbieter veranlassen wird, ebenfalls ihre Aktionsparameter zu ändern. Wenn beispielsweise eine nur regional bedeutsame kleine Brauerei ihre Preise senkt, rechnet sie nicht damit, daß die Brauereigiganten ihrem Beispiel folgen werden.

1 Von lateinisch optio: Wahl.
2 Vgl. Erich Schneider: a. a. O., S. 67.
3 Ebenda, S. 63.

Oligopolistisches Verhalten liegt dagegen dann vor, wenn der Anbieter damit rechnet, daß eine Änderung seiner Aktionsparameter die Mitanbieter veranlassen wird, ebenfalls ihre Aktionsparameter zu ändern.
Es ist offensichtlich, daß zwischen Verhaltensweisen und den jeweiligen Marktformen Zusammenhänge bestehen. Monopolistisches Verhalten auf einem vollkommenen, atomistischen Markt wäre ohne Sinn. Umgekehrt wäre es zwar möglich, daß sich ein Monopolist als Mengenanpasser verhält, jedoch wäre auch diese Vorstellung kaum realistisch. Die Frage, ob die Marktformen die Verhaltensweisen bestimmen oder umgekehrt die Verhaltensweisen die Marktformen erst konstituieren, ist in der wissenschaftlichen Literatur ausführlich diskutiert, aber nicht eindeutig entschieden worden. Für die weiteren Überlegungen reicht die Erkenntnis, daß zwischen Marktformen, Zielsetzungen und Verhaltensweisen wechselseitige Abhängigkeiten bestehen.

Zusammenfassung

Bei den *Zielsetzungen* der Unternehmen kann zwischen wirtschaftsfriedlichen und kämpferischen unterschieden werden. *Wirtschaftsfriedliche* Zielsetzungen akzeptieren die bestehende Marktform, während durch *kämpferische* Zielsetzungen versucht wird, die Marktform zu ändern.
Innerhalb der Vielzahl der in der Realität beobachtbaren wirtschaftsfriedlichen Zielsetzungen wird die *Gewinnmaximierung* in einer Periode als dominierendes Ziel angesehen.
Bei den wirtschaftsfriedlichen *Verhaltensweisen* wird unterschieden zwischen: Verhaltensweisen des *Mengenanpassers* (Plandatum: Preis, Aktionsparameter: Menge), des *Preisfixierers* (Plandatum: konjekturale Preis-Absatzfunktion, Aktionsparameter: Preis, Erwartungsparameter: Menge, Erwartungsparameter: Preis) und des *Optionsfixierers* (Aktionsparameter: Menge und Preis).
Mengen- und Preisfixierer können sich monopolistisch, oligopolistisch und polypolistisch verhalten, wobei *monopolistisches Verhalten* dadurch gekennzeichnet ist, daß der Anbieter seinen Erwartungsparameter nur als abhängig von seinem Aktionsparameter und dem Verhalten der Nachfrager betrachtet. Während ein sich *oligopolistisch verhaltender* Anbieter einkalkuliert, daß eine Änderung seines Aktionsparameters die Konkurrenten veranlassen wird, ihre Aktionsparameter zu ändern, nimmt ein sich *polypolistisch verhaltender* Anbieter an, daß eine Änderung seines Aktionsparameters zu keiner Änderung der Aktionsparameter der Mitanbieter führen wird.
Die Marktformen und die Zielsetzungen und Verhaltensweisen der Marktteilnehmer sind eng miteinander verknüpft.

ÜBUNGEN

4/6 Erläutern Sie an Beispielen monopolistisches, oligopolistisches und polypolistisches Verhalten von Anbietern, deren Aktionsparameter der Preis ist.

4/7 Beobachten Sie die Entwicklung der Benzinpreise verschiedener Anbieter in Ihrer Umgebung. Mit welcher Marktform, welcher Zielsetzung und welcher Verhaltensweise könnte dieser Markt klassifiziert werden?

4/8 Erläutern Sie die Beziehungen zwischen Marktformen, Zielsetzungen und Verhaltensweisen am Beispiel des oligopolistischen und des atomistischen Marktes.

4.3 Vier grundlegende Marktmodelle im Überblick

- Die Marktmodelle vollkommener, atomistischer Markt, Monopol, Oligopol und monopolistischer Wettbewerb in ihren wesentlichen Eigenschaften charakterisieren können.

Mit der Beschreibung der Marktformen, Zielsetzungen und Verhaltensweisen sind auch die Voraussetzungen zur Charakterisierung der Preisbildung in *vier grundlegenden Marktmodellen* – vollkommener, atomistischer Markt, Monopol, Oligopol, monopolistischer Wettbewerb (unvollkommene Konkurrenz) – gegeben.

Der vollkommene, atomistische Markt ist bereits an anderer Stelle behandelt worden (vgl. Teil 1, Abschnitt 6.4). Deshalb genügt in diesem Zusammenhang eine Wiederholung der wesentlichen Merkmale.

- Dieser Markt ist durch eine sehr *große Anzahl von Anbietern und Nachfragern* gekennzeichnet.
- Die Unternehmen bieten ein *homogenes Gut* an, so daß es für die Konsumenten gleichgültig ist, ob sie bei Unternehmen X, Y oder Z kaufen, zumal keinerlei Präferenzen in örtlicher, zeitlicher und persönlicher Hinsicht bestehen.
- Da der Marktanteil jedes Produzenten „atomistisch", also verschwindend gering ist, kann ein einzelnes Unternehmen den Marktpreis nicht beeinflussen. Würde ein Anbieter seine Produktion erhöhen oder verringern, hätte dieses keinen merklichen Einfluß auf die Höhe des Gesamtangebots.

  Beispiel:
  100 000 konkurrierende Unternehmen stellen das homogene Gut X her. Jeder Produzent stellt 100 Einheiten dieses Gutes her. Das Gesamtangebot beträgt also zehn Millionen Stück. Senkt Unternehmen Y seine Produktion um 60%, verringert sich das Gesamtangebot auf 9 999 940 Einheiten. Diese Verringerung wird keine Änderung des Marktpreises bewirken, weil sie im Verhältnis zum Gesamtangebot zu gering ist. Würde Unternehmen Y den Preis heraufsetzen, würden die Käufer zu anderen Anbietern abwandern, da sie ja auf einem vollkommenen Markt über Markttransparenz verfügen.

  Deshalb kann sich ein Unternehmen auf dem atomistischen Markt nur als *Mengenanpasser* verhalten, der Marktpreis ist für ihn ein Plandatum. Entsprechendes gilt für die Nachfrageseite. Weder Anbieter noch Nachfrager haben einzeln Einfluß auf die Höhe des Marktpreises. Erst wenn sich viele Nachfrager oder Anbieter in gleicher Weise verhalten, wird sich der Marktpreis ändern.
- Schließlich ist der vollkommene, atomistische Markt noch dadurch gekennzeichnet, daß es *keinerlei Einschränkungen beim Marktzutritt* gibt.

Das Monopol stellt den anderen extremen Pol der Marktmodelle dar.

- Das Monopol ist eine Marktform, bei der es nur *einen Anbieter* gibt, der vielen Nachfragern gegenübersteht.
- Der Monopolist kann nur dann Alleinanbieter sein, wenn es für das Gut, das er anbietet, *keine engen Substitute** gibt, auf die die Käufer ausweichen könnten. Beispielsweise ist das bei den örtlichen Monopolen der Wasserversorgung der Fall.

- Dem Monopolisten wird im Modell die Zielsetzung der *kurzfristigen Gewinnmaximierung* unterstellt.
- Im Gegensatz zum Mengenanpasser auf dem vollkommenen, atomistischen Markt kann der Monopolist das Ziel der kurzfristigen Gewinnmaximierung auch über eine Kontrolle des Marktpreises realisieren, da er allein die Menge der angebotenen Güter auf dem Markt bestimmt. Durch Variation der angebotenen Gütermenge kann er den Marktpreis beeinflussen oder durch Festsetzung des Preises die nachgefragte Gütermenge manipulieren. Im Regelfall wird er sich als *Preisfixierer* verhalten, also den Preis als Aktionsparameter und die Menge als Erwartungsparameter ansehen, Plandatum ist die konjekturale Preis-Absatzfunktion.
- Damit der Monopolist seine Stellung als Alleinanbieter halten kann, muß der *Zugang zum Markt* auf der Anbieterseite *blockiert* sein. Dies kann wirtschaftliche Ursachen (zur kostengünstigen Produktion werden enorme Finanzmittel benötigt) oder auch politische Ursachen (gesetzlich garantierte Monopole, z.B. Zündholzherstellung) haben.
- Der Monopolist muß mit den *Reaktionen der Nachfrager* rechnen. Er kann – beispielsweise durch Werbung – versuchen, die Elastizität der Nachfrage zu verringern, so daß die Nachfrager auf Preiserhöhungen *nicht* mit verringerter Nachfragemenge reagieren. Ein Monopolist kann also durch Werbung seine Marktmacht auf die Nachfrageseite ausdehnen.

Das Oligopol ist weniger eindeutig charakterisierbar als das atomistische und das monopolistische Marktmodell.

- Das Oligopol als Marktform ist dadurch gekennzeichnet, daß *wenige Anbieter* einer Vielzahl von Nachfragern gegenüberstehen, wobei der Begriff „wenige Anbieter" nicht eindeutig definierbar ist. Im Industriezweig Erdöl- und Erdgasgewinnung besaßen die sechs größten inländischen Unternehmen der Bundesrepublik Deutschland im Jahre 1970 einen Marktanteil von 99,3 %. In der Kraftwagenindustrie betrug im Jahre 1972 dieser Anteil 72,2 %.[1] Während also im Bereich der Erdöl- und Erdgasgewinnung die sechs größten Unternehmen den Markt zu beinahe 100 % unter sich aufteilten, also wohl von einem Oligopol gesprochen werden kann, ist dies bei der Kraftwagenindustrie nicht so eindeutig zu entscheiden. Hier existieren neben den sechs größten deutschen Kraftfahrzeugherstellern noch kleinere deutsche und vor allem ausländische Anbieter. In der Zementindustrie hatten 1970 die sechs größten Zementhersteller einen Marktanteil von 62,8 %. Auch hier muß also noch eine Zahl mittlerer bzw. kleinerer Zementhersteller existieren. Obwohl diese drei Beispiele recht unterschiedliche Marktstrukturen zeigen, wird man sie dem Marktmodell des Oligopols zurechnen.

  Wenn beispielsweise die sechs größten Unternehmen den Markt fast völlig unter sich aufteilen, hat jedes dieser Unternehmen einen so großen Marktanteil, daß eine Änderung seiner Aktionsparameter die übrigen Unternehmen zu Reaktionen zwingen wird. Folglich muß jedes Unternehmen bei Variation seiner Aktionsparameter damit rechnen, daß seine Erwartungsparameter auch durch die Änderungen der Aktionsparameter der Mitanbieter beeinflußt werden. Hier zeigen sich starke *gegenseitige Abhängigkeiten der oligopolistischen Anbieter*.

  Existieren neben den großen auch noch einige kleinere Hersteller, werden deren Änderungen von Preisen, Werbeaufwand und Produktqualität die großen Mitanbieter nicht ohne weiteres zu Änderungen ihrer Aktionsparameter veranlassen.

---

1 Bericht des Bundeskartellamtes über seine Tätigkeit im Jahre 1975, Bundestagsdrucksache 7/5390 vom 16. 06. 1976, S. 115ff.

- Oligopolisten können *homogene Produkte* – etwa bei Rohstoffen – oder *differenzierte Produkte* – z. B. Verbrauchsgüter – anbieten.
- Die Realisierung des Ziels der kurzfristigen Gewinnmaximierung mit Hilfe der Preispolitik ist für oligopolistische Unternehmen nur in beschränktem Maße möglich, weil die Reaktionen der Mitanbieter berücksichtigt werden müssen. Erhöht ein Unternehmen seine Preise und die übrigen Unternehmen auf diesem Markt folgen der Preiserhöhung nicht, verliert der Oligopolist einen Teil seiner Käufer an seine Rivalen. Umgekehrt wird im Falle einer Preissenkung durch einen Oligopolisten die Gefahr eines für alle Anbieter verlustreichen Preiskampfes heraufbeschworen. Die möglichen negativen Auswirkungen der Preispolitik eines Unternehmens auf einem oligopolistischen Markt können durch *gemeinsames Vorgehen* der Oligopolisten vermieden werden. Der Preis kann dann wie beim Monopol bestimmt werden.
- Der *Zutritt neuer Anbieter* auf einem oligopolistischen Markt ist erheblich erschwert. Patente, die Verteilung der knappen Rohstoffe unter die bisher am Markt beteiligten Unternehmen, die Bindung der Abnehmer an ihre Lieferanten und andere Faktoren stellen schwer überwindbare Hindernisse für neue Anbieter dar.
- Da, wie gezeigt wurde, die Preispolitik für einen isoliert handelnden Oligopolisten kein geeigneter Aktionsparameter ist, um die Gewinne zu maximieren, spielen Werbung und Produktdifferenzierung für ihn eine erhebliche Rolle. Wettbewerb zwischen Oligopolisten beschränkt sich daher im wesentlichen auf *Reklame- und Qualitätswettbewerb.*

Monopolistischer Wettbewerb – oder auch **unvollkommene Konkurrenz** – ist ein Marktmodell, dessen Strukturen sich in der Realität häufig aufzeigen lassen.

- Wie beim vollkommenen, atomistischen Markt setzt die unvollkommene Konkurrenz eine *große Zahl unabhängig voneinander handelnder Anbieter* voraus, so daß jedes Unternehmen nur einen geringen Marktanteil besitzt.
- Im Unterschied zum vollkommenen, atomistischen Markt ist der Markt jedoch unvollkommen, weil nicht ein homogenes, sondern ein *heterogenes Gut* angeboten wird.
  Produktdifferenzierung ist also das wesentliche Merkmal des monopolistischen Wettbewerbs. Dabei ist für die Produktdifferenzierung nicht bedeutend, ob es sich um tatsächliche Unterschiede in der Beschaffenheit oder um Präferenzen irgendwelcher Art handelt. Die bestehenden Unterschiede zwischen den Produkten der einzelnen Hersteller sind oft so gering, daß die Produkte einander ersetzen können, der Grad der Substituierbarkeit ist dann also groß, aber es besteht keine vollkommene Substituierbarkeit. Durch die Produktdifferenzierung entsteht eine gewisse Monopolmacht für die einzelnen Anbieter, während andererseits die große Zahl der Unternehmen für Wettbewerb sorgt. Das Zusammenwirken beider Faktoren führte zu dem Begriff monopolistischer Wettbewerb.
- Durch die Produktdifferenzierung haben die Anbieter eine beschränkte Möglichkeit, über die *Preispolitik* ihre Gewinne zu beeinflussen. Bei monopolistischem Wettbewerb kann ein Anbieter den Preis für sein Produkt in begrenztem Umfang erhöhen, ohne daß er fürchten muß, daß die Kundschaft zu den Konkurrenten überläuft. Bestehen bei den Nachfragern Präferenzen etwa in qualitativer Hinsicht – z. B. bevorzugen sie eine bestimmte Brotsorte eines bestimmten Bäckers – so bleiben sie diesem als Kunden treu, auch wenn er die Preise geringfügig erhöht. Wie groß der Spielraum für eine eigenständige Preispolitik ist, hängt von dem Grad der Substituierbarkeit, der Anzahl der Konkurrenten, der Standortdichte und v. a. von der Elastizität der Nachfrage ab. Je höher der Grad der Substituierbarkeit ist, je mehr Anbieter vorhanden sind und je mehr Konkurrenten sich auf geringer räumlicher Distanz begegnen, um so kleiner wird dieser Spielraum sein.

- Im Gegensatz zum Monopol oder Oligopol ist bei monopolistischem Wettbewerb der *Zugang zum Markt* wesentlich einfacher, im Vergleich zum vollkommenen, atomistischen Markt jedoch schwerer. Will ein neuer Anbieter an einem solchen Markt bestehen, muß er ein Produkt auf den Markt bringen, das sich von den bisher auf dem Markt befindlichen unterscheidet und den Wünschen der Nachfrager so sehr entspricht, daß es ihm gelingt, Kunden von anderen Unternehmen abzuwerben. Um auf sein Produkt aufmerksam zu machen, wird er Werbung betreiben müssen, was beim vollkommenen, atomistischen Markt nicht notwendig war.
- Um die grundsätzliche Substituierbarkeit der Produkte zu verschleiern, muß der Anbieter auf einem Markt des monopolistischen Wettbewerbs *Werbung* betreiben und die Unterschiede möglichst groß herausstellen. Markennamen, Markenzeichen usw. sollen Präferenzen erzeugen, die Güter unterscheidbar machen.

Zusammenfassung

Marktmodelle

Marktmodell / Eigenschaften	vollkommener, atomistischer Markt	Monopol	Oligopol	monopolistischer Wettbewerb (unvollkommene Konkurrenz)
Anzahl der Anbieter	große Anzahl Anbieter	ein Anbieter	wenige Anbieter	viele Anbieter
Zielsetzung der Anbieter	kurzfristige Gewinnmaximierung	kurzfristige Gewinnmaximierung	kurzfristige Gewinnmaximierung	kurzfristige Gewinnmaximierung
qualitative Beschaffenheit des Marktes	homogenes Gut, keine Präferenzen	homogenes Gut, geringer Grad der Substituierbarkeit	homogenes oder differenziertes Produktangebot	heterogenes Produktangebot, Existenz von Präferenzen
Verhaltensweise und Einfluß auf den Preis	Mengenanpasser, kein Einfluß auf den Preis	monopolistischer Preisfixierer, beträchtlicher Einfluß auf den Preis	oligopolistischer Preisfixierer, beschränkter Einfluß auf den Preis durch gegenseitige Abhängigkeit, erheblicher Einfluß bei Absprachen	polypolistischer Preisfixierer, in Grenzen Einfluß auf den Preis
Zugang zum Markt auf der Anbieterseite	keine Hindernisse	blockiert	bedeutend erschwert	relativ leicht
Qualitäts- und Reklamewettbewerb	nicht vorhanden	Reklamewettbewerb, um Nachfrage unelastisch zu gestalten	Qualitäts- und Reklamewettbewerb in erheblichem Umfang	Qualitäts- und Reklamewettbewerb in erheblichem Umfang
Beispiele (annäherungsweise zutreffend)	Handel mit Volksaktien an der Börse	örtliche Versorgungsbetriebe	Automobilindustrie	Einzelhandel, Bäckereien

Text 8 Horst C. Recktenwald:

„Worauf aber die Lehre von den Marktformen im allgemeinen keine ausreichend erklärende Antwort zu geben vermag, ist die Frage nach den Entstehungsgründen der einzelnen *Marktkonstellationen*. Der Grund ist vor allem darin zu suchen, daß nicht nur den ökonomisch relevanten Kräften, die *hinter* Angebot und Nachfrage stehen, also allen wirksamen Faktoren der Marktstruktur, sondern auch den *Wechselbeziehungen* (nicht den einseitigen Wirkungen) zwischen *Marktform*, *Marktverhalten* und *Marktpreisen* zu wenig Aufmerksamkeit geschenkt wurde. Die Untersuchung dieser funktionalen Zusammenhänge wurde vernachlässigt. Es wird nämlich allgemein zu wenig bedacht, daß sich die Märkte und das Marktverhalten ändern, und zwar nicht immer in einer Richtung. Wie erklärt es sich z. B., daß auf einem Markt – etwa im Konjunkturverlauf – einmal mehr monopolistisches und dann mehr konkurrenzmäßiges Verhalten vorherrscht, obwohl der strukturelle Aufbau des Marktes entsprechend den idealtypischen* Formen unverändert bleibt? Allgemeiner ausgedrückt: Welche Faktoren lösen entgegengesetzte Bewegungen aus (beschleunigen oder verlangsamen sie), die von einem monopoloiden Markt zu einem Konkurrenzmarkt und vice versa* führen?

Weiterhin ist festzustellen, daß die den Marktformen zugrunde liegenden Annahmen zu allgemein sind, so daß die theoretischen Aussagen zwar in einigen Fällen ‚apodiktisch* gewiß' (Eucken) sind, meist aber nur *geringen Erkenntniswert* zur hinreichenden Erklärung der Phänomene der konkreten Wirtschaft besitzen.

Auch der Versuch, durch eingehende Analyse der verschiedenen Verhaltensweisen, unter gewisser Vernachlässigung der morphologischen Marktgebilde, zu brauchbaren Aussagen über die Preisbildung und den Austauschprozeß zu gelangen, hat die praktische Verwendbarkeit der bisherigen theoretischen Erkenntnisse noch nicht sehr vergrößert, obwohl die Verhaltensweise für Untersuchungen des zeitlichen Ablaufs des Wirtschaftsprozesses sowohl im Modell wie in Wirklichkeit von sehr *großer Bedeutung* ist. Solange die Marktform eine gegebene Größe ist und selbst nicht zum Problem erhoben wird, bleiben die Aussagen der Marktformenlehre in ihrem praktischen Wert sehr beschränkt. Der reale Wettbewerb ist beispielsweise so komplex und vielschichtig, daß er unmöglich mit den Mitteln der Marktformenlehre erklärt werden kann. Bisher hat selbst die vorsichtigste Anwendung der Begriffe und Erkenntnisse der Markttheorie auf konkrete Probleme oft störend, verschiedentlich sogar unheilvoll gewirkt. Die Schwierigkeiten einer Verwertung markttheoretischer Aussagen zur Gestaltung etwa ordnungspolitischer Aufgaben haben sich beispielsweise in der amerikanischen Antitrustpolitik oder in der gegenwärtigen deutschen Wirtschaftspolitik gezeigt, deren Ziel die Schaffung eines allseitigen Leistungswettbewerbs auf den Märkten und die Kontrolle der nicht auflösbaren Monopole im Rahmen der ‚sozialen Marktwirtschaft' ist."

Horst C. Recktenwald: Zur Lehre von den Marktformen, in: Alfred Eugen Ott, Hrsg.: Preistheorie, Köln, Berlin (Kiepenheuer & Witsch) 1965, S. 63 f.

ÜBUNGEN

4/9 Erläutern Sie die zusammenfassende Übersicht der Marktmodelle auf S. 95, und ergänzen Sie die Übersicht, indem Sie die Verhaltensweisen durch die jeweiligen Plandaten, Aktions- und Erwartungsparameter spezifizieren.

4/10 Begründen Sie, warum es für einen Anbieter auf einem vollkommenen, atomistischen Markt im Gegensatz zum Anbieter bei monopolistischem Wettbewerb nicht sinnvoll ist, Werbung zu betreiben.

4/11 Problematisieren Sie die Marktformenlehre; berücksichtigen Sie dabei Text 8.

TESTAUFGABEN

Reihe 4

1 Bei einem vollkommenen Markt muß
   a) der Markt atomistisch sein,
   b) die Homogenitätsbedingung erfüllt sein,
   c) Markttransparenz existieren,
   d) gewährleistet sein, daß keine räumlichen Präferenzen bestehen.

2 Ein oligopolistischer Markt ist dadurch gekennzeichnet, daß
   a) auf der Angebotsseite wenige Anbieter existieren,
   b) wenige Nachfrager vorhanden sind,
   c) der Markt unvollkommen sein muß,
   d) ein Anbieter und viele Nachfrager vorhanden sind.

3 Unter Aktionsparametern eines Anbieters versteht man Größen,
   a) die dem Anbieter gegeben sind,
   b) von denen der Anbieter annimmt, daß er sie nur indirekt über seine Plandaten beeinflussen kann,
   c) die der Anbieter selbst festsetzen kann,
   d) die dem Anbieter vom Staat vorgegeben werden.

4 Auf einem atomistischen Markt
   a) ist der Preis für das Unternehmen ein Plandatum,
   b) ist der Preis ein Aktionsparameter,
   c) ist der Preis ein Erwartungsparameter,
   d) verhalten sich die Anbieter als Mengenanpasser.

5 Oligopolistisches Verhalten eines Preisfixierers liegt dann vor, wenn ein Anbieter damit rechnet, daß
   a) sein Absatz nur von seinem Preis und der Nachfrage abhängig ist,
   b) eine Änderung seines Preises die Mitanbieter nicht veranlassen wird, ihre Preise zu ändern,
   c) eine Änderung seines Preises die Mitanbieter zu Preisänderungen veranlassen wird,
   d) er jede Menge bei gegebenem Preis absetzen kann.

6 Bei einem Monopol
   a) darf es keine engen Substitute geben,
   b) handelt der Monopolist nach der Zielsetzung, den Gewinn kurzfristig zu maximieren,
   c) ist der Erwartungsparameter eines Monopolisten die konjekturale Preis-Absatz-Kurve,
   d) muß der Marktzugang blockiert sein.

7 Auf einem vollkommenen, atomistischen Markt
   a) existiert Marktmacht,
   b) gibt es viele Anbieter,
   c) verhalten sich die Anbieter als Mengenanpasser,
   d) ist der Preis ein Plandatum.

8 Es ist zu beobachten, daß die (wenigen großen) Mineralölunternehmen ihre Preise für Benzin gleichzeitig erhöhen. Dabei handelt es sich um
   a) monopolistisches Verhalten,
   b) polypolistisches Verhalten,
   c) oligopolistisches Verhalten,
   d) kämpferisches Verhalten.

9 Monopolistischer Wettbewerb setzt voraus:
   a) Produktdifferenzierung,
   b) unabhängig voneinander handelnde Anbieter,
   c) viele Anbieter,
   d) daß keine Werbung existiert.

10 Bei folgenden Marktformen haben die einzelnen Anbieter Einfluß auf den Preis
   a) Monopol,
   b) atomistischer Markt,
   c) Oligopol,
   d) monopolistischer Wettbewerb.

5 Das Gleichgewicht eines Unternehmens in verschiedenen Marktformen und die Preisbildung

5.1 Gewinnmaximale Menge, Angebotskurve und Preisbildung auf dem vollkommenen, atomistischen Markt

- Den Erlösplan eines Mengenanpassers graphisch darstellen können.
- Die Graphen für die Kosten- und Erlöspläne in einem Koordinatensystem zusammenfassen können.
- Mit Hilfe der Gesamtkostenkurve (Produktionsfunktion vom Typ A und vom Typ B) und der Gesamterlöskurve die Gewinnzone bestimmen können.
- Die Bedingung für die Gewinnmaximierung (Grenzkosten = Grenzerlös) für die Produktionsfunktion vom Typ A ableiten können.
- Die Gewinnmaximierung mit Hilfe der Gesamtkostenkurve und der Gesamterlöskurve bzw. mit der Grenzkostenkurve und der Grenzerlöskurve graphisch darstellen und erläutern können.
- Zwischen kurz- und langfristiger Preisuntergrenze unterscheiden können.
- Den Verlauf der individuellen Angebotskurve bei alternativen Preisen bestimmen können.
- Die individuellen Angebotskurven zu einer Gesamtangebotskurve aggregieren können.
- Die aggregierte Angebots- und Nachfragekurve in einem Koordinatensystem vereinigen und den Gleichgewichtspreis bestimmen sowie seine Eigenschaften erklären können.
- Das Für und Wider des Modells der vollkommenen Konkurrenz im Hinblick auf seine Anwendung in der Realität erläutern können.

Der Marktpreis bildet sich aus den Aktions-Reaktions-Beziehungen von Anbietern und Nachfragern. Während in der Nachfragekurve die Nachfragepläne der Haushalte zum Ausdruck kommen, spiegeln sich die Planungen der Unternehmen in der *Angebotskurve* wider. Für die Angebotskurve ist es dabei bedeutsam, ob das Gesamtangebot auf einem Markt aus den Angebotsplanungen eines Unternehmens, weniger oder vieler Unternehmen resultiert. Um die Preisbildung auf einem Markt zu untersuchen, ist es daher notwendig, die Angebotskurve aus den Plänen der Unternehmen abzuleiten.
Beim vollkommenen, atomistischen Markt resultiert das *Gesamtangebot eines Gutes* aus einer Vielzahl *individueller Produktionspläne* der Anbieter. Das Gesamtangebot auf einem Markt ergibt sich dann aus der Addition der individuellen Angebote, von denen jedes für sich so gering ist, daß kein einzelner Anbieter durch eine Variierung der Angebotsmenge den Preis beeinflussen kann. Bei jeweils ihm vorgegebenem Marktpreis wird der einzelne Anbieter versuchen, durch eine Änderung seines individuellen Angebots das für ihn günstigste Ergebnis zu erzielen, d. h. maximalen Gewinn oder minimalen Verlust zu erreichen. Der Anbieter verhält sich daher als *Mengenanpasser*.

Der *Gewinn (G)* wird als positive Differenz zwischen Kosten (K) und Erlös (El) definiert: $G = El - K$. Der Verlust (V) ist die negative Differenz zwischen Erlös und Kosten.

Der *Erlös* oder auch Umsatz ist das Produkt aus abgesetzter Menge (m) und Verkaufspreis (p): $El = p \cdot m$.

Um seinen maximalen Gewinn bzw. minimalen Verlust bei alternativen – für ihn jedoch jeweils gegebenen – Marktpreisen bestimmen zu können, muß der einzelne Anbieter einen *Erlös- und Kostenplan* aufstellen, aus dem sich sein *Gewinnplan* und damit seine *individuelle Angebotskurve* ergibt.

Der Erlösplan des Mengenanpassers ist dadurch charakterisiert, daß der Preis für ihn ein Plandatum ist. Da der Mengenanpasser einen atomistisch kleinen Anteil am Gesamtangebot hat, kann er bei diesem Marktpreis jede produzierte Menge absetzen. Seine individuelle Preis-Absatzfunktion verläuft daher im Abstand des vorgegebenen Marktpreises parallel zur Mengenachse. Weil der Preis für ihn eine konstante Größe ist, steigt der Erlös proportional mit der abgesetzten Menge. Je höher die abgesetzte Menge bei gegebenem Preis ist, um so höher ist der Erlös (nicht der Gewinn, dieser ergibt sich erst, wenn man die Kosten berücksichtigt) und umgekehrt. Ändert sich der Marktpreis, weil z. B. alle Anbieter ihr Angebotsverhalten ändern, ergeben sich bei gleicher Angebotsmenge veränderte Erlöse.

Beispiel:
Nehmen wir an, der Marktpreis beträgt 102,– DM je Produkteinheit. Wenn der Mengenanpasser eine Einheit absetzt, beträgt sein Erlös 102,– DM, bei zwei Einheiten 204,– DM usw. (vgl. Spalte 2 der Tabelle auf S. 101 für den Erlösplan des Mengenanpassers). Würde der Marktpreis auf 69,18 DM sinken, hätte der Erlös nur noch die Höhe von 138,36 DM bei einer abgesetzten Produktmenge von zwei Einheiten (vgl. Spalte 4 der Tabelle). Bei einem Marktpreis von 50,– DM würde bei der gleichen Menge der Erlös auf 100,– DM absinken (vgl. Spalte 6 der Tabelle).

In der graphischen Darstellung ergibt sich für die Entwicklung des Erlöses bei steigendem Absatz ein Strahl vom Nullpunkt aus, dessen Steigung von der Höhe des Marktpreises abhängt (vgl. **Abb. 101,1**). Je höher der Preis ist, um so größer ist die Steigung der Erlöskurve und umgekehrt. In der graphischen Darstellung hat daher die Erlöskurve El_1 einen größeren Steigungswinkel als die Erlöskurve El_3.

Der *Durchschnittserlös (DEl)*, der Quotient aus Erlös und abgesetzter Menge, ist beim Mengenanpasser eine konstante Größe in Höhe des Preises.

Der *Grenzerlös* (*GEl*), der die Änderung des Erlöses bei einer Änderung der Absatzmenge um eine Einheit ausdrückt, entspricht ebenfalls dem Preis und unter der gegebenen Annahme, daß der Preis für alle Produktionseinheiten gleichbleibt, dem Durchschnittserlös. Im Beispiel ändert sich der Erlös beim Preis 102,– DM um diesen Betrag, wenn die abgesetzte Menge von 5 auf 6 oder von 12 auf 13 Einheiten steigt. In der graphischen Darstellung (vgl. **Abb. 101,1**) ergibt sich für den Durchschnittserlös und den Grenzerlös eine Parallele zur m-Achse im Abstand der Höhe des Preises, die mit der individuellen Preis-Absatzfunktion identisch ist. Im Beispiel ergeben sich für den Preis $p_1 = 102$ die Parallele $DEl_1 = GEl_1$, für den Preis p_2 die Parallele $DEl_2 = GEl_2$ und für p_3 die Parallele $DEl_3 = GEl_3$ (vgl. **Abb. 101,1**).

Die Funktion für den Grenzerlös, $GEl = p$, stellt – mathematisch gesehen – die erste Ableitung der Erlösfunktion $El = p \cdot m$ nach m dar. In der Erlöskurve kommt der Grenzerlös, der ja hier dem Preis entspricht, in deren Steigung zum Ausdruck. Da der Grenzerlös und damit die Steigung der Erlöskurve konstant sind, muß sich für die Grenzerlöskurve eine Parallele zur m-Achse ergeben.

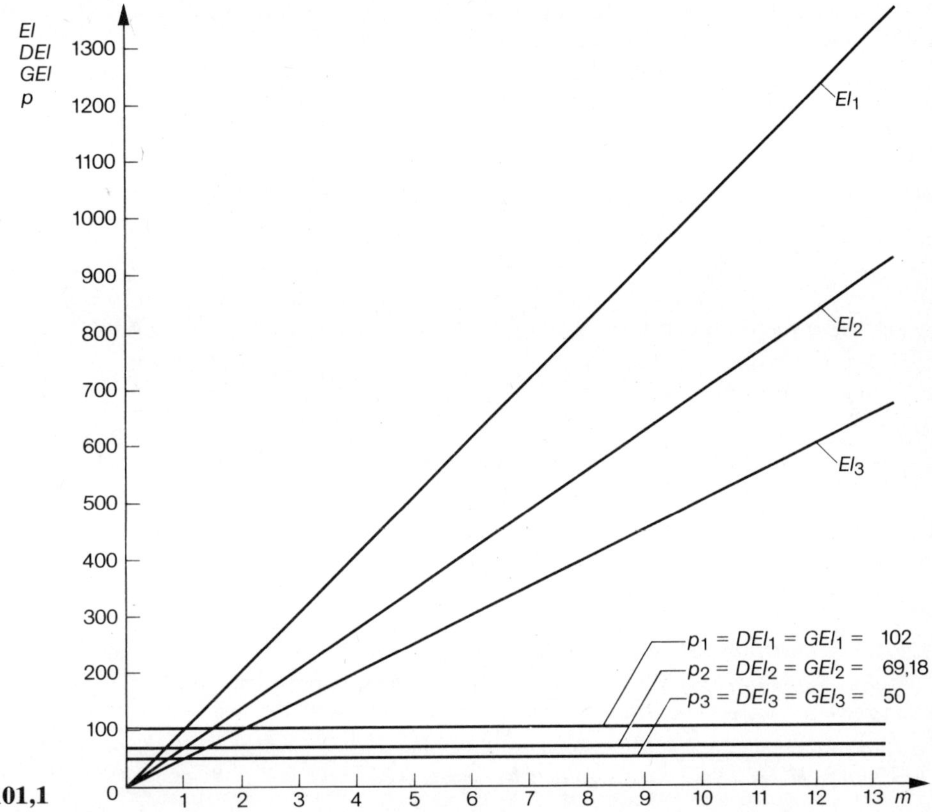

Abb. 101,1

	Produktpreis 102		Produktpreis 69,18		Produktpreis 50	
1 m	2 El	3 $DEL = GEL = p_1$	4 El	5 $DEl = GEl = p_2$	6 El	7 $DEl = GEl = p_3$
0	0	0	0	0	0	0
1	102	102	69,18	69,18	50	50
2	204	102	138,36	69,18	100	50
3	306	102	207,54	69,18	150	50
4	408	102	276,72	69,18	200	50
5	510	102	345,90	69,18	250	50
6	612	102	415,08	69,18	300	50
7	714	102	484,26	69,18	350	50
8	816	102	553,44	69,18	400	50
9	918	102	622,62	69,18	450	50
10	1020	102	691,80	69,18	500	50
11	1122	102	760,98	69,18	550	50
12	1224	102	830,16	69,18	600	50
13	1326	102	899,34	69,18	650	50

Die *Kostenpläne* des Unternehmens sind bereits in Abschnitt 3.2.2 behandelt worden. Je nachdem, ob aus der Produktionsstruktur Kostenkurvenverläufe des Typs A oder B resultieren, ergeben sich andere Bedingungen für die Bestimmung der gewinnmaximalen bzw. der verlustminimalen Produktionsmenge des Mengenanpassers. Zunächst wird von einer Produktionsstruktur ausgegangen, die sich in einer S-förmigen Kostenkurve widerspiegelt.

Beispiel:
Dem Beispiel – nachstehende Tabelle, Spalten 2, 3, 4, 5 – liegt für die Gesamtkosten in Abhängigkeit vom Output (m) die Funktionsgleichung $K = m^3 - 20\,m^2 + 150\,m + 200$ *zugrunde.*
Die Spalte 2 zeigt, wie sich die Gesamtkosten in Abhängigkeit von der Ausbringungsmenge entwikkeln. Bis zur Ausbringungsmenge von 6,66 Einheiten steigen die Gesamtkosten mit abnehmendem Steigungsmaß, das heißt, die Grenzkosten fallen (Spalte 5). Werden mehr als 6,66 Einheiten produziert, steigen die Gesamtkosten mit zunehmendem Steigungsmaß, und die Grenzkosten steigen.
Die fixen Kosten betragen im Beispiel 200 Geldeinheiten (GE), die variablen Kosten (VK) lassen sich für alternative Ausbringungsmengen über die Funktionsgleichung $VK = m^3 - 20\,m^2 + 150\,m$ *berechnen.*
Die Entwicklung der gesamten Durchschnittskosten, $DTK = \frac{K}{m}$, *zeigt Spalte 3. Die Tabellenwerte lassen sich mit Hilfe der Funktionsgleichung* $DTK = m^2 - 20\,m + 150 + \frac{200}{m}$ *berechnen. Die Durchschnittskosten haben danach ihr Minimum beim Output von ungefähr 11 Einheiten.*
Die durchschnittlichen variablen Kosten, $DVK = \frac{VK}{m}$, *ergeben sich aus:* $DVK = m^2 - 20\,m + 150$.
Sie haben ihr Minimum bei der Ausbringungsmenge von 10 Einheiten (Spalte 4).
Die Grenzkosten, $GK = K'$, *errechnen sich aus der Funktionsgleichung* $GK = 3\,m^2 - 40\,m + 150$ *(Spalte 5). Sie haben ihr Minimum bei einem Output von 6,66 Einheiten. Der Wendepunkt der Gesamtkostenkurve, gleichzeitig Minimum der Grenzkosten, läßt sich ermitteln, indem die zweite Ableitung der Gesamtkostenfunktion gleich 0 gesetzt wird.* $GK = K' = 3\,m^2 - 40\,m + 150;$

$$GK' = 6\,m - 40;\ 6\,m - 40 = 0;\ m = \frac{40}{6} = \underline{\underline{6{,}66}}.$$

Das Minimum der durchschnittlichen variablen Kosten läßt sich dadurch errechnen, daß die erste Ableitung der Funktion der durchschnittlichen variablen Kosten gleich Null gesetzt wird:
$DVK = m^2 - 20\,m + 150;\ DVK' = 2\,m - 20;\ 2\,m - 20;\ 2\,m - 20 = 0;\ \underline{\underline{m = 10.}}$
Analog läßt sich das Minimum der Durchschnittskosten berechnen.

Die graphische Darstellung der Wertetabellen für den Kostenplan wird in **Abb. 104,1** gezeigt. Sie enthält gleichzeitig den vorher erläuterten Erlösplan des Mengenanpassers, so daß sich der Gewinnplan ermitteln läßt.
Die *Gewinnplanung* des Mengenanpassers muß drei wichtige Fragen beantworten:
- Bei welchem Output wird bei gegebenem Marktpreis der maximale Gewinn bzw. minimale Verlust erzielt?
- Wie tief kann der Marktpreis fallen, ohne daß der Anbieter seine Produktion einstellt (Preisuntergrenze)?
- Wie ergibt sich die individuelle Angebotskurve bei alternativen Preisen?

Zunächst wird untersucht, bei welchem Output der maximale Gewinn erzielt wird. Dabei wird der Gewinn *tabellarisch*, *graphisch* und *rechnerisch* ermittelt.

					Produktpreis 102			Produktpreis 69,18		Produktpreis 50	
1 *m*	2 *K*	3 *DTK*	4 *DVK*	5 *GK*	6 *DEL/GEL*	7 El_1	8 (7−2) G/V_1	9 El_2	10 (9−2) G/V_2	11 El_3	12 (11−2) G/V_3
0	200					0	−200	0	−200	0	− 200
1	331	331,00	131	113	102	102	−229	69,18	−261,82	50	− 281
2	428	214,00	114	82	102	204	−224	138,36	−289,64	100	− 328
3	497	165,67	99	57	102	306	−191	207,54	−289,46	150	− 347
4	544	136,00	86	38	102	408	−136	276,72	−267,28	200	− 344
5	575	115,00	75	25	102	510	− 65	345,90	−229,10	250	− 325
6	596	99,33	66	18	102	612	+ 16	415,08	−180,92	300	− 296
7	613	87,57	59	17	102	714	+101	484,26	−128,74	350	− 263
8	632	79,00	54	22	102	816	+184	553,44	− 78,56	400	− 232
9	659	73,22	51	33	102	918	+259	622,62	− 36,38	450	− 209
10	700	70,00	50	50	102	1020	+320	691,80	− 8,20	500	− 200
11	761	69,18	51	73	102	1122	+361	760,98	− 0,02	550	− 211
12	848	70,67	54	102	102	1224	+376	830,16	− 18,84	600	− 248
13	967	74,38	59	137	102	1326	+359	899,34	− 67,66	650	− 317
14	1124	80,29	66	178	102	1428	+304	968,52	−155,48	700	− 424
15	1325	88,33	75	225	102	1530	+205	1037,70	−287,30	750	− 575
16	1576	98,50	86	278	102	1632	+ 56	1106,88	−469,12	800	− 776
17	1883	110,76	99	337	102	1734	−149	1176,06	−706,94	850	−1033

Tabellarische Ermittlung. Im Beispiel wird von einem Marktpreis von 102 GE ausgegangen. Spalte 7 der obigen Tabelle zeigt, wie sich der Erlös bei steigendem Absatz entwickelt. Die Spalte 2 gibt die Entwicklung der Gesamtkosten an. In Spalte 8 wird als Differenz zwischen Kosten und Erlös der Gewinn (positive Werte) bzw. Verlust (negative Werte) ausgewiesen. Spalte 8 ergibt sich, indem die Werte der Spalte 2 von denen der Spalte 7 subtrahiert werden.
Wenn nicht produziert wird, entstehen Verluste in Höhe der fixen Kosten von 200 GE. Bis zur Produktmenge von ca. 5,8 Einheiten sind die Kosten größer als die Erlöse, so daß Verluste entstehen. Ab der Ausbringungsmenge 1 nehmen die Verluste jedoch ab, weil jede zusätzlich produzierte und abgesetzte Einheit mehr Erlös einbringt, als sie zusätzlich kostet oder anders ausgedrückt, weil die Grenzkosten jeder weiteren Einheit geringer sind als der entsprechende Grenzerlös.

Beim Output von ca. 5,8 Einheiten sind Kosten und Erlös gleich groß. Es entstehen weder Verlust noch Gewinn. Der Punkt, in dem sich in der graphischen Darstellung die Erlöskurve und die Gesamtkostenkurve schneiden (*E*), wird als Kostendeckungspunkt bezeichnet. Bei jeder größeren Produktmenge tritt der Betrieb in die Gewinnzone ein. Der Gewinn wächst zunächst an, weil die Grenzkosten weiterhin niedriger sind als der Grenzerlös. Bei der Ausbringungsmenge von 12 Einheiten ist der Gewinn mit 376 GE am größten. Bei diesem Output sind *Grenzkosten und Grenzerlös gleich groß*, d. h., die Kosten, die bei der Produktion der 12. Einheit entstehen, sind so groß wie der Erlös aus dem Absatz dieser Einheit. Beim Überschreiten dieser Ausbringungsmenge sinkt der Gewinn, weil jede zusätzlich produzierte und abgesetzte Menge mehr Kosten als Erlös verursacht: die Grenzkosten sind größer als der Grenzerlös. Bei einem Output zwischen 16 und 17 Mengeneinheiten wird der Gewinn 0. Gesamtkosten und Gesamterlös sind wieder gleich.

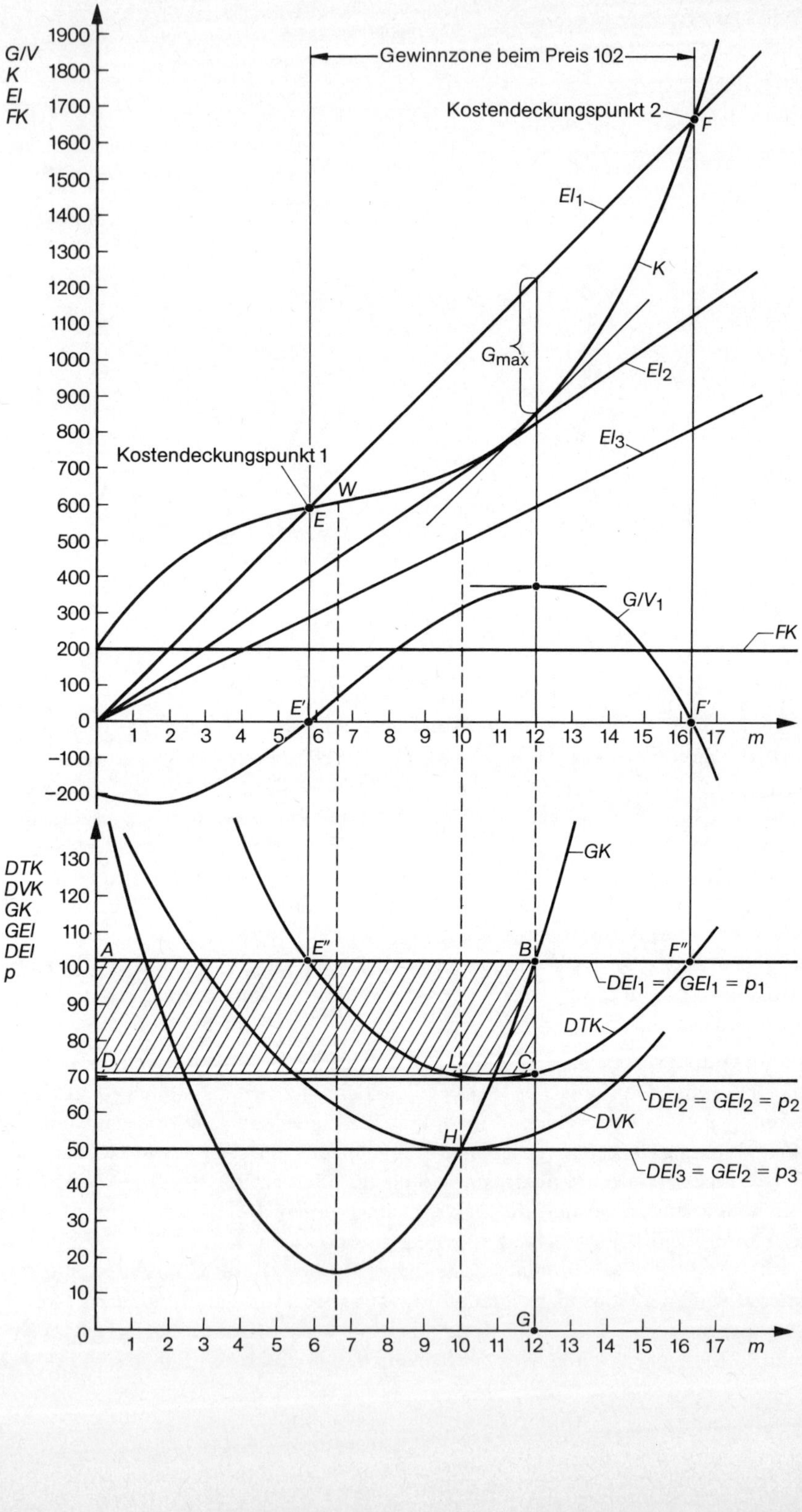
G/V
K
El
FK
Gewinnzone beim Preis 102
Kostendeckungspunkt 2
F
El_1
K
G_{max}
El_2
El_3
Kostendeckungspunkt 1
W
E
G/V_1
FK
E'
F'
m
DTK
DVK
GK
GEI
DEI
p
A
E''
B
F''
GK
$DEl_1 = GEl_1 = p_1$
DTK
D
L
C
$DEl_2 = GEl_2 = p_2$
DVK
H
$DEl_3 = GEl_2 = p_3$
G
m

Abb. 104,1

Der obere Kostendeckungspunkt ist erreicht. Wird die Produktion über diese Menge hinaus ausgedehnt, entstehen Verluste.

Aus diesem Beispiel läßt sich die Regel für die Ermittlung der gewinnmaximalen Menge des Mengenanpassers bei einer S-förmigen Kostenkurve ableiten:

Der Mengenanpasser erzielt dann seinen maximalen Gewinn (minimalen Verlust), wenn er die Menge produziert, bei der die Grenzkosten gleich dem Grenzerlös sind.

Da der Grenzerlös des Mengenanpassers dem Marktpreis entspricht, kann diese Bedingung auch durch die Formulierung *Grenzkosten = Preis* ausgedrückt werden. Ist diese Bedingung erfüllt, befindet sich das Unternehmen im Gleichgewicht, durch eine Veränderung des Outputs können keine besseren, sondern nur schlechtere Ergebnisse erreicht werden.

Die graphische Ermittlung der gewinnmaximalen (verlustminimalen) Menge kann auf zweifache Weise geschehen: mit Hilfe der Gesamtkosten- und Gesamterlöskurve (oberer Teil der **Abb. 104,1**) oder unter Verwendung der Grenzkostenkurve und der Grenzerlöskurve (unterer Teil der **Abb. 104,1**). Die **Abb. 104,1** enthält außerdem noch die Kurve für den Gewinn/Verlust (G/V), der aus der Spalte 4 entnommen werden kann.

Die Gesamtkostenkurve liegt bis zum Kostendeckungspunkt E oberhalb der Erlösgeraden. Die G/V-Kurve verläuft in diesem Abschnitt im negativen Bereich. In der *Gewinnzone*, die zwischen den Kostendeckungspunkten E und F liegt, befindet sich die Erlösgerade über der Kostenkurve. Bei der G/V-Kurve liegt die Gewinnzone zwischen den beiden Nullstellen E' und F'. Bei dem Output, bei dem der Ordinatenwert der G/V-Kurve in der Gewinnzone am größten ist, ist der *maximale Gewinn* erreicht. Bei diesem Output erreicht die G/V-Kurve ihren positiven Extremwert. Die Steigung der Kurve, die den *Grenzgewinn* – das ist die Veränderung des G/V bei einer Veränderung des Outputs – ausdrückt, ist bei diesem Output gleich Null, da die Tangente an die G/V-Kurve an dieser Stelle eine Parallele zur m-Achse bildet.

Der *maximale Gewinn* läßt sich mit Hilfe der Kosten- und Erlöskurve geometrisch ermitteln, indem die Tangente an die Kostenkurve gezeichnet wird, die parallel zur Erlösgeraden verläuft. Bei dieser Ausbringungsmenge ist der vertikale Abstand zwischen den beiden Kurven – der Gewinn – am größten.

Die *Grenzkosten* kommen in diesem Punkt durch die Steigung der Gesamtkostenkurve, der Grenzerlös durch die Steigung der Gesamterlöskurve (hier der Erlösgeraden) zum Ausdruck. Bei dem Output, bei dem die Steigung der Kosten- und Erlöskurve gleich groß ist, sind folglich die *Grenzkosten und der Grenzerlös gleich*. Diese Bedingung der Gleichheit von GK und GEl für die Gewinnmaximierung ist damit erfüllt.

Die Ermittlung des Gewinns unter Verwendung der Durchschnittskosten-, Grenzkosten- und Grenzerlöskurve zeigt der untere Teil der **Abb. 104,1**. Durchschnitts- und Grenzerlöskurve bilden eine Parallele zur m-Achse im Abstand des Marktpreises von 102. Die *Gewinnzone* befindet sich zwischen den Schnittpunkten E'' und F'' von DTK- und DEl-Kurve. Bei jedem Output, der zwischen diesen beiden Schnittpunkten liegt, erzielt das Unternehmen einen Gewinn.

Die *gewinnmaximale Menge* ergibt sich aus dem Schnittpunkt von Grenzerlös- und Grenzkostenkurve. Hier ist die Bedingung $GK = GEl$ erfüllt. Die Strecke $\overline{GB}$ drückt den Durchschnittserlös und gleichzeitig den Grenzerlös aus. Die Strecke $\overline{GC}$ gibt die Durchschnittskosten bei der gewinnmaximalen Ausbringungsmenge an. Die Strecke $\overline{BC}$ als Differenz zwischen $\overline{GB}$ und $\overline{GC}$ stellt den maximalen Gewinn pro Stück dar. Wird der Stückgewinn mit dem Output multipliziert, resultiert daraus der *maximale Gesamtgewinn* (Flächeninhalt $ABCD$).

Rechnerische Ermittlung. Der maximale Gewinn kann aus dem vorgegebenen Gleichungssystem folgendermaßen ermittelt werden:

Die Bedingung für den gewinnmaximalen Output lautet *Grenzerlös = Grenzkosten*, folglich müssen die Funktionsgleichungen für die Grenzkosten und den Grenzerlös gleichgesetzt werden. Da der Grenzerlös des Mengenanpassers dem Marktpreis ($p = GEl$) entspricht, ergibt sich für das Beispiel folgende Rechnung:

$$102 = 3\,m^2 - 40\,m + 150$$

$$0 = 3\,m^2 - 40\,m + 48$$

$$0 = m^2 - \frac{40}{3}m + \frac{48}{3}$$

$$m^2 - \frac{40}{3}m = -\frac{48}{3}$$

$$\left(m - \frac{20}{3}\right)^2 = \frac{256}{9}$$

$$m_1 - \frac{20}{3} = \frac{16}{3} \qquad \underline{\underline{m_1 = 12}}$$

$$m_2 - \frac{20}{3} = -\frac{16}{3} \qquad \underline{\underline{m_2 = \frac{4}{3}}}$$

Bei $m_1 = 12$ liegt das *Gewinnmaximum*, bei $m_2 = \frac{4}{3}$ das *Verlustmaximum*.

Durch Einsetzes des Wertes von m_1 in die Gleichungen für die Gesamtkosten und den Gesamterlös errechnet sich der maximale Gewinn folgendermaßen:

$$G = El - K$$

$$G = 102m - (m^3 - 20m^2 + 150m + 200)$$

$$= 102 \cdot 12 - (12^3 - 20 \cdot 12^2 + 150 \cdot 12 + 200)$$

$$= 1224 - 848$$

$$\underline{\underline{G = 376}}$$

Dieses Ergebnis läßt sich auch dadurch ermitteln, daß aus den Gleichungen für die Gesamtkosten- und Gesamterlöskurve die Gleichung für die G/V-Kurve abgeleitet wird. Die erste Ableitung dieser G/V-Funktion wird gleich Null gesetzt, um die Extremwerte zu errechnen. Die so gewonnene gewinnmaximale Menge wird dann in die G/V-Funktion eingesetzt, um den maximalen Gewinn zu ermitteln.

Nachdem der maximale Gewinn bestimmt worden ist, bleibt zu untersuchen, wie tief der *Marktpreis* fallen kann, ohne daß der Unternehmer seine Produktion einstellt.

Fällt im Beispiel der Produktpreis auf 69,18 GE, ergibt sich die Erlösgerade El_2, die beim Output von ca. 11 Einheiten die Kostenkurve tangiert. Bei dieser Ausbringungsmenge entstehen *weder Gewinn noch Verlust.* Bei jedem anderen Output kommt es zu Verlusten. Im unteren Teil der **Abb. 104,1** schneiden bzw. tangieren sich bei diesem Output die *DTK-*, *GK-* und GEl_2-Kurven, d. h., der Preis entspricht dabei dem Minimum der *DTK*-Kurve, gleichzeitig ist die Bedingung *GEl* bzw. $p = GK$ erfüllt. Der Stückgewinn ist gleich Null, jedoch sind alle Kosten gedeckt. Sinkt der Preis weiter, entstehen Verluste, die Gesamterlösgerade verläuft bei jedem Output unterhalb der Gesamtkostenkurve (vgl. El_3).

Sinkt der Preis auf 50 GE, so tangiert die Grenzerlöskurve die *DVK*-Kurve in deren Minimum, durch das auch die *GK*-Kurve verläuft. Der *minimale Verlust* wird bei diesem Preis bei einer Herstellungsmenge von 10 erreicht. Der Verlust entsteht bei dieser Menge in Höhe der fixen Kosten, die fixen Kosten pro Stück werden durch den Abstand zwischen der *DVK*- und der *DTK*-Kurve – $\overline{HL}$ – erkennbar. Sie betragen bei 10 produzierten Einheiten 20 GE. Der Erlös deckt also gerade noch die variablen Kosten, die fixen Kosten bleiben ungedeckt.

Würde der Preis unter das Minimum der *DVK* fallen, wäre es für den Anbieter vorteilhafter, seine Produktion einzustellen, da dann nicht einmal mehr die variablen Kosten durch den Erlös gedeckt würden. Deshalb stellt das Minimum der *DVK* die *kurzfristige Preisuntergrenze* dar. Obwohl dabei Verluste in Höhe der fixen Kosten entstehen, würde es für das Unternehmen vorteilhafter sein, die Produktion aufrechtzuerhalten, wenn es damit rechnet, daß der Preis in absehbarer Zukunft wieder steigt, weil bei einer Produktion zusätzlich zu den fixen Kosten noch die für die Stillegung des Betriebes hinzukommen würden. Auf die Dauer gesehen könnte das Unternehmen jedoch bei einem solchen Preis nicht existieren, da der Erlös nicht ausreichen würde, um die Substanz des Betriebes zu erhalten; abgenutzte und veraltete Maschinen und Anlagen könnten nicht erneuert werden. *Langfristig* gesehen muß der Marktpreis daher mindestens dem Minimum der Durchschnittskosten entsprechen, damit die Produktion aufrechterhalten werden kann.

Während das Minimum der *DVK* die *kurzfristige Preisuntergrenze* darstellt, ist das Minimum der *DTK* die *langfristige Preisuntergrenze.*

Auf diesen Überlegungen lassen sich die *individuelle Angebotskurve* eines Mengenanpassers (vgl. **Abb. 107,2**) und die *gesamte Angebotskurve* auf einem vollkommenen, atomistischen Markt ableiten (vgl. **Abb. 108,2**).

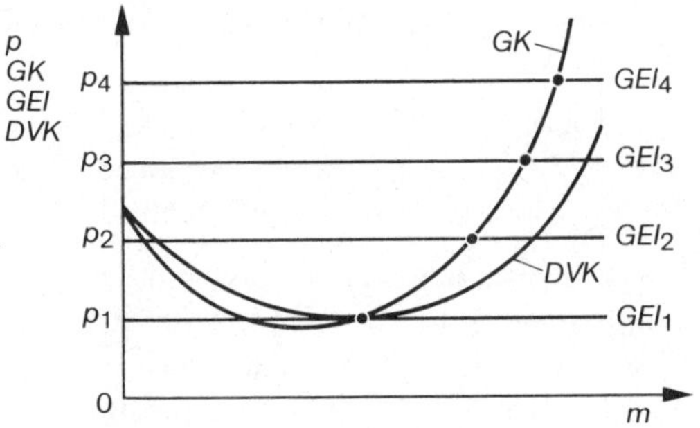

Abb. 107,1

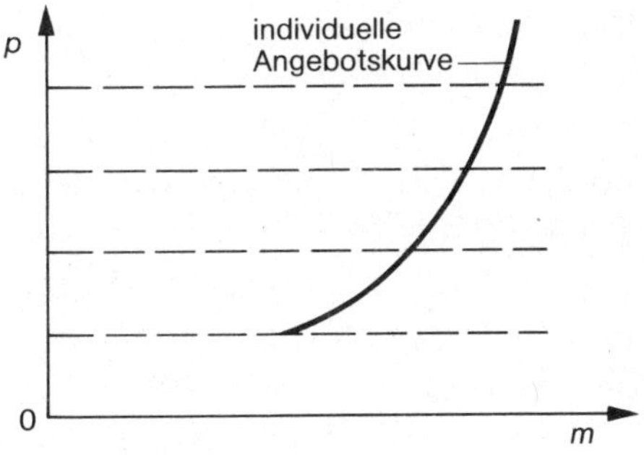

Abb. 107,2

Bei jedem Marktpreis wird der Mengenanpasser die Menge anbieten, bei der er den größten Gewinn bzw. den niedrigsten Verlust erzielt. Das ist dann der Fall, wenn die Bedingung $GK = GEl$ oder $GK = p$ erfüllt ist. Folglich stellen alle Schnittpunkte zwischen der *GK*-Kurve und den *GEl*-Kurven bei alternativen Preisen vom Minimum der *DVK* an die *Angebotskurve des Mengenanpassers* dar; oder anders ausgedrückt: die Grenzkostenkurve des Mengenanpassers oberhalb des Minimums der *DVK*-Kurve ist seine Angebotskurve (vgl. **Abb. 107,2**).

Die *Angebotskurve für den gesamten atomistischen Markt* resultiert aus der Addition der vielen individuellen Angebotskurven (vgl. **Abb. 108,1** und **Abb. 108,2**)

Beispiel:
Es werden drei Unternehmen I, II, III angenommen, die sich durch ihre Kostenstruktur unterscheiden.

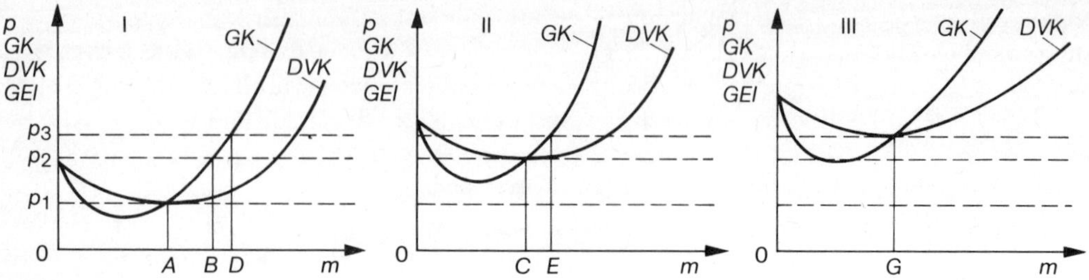

Abb. 108,1

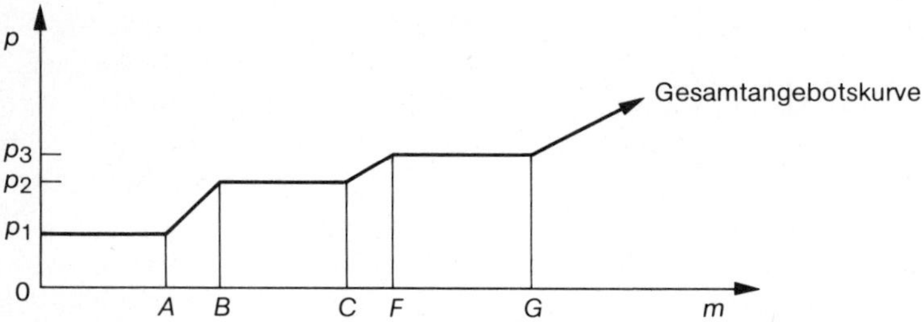

Abb. 108,2

Beim Preis p_1 bietet nur Anbieter I an, und zwar die Menge $\overline{OA}$. Bis zum Preis p_2 bleibt er allein auf dem Markt und erhöht sein Angebot um $\overline{AB}$. Beim Preis p_2 tritt II als neuer Anbieter auf und fügt die Menge $\overline{OC} = \overline{BC}$ zum Gesamtangebot hinzu. Bei Preiserhöhungen bis p_3 bieten Anbieter I und II die Mengen $\overline{BD} + \overline{CE} = \overline{CF}$ zusätzlich an. Beim Preis p_3 kommt Anbieter III mit der Angebotsmenge $\overline{OG} = \overline{FG}$ auf den Markt usw.

Das Beispiel zeigt, wie sich das Gesamtangebot auf dem vollkommenen, atomistischen Markt aus den individuellen Angebotskurven ergibt. Die Angebotskurve enthält keine Knicke mehr, wenn man die sehr große Zahl von Anbietern auf einem atomistischen Markt berücksichtigt.

Der Gewinnplan eines Mengenanpassers bei linearer Gesamtkostenkurve unterscheidet sich erheblich von dem bei S-förmigen Kostenkurven. Die Bedingung für die Gewinnmaximierung – Grenzkosten = Grenzerlös – hat hier keine Gültigkeit, denn *Gesamt*erlös- und *Gesamt*kostenfunktionen sind Funktionen ersten Grades, steigen also linear an, so daß die *Grenz*kosten- und die *Grenz*erlösfunktionen parallel zur Achse der Ausbringungsmenge (m) verlaufen. Eine *Gleichheit von Grenzkosten und Grenzerlös* – in diesem Fall decken sich die beiden Parallelen zur m-Achse – wäre rein *zufällig*.

Beispiel:
Es wird angenommen, daß die Produktion des Gutes X fixe Kosten in Höhe von 200 GE verursacht. Die durchschnittlichen variablen Kosten sind konstant und betragen 100 GE. Daraus resultiert die Funktionsgleichung für die Gesamtkostenkurve $k = 100\,m + 200$, für die DTK-Kurve die Gleichung $\frac{K}{m} = DTK = 100 + \frac{200}{m}$. Die DVK und die GK sind bei linearem Gesamtkostenverlauf identisch.
Die Kapazitätsgrenze des Unternehmens liegt bei einer Produktionsmenge von 9 Stück pro Tag. Ferner werden drei alternative Marktpreise angenommen: $p_1 = 150$ GE, $p_2 = 122{,}22$ GE, $p_3 = 100$ GE.

				Produktpreis 150		Produktpreis 122,22		Produktpreis 100	
1	2	3	4	5	6	7	8	9	10
m	K	DTK	DVK GK	El_1	G/V_1	El_2	G/V_2	El_3	G/V_3
0	200		–	–	−200	–	−200	–	−200
1	300	300	100	150	−150	122,22	−177,78	100	−200
2	400	200	100	300	−100	244,44	−155,56	200	−200
3	500	166,66	100	450	− 50	366,66	−133,34	300	−200
4	600	150	100	600	0	488,88	−111,12	400	−200
5	700	140	100	750	+ 50	611,10	− 88,90	500	−200
6	800	133,33	100	900	+100	733,32	− 66,68	600	−200
7	900	128,57	100	1050	+150	855,54	− 44,46	700	−200
8	1000	125	100	1200	+200	977,76	− 22,24	800	−200
9	1100	122,22	100	1350	+250	1099,98	0	900	−200

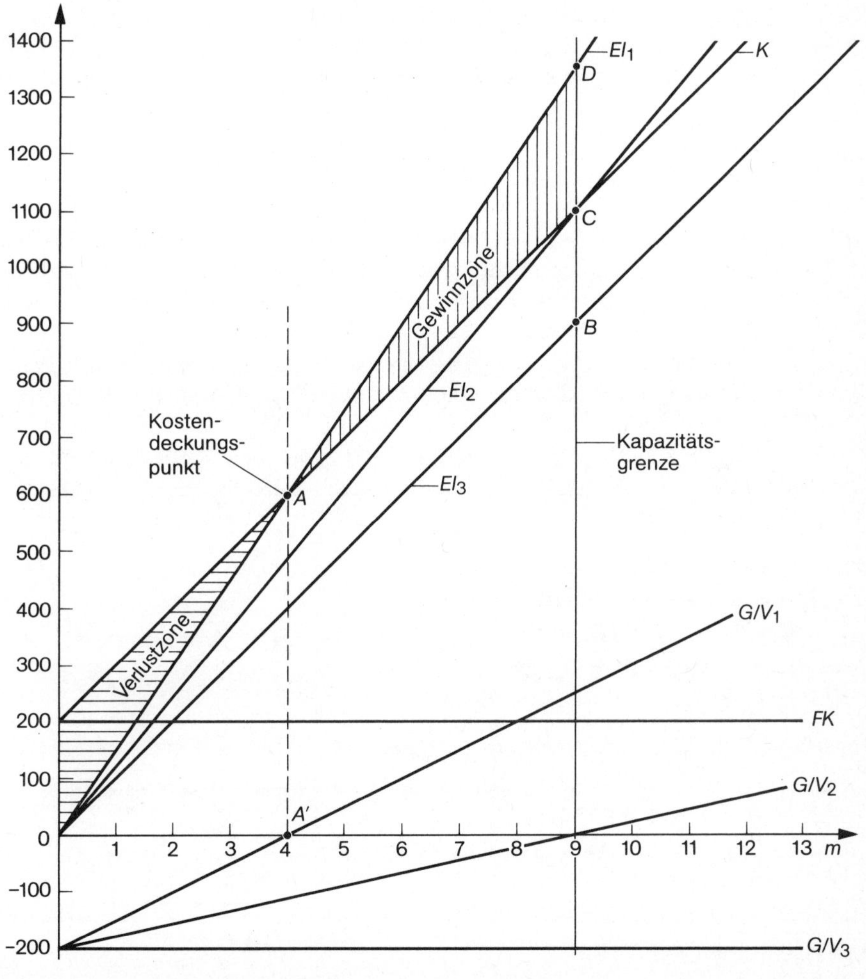

Abb. 109,1

Spalte 2 der Tabelle auf S. 109 zeigt die Entwicklung der Gesamtkosten. In der graphischen Darstellung (vgl. **Abb. 109,1**) ergibt sich eine lineare Kostenkurve, deren Steigung durch die konstanten Grenzkosten bestimmt wird.

Spalte 5 gibt die Entwicklung des Erlöses beim Preis p_1 an. Die Erlösgerade El_1 spiegelt diese Werte wider. Der Gewinn bzw. Verlust bei p_1 ist aus der Spalte 6 ersichtlich. Daraus resultiert die G/V_1-Kurve.

Beim Output von 4 Einheiten ist der Kostendeckungspunkt, A, erreicht. Die G/V_1-Kurve hat hier ihre Nullstelle. Bei einer geringeren Produktionsmenge entstehen Verluste, bei einer größeren Gewinne. Die Gewinne nehmen mit steigender Ausbringungsmenge zu und zwar um 50 GE pro Einheit, weil der Grenzerlös um 50 GE über den Grenzkosten liegt.

Das *Gewinnmaximum* erreicht der Anbieter mit 250 GE an der Kapazitätsgrenze des Unternehmens.

Wird von dem Preis $p_2 = 122{,}22$ ausgegangen, kann der Unternehmer an der Kapazitätsgrenze gerade die Gesamtkosten decken. Die Durchschnittskosten entsprechen bei diesem Output dem Marktpreis. Die G/V_2-Kurve hat hier ihre Nullstelle (vgl. **Abb. 109,1**). Fällt der Preis auf 100 GE, werden gerade noch die variablen Kosten gedeckt. Es entsteht ein konstanter Verlust in Höhe der fixen Kosten, gleichgültig wieviel produziert wird. Deshalb verläuft die G/V_3-Kurve im Abstand von 200 parallel zur m-Achse. Würde der Preis noch tiefer sinken, wäre es für den Produzenten vorteilhafter, die Produktion einzustellen.

Aus diesen Überlegungen sowie analog zum Vorgehen beim S-förmigen Kurvenverlauf lassen sich folgende Regeln für die *Gewinnplanung des Mengenanpassers bei linearer Kostenkurve* aufstellen:

- Das Gewinnmaximum (Verlustminimum) wird an der Kapazitätsgrenze erreicht.
- Die kurzfristige Preisuntergrenze ist durch die Höhe der konstanten DVK bestimmt.
- Die langfristige Preisuntergrenze ist durch die Höhe der Durchschnittskosten an der Kapazitätsgrenze gegeben.

Daraus resultiert für die *individuelle Angebotskurve*, daß sie bei einem Marktpreis, der den DVK entspricht, beginnt und in Höhe der Kapazitätsgrenze parallel zur Preisachse verläuft, d. h., die Produktmenge ist bei unterschiedlichen Preisen kurzfristig konstant.

Die Angebotskurve würde dann ihre Lage ändern, wenn die Kosten und die Kapazitätsgrenze sich ändern würden, beispielsweise dadurch, daß der Anbieter seine Produktionsanlagen erweitert.

Die Preisbildung auf dem vollkommenen, atomistischen Markt resultiert aus dem *Gesamt*angebot und der *Gesamt*nachfrage, die sich in der Angebots- und Nachfragekurve niederschlagen.[1]

Der Ordinatenwert des Schnittpunktes der beiden Kurven ergibt den *Gleichgewichtspreis* p_g und der Abszissenwert die bei diesem Preis produzierte und verkaufte Menge, die *Gleichgewichtsmenge* m_g (vgl. **Abb. 110,1**). p_g ist das

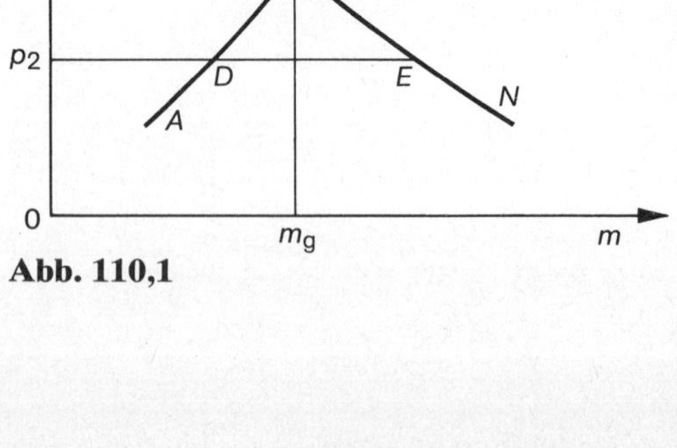

Abb. 110,1

1 In den folgenden Ausführungen wird von einer S-förmigen Kostenkurve ausgegangen.

Plandatum, das die vielen Anbieter bei ihren Planungen zugrunde legen müssen. Dadurch wird ihr Erlös mitbestimmt. Gleichzeitig ist p_g der Grenzerlös für jeden Anbieter auf diesem Markt. Die einzelnen Produzenten werden – bei S-förmigem Gesamtkostenkurvenverlauf – jeweils die Menge auf den Markt bringen, bei der ihre Grenzkosten dem Preis p_g entsprechen. Die Gesamtangebotsmenge m_g ist das Resultat dieser Strategie. Diese Menge ergibt sich aus der Summe aller individuellen Angebote beim Gleichgewichtspreis, da diese einzelnen Angebotsmengen für die Unternehmen jeweils maximale Gewinne oder minimale Verluste gewährleisten. Ferner werden beim Gleichgewichtspreis – und nur bei diesem Preis – alle Nachfrager befriedigt, die bereit sind, diesen Preis zu zahlen. Würde der Preis p_1 betragen, ergäbe sich ein *Angebotsüberschuß* in Höhe von $\overline{BC}$, die Anbieter würden einen Teil ihrer Produktion nicht absetzen können. Würde der Preis p_2 sein, ergäbe sich eine *Angebotslücke* in Höhe von $\overline{DE}$, d. h., die Nachfrage würde um diese Strecke größer als das Angebot. Nur beim Gleichgewichtspreis stimmen die Pläne der Anbieter und Nachfrager überein. Deshalb existiert bei diesem Preis ein Gleichgewichtszustand auf dem atomistischen Markt, der dadurch gekennzeichnet ist, daß kein Marktteilnehmer seine Lage *kurzfristig* durch eine Planrevision verbessern könnte. Die Anbieter erzielen *maximale Gewinne* oder *minimale Verluste*, die Nachfrager *maximieren* ihren *Nutzen*.

In dieser Betrachtung, bei der es nur um die *kurzfristige* Maximierung des Periodenerfolgs geht, haben die Anbieter nur über eine Variation der Produktmenge bei gegebener Größe ihrer Betriebsanlage und gegebenem Produktionsverfahren die Möglichkeit, ihren Gewinn oder Verlust zu beeinflussen. Langfristig können die Unternehmen jedoch neue Techniken einführen, ihre Produktionskapazität erweitern, den Betrieb verkaufen usw., um ihren Erfolg zu beeinflussen. Deshalb muß das kurzfristige von dem *langfristigen* Gleichgewicht unterschieden werden.

Das *kurzfristige Unternehmensgleichgewicht* ist dadurch charakterisiert, daß bei jedem Anbieter die Bedingung *Gleichgewichtspreis = Grenzkosten* erfüllt ist. Das kann für einen Teil der Anbieter bedeuten, daß sie mit Verlusten arbeiten, nämlich dann, wenn der Preis unter dem Minimum der Durchschnittskosten liegt. Auf die Dauer gesehen werden diese Unternehmen entweder ihre Produktion einstellen oder aber versuchen, ihre Kosten zu senken.

Wenn sie ihre Produktion einstellen, wird sich die Gesamtangebotskurve von AA nach z. B. $A'A'$ verlagern (vgl. **Abb. 111,1**). Das Gesamtangebot ist – bei jeweils gleichen Preisen der alten und neuen Angebotssituation – nunmehr geringer. Durch diese *Angebotsverschiebung* wird der *Marktpreis angehoben*. Der höhere Marktpreis p_2 führt bei den Unternehmen, die ohnehin schon mit Gewinn gearbeitet haben[1], zu einer noch günstigeren Gewinnsituation. Die hohen Gewinne werden neue Anbieter anlocken, dadurch erhöht sich wiederum das Gesamtangebot. Die Angebotskurve verlagert sich z. B. nach $A''A''$. Es ergibt sich ein neues kurzfristiges Marktgleichgewicht beim Preis p_3 (vgl. **Abb. 111,1**).

Alle diese Situationen können offensichtlich kein langfristiges Marktgleichgewicht darstellen, weil ein Teil der Anbieter durch Planrevisionen (Beeinflussung der Kostensituation,

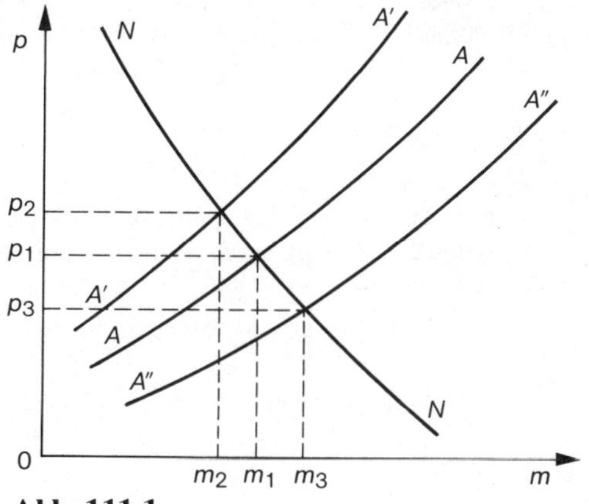

Abb. 111,1

1 Die unterschiedlich hohen Gewinne verschiedener Unternehmen resultieren aus unterschiedlichen Kostenstrukturen.

Kapazitätserweiterung) versucht, den Erfolg zu maximieren, neue Anbieter auf dem Markt erscheinen und andere vom Markt verschwinden. Der Marktzutritt von neuen Unternehmen bewirkt einen Preisfall und bringt so bestehende Gewinne zum Verschwinden; die Abwanderung, das Ausscheiden von Unternehmen führt dazu, daß die Angebotsmenge verringert wird und dadurch der Marktpreis steigt und die Verluste verschwinden.

Ein *langfristiges Gleichgewicht* für alle Anbieter wird erst dann existieren, wenn weder Gewinne neue Unternehmen anlocken, noch Verluste Unternehmen zum Ausscheiden zwingen. Dies ist dann der Fall, wenn der Marktpreis so hoch ist, daß jedes Unternehmen seine minimalen Durchschnittskosten decken kann. Ein langfristiges Gleichgewicht besteht also – bei S-förmigem Gesamtkostenkurvenverlauf – nur dann, wenn für alle Anbieter dieses Industriezweiges die Bedingung *Preis = Grenzkosten = Durchschnittskosten* erfüllt ist.

Während im kurzfristigen Gleichgewicht für jeden Anbieter nur die Bedingung „Grenzkosten gleich Preis" gilt, muß im langfristigen Gleichgewicht zu dieser Bedingung noch der Preis dem Minimum der Durchschnittskosten gleich sein. Der Preis tendiert also bei vollkommener Konkurrenz zu einer Höhe, die dem Minimum der Durchschnittskosten entspricht.

Die Auswirkungen der Preisbildung auf dem vollkommenen, atomistischen Markt für die Effizienz des marktwirtschaftlichen Systems wird unterschiedlich gesehen und beurteilt.

- Einerseits wird behauptet, daß eine Wirtschaft, die auf dem System der vollkommenen Konkurrenz beruht, zu einer *optimalen Allokation der Ressourcen* führt, d. h., „daß eine Wirtschaft mit Konkurrenzpreisen die Tendenz hat, die fest vorgegebenen Angebote an Ressourcen, die der Gesellschaft zur Verfügung stehen, derart aufzuteilen, daß der Nutzen der Konsumenten maximiert wird"[1].

  Dies wird dadurch erreicht, daß
  - der Wettbewerb die Unternehmen zwingt, die billigsten und *ergiebigsten Produktionstechniken* einzusetzen, so daß die Konsumenten zu den niedrigsten Preisen die gewünschten Güter erwerben können. Dies ist der Fall, wenn das Minimum der *DTK* dem Marktpreis entspricht (vgl. obige Ausführungen zum langfristigen Marktgleichgewicht). Dabei werden neben den niedrigstmöglichen Produktpreisen auch höchstmögliche Produktionsmengen hergestellt. Da die Produkte auf dem vollkommenen, atomistischen Markt homogen sind, werden keine Werbungs- und sonstigen Verkaufsförderungskosten notwendig. Daher muß der Konsument nur die Kosten bezahlen, die bei der Produktion tatsächlich entstanden sind;
  - die Produzenten gezwungen werden, das zu produzieren, was die Konsumenten wünschen, denn die *Produktionsfaktoren* werden in diesem System *gemäß den Konsumentenwünschen* verteilt. Der Produktpreis mißt den Nutzenzuwachs, den die Konsumenten insgesamt oder auch die Gesellschaft aus der Produktion einer zusätzlichen Einheit eines Gutes *Y* erfahren. Die Grenzkosten eines Gutes messen die Kosten, die für die Gesellschaft dadurch entstehen, daß die Produktionsfaktoren für die Produktion einer weiteren Einheit von *Y* verwendet werden und nicht für die Produktion anderer begehrter Güter.

  Da jeder Anbieter auf dem vollkommenen, atomistischen Markt die Menge produziert, bei der die Grenzkosten gleich dem Preis sind, entspricht der zusätzliche Nutzen jeder weiteren Gütereinheit des Gutes *Y* dem Verzicht auf die Verwendung der Ressourcen für die Produktion eines anderen Gutes. Würde eine größere Menge erzeugt als die, die durch die Gleichheit von $GK = p$ gekennzeichnet ist, erzielten die Unternehmen geringere als ma-

---

1 Campbell R. McConnell: Volkswirtschaftslehre, Band 2, Köln (Bund) 1975, S. 632.

ximale Gewinne, und für die Gesellschaft wäre ein Verzicht auf alternative Güter notwendig, die für sie einen höheren Nutzen hätten als die zusätzliche Einheit von Y.
Die Produktion einer geringeren Menge als die, die durch die Gleichheit von $GK = p$ charakterisiert wird, würde umgekehrt einen Verzicht auf Einheiten von Y bedeuten, die die Gesellschaft höher bewertet als die Güter, für die Produktionsfaktoren eingesetzt worden sind. Den Unternehmen würden wiederum geringere als maximale Gewinne entstehen.
Somit führt die Bedingung $GK = p$, die sowohl im langfristigen als auch im kurzfristigen Gleichgewicht erfüllt sein muß, dazu, daß die Allokation der Ressourcen optimal *bedarfsgerecht* und *effizient* erfolgt.
Schließlich führt eine Wirtschaft, bei der sich die Preisbildung auf vollkommenen, atomistischen Märkten vollzieht, auch dazu, daß der Ressourceneinsatz den sich ändernden Wünschen und Präferenzen der Konsumenten angepaßt wird. Steigt die Nachfrage nach einem Gut, steigen die Preise und damit die Gewinne. Dies wird andere Unternehmen dazu anreizen, ihre Ressourcen aus anderen, weniger dringlichen Verwendungsarten abzuziehen. Dadurch steigt die Angebotsmenge, der Marktpreis fällt. Auf diese Art und Weise werden die Ressourcen stets optimal im Interesse der Gesamtheit genutzt, obwohl jeder einzelne Produzent nur seinen Vorteil, seinen Gewinn, im Auge hat. Es besteht also eine *Harmonie zwischen Eigennutz und Gemeinnutz*, wie sie von den klassischen Nationalökonomen behauptet wurde (vgl. Teil 1, Text 20).

● Gegen diese Argumentation wird folgende *Kritik* erhoben:

– Ein System, in dem sich die Preise auf vollkommenen, atomistischen Märkten bilden, spiegelt nicht die Bedürfnisse der Konsumenten wider, weil nur solche Bedürfnisse zum Zuge kommen, die als kaufkräftige Nachfrage auf dem Markt in Erscheinung treten. Daher werden *kollektive Bedürfnisse* – wie im Bereich der Bildung oder des Gesundheitswesen –, die die Konsumenten durchaus auch wünschen, aber nicht nachfragen können, nicht beachtet. Ferner sind die *Einkommen ungleich verteilt.* „Diese ungleiche Verteilung der ‚monetären Wahlzettel' wird zur Produktion von Nichtigkeiten für die Reichen und die Nichtbefriedigung der grundlegendsten Bedürfnisse der sehr Armen führen. Das Preissystem sorgt für die Allokation der Ressourcen gemäß einer gegebenen ungleichen Einkommensverteilung."[1]

– Ferner werden die *sozialen Kosten der Produktion*, die in Form von Umweltbelastungen aller Art, Verlust an nicht reproduzierbaren natürlichen Ressourcen und beeinträchtigter Lebensqualität entstehen, nicht durch dieses Preissystem berücksichtigt. In dem Maße, in dem solche sozialen Kosten entstehen, ist die Verwendung der Ressourcen, die der Maxime $p = GK$ folgt, nicht mehr optimal und effizient.

– Außerdem wird die Behauptung kritisiert, daß der vollkommene, atomistische Markt zum Einsatz der kostengünstigsten Produktionstechniken führt. Beispielsweise benötigen bestimmte Industriezweige (Automobilindustrie, Walzwerke usw.) Produktionstechniken, die eine Produktion durch (wenige) Großunternehmen erfordern, wenn die Durchschnittskosten niedrig sein sollen. Die *Kostenvorteile der Massenproduktion* würden bei einem atomistischen Markt mit vielen kleinen Unternehmen verlorengehen.
Ferner, so wird kritisiert, führt vollkommene Konkurrenz nicht ohne weiteres dazu, *technologische Innovationen* zu entwickeln oder zu übernehmen. Zum einen reicht die Kapitalbasis kleiner Unternehmen nicht aus, um aufwendige Forschungsprojekte zu finanzieren, zum

1 Campbell R. McConnell: a. a. O., S. 635.

anderen werden Gewinne einzelner Unternehmen, die aufgrund technologischer Innovationen entstehen, von den anderen Unternehmen durch Übernahme dieser technischen Neuerungen rasch rückgängig gemacht, so daß kein Anreiz zur Einführung fortschrittlicher Technik besteht. Dieser Prozeß der Gewinnminderung vollzieht sich über eine Erhöhung des Gesamtangebots und das damit verbundene Sinken des Marktpreises.

- Schließlich, so wird gegen das Modell argumentiert, habe der atomistische Markt eine *Standardisierung der Produkte* zur Folge, sodaß die Konsumentenwünsche in ihrer Vielfalt nicht befriedigt würden.

Zusammenfassung

Für den *Mengenanpasser* ist der Preis eine konstante Größe. Seine individuelle *Preis-Absatzfunktion* ist völlig elastisch, sie verläuft daher parallel zur Mengenachse im Abstand des Preises und ist mit der *Durchschnittserlöskurve* und der *Grenzerlöskurve* identisch. Der *Grenzerlös* gibt die Veränderung des Erlöses bei einer zusätzlich abgesetzten Mengeneinheit an. Er ist für den Mengenanpasser konstant und entspricht dem Preis. Der *Gesamterlös* steigt proportional zum Absatz, weil der Preis konstant ist. Graphisch abgebildet wird der Gesamterlös daher durch einen Strahl vom Nullpunkt aus, dessen Steigung durch den Preis bestimmt wird.

Läßt sich die *Kostenstruktur* eines Unternehmens auf dem atomistischen Markt durch eine S-förmige Kostenkurve ausdrücken, erzielt der Mengenapasser seine *gewinnmaximale* bzw. *verlustminimale Menge*, wenn der Preis (*GEl*) gleich den Grenzkosten ist. In der graphischen Darstellung ist bei diesem Output der Abstand zwischen Kosten- und Erlöskurve im Gewinnmaximum am größten bzw. im Verlustminimum am geringsten, hat die *G/V*-Kurve ihr Maximum und schneidet die Grenzerlöskurve und Grenzkostenkurve.

Die *kurzfristige Preisuntergrenze* ist durch die Gleichheit von *GK* =*p* (*GEl*) und *DVK* gegeben. Das ist bei einem Output der Fall, bei dem die *DVK* ihr Minimum haben. In Höhe der fixen Kosten entstehen Verluste.

Die *langfristige Preisuntergrenze* ist durch die Gleichheit von *GK*, *p*(*GEl*) und *DTK* bestimmt. Dies ist beim Minimum der *DTK* gegeben. Es entstehen weder Verluste noch Gewinne.

Die *individuelle Angebotskurve* des Mengenanpassers beginnt daher bei einem Preis, der die *DVK* in ihrem Minimum deckt und dem dazugehörenden Output. Sie ist von diesem Punkt an mit der *GK*-Kurve identisch. Die *Gesamtangebotskurve* für ein Gut resultiert aus der Aggregation* der individuellen Angebotskurven der verschiedenen Unternehmen, die dieses Gut produzieren.

Ein Unternehmen, dessen Kostenstruktur in einer *linearen Kostenkurve* zum Ausdruck kommt, maximiert als Mengenanpasser seinen Gewinn (minimiert seinen Verlust), wenn es seinen Output bis zur Kapazitätsgrenze ausdehnt. Die Regel *GK* =*GEl* kann hierbei nicht angewandt werden. Die individuelle Angebotskurve verläuft parallel zur Preisachse im Abstand der Kapazitätsgrenze und beginnt bei einem Preis, der den *DVK* entspricht.

Das *kurzfristige Gleichgewicht* auf einem vollkommenen, atomistischen Markt ist dadurch gekennzeichnet, daß die Anbieter beim Gleichgewichtspreis eine Menge produzieren, bei der jeder Anbieter die Bedingung für die Gewinnmaximierung (Verlustminimierung) *p*(*GEl*) =*GK* erfüllt und die Nachfrager diese Menge zum Gleichgewichtspreis kaufen.

Das *langfristige Gleichgewicht* ist dadurch charakterisiert, daß der Gleichgewichtspreis eine Höhe hat, bei der nicht nur die Bedingung *p* =*GK*, sondern auch noch die Bedingung *p* =*GK* =*DTK* erfüllt ist. Dies ist im Minimum der Durchschnittskostenkurve der Fall. Es treten dann in diesem Industriezweig keine Gewinne und Verluste auf.

Die *Beurteilung der Preisbildung* auf der Grundlage eines Systems der vollkommenen Konkurrenz ist unterschiedlich. Einerseits wird argumentiert, daß dieses System über das Gewinnstreben der Unternehmen zu einer *optimalen Allokation der Ressourcen* im Interesse aller Konsumenten führe, weil dadurch die kostengünstigste Versorgung der Konsumenten, die bedarfsgerechte Produktion und eine rasche Anpassung an sich ändernde Präferenzen der Konsumenten erfolgen sowie der technische Fortschritt gefördert wird. Dem wird entgegengehalten, die *ungleiche Einkommensverteilung* und die *mangelnde Berücksichtigung der öffentlichen Bedürfnisse* führten dazu, daß ein System der vollkommenen Konkurrenz die Bedürfnisse der Konsumenten unzureichend berücksichtige, die sozialen Kosten der Produktion nicht erfasse, die Verwendung der besten Produktionstechniken verhindere und dadurch den technischen Fortschritt hemme. Außerdem würden die Wahlmöglichkeiten zwischen ähnlichen Gütern eingeschränkt. Durch diese Mängel werde die optimale Allokation der Ressourcen verhindert.

ÜBUNGEN

5/1 Der Marktpreis für ein Gut soll 120,– DM betragen. Erläutern Sie den Erlösplan eines Mengenanpassers, und stellen Sie ihn graphisch dar.

5/2 Die Kostenkurve eines Mengenanpassers verlaufe S-förmig. Welche Bedingungen müssen hinsichtlich der Preishöhe erfüllt sein, damit der Anbieter überhaupt einen Gewinn erzielen kann? Welche Bedingungen gelten für das Gewinnmaximum? (Lösen Sie diese Fragen auch graphisch.) Was versteht man unter der Gewinnzone?

5/3 Erläutern Sie den Unterschied zwischen der kurz- und der langfristigen Preisuntergrenze.

5/4 Einem Unternehmen entstehen bei zeitweiser Stillegung der Produktion Kosten durch die Wartung und Aufbewahrung der Maschinen. Welchen Einfluß haben diese Kosten auf die kurzfristige Preisuntergrenze?

5/5 Eine Funktionsgleichung für die Gesamtkosten lautet:
$K = \frac{1}{100} m^3 - m^2 + 50\,m + 720$. Der Marktpreis beträgt 50,– DM.
Ermitteln Sie rechnerisch und graphisch den gewinnmaximalen Output, die Kostendeckungspunkte und den maximalen Gewinn sowie die kurzfristige Preisuntergrenze.

5/6 Die Kostenfunktion läßt sich durch die Gleichung $K = 30\,m + 800$ ausdrücken. Der Marktpreis beträgt 50,– DM, die Kapazitätsgrenze liegt bei einem Output von 100 Stück. Berechnen Sie den maximalen Gewinn und die langfristige Preisuntergrenze.

5/7 Erläutern Sie die Unterschiede zwischen den individuellen Angebotskurven eines Mengenanpassers bei S-förmigem und bei linearem Verlauf der Gesamtkosten.

5/8 Erklären Sie Gemeinsamkeiten und Unterschiede des kurz- und des langfristigen Marktgleichgewichts.

5/9 Wie wird die optimale Allokation der Ressourcen bei vollkommener Konkurrenz begründet, welche Gegenargumente werden angeführt?

5/10 Wir wirken sich allgemeine Kostensteigerungen durch Lohnerhöhungen auf die individuelle Angebotskurve eines Mengenanpassers aus?

5.2 Gewinnmaximale Menge und Preis beim Monopol, die Monopolpreisbildung

- Den Erlösplan des Monopolisten aufstellen und die Unterschiede zum Erlösplan des Mengenanpassers herausstellen können.
- Die graphischen Darstellungen für die Kosten- und Erlöspläne in einem Koordinatensystem zusammenfassen können.
- Mit Hilfe der Grenzerlöskurve und der Grenzkostenkurve das Gewinnmaximum und den Cournotschen Punkt festlegen können.
- Die Unterschiede zwischen dem Monopolpreis und dem Gleichgewichtspreis auf dem vollkommenen, atomistischen Markt herausarbeiten können.
- Die Auswirkungen der Monopolpreisbildung auf die Versorgung der Konsumenten erläutern können.

Das dem Modell des vollkommenen, atomistischen Marktes polar entgegengesetzte Marktmodell ist das *Monopol.* Es ist dadurch charakterisiert, daß ein Gut, für das es keine engen Substitute gibt, von einem Hersteller produziert wird. Die Höhe des Gesamtangebots auf einem solchen Markt wird also von *einem Anbieter* bestimmt, individuelles Angebot und Gesamtangebot sind identisch.

Analog dem Vorgehen bei der Darstellung der Preisbildung auf dem vollkommenen, atomistischen Markt wird das *Gewinnmaximum* des Monopolisten aus seinen Kosten- und Erlösplanungen tabellarisch, graphisch und rechnerisch ermittelt. Dabei wird davon ausgegangen, daß sich der Monopolist als *Preisfixierer* verhält.

Dem Erlösplan des Monopolisten liegt als Plandatum eine *konjekturale Preis-Absatzfunktion* (vgl. **Abb. 118,1**) zugrunde, die identisch ist mit der Gesamtnachfragefunktion der Haushalte nach einem Gut. Der *Preis* ist für den Monopolisten, anders als beim Mengenanpasser, keine konstante Größe, sondern variiert mit der Absatzmenge. Je mehr er absetzen will, um so niedriger muß er den Preis ansetzen. Die Preis-Absatzkurve (*PA*) fällt daher normalerweise von links oben nach rechts unten. Der *Erlös* ändert sich nicht proportional zur Absatzmenge, sondern steigt von Null an so lange, wie die Verminderung des Preises durch die Zunahme der abgesetzten Menge überkompensiert wird. Dies ist in dem Bereich der konjekturalen Preis-Absatzkurve der Fall, wo die Preiselastizität der Nachfrage größer als Eins ist (vgl. Abschnitt 2.7). Bei einer Elastizität von Eins – relative Preis- und Mengenänderung sind gleich groß – erreicht der *Erlös* sein *Maximum.* Wird die Absatzmenge über diesen Punkt hinaus ausgedehnt, sinkt der Erlös schließlich wieder bis Null. In diesem Bereich der Preis-Absatzkurve ist die Elastizität kleiner als Eins, d. h., bei einer Preissenkung wird die relative Erhöhung der Absatzmenge durch die relative Preissenkung überkompensiert.

Der *Grenzerlös* ist – anders als im Fall des Mengenanpassers – nicht konstant, sondern fällt monoton mit steigender Absatzmenge. Der Grenzerlös sinkt schneller als der Preis bei einer Ausdehnung der Produktion, weil die Erhöhung des Absatzes um eine Mengeneinheit den Erlös um den Preis dieser Mengeneinheit erhöht, ihn aber zugleich um das Produkt aus der bisherigen Absatzmenge und der Preissenkung vermindert. Die Preisminderung wirkt sich nicht nur auf den Erlös der zusätzlich abgesetzten Menge aus, sondern auch auf den Erlös der übrigen abgesetzten Menge. Bis zum *Erlösmaximum* ist der Grenzerlös gleich Null, bei einem größeren Output wird er negativ (vgl. **Abb. 118,1**). Der *Durchschnittserlös* fällt mit dem Preis zusammen, so daß die konjekturale Preis-Absatzkurve mit der Durchschnittserlöskurve identisch ist.

Beispiel:
Zur Veranschaulichung dieser Überlegungen wird angenommen, daß sich die Wirtschaftspläne der Nachfrager in bezug auf das betrachtete Gut X durch die konjekturale Preis-Absatzfunktion $m = 20 - \frac{1}{10}p$ *erfassen lassen.*

Erlösplan				Kostenplan			Gewinnplan
1 *m*	2 *p/DEl*	3 *El*	4 *GEl*	5 *K*	6 *DTK*	7 *GK*	8 *G/V*
0	200	0	200	200	–	–	– 200
1	190	190	180	331	331,00	113	– 141
2	180	360	160	428	214,00	82	– 68
3	170	510	140	497	165,67	57	+ 13
4	160	640	120	544	136,00	38	+ 96
5	150	750	100	575	115,00	25	+ 175
6	140	840	80	596	99,33	18	+ 244
7	130	910	60	613	87,57	17	+ 297
8	120	960	40	632	79,00	22	+ 328
9	110	990	20	659	73,22	33	+ 331
10	100	1 000	0	700	70,00	50	+ 300
11	90	990	– 20	761	69,18	73	+ 229
12	80	960	– 40	848	70,67	102	+ 112
13	70	910	– 60	967	74,38	137	– 57
14	60	840	– 80	1 124	80,29	178	– 284
15	50	750	–100	1 325	88,33	225	– 575
16	40	640	–120	1 576	98,50	278	– 936
17	30	510	–140	1 883	110,76	337	–1 373
18	20	360	–160	2 252	125,11	402	–1 892
19	10	190	–180	2 689	141,53	473	–2 499
20	0	0	–200	3 200	160,00	550	–3 200

In der obigen *Tabelle* zeigen die Spalten 1 und 2, wie sich die Absatzmenge bei sinkenden Preisen erhöht. Die *Sättigungsmenge* ist bei einem Output von 20 Einheiten erreicht. Wenn der Preis 200 GE beträgt, ist die Nachfrage nach dem Gut gleich Null. In der graphischen Darstellung ergibt sich die Preis-Absatzkurve, wenn diese beiden Punkte (0/20 und 200/0) miteinander verbunden werden.

Die Entwicklung des *Erlöses* als Produkt aus Menge und Preis zeigt die Spalte 3. Der Erlös ist gleich Null, wenn die Absatzmenge oder der Preis gleich Null sind. Die Erlöskurve hat hier also ihre Nullstellen. Der Erlös steigt bei fallendem Preis bis zum Preis von 100 und der Absatzmenge von 10 an, weil die Erlösminderung aufgrund der Preissenkung durch den Erlöszuwachs aufgrund der Erhöhung der Absatzmenge überkompensiert wird. Dies wird in der graphischen Darstellung deutlich (vgl. **Abb. 118,1**).

Beim Preis von 140 stellt das Rechteck *OABC* den Erlös dar (Produkt aus Absatzmenge $\overline{OA}$ und Preis $\overline{OC}$). Sinkt der Preis auf 130, steigt der Absatz auf 7 Einheiten. Der Erlös wird nunmehr durch das Rechteck *OA'B'C'* ausgedrückt.

Der *Erlöszuwachs* aufgrund der Preissenkung, verbunden mit der Erhöhung der Absatzmenge, wird durch das waagerecht schraffierte Rechteck *AA'B'D* abgebildet, die *Erlösminderung* aufgrund der Preissenkung durch das senkrecht schraffierte Rechteck $C'DBC$. Da dieses Rechteck offensichtlich einen geringeren Flächeninhalt hat als das Rechteck $AA'B'D$, nimmt der Erlös zu. Der Erlös steigt, so lange die Elastizität größer als Eins ist. Das *Erlösmaximum* wird mit 1000 GE beim Absatz von 10 Einheiten erzielt. Werden mehr als 10 Einheiten abgesetzt, sinkt der Erlös wieder, bis er bei 20 Einheiten Null wird. Für den Monopolisten wird nun lediglich der Teil der Preis-Absatzkurve interessant sein, in dem er durch seine Preispolitik den Erlös steigern kann. Das ist in dem Bereich der Fall, in dem die Elastizität größer als Eins ist.

Der *Grenzerlös* fällt bei einer Steigerung der Absatzmenge bis zu 10 Einheiten, bleibt jedoch noch positiv. Bei 10 Einheiten ist er gleich Null, bei einer größeren Absatzmenge wird er negativ.

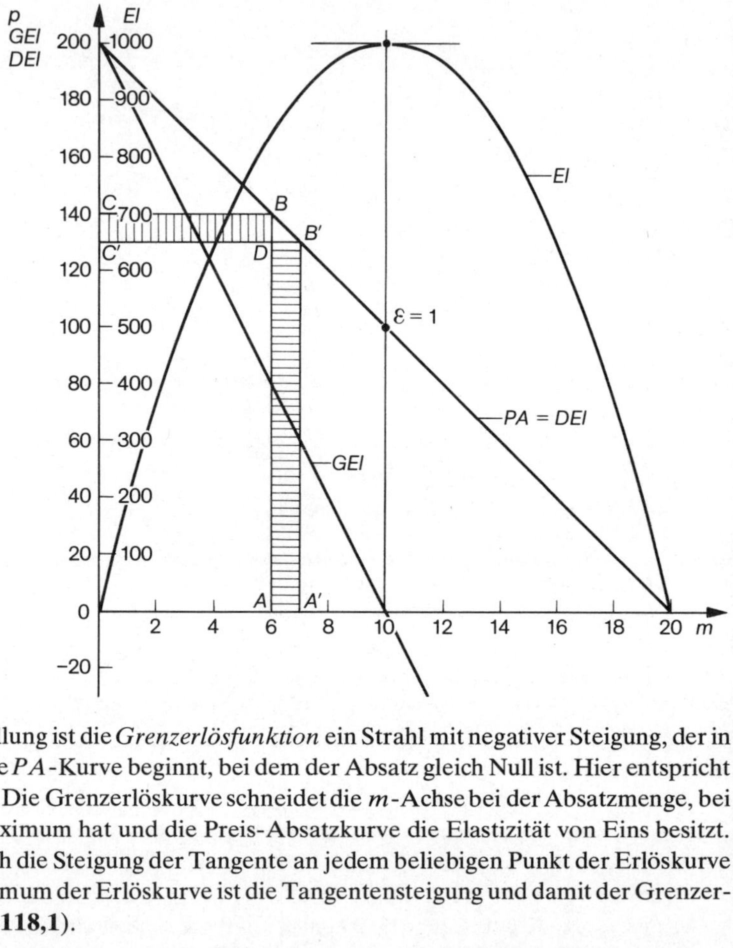

Abb. 118,1

In der graphischen Darstellung ist die *Grenzerlösfunktion* ein Strahl mit negativer Steigung, der in dem gleichen Punkt wie die PA-Kurve beginnt, bei dem der Absatz gleich Null ist. Hier entspricht der Grenzerlös dem Preis. Die Grenzerlöskurve schneidet die m-Achse bei der Absatzmenge, bei der die Erlöskurve ihr Maximum hat und die Preis-Absatzkurve die Elastizität von Eins besitzt. Der Grenzerlös kann durch die Steigung der Tangente an jedem beliebigen Punkt der Erlöskurve ermittelt werden. Im Maximum der Erlöskurve ist die Tangentensteigung und damit der Grenzerlös gleich Null (vgl. **Abb. 118,1**).

Die *erlösmaximale Menge* und der *maximale Erlös* können auch auf folgende Weise errechnet werden:

Die Gleichung für die Preis-Absatzfunktion lautet: $m = 20 - \frac{1}{10}p$, nach p aufgelöst $p = 200 - 10\,m$.

Wird diese Gleichung in die Gleichung für den Erlös $El = p \cdot m$ eingesetzt, ergibt sich für den Erlös die Gleichung: $El = 200\,m - 10\,m^2$.

Die Funktionsgleichung für den Grenzerlös resultiert aus der 1. Ableitung der Erlösfunktion: $GEl = 200 - 20m$.

Wird die 1. Ableitung gleich Null gesetzt, erhält man die erlösmaximale Menge:
$0 = 200 - 20m$, $\underline{\underline{m = 10}}$.

Wird die erlösmaximale Menge in die Gleichung für den Erlös eingesetzt, ergibt sich der maximale Erlös von 1000 GE.

Für den Monopolisten wird im folgenden die gleiche S-förmige Kostenstruktur angenommen wie für den Mengenanpasser, um die Ergebnisse der Preisbildung auf dem atomistischen Markt und dem Monopol besser vergleichen zu können. In der Tabelle auf S. 117 wurden demzufolge die Werte für die (Gesamt)kosten, Durchschnitts- und Grenzkosten aus der Tabelle auf S. 103 übernommen.

Die Entwicklung des *Gewinns* als Differenz zwischen Kosten und Erlös zeigt die Spalte 8 der Tabelle auf S. 117. Wie beim Mengenanpasser existieren zwei *Verlustzonen,* durch die die *Gewinnzone* begrenzt wird. Der untere *Kostendeckungspunkt* liegt bei einem Output zwischen 2 und 3 Einheiten, der obere bei einem Output zwischen 12 und 13 Einheiten. Der Gewinn erreicht sein Maximum bei einer Ausstoßmenge zwischen 8 und 9 Einheiten – bei etwa 8,6 – in Höhe von rund 333 GE. Bei dieser Absatzmenge sind die *Grenzkosten gleich dem Grenzerlös.* Für die gewinnmaximale Menge des Monopolisten gilt also die gleiche Regel wie für den Mengenanpasser. Bis zum Output von ca. 8,6 Einheiten ist der Grenzerlös größer als die Grenzkosten, so daß bei jeder zusätzlich abgesetzten Einheit der Gewinn steigt. Wird der gewinnmaximale Output von ca. 8,6 überschritten, sind die Grenzkosten höher als der Grenzerlös, der Gewinn sinkt.

Graphisch läßt sich der *gewinnmaximale Output* analog dem Vorgehen beim Mengenanpasser mit Hilfe der Erlöskurve und der Kostenkurve sowie unter Verwendung der Grenzkostenkurve und

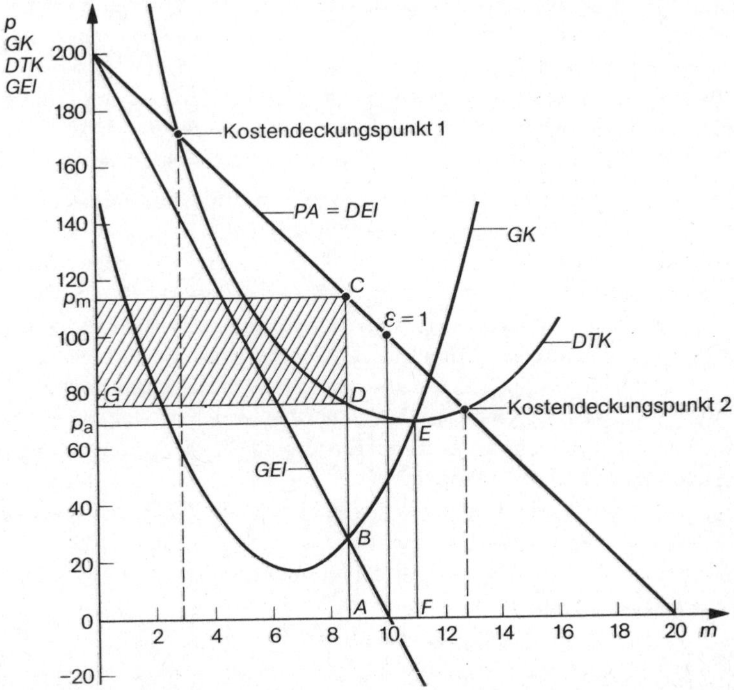

Abb. 119,1

der Grenzerlöskurve bestimmen. Hier wird nur die Methode der *Grenzbetrachtung* angewandt, die andere bleibt der Übung 5/12 vorbehalten.

In der Graphik (vgl. **Abb. 119,1**) sind zur Ermittlung der Preis-Absatz-, Grenzerlös-, Grenzkosten- und Durchschnittskostenkurven entsprechende Werte aus der Tabelle auf S. 117 übertragen worden. Im Punkt B schneiden sich die GK-Kurve und die GEl-Kurve. Der Abszissenwert dieses Punktes gibt den gewinnmaximalen Output ($\overline{OA}$) an. Verlängert man die Strecke $\overline{AB}$ bis zur PA-Kurve, so ergibt sich der Punkt C auf der konjekturalen Preis-Absatzkurve, der nach dem französischen Wirtschaftswissenschaftler Augustin Cournot als der *Cournotsche Punkt* bezeichnet wird. Der Abszissenwert des Cournotschen Punktes gibt die *gewinnmaximale Menge* an, der Ordinatenwert den *gewinnmaximalen Preis,* den der Monopolist als Preisfixierer setzen muß, um seinen Gewinn zu maximieren. Die Strecke $\overline{CD}$ gibt den *Stückgewinn* als Differenz zwischen den Durchschnittskosten $\overline{AD}$ und dem Durchschnittserlös $\overline{AC}$ an.

Wird der Stückgewinn $\overline{CD}$ mit dem gewinnmaximalen Output $\overline{OA}$ multipliziert, ergibt sich der *Gesamtgewinn,* der durch das schraffierte Rechteck $GDCp_m$ dargestellt wird.

In **Abb. 119,1** wird deutlich, daß die Absatzmenge beim Cournotschen Punkt vor der des Punktes der Preis-Absatzkurve liegt, bei dem die Elastizität gleich Eins ist. Da die Grenzkosten immer positiv sind – eine zusätzliche Produkteinheit verursacht zusätzliche Kosten – kann eine Gleichheit von GK und GEl nur in dem positiven Bereich der GEl-Kurve entstehen.

Ferner resultiert aus dieser Lage des Cournotschen Punktes, daß die gewinnmaximale Menge immer vor der erlösmaximalen Menge liegen muß. Im Gegensatz zum Modell des vollkommenen, atomistischen Marktes liegt hier der gewinnmaximale Preis über den Grenzkosten bei der gewinnmaximalen Menge, weil die Grenzerlöskurve unterhalb der Preis-Absatzkurve verläuft. Im Modell des vollkommenen, atomistischen Marktes sind jedoch GEl und p identisch.

Im Gegensatz zum Mengenanpasser gibt es für den Monopolisten *keine Angebotskurve,* weil er bei gegebener Preis-Absatzfunktion die gewinnmaximale Menge zum von ihm festgesetzten gewinnmaximalen Preis anbietet.

Eine andere Absatzmenge zu einem anderen Preis würde er nur dann anbieten, wenn sich seine Kosten- und/oder Nachfragestrukturen ändern. Dann käme es zu einer Verschiebung der Preis-Absatzkurve bzw. der Kostenkurven, so daß sich ein anderer Cournotscher Punkt ergäbe.

Deutlich wird aber auch, daß der Monopolist nicht jeden Preis fordern kann. Er ist zwar bei seiner *Preisgestaltung* nicht von Konkurrenten abhängig, wohl aber von den Nachfragern, die im Beispiel nicht bereit wären, Preise von 200 GE und darüber zu zahlen. Will der Monopolist diese *Abhängigkeit von der Nachfrageseite* mildern, darf er die konjekturale Preis-Absatzfunktion nicht als Plandatum auffassen, sondern muß sie zu seinem Aktionsparameter machen. Gelingt es ihm, die Nachfrage durch den Einsatz von Reklame, Produktgestaltung und anderen Methoden so zu manipulieren, daß sich die konjekturale Preis-Absatzkurve nach rechts verdreht und die Preiselastizität der Nachfrage bei den verschiedenen Nachfragemengen immer unelastischer wird, so daß die Nachfragekurve im Extremfall parallel zur Preisachse verläuft, kann er seine Gewinne steigern, seine Monopolmacht ausdehnen. Nun darf nicht angenommen werden, daß Monopolisten immer nur Gewinne erzielen. Die Deutsche Bundespost hat trotz ihrer Monopolstellung beispielsweise jahrelang mit Verlust gearbeitet. Mit Verlust arbeitet ein Monopolist dann, wenn seine Kosten- und/oder Nachfragestrukturen so ungünstig sind, daß die DTK-Kurve bei jedem Output oberhalb der konjekturalen Preis-Absatzfunktion verläuft.

Rechnerisch können *gewinnmaximale Menge, maximaler Preis* und *Gewinn* aus dem vorgegebenen Gleichungssystem folgendermaßen ermittelt werden:

Die Bedingung für den *gewinnmaximalen Output* lautet $GEl = GK$, also müssen die beiden Gleichungen für die Grenzkosten und den Grenzerlös gleichgesetzt werden:

$$GEL = 200 - 20\,m$$
$$GK = 3\,m^2 - 40\,m + 150$$
$$200 - 20\,m = 3\,m^2 - 40\,m + 150$$
$$0 = 3\,m^2 - 20\,m - 50$$
$$0 = m^2 - \frac{20}{3}m - \frac{50}{3}$$
$$m^2 - \frac{20}{3}m = \frac{50}{3}$$
$$\left(m - \frac{10}{3}\right)^2 = \frac{250}{9}$$
$$m_1 - \frac{10}{3} = \sqrt{\frac{250}{9}}; \quad m_1 \approx 8{,}6 \text{ (gewinnmaximale Menge)}^1$$

Durch Einsetzen des Wertes für die gewinnmaximale Menge in die Gleichung $p = 200 - 10\,m$ ergibt sich der *gewinnmaximale* Preis von 114.

Durch Einsetzen des Wertes m_1 in die Gleichungen für die Gesamtkosten und den Gesamterlös wird der *maximale Gewinn* ermittelt:

$$El = 200m - 10m^2$$
$$K = m^3 - 20m^2 + 150m + 200$$
$$G = El - K$$
$$G = 200 \cdot 8{,}6 - 10 \cdot 8{,}6^2 - (8{,}6^3 - 20 \cdot 8{,}6^2 + 150 \cdot 8{,}6 + 200)$$
$$G = 980{,}4 - 646{,}86$$
$$\underline{\underline{G = 333{,}54}}$$

Wird bei diesen Überlegungen von einer *linearen Kostenkurve* ausgegangen, werden der Cournotsche Punkt, die gewinnmaximale Menge und der gewinnmaximale Preis nach den gleichen Verfahren der Gleichsetzung von Grenzerlös und Grenzkosten ermittelt.

Schließlich bleibt zu untersuchen, welches der Modelle des Monopols oder des vollkommenen, atomistischen Marktes zu einer *effizienteren Allokation der Ressourcen* führt.

Der *vollkommene, atomistische Markt* zwingt die Unternehmen im langfristigen Gleichgewicht zu einer optimalen Allokation der Ressourcen dergestalt, daß

- die Unternehmen den Output produzieren, bei dem die Durchschnittskosten ihr Minimum haben,
- der Produktpreis die geringstmögliche Höhe hat, die Konsumenten also zu diesem Preis, der abhängig ist von der Kostenstruktur, versorgt werden,
- die Zusammensetzung des Güterangebots den Präferenzen der Konsumenten entspricht.

Würde der Monopolist sich als Mengenanpasser auf einem vollkommenen, atomistischen Markt verhalten, würde er im angeführten Beispiel im langfristigen Gleichgewicht die Menge $\overline{OF}$ beim Preis von p_a anbieten (vgl. **Abb. 119,1**), denn hier wäre die Bedingung $p = GK = DTK$ erfüllt. In diesem Fall wäre der Angebotspreis niedriger und die Angebotsmenge höher als bei typisch monopolistischem Verhalten.

---

1 Für das Unternehmen ist m_2 (verlustmaximale Menge) als Zielsetzung uninteressant.

Dieser Vergleich macht deutlich, daß ein *Monopol* für die Konsumenten zu weniger wünschenswerten Ergebnissen führt als ein vollkommener, atomistischer Markt. Für den Monopolisten ist es gewinnfördernd, wenn er im Vergleich zum Mengenanpasser seine *Produktion einschränkt* und die Produkte zu einem *höheren Preis* verkauft. Darüber hinaus wird eine optimale Allokation der Ressourcen dadurch verhindert, daß der Monopolpreis über den Grenzkosten liegt. Dies bedeutet, daß die Konsumenten den Nutzen zusätzlicher Einheiten dieses Gutes höher bewerten als die Kosten, die für die Produktion dieser Einheiten aufgewandt werden müßten. Das Monopol führt also für die Gesamtheit der Konsumenten zu einer schlechteren Versorgung, weil zu wenig und zu teuer angeboten wird.

Darüber hinaus bewirkt das Monopol eine *ungleiche Einkommensverteilung.* Monopolgewinne bedeuten erhöhte Einkommen der Monopolisten auf Kosten aller übrigen Mitglieder einer Volkswirtschaft. Entsprechend den verteilungspolitischen Zielvorstellungen kann diese Wirkung als unerwünscht bewertet werden.

Für eine sich durch technischen Fortschritt dynamisch entwickelnde Wirtschaft, in der sich im Zeitablauf die Präferenzen der Konsumenten ändern, ist die Beurteilung des Monopols jedoch nicht eindeutig.

Die einen argumentieren, vollkommene Konkurrenz zwinge die Unternehmen, sich permanent an die wandelnden Bedürfnisse der Konsumenten anzupassen und die effizienteste Produktionstechnik einzusetzen, wenn sie ihr Fortbestehen sichern wollen. Demgegenüber verfüge ein Monopolist über die Macht, „jede technische Entwicklung zu verhindern, deren Vorteile nur oder primär den Konsumenten zugute kommen, deren Kosten aber umgekehrt von den Unternehmen zu tragen sind. Die American Telephone & Telegraph Company hat jahrzehntelang die gleichen Telefonapparate weiterproduziert, um die vorhandenen und noch brauchbaren Maschinen nicht vorzeitig durch moderne Maschinen ersetzen zu müssen. Ebenso hat die United Shoe Machinery Corporation lange Zeit unverändert die gleichen Schuhmaschinen hergestellt, um ihre Anlagen bis zur vollen Unbrauchbarkeit einsetzen zu können ... Wo der Konsument machtlos ist, finden technische Neuerungen nur statt, wenn dem Inhaber des Monopols hieran gelegen ist“[1]. Aber eine solche Motivation fehle dem Monopolisten, weil ohne Konkurrenz kein wirksames Sanktionssystem existiere. Der Monopolist wird nicht durch Verluste bestraft, wenn er sich den Wünschen der Konsumenten nicht anpaßt und technische Neuerungen nicht übernimmt. Der Konsument habe auf diese Weise das Nachsehen.

Dem wird entgegengehalten, Unternehmen auf dem vollkommenen, atomistischen Markt seien gar nicht in der Lage, *technologische Innovationen* zu finanzieren oder sich den wandelnden *Bedürfnissen der Konsumenten* anzupassen. „Im langfristigen Durchschnitt werden die Unternehmen nur geringe Gewinne machen, so daß kaum Möglichkeiten der Selbstfinanzierung von Investitionen bestehen. Dennoch können Innovationen eingeführt werden, wenn die Banken die Vorfinanzierungsfunktion erfüllen. Die Finanzierungsmöglichkeiten für Strukturanpassungsinvestitionen sind dagegen geringer, weil bei ihnen der dynamische Unternehmergewinn zur Konsolidierung der Kredite fehlt. Strukturanpassungen werden also häufig nur über das Ausscheiden von Grenzbetrieben möglich sein. Beide dynamischen Wettbewerbsfunktionen, sowohl die Einführung technischer Fortschritte als auch die Anpassungsflexibilität, werden also nur in relativ geringem Maße von dieser ‚Schlafmützenkonkurrenz‘ (Lutz) erfüllt. In beiden Fällen würde die mit ei-

1 Helmut Arndt: Wirtschaftliche Macht, München (Beck) 1974, S. 141f.

ner Verringerung der Anbieterzahl steigende Wettbewerbsintensität bei gleichzeitig steigender Selbstfinanzierungsmöglichkeit die Funktionsfähigkeit erhöhen."[1]

Über das Finanzierungsproblem hinaus fehle, so wird argumentiert, den Unternehmen auf vollkommenen, atomistischen Märkten der *Anreiz zur Einführung technologischer Innovationen,* weil die dadurch erzielten Gewinne durch die Nachahmung der Konkurrenten nur von kurzer Dauer sein würden. Ferner könnten diese Unternehmen *kostensenkende Verfahren der Massenproduktion* aufgrund ihres „atomistischen" Marktanteils nicht einsetzen.

Im Gegensatz dazu verfüge das Monopol über ausreichende Selbstfinanzierungsmöglichkeiten, um technologische Innovationen einführen zu können.

Als Großunternehmen sei ein Monopolist in der Lage, kostensparende Produktionsverfahren der Massenproduktion einzusetzen.[2] Er sei am *technischen Fortschritt* sogar außerordentlich interessiert, weil er dadurch seine Durchschnittskosten senken und seine Gewinne steigern könne.[3] Schließlich müsse der Monopolist verhindern, daß ihm Konkurrenten entstehen. Eine sehr wirksame Sperre zur Verhinderung von Konkurrenten seien hohe Ausgaben für Forschung und technologische Innovationen.

Ferner sei der Druck der *öffentlichen Meinung* so groß, daß auch ein Monopolist gezwungen werden kann, sich den veränderten Präferenzen der Konsumenten anzupassen.

„Was kann nun als zusammenfassende Verallgemeinerung hinsichtlich der ökonomischen Effizienz des vollkommenen Monopols angeboten werden? Nun, einfach folgendes: In einer statischen Wirtschaft, in der die Vorteile der Großproduktion den Unternehmen bei vollkommener Konkurrenz und den vollkommenen Monopolen gleichermaßen zugänglich sind, wird der vollkommene Wettbewerb dem vollkommenen Monopol darin überlegen sein, daß er zur Verwendung der besten bekannten Technik zwingt und die Ressourcen in Übereinstimmung mit den Bedürfnissen der Gesellschaft zuteilt. Wenn anderseits die Vorteile der Großproduktion, die dem Monopolisten zur Verfügung stehen, den kleinen Konkurrenzanbietern nicht zugänglich sind, oder in einer dynamischen Analyse, in der Änderungen in der Rate des technischen Fortschritts berücksichtigt werden müssen, tritt die Ineffizienz des vollkommenen Monopols nicht so offen zu Tage."[4]

---

1 Erhard Kantzenbach: Die Funktionsfähigkeit des Wettbewerbs, 2. Aufl., Göttingen (Vandenhoeck & Ruprecht) 1967, S. 43 f.

2 Entgegengesetzte empirisch gestützte Auffassungen werden in Abschnitt 6.4 wiedergegeben.

3 Die stillschweigende Annahme bei einem Vergleich der Modelle des vollkommenen, atomistischen Marktes und des Monopols, daß die Kostenstrukturen gleich sind, ist also nicht realistisch.

4 Campbell R. Mc Connell: Volkswirtschaftslehre, a. a. O., S. 656.

Zusammenfassung

Die *Marktposition des Monopolisten* zeigt sich in seiner individuellen Preis-Absatzkurve, die eine negative Steigung aufweist. Der Preis ist für ihn nicht Plandatum, sondern *Aktionsparameter. Plandatum* ist die *konjekturale Preis-Absatzfunktion.* Da der Preis mit zunehmendem Absatz sinkt, ergibt sich als *Erlöskurve* des Monopolisten eine zur m-Achse hin offene Parabel. Sie hat dort ihre Nullstellen, wo der Absatz gleich Null ist und wo der Preis gleich Null ist. Sie erreicht ihr Maximum bei einer Absatzmenge, bei der die *Elastizität der Nachfrage* gleich Eins ist. Bei dieser Absatzmenge ist der Grenzerlös Null. Die *Grenzerlöskurve* hat ebenfalls eine negative Steigung und verläuft unterhalb der Preis-Absatzkurve.

Wie der Mengenanpasser *maximiert* der Monopolist seinen *Gewinn* bei einem Output, der die Bedingung $GEl = GK$ erfüllt, allerdings entspricht im Monopolmodell der Grenzerlös nicht dem Preis. Der gewinnmaximale Preis wird durch den Ordinatenwert des *Cournotschen Punktes* bestimmt. Der Cournotsche Punkt liegt auf der *PA*-Kurve, und zwar senkrecht über dem Schnittpunkt von der Grenzerlöskurve und der Grenzkostenkurve. Der Cournotsche Punkt liegt immer vor der *umsatzmaximalen Ausbringungsmenge,* so daß für den Monopolisten nur der Teil der Preis-Absatzkurve für die Preispolitik interessant ist, bei dem die Elastizität größer als Eins ist.

Im *Vergleich zum vollkommenen, atomistischen Markt* ist der Monopolpreis höher und die angebotene Menge geringer, wenn von einer gleichen Kostenstruktur ausgegangen wird.

Der Monopolist hat *keine Angebotskurve.* Sein Preis und die angebotene Menge werden sich ändern, wenn die Kosten oder die Nachfrage variieren.

Ob das Monopol oder die vollkommene Konkurrenz eher die Anpassung an *sich ändernde Konsumentenpräferenzen* und die *Einführung technologischer Innovationen* fördern, ist umstritten.

ÜBUNGEN

5/11 Die Preis-Absatzfunktion eines Anbieters lautet $m = 20 - \frac{1}{6}p$.

a) Wie lauten die Funktionsgleichungen für den Erlös und den Grenzerlös?

b) Stellen Sie die Preis-Absatzfunktion, die entsprechenden Erlös- und Grenzerlösfunktionen graphisch dar, und ermitteln Sie graphisch und rechnerisch den maximalen Erlös und den erlösmaximalen Output.

c) Erläutern Sie die Unterschiede zum Erlösplan des Mengenanpassers.

5/12 Die Preis-Absatzfunktion eines Monopolisten lautet $m = 20 - \frac{1}{6}p$, die Kostenstruktur läßt sich durch die Funktionsgleichung 1. Grades $K = 10m + 40$ ausdrücken.

a) Ermitteln Sie graphisch und rechnerisch den gewinnmaximalen Output.

b) Ermitteln Sie graphisch und rechnerisch den gewinnmaximalen Preis und den maximalen Gewinn.

c) Wie ändert sich der gewinnmaximale Preis, die gewinnmaximale Menge und der maximale Gewinn, wenn

– die fixen Kosten um 10 GE steigen,

– die durchschnittlichen variablen Kosten um 4 GE zunehmen?

5/13 Begründen Sie, warum der Monopolist bei konstanter Kostenstruktur und konstanter konjekturaler Preis-Absatzfunktion keine Angebotskurve hat. Nehmen Sie ferner zu der Behauptung Stellung, daß Monopolisten immer Gewinne machen.

5/14 „Die Macht des Monopols ist in der Realität somit zwar begrenzt, aber trotzdem – *dank der Aktionsparameter Kosten und Absatz resp. dank der Beeinflußbarkeit von Qualität und Werten* – weitaus größer als in der Modellwelt von Cournot. In der Realität läßt sich der Monopolgewinn durch Reduzierung von Kosten und Steigerung des Absatzes (z.B. durch Herabsetzung der Lebensdauer längerlebiger Produkte) steigern. Andererseits muß das reale Monopol infolge der Existenz von Gewerkschaften damit rechnen, daß Gewinnsteigerungen mit Lohnerhöhungen beantwortet werden, und daß es infolge des Bestehens von Substitutionskonkurrenz den theoretischen Monopolpreis nicht immer erreichen kann, ohne Kundenabwanderungen auszulösen."[1]

a) Unter welchen Voraussetzungen wurde das Modell der Monopolpreisbildung aufgestellt?
b) Welche Abweichungen von dieser Modelldarstellung hält Arndt in der Realität für bedeutsam, und wie können sich diese Abweichungen auf die Höhe des Monopolpreises auswirken?
c) Welchen Erklärungswert messen Sie dem dargestellten Modell der Monopolpreisbildung unter Berücksichtigung des Zitats von Arndt zu?

5/15 „Wenn wir die Posten aufführen, die das Budget des modernen Arbeiters ausmachen, und von 1899 an die Entwicklung ihrer Preise betrachten . . ., werden wir unwillkürlich vom Tempo des Fortschritts beeindruckt; unter Berücksichtigung der augenfälligen Qualitätsverbesserung scheint es rascher und nicht langsamer als zu irgend einem früheren Zeitpunkt gewesen zu sein. Wenn wir Ökonomen mehr zur Beobachtung der Tatsachen und weniger zum Wunschdenken neigten, würden sofort Zweifel über die realistischen Vorzüge einer Theorie auftauchen, die uns ein ganz anderes Ergebnis erwarten lassen. Dies ist überdies nicht alles. Sobald wir auf Einzelheiten eingehen und die einzelnen Posten untersuchen, bei welchen der Fortschritt am deutlichsten gewesen ist, führt uns die Spur nicht zu den Toren jener Firmen, die unter den Bedingungen einer verhältnismäßig freien Konkurrenz arbeiten, sondern ausgerechnet zu den Toren der großen Konzerne . . ., und es dämmert uns der schreckliche Verdacht, daß die Großunternehmung vielleicht mehr mit der Erhöhung als mit der Niedrighaltung dieses Lebensstandards zu tun gehabt hat."[2]

a) Welche Einwände erhebt Schumpeter gegen die traditionelle Monopoltheorie?
b) Welche Gründe kann es dafür geben, daß die Verhältnisse in der Realität nicht den Ergebnissen der Theorie entsprechen?
c) Nehmen Sie zu dem Zitat Stellung unter Berücksichtigung der kontroversen Auffassungen.

---

1 Helmut Arndt: Wirtschaftliche Macht, a. a. O., S. 145.
2 Joseph A. Schumpeter: Kapitalismus, Sozialismus und Demokratie, Bern (Francke) 1950, S. 135.

5.3 Gewinnmaximale Menge und Preisbildung bei monopolistischem Wettbewerb

- Den monopolistischen Wettbewerb gegenüber dem vollkommenen, atomistischen Markt und dem Monopol abgrenzen können.
- Den Verlauf der individuellen Preis-Absatzkurve bei monopolistischer Konkurrenz begründen können.
- Die Chamberlinsche Lösung und die Gutenbergsche Lösung der Preisbildung nachvollziehen können.

Der *monopolistische Wettbewerb* (monopolistische Konkurrenz) ist eine Marktform, die neben dem Oligopol in der Realität am häufigsten anzutreffen ist. Diese Marktform ist eine *Zwischenform* zwischen dem Monopol und dem vollkommenen, atomistischen Markt. Der monopolistische Wettbewerb hat mit dem vollkommenen, atomistischen Markt die relativ große Anzahl der Anbieter gemeinsam, das monopolistische Element liegt darin, daß kein homogenes Produkt, sondern *differenzierte Produkte* auf einem Markt angeboten werden. Deshalb ist die monopolistische Konkurrenz auch zu den *unvollkommenen* Marktformen zu rechnen.
Differenzierte Produkte sind solche, bei denen gewisse, oft nur geringfügige, qualitative Unterschiede bestehen oder die von den Käufern für unterschiedlich gehalten werden. Darüber hinaus kann die Existenz von *örtlichen und persönlichen Präferenzen* differenzierend wirken.
Durch die Produktdifferenzierung ergibt sich für jeden Anbieter – im Gegensatz zum Mengenanpasser – ein *Spielraum für eine eigene Preispolitik,* er kann sich wie ein „kleiner" Monopolist verhalten. Dieser Spielraum ist jedoch im Vergleich zum Monopolisten dadurch erheblich eingeschränkt, daß der Anbieter bei monopolistischer Konkurrenz damit rechnen muß, daß Kunden zur *Konkurrenz* abwandern, wenn er seine Preise zu stark erhöht oder eine Preissenkung der Mitanbieter nicht oder nur unzureichend nachvollzieht. Der Anbieter bei monopolistischem Wettbewerb muß sich also den Gesamtmarkt mit seinen Konkurrenten teilen.
Aus diesen Überlegungen läßt sich eine *abwärtsgeneigte individuelle Preis-Absatzkurve* ableiten (vgl. **Abb. 127,1**), die sich von der des Monopolisten tendenziell dadurch unterscheidet, daß sie flacher verläuft. Die Nachfrager reagieren also elastischer auf Preisänderungen des Anbieters, weil sie auf die Konkurrenz ausweichen können.
Die individuelle Preis-Absatzkurve eines Anbieters bei monopolistischer Konkurrenz wird um so flacher verlaufen – die einzelnen Punkte der Kurve nähern sich dann der Elastizität von unendlich –, je größer die Zahl der Konkurrenten und je geringer der Grad der Produktdifferenzierung ist. Im Extremfall ergibt sich eine individuelle Preis-Absatzkurve, die parallel zur Mengenachse verläuft, die also mit der des Mengenanpassers identisch ist.

Die Bestimmung des *gewinnmaximalen Outputs und Preises* eines Anbieters weist keine Unterschiede gegenüber der Darstellung beim Monopol auf. Der Anbieter wird die Menge anbieten, bei der die *Grenzkosten gleich dem Grenzerlös* sind. Der gewinnmaximale Preis ergibt sich aus dem Ordinatenwert des Cournotschen Punktes.
In **Abb. 127,1** ist das *kurzfristige Gleichgewicht* durch den Output m_g und den Preis p_g gekennzeichnet. Dabei kommt es auf die Höhe der Kosten und die individuelle Absatzsituation des Anbieters an, ob er einen Gewinn oder Verlust erzielt. Im dargestellten Fall entsteht als Produkt aus Stückgewinn $\overline{BC}$ und Absatzmenge $\overline{Om}_g$ ein *Gewinn* in Höhe des Rechtecks $ABCp_g$.

Langfristig besteht jedoch eine Tendenz, daß jedes Unternehmen bei monopolistischem Wettbewerb nur seine Kosten deckt. Erzielen die Anbieter im kurzfristigen Gleichgewicht Gewinne, werden diese Gewinne neue Anbieter anlocken, die Konkurrenz wächst. Dadurch wird die individuelle Preis-Absatzkurve nach links verschoben (von *PA* nach *PA'*), weil sich mehr Anbieter den Gesamtmarkt teilen müssen. Jeder Anbieter kann also bei gleichen Preisen weniger als bisher absetzen. Dadurch sinken die Erlöse, und zwar tendenziell so lange, bis der Preis die Durchschnittskosten gerade noch deckt. Das ist in **Abb. 127,2** dort der Fall, wo die Durchschnittskostenkurve die Preis-Absatzkurve tangiert. *Durchschnittserlös, Preis und Durchschnittskosten sind hierbei gleich.* Bei jedem anderen Output würden Verluste entstehen. Sobald keine Gewinne mehr möglich sind, ist der Anreiz für neue Unternehmen, sich auf diesem Markt Zutritt zu verschaffen, weggefallen.

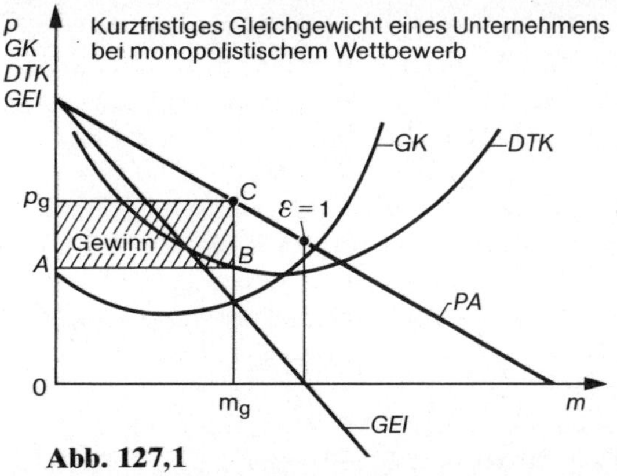

Abb. 127,1

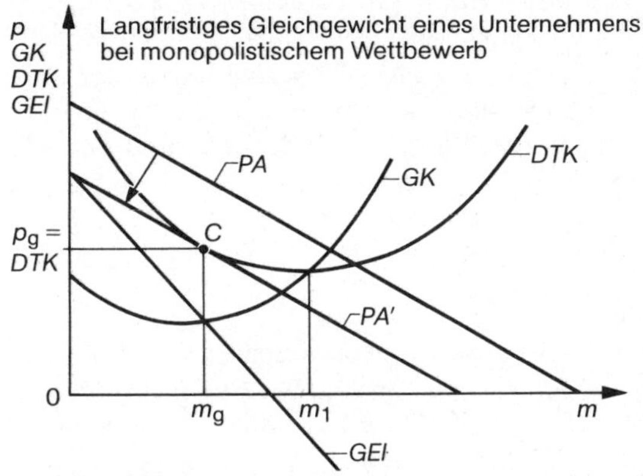

Abb. 127,2

Wenn im kurzfristigen Gleichgewicht dagegen Verluste bei den meisten Anbietern überwiegen, wird sich die Zahl der Anbieter verringern und damit wird sich die individuelle Preis-Absatzkurve eines Anbieters nach rechts verschieben, bis ebenfalls der Preis gleich den Durchschnittskosten ist.

Wieweit das einzelne Unternehmen von dieser Tendenz zur Kostendeckung im langfristigen Gleichgewicht berührt wird, ist davon abhängig, wie ausgeprägt die *Präferenzen* sind, die das Unternehmen mit seinen Produkten bei den Käufern wecken konnte. Erachten die Käufer die speziellen Produkte eines Unternehmens als viel vorteilhafter als die anderer Unternehmen, so kann dieses Unternehmen auch im langfristigen Gleichgewicht einen Gewinn erzielen. „Im tatsächlichen Marktgeschehen sind die Betriebe bestrebt, im Rahmen der ihnen gegebenen Möglichkeiten ihren Absatzmarkt zu individualisieren, um sich auf diese Weise einen ‚Firmenmarkt' zu schaffen. Zu diesem Zwecke versuchen sie, ihre Absatzorganisation so zu gestalten, daß ein möglichst enger Kontakt mit den Kunden hergestellt wird. Sie sind weiter bemüht, ihren Erzeugnissen die Formen und Eigenschaften zu geben, die sie den Käufern besonders begehrenswert erscheinen lassen. Dabei pflegt in unterschiedlicher Weise in den einzelnen Produktionszweigen von der Fülle an Möglichkeiten Gebrauch gemacht zu werden, die die modernen Methoden der Werbung in ihrer vielfältigen Art gewähren."[1] Deshalb wird bei dieser Marktform der Wettbewerb weniger durch den Preis als durch die übrigen absatzpolitischen Instrumente ausgetragen.

---

1 Erich Gutenberg: Grundlagen der Betriebswirtschaftslehre, Band 2: Der Absatz, 9. Aufl., Berlin, Göttingen, Heidelberg (Springer) 1966, S. 237.

Die *Nutzung der Ressourcen* ist beim monopolistischen Wettbewerb im Vergleich zum vollkommenen Wettbewerb bei atomistischen Märkten nicht optimal, weil nicht zu den niedrigsten Durchschnittskosten produziert wird. Das Unternehmen könnte seine Produktion von m_g auf m_1 (vgl. **Abb. 127,1**) ausdehnen, um die Durchschnittskosten auf ihr Minimum zu senken. Von dieser Produktionskapazität macht das Unternehmen jedoch keinen Gebrauch, weil dadurch der Preis und damit der Durchschnittserlös stärker sinken würden als die Durchschnittskosten, so daß Verluste entstehen würden. Es besteht also eine *Tendenz zu Kapazitätsüberschüssen,* die als Vergeudung von Ressourcen betrachtet werden kann. Ferner ist, wie beim Monopol, der Preis höher als bei vollkommener Konkurrenz, weil der *Preis über den Grenzkosten* liegt.
Monopolistischer Wettbewerb bedeutet also für den Konsumenten, daß er weder zum günstigsten Preis noch mit der größten und kostengünstigsten Menge versorgt wird. Jedoch hat er – anders als auf dem vollkommenen, atomistischen Markt – den Vorteil, zwischen differenzierten Produkten wählen zu können.

Die bisher vorgeführte Lösung der Preisbildung bei monopolistischer Konkurrenz basiert auf den Gedankengängen von Chamberlin (1933 veröffentlicht). Eine neuere Lösung des Preisbildungsproblems bei monopolistischem Wettbewerb hat Erich Gutenberg (in den fünfziger Jahren, Gutenberg 1966, a.a.O.) publiziert. Zum Verständnis seiner Überlegungen, die hier nur angedeutet werden können, muß der Begriff „Preisklasse (Preislage)" erklärt werden.
Darunter versteht Gutenberg, daß in den Vorstellungen der Käufer eine bestimmte *qualitative Norm* in bezug auf die Produktqualität existiert. Diese Norm erfordert einen bestimmten *Mindestpreis* und rechtfertigt gerade noch einen bestimmten *Höchstpreis.*

Beispiel:
Für einen Herrenmantel bestimmter Stoffqualität und modischen Zuschnitts ist ein Mindestpreis von 250,— DM und ein Höchstpreis von 350,— DM zu zahlen. Wird der Mantel zu einem höheren Preis ausgezeichnet, so entspricht seine Produktqualität nicht mehr derselben Preisklasse. Dadurch wird der Verkauf des Mantels stark zurückgehen. Wird der Mantel dagegen unter 250,— DM ausgezeichnet, wird der Absatz zunehmen, da Mäntel dieser Qualität normalerweise nicht unter 250,— DM zu haben sind.

Aus diesen Überlegungen läßt sich nach Gutenberg die *Preis-Absatzkurve* (*PA*) der **Abb. 128,1** für den Anbieter bei monopolistischer Konkurrenz ableiten.
„Innerhalb des monopolistischen Bereichs führt eine Preissenkung zur Mobilisierung latenter Nachfrage, unterhalb des unteren Grenzpreises außerdem zu einem Abzug von Kunden von anderen Firmen. Entsprechend führt eine Erhöhung des Preises über den oberen Grenzpreis zu einem Abwandern vom Kunden zu anderen Firmen und zu definitivem Nachfrageausfall."[1]

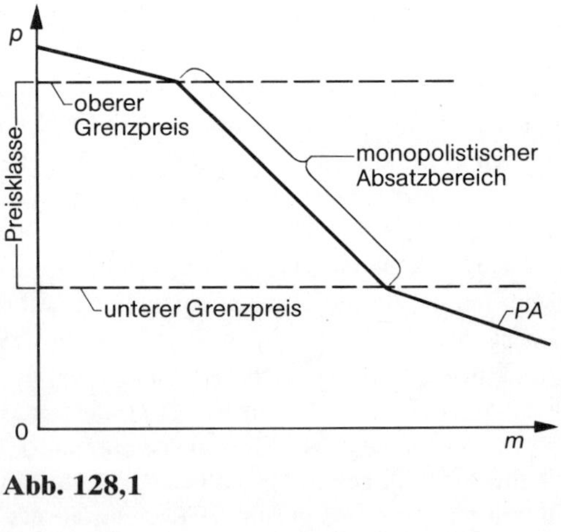

Abb. 128,1

1 Alfred E. Ott: Preistheorie, in: Werner Ehrlicher u. a., Hrsg.: Kompendium der Volkswirtschaftslehre, Band 1, Göttingen (Vandenhoeck & Ruprecht) 1969, S. 180.

Die Preis-Absatzkurve weist also je einen Knick beim oberen und unteren Grenzpreis auf. Man kann sich diese *doppelt geknickte individuelle Preis-Absatzkurve* aus drei Preis-Absatzkurven mit jeweils unterschiedlichen Steigungen zusammengesetzt vorstellen.

Zu fragen ist, wie die *gewinnmaximale Menge* und der *gewinnmaximale Preis* unter der Annahme einer solchen Preis-Absatzkurve bestimmt werden können. Dies soll an einem Beispiel verdeutlicht werden.

Beispiel:

Es wird von einer linearen Kostenkurve ausgegangen, die durch die Gleichung $K = 10 + 1{,}5\,m$ ausgedrückt werden kann. Die fixen Kosten betragen also 10 GE, die variablen Kosten pro Stück 1,5 GE. Grenzkosten und durchschnittliche variable Kosten sind in diesem Fall identisch.

Für die individuelle Preis-Absatzkurve des Anbieters sind für die drei Teilkurven folgende Gleichungen angenommen worden:

$$1)\; m = 24 - 3\,p \quad \text{für } 8 \geq p \geq 7,$$
$$2)\; m = 10 - p \quad \text{für } 7 \geq p \geq 4,$$
$$3)\; m = 22 - 4\,p \quad \text{für } 4 \geq p \geq 0.$$

Durch Auflösen nach p und Einsetzen der gewonnenen Gleichungen in die allgemeine Gleichung für den Erlös, $El = p \cdot m$, ergeben sich folgende Gleichungen für die Erlöskurve:

$$1)\; p = 8 - \frac{1}{3}\,m, \quad El = 8m - \frac{1}{3}\,m^2, \quad GEl = 8 - \frac{2}{3}\,m;$$
$$2)\; p = 10 - m, \quad El = 10\,m - m^2, \quad GEl = 10 - 2\,m;$$
$$3)\; p = 5{,}5 - \frac{1}{4}\,m, \quad El = 5{,}5m - \frac{1}{4}m^2, \quad GEl = 5{,}5 - \frac{1}{2}\,m.$$

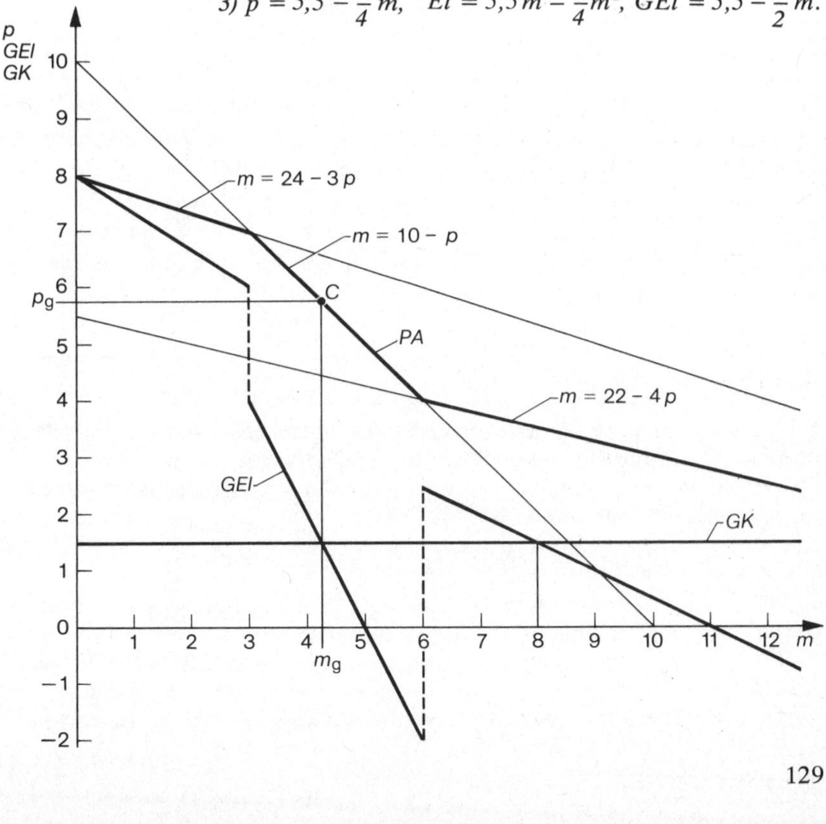

Abb. 129,1

Die *graphische Darstellung* des Beispiels zeigt, wie sich die individuelle Preis-Absatzkurve (*PA*) aus den drei Teilkurven ergibt (vgl. **Abb. 129,1**). Die *Grenzerlöskurve* verläuft unstetig. Sie weist bei den Outputs von 3 und 6 Mengeneinheiten einen *Unstetigkeitsbereich* auf. Im Beispiel schneidet die Grenzkostenkurve die Grenzerlöskurve an zwei Punkten, bei den Outputs von 4,25 Einheiten und 8 Einheiten. Folglich muß entschieden werden, bei welcher der beiden Produktmengen der Gewinn am größten bzw. der Verlust am kleinsten ist.

Da dies aus der Zeichnung nicht erkennbar ist, wird auf die folgende *tabellarische Darstellungsweise* zurückgegriffen. Sie zeigt, wie sich der Preis, der Erlös, der Grenzerlös, die Grenzkosten, die Kosten und der Gewinn (Verlust) bei einem Output von 0 bis 12 entwickeln:

m	*p*	*El*	*GEl*	*GK*	*K*	*G*		
0	8,00	0	8,00	1,50	10,00	−10,00		
1	7,67	7,67	7,33	1,50	11,50	− 3,83		
2	7,33	14,66	6,67	1,50	13,00	1,66		
3	7,00	21,00	6,00	1,50	14,50	6,50		
4	6,00	24,00	2,00	1,50	16,00	8,00		monopolistischer Absatzbereich
							→ Gewinnmaximum	
5	5,00	25,00	0	1,50	17,50	7,50		
6	4,00	24,00	−2,00	1,50	19,00	5,00		
7	3,75	26,25	2,00	1,50	20,50	5,75		
8	3,50	28,00	1,50	1,50	22,00	6,00		
9	3,25	29,25	1,00	1,50	23,50	5,75		
10	3,00	30,00	0,50	1,50	25,00	5,00		
11	2,75	30,25	0	1,50	26,50	3,75		
12	2,50	30,00	−0,50	1,50	28,00	2,00		

Der *Gewinn* ist gleich der Differenz zwischen Erlös und Kosten. Der Gewinn ist bei der Ausbringungsmenge von 4,25 Einheiten größer als bei 8 Einheiten. Folglich stellt die Kombination von 4,25 Mengeneinheiten und einem Preis von 5,75 GE das individuelle Gleichgewicht des Anbieters dar, bei dem der Gewinn am größten ist.
Würden sich die Grenzkosten aufgrund veränderter variabler Kosten im oberen Unstetigkeitsbereich verschieben, hätte das keinen Einfluß auf den Preis. Eleganter als die tabellarische Lösung ließe sich das Gewinnmaximum mit Hilfe der Integralrechnung bestimmen. Darauf soll hier jedoch verzichtet werden.

Zusammenfassung

Der *monopolistische Wettbewerb* ist eine Zwischenform zwischen dem vollkommenen, atomistischen Markt und dem Monopol. Dabei handelt es sich um einen *unvollkommenen Markt,* weil die Produkte nicht homogen, sondern *differenziert* sind. Die *Produktdifferenzierung* gibt den Anbietern bei monopolistischer Konkurrenz einen *„monopolistischen Spielraum"* für eine eigene *Preispolitik.* Dieser „Spielraum" ist begrenzt, weil sich jeder Anbieter den Gesamtmarkt mit seinen Konkurrenten teilen muß.

Für die Gestalt der *individuellen Preis-Absatzkurve* eines Anbieters bei monopolistischer Konkurrenz gibt es zwei unterschiedliche Annahmen. *Chamberlin* geht davon aus, daß die Preis-Absatzkurve gegenüber der eines Monopolisten nur flacher verläuft, also in Punkten mit gleichen Absatzmengen eine höhere Preiselastizität der Nachfrage aufweist, weil der Gesamtmarkt zwischen vielen Konkurrenten aufgeteilt wird. *Gutenberg* hingegen nimmt eine *doppelt geknickte,* in drei Bereiche aufgeteilte, individuelle Preis-Absatzkurve an, die sich aus den Vorstellungen der Kunden über Preis und Qualität der Ware ergibt.

Wird die *Chamberlinsche Lösung* zugrunde gelegt, vollzieht sich die Bestimmung der gewinnmaximalen Menge und des gewinnmaximalen Preises genauso wie beim Monopolisten. Im *kurzfristigen Gleichgewicht* muß die Bedingung *GEl* = *GK* erfüllt sein. Im *langfristigen Gleichgewicht* besteht jedoch eine Tendenz, daß jedes Unternehmen nur seine Kosten deckt. Für das langfristige Gleichgewicht wird daher neben der Bedingung *GEl* = *GK* die Bedingung Preis (*DEl*) = *DTK* angenommen.

Da im langfristigen Gleichgewicht des Modells des monopolistischen Wettbewerbs die Durchschnittskosten nicht den Grenzkosten entsprechen, werden die *Ressourcen* nicht optimal genutzt. Außerdem liegt der Preis über den Grenzkosten, daher werden die Konsumenten nicht zum für sie günstigsten Preis versorgt. Andererseits besteht gegenüber dem vollkommenen, atomistischen Markt der Vorteil, daß die Kunden zwischen *differenzierten Produkten* auswählen können.

Bei der *Gutenbergschen Lösung* kann, sofern die Grenzkostenkurve nicht durch die Unstetigkeitsbereiche der Grenzerlöskurve verläuft, die Bedingung *GEl* = *GK* bei zwei verschiedenen Ausbringungsmengen erfüllt sein. Hier muß zusätzlich ermittelt werden, bei welchem Output der Gewinn am größten bzw. der Verlust am niedrigsten ist.

ÜBUNGEN

5/16 Angenommen, die individuelle Preis-Absatzfunktion eines Anbieters bei monopolistischem Wettbewerb ist $m = 22 - 4p$. Die Gesamtkosten können durch die Gleichung $K = 10 + 1{,}5\,m$ ausgedrückt werden.

a) Ermitteln Sie graphisch und rechnerisch das kurzfristige Gleichgewicht des Unternehmens.

b) Grenzen Sie den monopolistischen Wettbewerb von der vollkommenen Konkurrenz und dem Monopol ab.

c) Begründen Sie, warum im langfristigen Gleichgewicht eine Tendenz besteht, daß lediglich die Kosten gedeckt werden.

5/17 Welche der bisher behandelten Marktformen – vollkommener, atomistischer Markt, Monopol und monopolistischer Wettbewerb – ist nach Ihrer Auffassung für die Konsumenten am günstigsten? Begründen Sie Ihr Urteil.

5/18 a) Erklären Sie die individuelle Preis-Absatzkurve eines Anbieters bei monopolistischem Wettbewerb nach Gutenberg.

b) Worin bestehen die Unterschiede zu der individuellen Preis-Absatzkurve nach Chamberlin?

c) Versuchen Sie, die Annahmen beider Modelle über den Verlauf der Preis-Absatzkurve miteinander zu verknüpfen.

5.4 Preisbildung auf dem oligopolistischen Markt

- Verschiedene Arten des Oligopols unterscheiden und daraus Tendenzen zum Gruppenmonopol oder zur ruinösen Konkurrenz begründen können.
- Die Tendenz zur Preisstarrheit und zur gleichschrittigen Preispolitik begründen können.
- Die geknickte Preis-Absatzkurve erläutern können.

Das *Oligopol* ist eine Marktform, die für hochentwickelte Marktwirtschaften besonders typisch ist. Im Gegensatz zum Monopol oder zum vollkommenen, atomistischen Markt gibt es jedoch für das Oligopol *keine Standardlösung des Preisbildungsproblems.* Statt dessen gibt es eine Vielzahl von Lösungsversuchen. Eine geschlossene Theorie des Oligopols ist bis heute nicht entwickelt worden. Dafür können folgende *Gründe* angeführt werden:

- Das Oligopol wird durch den Begriff *„einige"* Anbieter gekennzeichnet. Was unter „einigen" Anbietern zu verstehen ist, bleibt dabei recht vage. „Einige" trifft sowohl für zwei als auch für 13 oder 250 Anbieter zu. Je nach *Zahl der Anbieter* wird sich jedoch die Preisbildung verschieden vollziehen. Ferner sagt die Zahl der Unternehmen noch nichts über deren Marktanteil aus. Für die Preisbildung ist es jedoch sehr bedeutsam, ob z. B. drei große Unternehmen einen Marktanteil von 75% und die übrigen 256 Unternehmen einen von 25% besitzen oder vier annähernd gleich große Unternehmen existieren und den Markt unter sich aufteilen. Die Marktform des Oligopols ist also sehr vielschichtig. Die vielen Erscheinungsformen des Oligopols schließen die Entwicklung nur eines Marktmodells zur Erklärung der Preisbildung bereits aus.
- Oligopole können auf *annähernd vollkommenen* und *unvollkommenen Märkten* bestehen. Beispielsweise kann der Stahl-, Aluminium-, Zement- oder Benzinmarkt als annähernd vollkommen betrachtet werden, da hier standardisierte Produkte angeboten werden und die Markttransparenz relativ hoch sein dürfte. Im Gegensatz dazu handelt es sich in der Konsumgüterindustrie (Automobil-, Zigaretten-, Waschmittelindustrie) häufig um unvollkommene, oligopolistische Märkte, bei denen von wenigen Herstellern differenzierte Produkte hergestellt werden. Je nachdem, ob es sich um vollkommene oder unvollkommene Märkte handelt, werden die Konkurrenzbeziehungen anderer Art sein und sich daher die Preise auch verschieden bilden.
- Schließlich müssen die *Verhaltensweisen der Unternehmen* auf einem oligopolistischen Markt berücksichtigt werden, weil Änderungen des Aktionsparameters eines Anbieters, z. B. des Preises, die anderen Anbieter ebenfalls zu einer Änderung ihrer Aktionsparameter veranlassen können. Das kann sich wiederum auf den Erwartungsparameter – hier die abgesetzte Menge – des ersteren auswirken.
  Die möglichen *Reaktionen und Gegenreaktionen der Konkurrenten* sind nicht voraussehbar, alle Annahmen darüber sind mit großer Unsicherheit belastet, so daß die auf solchen Annahmen aufbauenden Ergebnisse der Preisbildungsmodelle wenig Informationsgehalt für die Realität besitzen. Aus diesem Grund wird hier auf eine Erörterung der verschiedenen Lösungsansätze verzichtet.

Statt dessen wird ein pragmatischer Ansatz gewählt. Empirische Untersuchungen haben ergeben – und eigene Beobachtungen können dies leicht bestätigen –, daß auf oligopolistischen Märkten häufig eine *relative Preisstarrheit* besteht und *Preisänderungen* bei mehreren Anbietern *im Gleichschritt* vorgenommen werden. Für diese beiden Phänomene (Preisstarrheit und Gleichschritt bei Preisänderungen) bieten sich zwei Erklärungen an, die auf unterschiedlichen Annahmen über das Verhalten der Oligopolisten basieren:

- Die Unternehmen treffen untereinander *Absprachen,* was bei einer kleinen Anzahl von Unternehmen leicht zu erreichen ist. Versuchen die einzelnen Unternehmen *gemeinsam ihre Gewinne zu maximieren,* handelt es sich praktisch um ein Monopol, ein *Gruppenmonopol,* so daß die Preisbildung entsprechend der Monopolpreisbildung erklärt werden kann. Die Oligopolisten bieten gemeinsam die Menge m_1 zum Preis p_1 an (vgl. **Abb. 133,1**). Wird eine gleiche Kostenstruktur für alle beteiligten Unternehmen unterstellt, ergibt sich diese Preis-Mengenkombination durch den Schnittpunkt der Grenzerlöskurve mit der Grenzkostenkurve, durch den der Cournotsche Punkt C_1 bestimmt ist.

  Damit durch gemeinsame Preisfestsetzung nicht das eine oder andere Unternehmen bevorzugt wird, könnten noch gemeinsam die Anteile der einzelnen Unternehmen am Markt festgelegt werden (Quotenbildung). Preiserhöhungen im Gleichschritt lassen sich nach außen durch die gestiegenen Lohn- und Materialkosten, die die Anbieter in gleicher Weise treffen, rechtfertigen. Graphisch lassen sich diese Kostensteigerungen durch Verschieben der Grenzkostenkurve erkennen. Dem Kartellamt ist es kaum möglich, die gleichmäßige Anhebung der Preise auf gemeinsame Absprachen – was als Vermutung naheliegt – zurückzuführen.

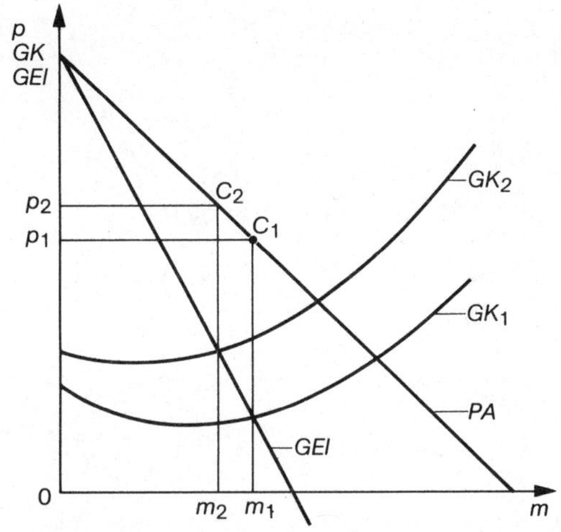

Abb. 133,1

  Die Tendenz zur gemeinsamen Gewinnmaximierung der oligopolistischen Anbieter wird um so stärker ausgeprägt sein,
  „– je stärker sie voneinander abhängen (kleine Anbieterzahl, fast identische Produkte, gleiche Marktanteile und Produktionsmethoden);
  – je leichter es ist, geheime Abkommen zu treffen (Preisstarrheit, geringe Unsicherheit über die Entscheidungsgrundlagen, Unwirksamkeit der staatlichen Monopolkontrolle);
  – je größer die Marktzutrittsbeschränkungen sind (Massenproduktion, Patente, Ausmaß der Markenwerbung)“[1].

- Während dieser Ansatz zur Erklärung gleichschrittiger Preispolitik und relativer Preisstarrheit ein gemeinsames Einverständnis der beteiligten Unternehmen voraussetzt, versucht der folgende Weg die *Preisstarrheit bei eigenständiger Preispolitik* der Anbieter zu erklären. Angenommen, ein Anbieter hat die Preis-Mengenkombination p_g, m_g realisiert (vgl. **Abb. 134,1**). Würde der Anbieter seinen Preis von p_g auf p_q *senken,* müßte er damit rechnen, daß die übrigen Mitanbieter ebenfalls ihre Preise senkten, da sie Absatzeinbußen vermeiden wollen. Für die Entwicklung des Absatzes des Oligopolisten ist nunmehr nicht PA', sondern

1 Artur Woll: Allgemeine Volkswirtschaftslehre, 4. Aufl., München (Vahlen) 1974, S. 160.

PA maßgebend, da die Konkurrenten durch ihre Preisreaktionen einen Teil der bei p_1 zusätzlich vorhandenen Gesamtnachfrage versorgen. Während also die Preis-Absatzkurve *PA'* die Operationsbasis für den Fall darstellen würde, daß der Anbieter Monopolist wäre oder die Konkurrenz nicht reagieren würde, drückt die Preis-Absatzkurve *PA* die im Vergleich dazu unelastischere Nachfrage bei oligopolistischer Konkurrenz aus. Hebt der Anbieter jedoch den Preis auf p_2 an, reagieren die Mitanbieter nicht mit einer Preiserhöhung, da ihnen ja diejenige Nachfrage zuwächst, die der preiserhöhende Anbieter verliert. Daher ist für die Absatzpläne dieses Anbieters nicht der Abschnitt *PA''* relevant, sondern $\overline{CD}$ auf der Kurve *PA*. Im Punkt *C* weist die Preis-Absatzkurve daher einen Knick auf. Die Steigung des Kurventeils $\overline{CE}$ ist vor allem von der *Reaktion der Mitanbieter* abhängig. Je heftiger die Preisreaktionen der Mitanbieter sind, um so steiler verläuft dieser Kurvenabschnitt.

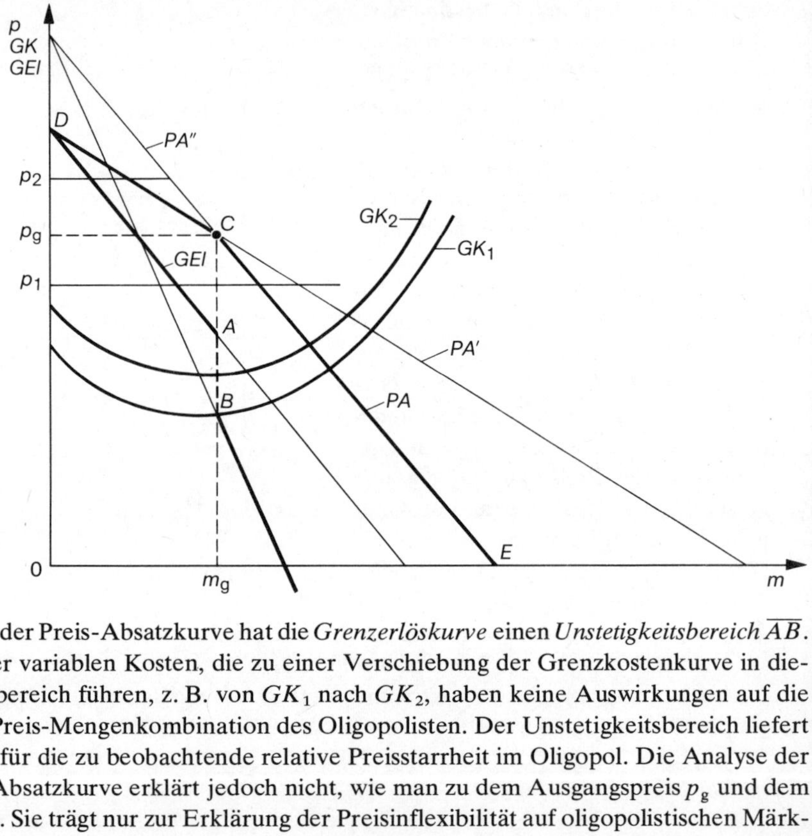

Abb. 134,1

Wegen des Knicks der Preis-Absatzkurve hat die *Grenzerlöskurve* einen *Unstetigkeitsbereich* $\overline{AB}$. Veränderungen der variablen Kosten, die zu einer Verschiebung der Grenzkostenkurve in diesem Unstetigkeitsbereich führen, z. B. von GK_1 nach GK_2, haben keine Auswirkungen auf die gewinnmaximale Preis-Mengenkombination des Oligopolisten. Der Unstetigkeitsbereich liefert so eine Erklärung für die zu beobachtende relative Preisstarrheit im Oligopol. Die Analyse der geknickten Preis-Absatzkurve erklärt jedoch nicht, wie man zu dem Ausgangspreis p_g und dem Output m_g kommt. Sie trägt nur zur Erklärung der Preisinflexibilität auf oligopolistischen Märkten bei.

Die *Beurteilung oligopolistischer Märkte* ist widersprüchlich. Einerseits wird auf die Gefahr der Ausschaltung des *Wettbewerbs*, auf die geringere *Produktionsmenge* und höhere *Produktpreise* im Vergleich zur vollkommenen Konkurrenz verwiesen, andererseits werden die bessere *Produktqualität* aufgrund des höheren Forschungsaufwands und die niedrigeren *Stückkosten* bei Massenproduktion betont.[1]

---

1 Vgl. Campbell R. McConnell: a. a. O., S. 705.

Zusammenfassung

Für den *oligopolistischen Markt* gibt es keine abgeschlossene und allgemein anerkannte Theorie zur Erklärung des Preisbildungsproblems. Dafür gibt es verschiedene Gründe. Unter dem oligopolistischen Markt werden sehr *verschiedene Erscheinungsformen* des Oligopols zusammengefaßt, außerdem sind die *Reaktionen der Mitanbieter* auf Preisänderungen nicht mit Sicherheit voraussehbar. Folglich kann es sehr viele Annahmen über die Verhaltensweisen der Mitanbieter geben, die jeweils zu anderen Ergebnissen des Preisbildungsprozesses führen. Beobachtungen haben auf zwei Phänomene oligopolistischer Märkte aufmerksam gemacht: die *relative Preisstarrheit* und das *gleichschrittige Vorgehen bei Preisänderungen*. Einen Ansatz zur Erklärung der relativen Preisstarrheit bildet die *geknickte Preis-Absatzkurve* des Oligopolisten, die zu einem *Unstetigkeitsbereich* bei der Grenzerlöskurve führt. Veränderungen der Kosten im Unstetigkeitsbereich bewirken keine Änderungen der *optimalen Preis-Mengenkombination*.

Das gleichschrittige Vorgehen bei Preisänderungen wird auf den Versuch der Oligopolisten, gemeinsam die Gewinne zu maximieren, zurückgeführt. Dadurch entstehen Gruppenmonopole, so daß die Preisbildung analog der Monopolpreisbildung erklärt werden kann.

ÜBUNGEN

5/19 a) Wodurch unterscheidet sich das Oligopol vom monopolistischen Wettbewerb?

b) Welche Annahmen über die Reaktionen der Mitanbieter liegen der geknickten Preis-Absatzkurve zugrunde?

c) Wie läßt sich der Unstetigkeitsbereich der Grenzerlöskurve erklären?

d) Wie kann mit Hilfe der geknickten Preis-Absatzkurve die relative Preisstarrheit beim Oligopol erklärt werden?

5/20 Häufig wird behauptet, der eigentliche Preiswettbewerb vollziehe sich nicht auf atomistischen, sondern auf oligopolistischen Märkten. Kritiker oligopolistischer Märkte weisen dagegen auf die Tendenzen zu Preisabsprachen hin. Führen Sie Argumente für die jeweiligen Behauptungen an, und bewerten Sie diese.

5/21 Versuchen Sie zu erklären, wie es zur Entwicklung oligopolistischer Märkte in hochentwickelten Marktwirtschaften kam.

Literatur zu den Hauptabschnitten 4 und 5

E. K. Hunt, Howard J. Sherman: Ökonomie aus traditioneller und radikaler Sicht, Kronberg (Athenäum) 1977.

Richard G. Lipsey: Einführung in die Positive Ökonomie, Köln (Bund) 1973.

Campbell R. McConnell: Volkswirtschaftslehre, Band 2, Köln (Bund) 1975.

P. A. Samuelson: Volkswirtschaftslehre, Köln (Bund) 1965.

Erich Schneider: Einführung in die Wirtschaftstheorie, II. Teil, 9. Aufl. Tübingen (Mohr) 1964.

Heinrich Stackelberg: Grundlagen der theoretischen Volkswirtschaftslehre, 2. Aufl., Tübingen (Mohr) 1951.

Artur Woll: Allgemeine Volkswirtschaftslehre, 4. Aufl., München (Vahlen) 1974.

TESTAUFGABEN

Reihe 5

1 Die Angebotskurve eines Mengenanpassers bei S-förmiger Kostenkurve
a) ergibt sich aus den Schnittpunkten von Grenzerlös- und Grenzkostenkurve,
b) beginnt kurzfristig im Minimum der durchschnittlichen variablen Kosten,
c) beginnt langfristig im Minimum der Durchschnittskosten,
d) ist eine Parallele zur m-Achse.

2 Der Erlös des Mengenanpassers
a) ist die Differenz zwischen Kosten und Umsatz,
b) steigt proportional zur abgesetzten Menge,
c) wird durch die Gleichung $El = p \cdot m$ bestimmt, wobei p konstant ist,
d) läßt sich bei graphischer Darstellung auf einer Parabel ablesen.

3 Auf dem vollkommenen, atomistischen Markt gelten im langfristigen Gleichgewicht u. a. folgende Bedingungen:
a) Grenzkosten = Preis.
b) Grenzkosten = Durchschnittskosten.
c) Die Erlösgerade tangiert die Gesamtkostenkurve.
d) Die fixen Kosten bleiben ungedeckt.

4 Das Cournotsche Theorem
a) lautet: Grenzerlös = Durchschnittskosten,
b) lautet: Grenzerlös = Grenzkosten,
c) gilt beim Mengenanpasser nur bei einer S-förmigen Kostenkurve,
d) lautet: Gewinnmaximierung wird dann erreicht, wenn die Veränderung der Kosten bei einer sehr kleinen Änderung des Outputs und die Veränderung des Erlöses bei einer sehr kleinen Veränderung der abgesetzten Menge gleich sind.

5 Der Cournotsche Punkt
a) ist der Schnittpunkt zwischen Grenzkosten- und Grenzerlöskurve,
b) liegt immer vor der gewinnmaximalen Menge, weil die Grenzkosten nicht negativ werden können,
c) ist der Schnittpunkt zwischen der Senkrechten, die im Schnittpunkt von Grenzerlös- und Grenzkostenkurve errichtet wird, und der konjekturalen Preis-Absatzkurve,
d) liegt immer vor der erlösmaximalen Menge, weil die Grenzkosten nicht Null werden können.

6 Bei linearer Kostenkurve realisiert der Mengenanpasser sein Gewinnmaximum,
a) wenn die Bedingung Grenzkosten = Preis erfüllt ist,
b) wenn er seine Produktion bis zur Kapazitätsgrenze ausdehnt,
c) wenn er die Preis-Mengenkombination, die durch den Cournotschen Punkt bestimmt ist, erreicht,
d) wenn der Abstand zwischen Grenzkosten- und Grenzerlöskurve am größten ist.

7 Der Monopolist

a) hat eine Erlösfunktion zweiten Grades, weil der Preis eine variable Größe ist,
b) hat einen mit zunehmender Ausbringungsmenge sinkenden Grenzerlös,
c) hat eine Durchschnittserlöskurve, die mit der Grenzerlöskurve identisch ist,
d) hat als Plandatum die konjekturale Preis-Absatzfunktion.

8 Bei monopolistischem Wettbewerb

a) besteht im langfristigen Gleichgewicht die Tendenz, daß nur die Kosten gedeckt werden,
b) ist die individuelle Preis-Absatzkurve eines Anbieters bei vergleichbaren Mengen unelastischer als beim Monopol,
c) tangiert beim langfristigen Gleichgewicht die Durchschnittskostenkurve die Preisabsatzkurve,
d) maximiert der Anbieter seinen Gewinn, wenn der Preis den Grenzkosten entspricht.

9 Bei monopolistischem Wettbewerb läßt sich nach der Auffassung von Gutenberg

a) das Unternehmensgleichgewicht nicht bestimmen,
b) die Absatzsituation des Anbieters durch eine doppelt geknickte Preis-Absatzkurve ausdrücken,
c) die Bedingung Grenzkosten = Grenzerlös zur Bestimmung des Gewinnmaximums nur bedingt verwenden, weil diese Gleichheit bei zwei unterschiedlichen Absatzmengen erreicht werden kann,
d) die Absatzsituation, wie sie in der Preis-Absatzkurve ausgedrückt wird, nicht primär durch die Aktionen und Reaktionen der Mitanbieter, sondern durch die Preis- und Qualitätserwartungen der Kunden beschreiben.

10 Für oligopolistische Märkte

a) gibt es keine abgeschlossene Theorie der Preisbildung, weil sich die vielfältigen Erscheinungsformen des Oligopols bisher nicht in einem Modell zusammenfassen ließen,
b) wird eine geknickte Preis-Absatzkurve angenommen, weil die Konkurrenten in einem bestimmten Bereich bei Preissenkungen eines Anbieters ihre Preise senken und in einem zweiten Bereich bei Preiserhöhungen nicht nachziehen werden,
c) läßt sich die relative Preisstarrheit durch den Unstetigkeitsbereich der Grenzerlöskurve erklären,
d) gilt, daß die Konsumenten optimal versorgt werden, weil die Bedingung Grenzkosten = Preis erfüllt ist.

6 Marktmacht und Wettbewerb – Unternehmenskonzentration

6.1 Wettbewerbsfunktionen und wettbewerbspolitische Konzeptionen

- Die Wettbewerbsfunktionen in ihrer Bedeutung für die Marktwirtschaft entfalten und statische und dynamische unterscheiden können.
- Die Dimensionen des Wettbewerbsprozesses beschreiben können.
- Die wettbewerbspolitische Konzeption der Freiburger Schule, des weiten Oligopols, der gegengewichtigen Marktmacht und des Wettbewerbs als Entdeckungsverfahren in den Grundzügen wiedergeben können.

6.1.1 Wettbewerbsfunktionen

Systemkonstituierendes *Steuerungsprinzip* in marktwirtschaftlichen Ordnungen ist der *Wettbewerb auf den Märkten*. Er ist jedoch in der Regel nicht das alleinige, sondern das vorherrschende Steuerungsprinzip, das durch *staatliche Planung* dort ergänzt wird, wo der Wettbewerb als funktionsunfähig oder unsozial angesehen wird. Dies geschieht in der Bundesrepublik Deutschland nach dem ordnungspolitischen Grundsatz, der auch im Godesberger Programm der SPD von 1959 enthalten ist: „Wettbewerb soweit wie möglich, Planung soweit wie nötig!" Dieser Grundsatz, der dem Wettbewerb als Steuerungsprinzip Priorität einräumt, dürfte im Prinzip zwischen allen politischen Kräften in der Bundesrepublik Deutschland, die das marktwirtschaftliche System bejahen, unstrittig sein. Unterschiede zwischen den Parteien bestehen allerdings darin, in welcher Weise die beiden Steuerungsprinzipien relativ zueinander gewichtet sein sollen. Bekanntlich erfolgt in der Bundesrepublik die Steuerung der makroökonomischen Kreislaufgrößen (Preisniveau, Wachstumsrate des Sozialprodukts, Beschäftigungsniveau) im Rahmen der *Globalsteuerung* durch staatliche Planung, während die Koordinierung der einzelwirtschaftlichen Entscheidungen den Märkten überlassen wird.

Die Frage, warum dem Wettbewerbsprinzip der Vorrang eingeräumt wird, läßt sich mit Hilfe der gesellschaftspolitischen und wirtschaftlichen Funktionen, die dem Wettbewerb zugeschrieben werden, beantworten. Kantzenbach unterscheidet folgende sechs *Wettbewerbsfunktionen*:

„1. Gewähr von Entfaltungsmöglichkeiten individueller Freiheit;
2. Verteilung der Einkommen nach Marktleistung;
3. Ausrichtung der Produktionsstruktur und Verteilung der Produkte nach der effektiven Nachfrage;
4. Lenkung des Faktoreneinsatzes nach der Produktivität;
5. Förderung der Anpassungsflexibilität der Wirtschaft;
6. Förderung des technisch-organisatorischen Fortschritts."[1]

1 Erhard Kantzenbach: Konzentration als Problem der Konkurrenzwirtschaft. In: Helmut Arndt, Hrsg.: Die Konzentration in der Wirtschaft, Schriften des Vereins für Socialpolitik, N. F., Band 20/I, 2. Aufl., Berlin (Duncker & Humblot) 1971, S. 172.

Die ersten beiden Wettbewerbsfunktionen berühren unmittelbar die gesellschaftspolitischen Werte Freiheit und Gerechtigkeit und können daher als *gesellschaftspolitische Funktionen* von den übrigen vier *ökonomischen Wettbewerbsfunktionen* abgegrenzt werden. Im folgenden werden die sechs Wettbewerbsfunktionen im einzelnen betrachtet:

Erich Hoppmann sieht vor allem in der **Gewährung der individuellen Freiheit** durch den Wettbewerb das spezifische Charakteristikum des Wettbewerbs. Er hält unter wettbewerbspolitischem Gesichtspunkt die „Freiheit als Abwesenheit von Zwang durch andere und Freiheit als Abwesenheit von Beschränkungen des Tauschverkehrs durch andere Marktteilnehmer“[1] für die ursprüngliche Bedeutung des Freiheitsbegriffs.

Übertragen auf den Marktprozeß bedeutet dies, daß niemand gezwungen werden darf, nicht nach eigenen Zielen und Zwecken, sondern nach fremden Zwecken und Zielen tätig zu werden. Diese Freiheit impliziert in erster Linie die *Autonomie der unternehmerischen Tätigkeit*, aber auch die *Wahlfreiheit der privaten Haushalte* beim Bezug von Konsumgütern und beim Absatz ihrer Faktorleistungen, also auch die freie Wahl des Arbeitsplatzes. „Da Betrug und Irreführung ebenfalls Mittel sind, um Menschen und Organisationen in den Dienst anderer, nämlich des Betrügers und des Irreführers, zu stellen, so wird man vervollständigend sagen können, daß Wettbewerbsfreiheit durch Abwesenheit von Zwang, Betrug und Irreführung gekennzeichnet ist.“[2]

Beschränkungen des Tauschverkehrs durch andere Marktteilnehmer engen den Aktions-, den Freiheitsspielraum, eines Marktteilnehmers ein. Beispiele für Beschränkungen des Aktionspielraums durch andere Marktteilnehmer sind Werbung, soweit sie nicht der Information, sondern der „Verführung“ dient, Preisabsprachen usw.

Gefährdet werden die Freiheitsspielräume eines Marktteilnehmers letztlich immer dann, wenn andere Marktteilnehmer über *wirtschaftliche Macht* verfügen, allerdings nicht durch wirtschaftliche Macht schlechthin, sondern durch erhebliche wirtschaftliche Macht. Denn „Leistungswettbewerb gibt es nicht ohne wirtschaftliche Macht. . . Funktioniert der Wettbewerb, so ist die hieraus resultierende Macht freilich begrenzt: Nachahmer treten auf, deren Konkurrenz diese Sonderstellung zerstört. Ihr Wettbewerb beseitigt monopolartige Gewinne und sozialisiert damit zugleich den wirtschaftlichen Fortschritt. . . Entscheidend für alle Wettbewerbsprozesse ist somit nicht das Fehlen, sondern die Unbeständigkeit (und die dadurch gegebene Begrenzung) der Macht. Solange die Macht zwischen bahnbrechenden und nachahmenden Unternehmen und zwischen Anbietern und Nachfragern hin- und herpendelt, ist wirtschaftliche Macht ungefährlich.“[3]

Erst wenn dauerhafte Machtpositionen entstehen, der Wettbewerb aufgehoben oder eingeschränkt ist, sind Möglichkeiten des Machtmißbrauchs und damit die *Gefährdung von Freiheitsspielräumen* gegeben.

Die gesellschaftspolitische Funktion des Wettbewerbs, Entfaltungsmöglichkeiten individueller Freiheit zu gewährleisten, beschränkt sich jedoch nicht nur auf den wirtschaftlichen Bereich. Ausgeprägte wirtschaftliche Machtpositionen führen zu *politischer Macht*, die teilweise der öffentlichen Kontrolle entzogen und nicht demokratisch legitimiert ist. Beispielsweise können Investitionsentscheidungen von Großunternehmen die Regional- und Konjunkturpolitik oder die Außen- und Entwicklungspolitik der Regierung unterstützen oder behindern.[4]

---

1 Erich Hoppmann: Fusionskontrolle, Tübingen (Mohr) 1972, S. 12.

2 Ebenda, S. 13.

3 Helmut Arndt: Wirtschaftliche Macht, München (Beck) 1974, S. 10.

4 Vgl. Erhard Kantzenbach: Konzentration als Problem der Konkurrenzwirtschaft, a. a. O., S. 174.

Als zweite gesellschaftspolitische Funktion steuert der Wettbewerb auf den Märkten für Faktorleistungen die **Primärverteilung der Einkommen nach dem Marktwert der individuellen Leistungen**. Damit verhindert der Wettbewerb *Ausbeutung aufgrund von Marktmacht*. Bei der Verteilung der Einkommen nach Marktleistung bleibt der unterschiedliche Grad von Mühe, den die einzelnen Wirtschaftssubjekte aufbringen müssen, um eine gleiche Marktleistung zu erbringen, unberücksichtigt. Die Verteilung der Einkommen nach der Marktleistung impliziert keine Gerechtigkeit im ethischen Sinne – was als gerecht empfunden wird, hängt schließlich von den subjektiven Wertvorstellungen des einzelnen ab –, sie bildet aber eine Voraussetzung für die staatliche Umverteilungspolitik.

Ferner steuert der Wettbewerb die **Zusammensetzung und Verteilung des Güterangebots nach den Wünschen der Käufer**. Letztlich erfolgt die Produktion nach den Wünschen der Konsumenten, so daß der Konsument als „Souverän" die Produktion lenkt. Eine Einschränkung des Wettbewerbs bedeutet die Gefahr der Umkehrung dieses Verhältnisses: aus der *Konsumenten-* wird eine *Produzentensouveränität*, wie das in der Realität häufig zu beobachten ist.

Der Wettbewerb bewirkt, daß die **Produktionsfaktoren in die produktivsten Einsatzmöglichkeiten gelenkt** werden. Dadurch werden die Gesamtkosten bei konstanter Produktionstechnik gesenkt. Es wird ein Optimum gesamtwirtschaftlicher *Effizienz* erreicht.

Der Wettbewerb führt zu einer **permanenten und raschen Anpassung der Produktion und der Produktionskapazitäten** an die sich ändernden Marktverhältnisse. Dies gilt insbesondere im Hinblick auf die Nachfrage, die sich ständig in quantitativer und qualitativer Hinsicht ändert. Die quantitative Anpassung des Angebots vollzieht sich im Wettbewerb über den Preis. Bei Nachfragerückgang sinken die Preise und dadurch das Angebot so lange, bis ein neuer Gleichgewichtspreis erreicht ist. Die qualitative Anpassung des Angebots an die sich ändernden Wünsche der Nachfrager geschieht durch Änderungen der Produktqualitäten. Diese als *Anpassungsflexibilität* bezeichnete Funktion des Wettbewerbs kann nur in einer sich entwickelnden Volkswirtschaft Geltung haben. Sie begrenzt das Ausmaß der Fehlinvestitionen und beschleunigt den Strukturwandel einer Volkswirtschaft. Wird der Wettbewerb durch staatliche Eingriffe in Form von Subventionen oder Erhebung von Schutzzöllen eingeschränkt oder durch Monopolisierung behindert, verliert die Wirtschaft diese Anpassungsflexibilität.

Schließlich beschleunigt der Wettbewerb die **Durchsetzung des technischen Fortschritts** bei den produzierten Gütern und den Produktionsmethoden. Der Wettbewerb ist somit eine wesentliche Komponente des *wirtschaftlichen Wachstums* einer Volkswirtschaft. Besteht kein Wettbewerb, wird der Produzent nicht gezwungen, seine veralteten Produktionsanlagen zu verschrotten und produktionstechnische Innovationen zu übernehmen. So haben beispielsweise die drei amerikanischen Stahlgiganten, die den amerikanischen Stahlmarkt beherrschen, erst nach zehn Jahren das von einem österreichischen Unternehmen erfundene Sauerstoffverfahren bei der Stahlgewinnung übernommen (vgl. Text 9, S. 203f.).

Die beiden letztgenannten Funktionen des Wettbewerbs, Anpassungsflexibilität und Durchsetzung des technischen Fortschritts, sind vor allem in Volkswirtschaften entscheidend, die sich weiterentwickeln, weisen also einen dynamischen Charakter auf. Kantzenbach bezeichnet daher diese beiden Funktionen als *dynamische* Wettbewerbsfunktionen, denen er die *statischen* Funktionen Einkommensverteilung (2), Angebotszusammensetzung (3) und Produktionssteuerung (4) gegenüberstellt.[1]

1 Vgl. Erhard Kantzenbach: Die Funktionsfähigkeit des Wettbewerbs, a. a. O., S. 17.

6.1.2 Dimensionen des Wettbewerbsprozesses

Es ist strittig, unter welchen Bedingungen der Wettbewerb diese Funktionen erfüllen kann, also funktionsfähig ist. Je nachdem, welche Wettbewerbsfunktionen betont werden, ergeben sich unterschiedliche *wettbewerbspolitische Konzeptionen*. Bevor einige wettbewerbspolitische Konzeptionen referiert werden, sei zum besseren Verständnis des Wettbewerbsprozesses kurz auf dessen verschiedene *Dimensionen* hingewiesen. Müller hat folgende Dimensionen des Wettbewerbsprozesses aus der Literatur zusammengestellt. Er unterscheidet:

„1. Verhaltensweisen im Wettbewerb, 2. Marktphasen, 3. Präferenzpotentialverteilungsänderungen*, 4. Intensität, 5. Richtung, 6. Widerstreit polypolisierender und monopolisierender Kräfte.“[1]

Bei den **Verhaltensweisen** im Wettbewerb kann zwischen *kreativem* (schöpferischem), *adaptivem* (nachahmendem) und *konsolidierendem* (festigendem, erhaltendem) *Verhalten* unterschieden werden. Kreatives Verhalten liegt vor, wenn Unternehmer versuchen, einen Vorsprung vor ihren Konkurrenten zu gewinnen, indem sie technische Neuerungen in Form neuer Produkte oder kostensenkender Produktionsverfahren einführen. Schumpeter läßt die Bezeichnung „Unternehmer“ nur für solche Unternehmensführer gelten, die neue *Kombinationen* durchsetzen, d. h.: Herstellung eines neuen Gutes, Einführung einer neuen Produktionsmethode, Erschließung neuer Absatzmärkte, Eroberung neuer Bezugsquellen, Schaffung oder Durchbrechung eines Monopols.[2] Alle übrigen Typen von Unternehmensführern bezeichnet er als „Wirte“, deren Eigenart darin besteht, daß sie die erfolgreichen Maßnahmen der „Neuerer“ nachahmen (adaptieren), um den Wettbewerbsvorsprung des Konkurrenten einzuholen. Durch konsolidierendes Verhalten wird versucht, eine Stabilisierung der gegebenen Wettbewerbsposition zu erreichen, sei es durch Werbung oder durch Erhöhung des Unvollkommenheitsgrades des Marktes.

Nach Heuss[3] können vier aufeinanderfolgende **Marktphasen** unterschieden werden, die jeder einzelne Markt für ein Gut in seiner Entwicklung durchläuft. In jeder Marktphase herrscht ein anderes Wettbewerbsverhalten.

Die erste Phase wird als *Experimentierungsphase* bezeichnet. In ihr wird ein Produkt bis zur Marktreife entwickelt. Die Zahl der Anbieter ist gering. Die Unternehmensführer sind echte „Unternehmer“ im Schumpeterschen Sinne, es herrscht kreatives Verhalten vor.

Auf die Experimentierungsphase folgt die *Expansionsphase*, in der die Produktion steigt. Die Zahl der Anbieter nimmt zu, es werden neue Absatzmärkte durch Senkung der Stückkosten und Preise erschlossen. Es überwiegt das adaptive Verhalten.

Die dritte Phase wird als *Ausreifungsphase* bezeichnet. Während die Produktion des Gutes noch absolut wächst, gehen die Zuwachsraten zurück. In dieser Phase setzt sich das konsolidierende Wettbewerbsverhalten durch.

In der letzten Phase, der *Stagnations- und Rückbildungsphase*, hat die Expansion des Marktes ein Ende, es können Rückgänge eintreten, so daß die Zahl der Anbieter sinkt.

Der Wettbewerbsprozeß ist also je nach Marktphase anders ausgeprägt. Da jedoch ein Unternehmen häufig nicht ein Produkt, sondern diverse Produkte herstellt und damit auf vielen Ein-

---

1 Udo Müller: Wettbewerb, Unternehmenskonzentration und Innovation, Schriftenreihe der Kommission für wirtschaftlichen Wandel, Band 37, Göttingen (Schwartz) 1975, S. 9.

2 Vgl. Joseph A. Schumpeter: Theorie der wirtschaftlichen Entwicklung, 5. Aufl., Berlin (Duncker & Humblot) 1952, S. 100f.

3 E. Heuss: Allgemeine Markttheorie, Tübingen, Zürich (Mohr) 1965.

zelmärkten anbietet – es ist geradezu typisch für das Wettbewerbsverhalten eines Unternehmens, rechtzeitig auf andere Märkte auszuweichen –, dürfte der Erklärungswert dieses Marktphasenschemas für das Wettbewerbsverhalten von Unternehmen gering sein. Immerhin können dadurch Anhaltspunkte für die Beurteilung des Wettbewerbs auf einem Einzelmarkt gewonnen werden.

Wettbewerb zielt darauf ab, die von den Käufern zu vergebenden **Präferenzpotentiale** für sich zu mobilisieren, indem man den Käufern günstige Geschäftsbedingungen einräumt oder durch geeignete Wettbewerbsmaßnahmen für die eigenen Produkte Präferenzen zu erzeugen versucht. „Der Wettbewerbsprozeß ist. . . durch laufende Umverteilungen und Reumverteilungen des Präferenzpotentials – zumindest aber durch darauf gerichtete Wettbewerbsanstrengungen – gekennzeichnet. Diese Änderungen der Verteilung des Präferenzpotentials zeigen sich für die einzelne Unternehmung einerseits in bewußt herbeigeführten Änderungen der Lage der eigenen Preisabsatzfunktion und andererseits im Grad der ebenfalls erwünschten Resistenz gegenüber Versuchen anderer Wettbewerber, diese Absatzlage zu verschlechtern."[1]

Eine andere Dimension des Wettbewerbsprozesses ist seine **Intensität**. Je intensiver der Wettbewerb ist, um so häufiger sind Innovationen und deren Nachahmung. Der Wettbewerb erstarrt, wenn das kreative und adaptive Wettbewerbsverhalten erlahmen.
Das Ergebnis eines Wettbewerbsprozesses ist nicht voraussagbar. Der Erfolg wettbewerblicher Maßnahmen ist unsicher. „Der Wettbewerbsprozeß ist. . . im zeitlichen Ablauf *offen*, d. h. ohne von vornherein festgelegte **Richtung**: mit seinen kreativen und adaptiven Verhaltensweisen soll er als Antwort auf die potentiellen Käuferpräferenzen Schritt für Schritt diese Käuferpräferenzen enthüllen, entdecken und in diesem Sinne ein Suchprozeß sein."[2] Der *Wettbewerb* wird hier also *als Entdeckungsverfahren* verstanden.

Der Wettbewerb spielt sich nicht in gegebenen Marktstrukturen ab, wie es in der in Hautpabschnitt 5 behandelten Preistheorie unterstellt wird. Vielmehr bewirkt der Wettbewerb sich laufend *verändernde Marktstrukturen*. Im Wettbewerbsprozeß sind in Abhängigkeit vom Wettbewerbsverhalten und von den Marktphasen **monopolisierende** (kreatives Verhalten, Präferenzerzielung) **und polypolisierende Kräfte** (adaptives Verhalten, neue Anbieter) zu beobachten, die in Richtung Monopol oder in Richtung Polypol drängen.

6.1.3 Wettbewerbspolitische Konzeptionen

Unter einer *wettbewerbspolitischen Konzeption* wird ein System theoretischer Aussagen über Marktstrukturen, Wettbewerbsprozesse und Wettbewerbsergebnisse verstanden, das außerdem wettbewerbspolitische Grundsätze enthält. Wettbewerbspolitische *Grundsätze* sind solche Normen, die auf Marktstrukturen, Wettbewerbsergebnisse und Wettbewerbsprozesse bezogen sind und aus denen wettbewerbspolitische *Maßnahmen* abgeleitet werden. Im folgenden werden die Konzeptionen der *Freiburger Schule*, des *weiten Oligopols*, der *countervailing power* und des *Wettbewerbs als Entdeckungsverfahren* skizziert und analysiert.

Konzeption der Freiburger Schule. Die wettbewerbspolitische Konzeption der *Freiburger Schule* ist in deren ordoliberales* Programm eingebettet. Walter Eucken, einer der Hauptvertreter der Freiburger Schule, geht davon aus, daß die individuelle Freiheit nur in einer Marktwirtschaft mit *„vollständiger Konkurrenz"* auf allen Märkten gesichert werden könne. „Diejenige Marktform,

1 Udo Müller: Wettbewerb, Unternehmenskonzentration und Innovation, a. a. O., S. 14f.
2 Ebenda, S. 16.

die in der Wettbewerbsordnung dominiert, ist die Marktform der ‚vollständigen Konkurrenz'. Sie ist es, welche die Pläne und Entscheidungen der einzelnen Betriebe und Haushalte miteinander koordinieren soll. . . Der Preis wird vom Markt genommen, nicht dem Markt in Marktstrategie aufgezwungen. . . Die vollständige Konkurrenz dient in der Wettbewerbsordnung nicht nur dazu, die Leistung zu steigern, sondern sie ist die Marktform, deren Preise den Wirtschaftsprozeß lenken. . . Lenkung des Wirtschaftsprozesses und Leistungssteigerung zusammen sollen in der Wettbewerbsordnung durch vollständige Konkurrenz bewirkt werden."[1] Eucken geht also vom *vollkommenen, atomistischen Markt* aus, bei dem sich die Anbieter als Mengenanpasser verhalten. Preispolitik existiert in diesem Konzept nicht. Ferner wird aus dem Zitat deutlich, daß die statischen Wettbewerbsfunktionen besonders betont werden. Der Dynamik des Wettbewerbs werden die Wettbewerbsvorstellungen der Freiburger Schule jedoch nicht gerecht.

„Das neoklassische Wettbewerbsmodell ist zugeschnitten auf die Analyse *stationärer Zustände*. Es wird gezeigt, wie unter bestimmten Voraussetzungen Marktkräfte den Einsatz gegebener Produktionsfaktoren bei einem vorgegebenen technischen Wissen optimal steuern. Technischer Fortschritt, Innovation und wirtschaftliches Wachstum haben in diesem Modell keinen Platz. Sie sind Störfaktoren des stationären Gleichgewichts."[2]

Insgesamt ähnelt die wettbewerbspolitische Konzeption der Freiburger Schule sehr stark den Vorstellungen des *klassischen Liberalismus*. Im Gegensatz zu ihm wird jedoch die Wettbewerbsordnung nicht als naturgegeben angenommen, sondern „als staatliche Veranstaltung organisiert und durch die Rechtsordnung gegen immanente Verfallstendenzen gesichert. . . Die staatliche Monopolkontrolle soll die Entstehung von Monopolen und Kartellen verhindern, vermeidbare Monopole auflösen und unvermeidbare Monopole ‚wettbewerbsanalog steuern', d. h. die Preise der Monopolgüter so manipulieren, wie sie sich bei Wettbewerb ergeben würden. Diese ‚gebundene Konkurrenz' des ‚Als-Ob' soll auch den Bereich der unvermeidbaren Oligopole umfassen"[3].

Der theoretische Grenzfall des vollkommenen, atomistischen Marktes wird also zum wettbewerbspolitischen Grundsatz erhoben. Die Wettbewerbspolitik hat dafür zu sorgen, daß die Wettbewerbsergebnisse, zu denen diese Marktform in der Theorie führt, auch auf solchen Märkten bewirkt wird, die aus unvermeidlichen Gründen monopolistisch oder oligopolistisch strukturiert sind.

Die Erhebung der vollständigen Konkurrenz zur wettbewerbspolitischen Norm der Freiburger Schule ist als utopisch kritisiert worden, weil „weder die Unvollkommenheiten des Marktes (mangelnde Markttransparenz, sachliche, räumliche und personelle Präferenzen der Nachfrager oder Anbieter) völlig beseitigt, noch das Rad der technischen Entwicklung, die zur Entstehung marktbeeinflussender Großbetriebe geführt hat, wieder"[4] zurückgedreht werden kann. Kritisiert wird vor allem auch, daß im Konzept der Freiburger Schule von *einer* bestimmten *Marktform* ausgegangen wird. Dies widerspricht der Auffassung, daß der Wettbewerbsprozeß gerade durch den „Widerstreit monopolisierender und polypolisierender Kräfte" charakterisiert ist, so daß die *Marktformen nicht Voraussetzung, sondern Ergebnis des Wettbewerbsprozesses* sind und sich permanent ändern.

1 Walter Eucken: Grundsätze der Wirtschaftspolitik, 4. Aufl., Tübingen, Zürich (Mohr) 1968, S. 246ff.

2 Gottfried Bombach: Technischer Fortschritt und Konzentration. In: Notwendigkeit und Gefahr der wirtschaftlichen Konzentration, Frankfurter Gespräche der List-Gesellschaft 1969, Tübingen, Basel (Mohr) 1969, S. 65.

3 Herbert Giersch: Allgemeine Wirtschaftspolitik. Grundlagen, Wiesbaden (Gabler) 1961, S. 182.

4 Ebenda, S. 184.

Konzeption des weiten Oligopols. Durch seine wettbewerbspolitische Konzeption des *weiten Oligopols*[1] versucht Kantzenbach in seinem bereits zitierten Werk „Die Funktionsfähigkeit des Wettbewerbs" die Kluft zwischen Theorie und Praxis zu überwinden, indem er Wettbewerbsvorstellungen auf die Bedingungen der gegenwärtigen *Industriegesellschaften* überträgt. Dabei geht er von den letzten fünf der auf S. 138 ff. beschriebenen Wettbewerbsfunktionen aus. Er sucht eine Marktform, die diese Wettbewerbsfunktionen hinreichend erfüllt. Das System der *vollständigen Konkurrenz* erfüllt nur die drei *statischen Wettbewerbsfunktionen:* Einkommensverteilung nach der Marktleistung, Zusammensetzung des Güterangebotes nach den Käuferpräferenzen und Lenkung der Produktionsfaktoren in die produktivsten Verwendungsweisen. Die *dynamischen Funktionen* werden durch diese Marktform jedoch nicht garantiert. „Da der Wettbewerb seinem ganzen Wesen nach etwas *Evolutorisches* und Ungleichgewichtiges* ist, vermag eine statische Gleichgewichtsbetrachtung ihn nicht zu erklären. Allenfalls ist sie in der Lage, stationäre Ausgangs- oder Endzustände des Wettbewerbsprozesses darzustellen, wobei die dynamischen Wettbewerbsfunktionen notwendigerweise unberücksichtigt bleiben.
Gerade die Beeinflussung des technischen Fortschritts und der Anpassungsflexibilität sind aber für eine wirtschaftspolitische Beurteilung unterschiedlicher Wettbewerbsprozesse von entscheidender Bedeutung."[2] Kantzenbach schließt sich daher dem Wettbewerbsbegriff von Karl Schiller an, wenn er zitiert: „Für die wirtschaftspolitische Praxis brauchen wir einen anderen (als den der vollständigen Konkurrenz, E. K.) Wettbewerbsbegriff, nämlich die Konkurrenz als ständigen Prozeß der Rivalität, des Kampfes und der Auslese, den Wettbewerb von ‚neu gegen alt'."[3] Wesentlich für einen so verstandenen Wettbewerb und seine Funktionsfähigkeit ist die *Intensität* des Wettbewerbsprozesses. „Die Intensität eines Wettbewerbsprozesses wird durch die Geschwindigkeit charakterisiert, mit der die Innovationsgewinne durch den Anpassungsprozeß ... wieder aufgezehrt werden. Wesentliche Ursache dieser Anpassungsprozesse ist die Existenzgefährdung der Unternehmen durch den Wettbewerb, die mit steigender oligopolistischer Interdependenz zunimmt."[4]

Die oligopolistische Interdependenz, d. h. die gegenseitige Abhängigkeit der Anbieter von der Absatzstrategie jedes Konkurrenten, ist u. a. von der Zahl der Anbieter und der Beweglichkeit der Nachfrage abhängig. Sie steigt theoretisch mit abnehmender Zahl der Anbieter und zunehmender Homogenität der Güter. Durch zunehmende Homogenität der Güter werden die Nachfrager in ihren Entscheidungen beweglicher, was wiederum die Abhängigkeit der Anbieter untereinander verstärkt.

Diese wachsende oligopolistische Interdependenz drückt jedoch nur die *potentielle* (theoretisch mögliche) *Erhöhung* der Wettbewerbsintensität aus, nicht die *tatsächliche Wettbewerbsintensität.* Die tatsächliche oder effektive Wettbewerbsintensität erhöht sich *nicht* zwangsläufig, denn die genannten Merkmale (wenige Anbieter, homogene Güter) erleichtern gleichzeitig *Absprachen* und können so zu *Wettbewerbsbeschränkungen* führen. Deshalb ist zur Aufrechterhaltung einer optimalen Wettbewerbsintensität und damit der Funktionsfähigkeit des Wettbewerbs eine größere Zahl von Anbietern notwendig als bei der potentiell optimalen Wettbewerbsintensität. Dies könnte durch die Marktform des weiten Oligopols erreicht werden: „Unter der Voraussetzung, daß keinerlei Wettbewerbsbeschränkungen eine Abweichung der effektiven von der potentiellen

1 Es wird zwischen weiten und engen Oligopolen unterschieden. Im weiten Oligopol ist die Zahl der Anbieter größer als im engen Oligopol.
2 Erhard Kantzenbach: Die Funktionsfähigkeit des Wettbewerbs, a. a. O., S. 32.
3 Ebenda, S. 32.
4 Ebenda, S. 41 f.

Wettbewerbsintensität bewirken, steigt die Wettbewerbsintensität mit abnehmender Anbieterzahl vom Polypol über das weite bis zum engen Oligopol (im Extremfall bis zum Dyopol). Die dynamische Funktionsfähigkeit nimmt dabei zunächst zu, verringert sich aber nach Überschreitung eines Optimums im Oligopolbereich wieder durch zunehmende Vermachtung des Wettbewerbs. Werden die statischen Wettbewerbsfunktionen in die Analyse einbezogen, so verschiebt sich das Optimum lediglich je nach der wirtschaftspolitischen Gewichtung mehr oder weniger in Richtung auf das Polypol ... Im Gegensatz zum statischen Modell der vollständigen Konkurrenz erfordert die optimale Wettbewerbsintensität in dynamischer Betrachtung keine theoretischen Grenzfälle der Marktform. Sie wird vielmehr in der Regel im Bereich weiter Oligopole mit mäßiger Produktdifferenzierung zu finden sein. Ihre Verwirklichung braucht deshalb nicht notwendig einen Verzicht auf die Ausnutzung möglicher Massenproduktionsvorteile oder Produktdifferenzierung zu beinhalten."[1]

Die *Sicherung des Wettbewerbs* beim weiten Oligopol hält Kantzenbach für unproblematisch, weil unter den Bedingungen des weiten Oligopols die Neigungen und Möglichkeiten der Unternehmen zu Wettbewerbsbeschränkungen gering seien und schon die Verhinderung jeglicher Wettbewerbsbeschränkungen ausreichen würde, um die volle Funktionsfähigkeit des Wettbewerbs zu sichern. Lediglich bei anderen als oligopolistischen Marktformen müßten wettbewerbspolitische Eingriffe vorgenommen werden. Solche *anderen Marktformen* können durch eine zu niedrige oder zu hohe potentielle Wettbewerbsintensität charakterisiert sein. „Ohne wettbewerbspolitische Eingriffe werden sich in beiden Fällen (zu niedrige und zu hohe Wettbewerbsintensitäten, U. T.) unteroptimale effektive Wettbewerbsintensitäten herausbilden. Die Tatsache jedoch, daß diese im ersten Fall eine direkte Folge der Marktform sind, im zweiten Fall aber erst aufgrund eines Monopolisierungsprozesses oder durch Herausbildung wettbewerbsbeschränkender Organisationen entstehen, erfordert grundsätzlich entgegengesetzte wettbewerbspolitische Maßnahmen. Sie lassen sich auf die stark vereinfachte Formel bringen, daß im ersten Fall durch Konzentration und Verhinderung von Wettbewerbsbeschränkungen eine Intensivierung des Wettbewerbs angestrebt werden muß, während im zweiten Fall eine begrenzte Wettbewerbsbeschränkung erwünscht und eine weitere Konzentration möglichst zu verhindern ist."[2]

Es ist offensichtlich, daß Kantzenbach die dynamischen Wettbewerbsfunktionen präferiert und für die Charakterisierung des Wettbewerbsprozesses die Dimension *Wettbewerbsintensität* für entscheidend hält. Dabei wird Wettbewerbsintensität mit *oligopolistischer Interdependenz* gleichgesetzt. Kantzenbachs Konzeption hat heftige Diskussionen ausgelöst, die bis heute nicht abgeschlossen sind. Unter anderen wurden folgende Aspekte seiner Konzeption *kritisiert:*

- Seiner Konzeption des weiten Oligopols liegt – wie bei der Freiburger Schule – ein Ansatz zugrunde, der von einer *gegebenen Marktstruktur* ausgeht. Dies widerspricht der Auffassung des Wettbewerbsprozesses als Widerstreit polypolisierender und monopolisierender Kräfte, wonach sich die Marktform laufend durch den Wettbewerbsprozeß verändert.
- Kantzenbachs Gleichsetzung von Wettbewerbsintensität mit oligopolistischer Interdependenz entspricht nicht dem Verständnis von Wettbewerbsintensität als Häufigkeit der Abfolge von *kreativem* und *adaptivem* Wettbewerbsverhalten.
- Für den Wettbewerbsprozeß entscheidend sind die *subjektiven Verhaltensweisen* der Oligopolisten. Diese werden nicht berücksichtigt.
- Die Ableitung der Faktoren, die *Innovationen* veranlassen, ist nicht überzeugend. Es werden

1 Erhard Kantzenbach: Die Funktionsfähigkeit des Wettbewerbs, S. 48f.

2 Ebenda, S. 137.

lediglich die Gewinnaussichten, die Gefährdung der Existenz bei Unterlassung der Innovationen und der Finanzierungsspielraum genannt. Dies sind letztlich Faktoren, die das adaptive Wettbewerbsverhalten beeinflussen, aber nicht das kreative. Es fehlt die Begründung dafür, daß durch das weite Oligopol nicht nur das adaptive, sondern auch das kreative Wettbewerbsverhalten optimal gefördert wird.

- Außerdem fehlt in der Konzeption eine Erörterung, welche Auswirkungen sich durch den *Marktzutritt* neuer Anbieter auf die Wettbewerbsintensität ergeben würden.

Konzeption der countervailing power. Die Vertreter der Konzeption der *countervailing power* (der gegengewichtigen Marktmacht), wie z. B. der amerikanische Ökonom Galbraith, gehen davon aus, daß in den heutigen Volkswirtschaften der industrialisierten Länder westlicher Prägung der Wettbewerb weitgehend durch offene oder geheime *Absprachen* zwischen den Unternehmen ersetzt worden ist. Nicht vollständige Konkurrenz, sondern *abgestimmtes Wettbewerbsverhalten* dominiere in der Realität. Die technische Entwicklung habe zwangsläufig zu Großunternehmen und damit zu *ökonomischer Macht* geführt, die – im Gegensatz zu den Auffassungen der Freiburger Schule etwa – nicht negativ bewertet werden könne, weil die Großunternehmen Urheber des technischen Fortschritts, des Wachstums und der Wohlstandsmehrung seien. Die enorme Wohlstandsmehrung sei den durch Konzentration entstandenen Großunternehmen zu verdanken, Massenproduktion und der mit der hochentwickelten Technik verbundene ungeheure Kapitalbedarf erforderten die Ausschaltung von Risiken und eine ausgefeilte Planung des Absatzes. Um die Absatzplanungen zu realisieren und Risiken zu vermindern, müßten einerseits Absprachen zwischen den Produzenten getroffen und andererseits die Konsumentenwünsche produktionsgerecht manipuliert werden. Die Konsumentensouveränität, wie sie von der klassischen Preistheorie und auch der Wettbewerbstheorie postuliert werde, könne sich in den modernen Industriegesellschaften nur als Störung auswirken. Um eine planvolle Entwicklung der Wirtschaft unter Vermeidung unnötiger Risiken zu gewährleisten, müsse der Staat durch Globalsteuerung und eine angemessene Wachstumspolitik die Ziele der Unternehmen unterstützen und durch Vergabe von Forschungsaufträgen den Unternehmen helfen, die finanziellen Mittel für die Entwicklung neuer Technologien aufzubringen.

Da jedoch die ökonomische Macht zwangsläufig auch ein *politisches Machtpotential* in sich berge, müsse diese Macht der Großunternehmen durch *Gegenmacht* kontrolliert werden. So, wie beispielsweise auf dem Arbeitsmarkt die wachsende ökonomische Macht der Unternehmen durch die Bildung von Gewerkschaften als Gegenmacht ausgeglichen und kontrolliert werde, würde automatisch jede neue ökonomische Macht durch entsprechend gegengewichtete Macht auf der Marktgegenseite neutralisiert werden, so daß die gesellschaftspolitischen Gefahren einseitiger ökonomischer Machtpositionen aufgehoben würden.

Aufgabe der *„Wettbewerbspolitik"* des Staates sei es nicht, Konzentrationsprozesse zu verhindern, sondern bei Entstehung neuer Macht die Gegenmachtbildung zu fördern. Im Prinzip laufe die Konzeption der gegengewichtigen Marktmacht auf eine Wirtschaftsstruktur hinaus, die durch die Marktform des bilateralen Monopols gekennzeichnet ist.

Gegen diese Konzeption können folgende *Einwendungen* erhoben werden:

Der von Galbraith behauptete Zusammenhang von Unternehmensgröße und kreativem Wettbewerbsverhalten kann empirisch nicht nachgewiesen werden; gleiches gilt für die These, daß Großunternehmen Spitzenreiter des technischen Fortschritts seien. *Negative Auswirkungen ökonomischer Macht* werden nicht berücksichtigt. Ökonomische Macht kann dazu verwendet werden, den Markt gegenüber neuen Anbietern abzuschließen und Außenseiter zu verdrängen.

Die Gegenmachtbildung stößt auf *Widerstände*. Wer Macht hat, wird sie auch so einsetzen, daß die Gegenmachtbildung erschwert wird. Zudem gibt es Bereiche, bei denen Gegenmachtbildung schwierig ist, wie etwa bei Konsumenten wegen deren verschiedenartiger Interessen.
Insgesamt gesehen, werden durch die Konzeption der countervailing power Konzentrationsprozesse in der Wirtschaft gerechtfertigt, was der marktwirtschaftlichen Ordnung widerspricht.

Wettbewerb als Entdeckungsverfahren. F. A. von Hayeks wettbewerbspolitische Konzeption ist dadurch charakterisiert, daß der *Wettbewerb als Entdeckungsverfahren* verstanden wird. Wettbewerb ist danach ein *Such-, Lern-* und *Informationsprozeß,* mit dem es gelingt, das *innovatorische Potential* – das ist die Summe aller (teilweise auch widersprüchlicher) Kenntnisse von Tatsachen und Möglichkeiten in einer Gesellschaft – optimal zu nutzen und zu entwickeln. Das innovatorische Potential ist jedoch niemandem vollständig zugänglich, vielmehr ist es durch seine Verteilung auf eine Vielzahl von Individuen gekennzeichnet. Dabei hat jedes Individuum irgendeinen Kenntnisvorteil gegenüber allen anderen. Zur optimalen Nutzung des innovatorischen Potentials werden daher auch individuelle Entscheidungsträger benötigt, zentrale Planung und Koordination kann diese Optimierung nicht leisten.
„Im dezentralisierten marktwirtschaftlichen System jedoch existiert nach F. A. von Hayek mit dem Wettbewerb ein Verfahren, das den Unternehmungen und den Haushalten dauernd Informationen zur Verfügung stellt, die ihnen zeigen, welche kreativen und adaptiven Verhaltensweisen sich lohnen. Es handelt sich um das aus dem Wettbewerb herauswachsende Preisgefüge, welches in einfachster und volkswirtschaftlich billigster Form allen Wettbewerbern anzeigt, welche Leistungen in der Gesellschaft insgesamt begehrt sind. Von dieser Schau ausgehend ist der Kern des Wettbewerbs in seiner Fähigkeit zu sehen, die Wettbewerber zur Entdeckung von Tatsachen und Wissen zu leiten, die auf anderem Wege entweder gar nicht bekannt oder aber doch nicht so optimal wie im Wettbewerb benutzt würden. Der Wettbewerb als Entdeckungsverfahren ... führt sowohl zu einer optimalen Entwicklung als auch zu einer optimalen Nutzung des innovatorischen Potentials. ... Der Wettbewerb ist ein Verfahren nicht nur zur Entdeckung neuer Produkte und Produktionsverfahren; vielmehr ist er gleichzeitig auch derjenige Prozeß, in dessen Ablauf sich – in der Richtung offen – die jeweils innovationsoptimalen Marktstrukturen, Unternehmensgrößen und Konzentrationsgrade auf allen Einzelmärkten und in der Volkswirtschaft insgesamt als endogene* Variable des Wettbewerbsprozesses herausbilden."[1]
Im Gegensatz zu den Vertretern der Freiburger Schule, zu Kantzenbach und zu Galbraith wird also für den Wettbewerbsprozeß nicht eine bestimmte *Marktform als Voraussetzung* angenommen, vielmehr ist die ökonomisch vorteilhafteste Marktstruktur eines der *Ergebnisse,* das der Wettbewerbsprozeß erst herausfinden soll. Gegenüber den anderen Konzeptionen hat von Hayeks Konzeption ferner den Vorteil, daß der Wettbewerb nicht nur als ein isoliert auf jedem einzelnen Markt sich abspielender Prozeß begriffen wird, sondern auch als ein Prozeß, der zwischen den Einzelmärkten stattfindet.

Der knappe Überblick über einige wettbewerbspolitische Konzeptionen zeigt, daß die Auffassungen darüber, unter welchen Bedingungen der Wettbewerb die ihm zugeschriebenen Funktionen erfüllen soll und worin das Wesen des Wettbewerbs überhaupt besteht, sehr *kontrovers* sind. Insofern ist es auch nicht verwunderlich, daß die Auffassungen darüber, welche Wirkungen Konzentrationsprozesse auf den Wettbewerb und seine Funktionen haben, sehr weit auseinandergehen. Dies ist bei den Ausführungen der nächsten Abschnitte stets zu bedenken.

---

1 Udo Müller: Wettbewerb, Unternehmenskonzentration und Innovation, a. a. O., S. 55f.

Zusammenfassung

Dem *Wettbewerb* wird in den marktwirtschaftlichen Ordnungen *als Steuerungsprinzip* Priorität eingeräumt, weil durch ihn die Entfaltungsmöglichkeiten für *individuelle Freiheiten* gewährleistet werden sollen, die *primäre Einkommensverteilung* nach der Marktleistung erfolgen soll, die Produktion sich nach den *Käuferpräferenzen* ausrichten soll, die *Produktionsfaktoren* in die jeweils produktivsten Verwendungsweisen gelenkt werden sollen, die *Anpassungsflexibilität* an sich ändernde Daten gefördert und der *technisch-organisatorische Fortschritt* optimal entwickelt und genutzt werden soll.

Der Wettbewerbsprozeß kann durch seine verschiedenen *Dimensionen* charakterisiert werden. Als Dimensionen des Wettbewerbsprozesses werden das *Wettbewerbsverhalten* – wobei zwischen kreativem, adaptivem und konsolidierendem Verhalten differenziert wird –, die *Marktphasen* (Experimentierungs-, Expansions-, Ausreifungs- sowie Stagnations- und Rückbildungsphase), die *Verteilungsänderungen des Präferenzpotentials,* die *Wettbewerbsintensität,* die *Richtung* und der *Widerstreit zwischen polypolisierenden und monopolisierenden Kräften* unterschieden.

Es existieren kontroverse *wettbewerbspolitische Konzeptionen* darüber, wie unter den Gegebenheiten der heutigen Industriegesellschaften diese Wettbewerbsfunktionen erfüllt werden können. Während die Vertreter der *Freiburger Schule* nur in der Marktform der vollständigen Konkurrenz die Wettbewerbsfunktionen garantiert sehen, wobei sie die statischen Wettbewerbsfunktionen betonen, meint *Kantzenbach,* daß im *weiten Oligopol* mit eingeschränkter Produktdifferenzierung vor allem die dynamischen Funktionen erfüllt werden. *Galbraith* gar hält in seiner Konzeption der *countervailing power* den Wettbewerb der vollständigen Konkurrenz für überholt. Die dem Wettbewerb zugeschriebenen Funktionen können in einer dem bilateralen Monopol entsprechenden Marktform realisiert werden. Im Gegensatz dazu versteht *von Hayek* den *Wettbewerb als ein Entdeckungsverfahren,* bei dem es darum geht, das innovatorische Potential einer Gesellschaft optimal zu nutzen und zu entwickeln. Der Wettbewerb ist nicht an eine Marktform als Voraussetzung gebunden, sondern die Marktformen sind ein Ergebnis des Wettbewerbsprozesses und können auf den Einzelmärkten sehr unterschiedlich sein.

ÜBUNGEN

6/1 Welcher Zusammenhang besteht zwischen den dynamischen Wettbewerbsfunktionen, dem Wettbewerbsverhalten, der Wettbewerbsintensität und den Marktphasen?

6/2 Stellen Sie die verschiedenen wettbewerbspolitischen Konzeptionen in einer Übersicht zusammen, und untersuchen Sie, welche Wettbewerbsfunktionen und Wettbewerbsdimensionen in den jeweiligen Konzeptionen besonders betont werden.

6/3 In ihrem ersten Hauptgutachten, „Mehr Wettbewerb ist möglich", schreibt die Monopolkommission*: „Nur wenn eine hinreichend große Anzahl unabhängig handelnder Unternehmen auf den einzelnen Märkten tätig ist, vermag der Wettbewerb seine gesamtwirtschaftlichen Antriebs- und Steuerungsfunktionen zu erfüllen, und nur bei funktionsfähigem Wettbewerb ist es vertretbar, gesamtwirtschaftlich so wichtige Entscheidungen wie diejenigen über Produktionsverfahren, Produktqualität, Produktionsmengen, Preise und Investititonen den einzelnen Unternehmern zu überlassen. Die Funktionsfähigkeit des Wettbewerbs wird durch wettbewerbsbeschränkende Ver-

haltensweisen und Zusammenschlüsse von Unternehmen bedroht. Die ständige Kontrolle der Unternehmenskonzentration ist deshalb eine vorrangige Aufgabe der Wirtschaftspolitik. Die laufende Beobachtung des Konzentrationsprozesses ist dafür die Voraussetzung."[1]
Interpretieren Sie das Zitat, und begründen Sie, welcher wettbewerbspolitischen Konzeption die Monopolkommission zuneigt.

6/4 Schumpeter schreibt: „In der kapitalistischen Wirklichkeit jedoch, im Unterschied zu ihrem Bild in den Lehrbüchern, zählt nicht diese Art von Konkurrenz (gemeint ist die Preis- und Qualitätskonkurrenz, U.T.), sondern die Konkurrenz der neuen Ware, der neuen Technik, der neuen Versorgungsquelle, des neuen Organisationstyps (zum Beispiel der größtdimensionierten Unternehmungseinheit) – jene Konkurrenz, die über einen entscheidenden Kosten- und Qualitätsvorteil gebietet und die bestehenden Firmen nicht an den Profit- und Produktionsgrenzen, sondern in ihren Grundlagen, ihrem eigentlichen Lebensmark trifft. Diese Art der Konkurrenz ist um so viel wirkungsvoller als die andere, wie es ein Bombardement ist im Vergleich zum Aufbrechen einer Tür, und sie ist so viel wichtiger, daß es verhältnismäßig gleichgültig wird, ob die Konkurrenz im gewöhnlichen Sinne mehr oder weniger rasch funktioniert, der mächtige Sauerteig, der auf lange Sicht die Produktion ausdehnt und die Preise herunterdrückt, ist auf jeden Fall aus anderem Stoff gemacht. Es ist kaum nötig zu erwähnen, daß die Konkurrenz von der Art, wie wir sie nun im Sinne haben, nicht nur wirkt, wenn sie tatsächlich vorhanden, sondern auch wenn sie nur eine allgegenwärtige Drohung ist."[2]
Interpretieren Sie das Zitat von Schumpeter unter Rückgriff auf die Wettbewerbsfunktionen und die Dimensionen des Wettbewerbs.

6/5 „Denn der ‚freie' unternehmerische Wettbewerb ist nichts anderes als das einer bestimmten historischen Epoche optimal angepaßte Instrument der Ausbeuter im Dienste des Kapitalismus ... Der Wettbewerb ist heute nicht mehr das geeignete Instrument zur Realisierung privatkapitalistischer Interessen; da er diesen Interessen im Wege steht, muß er abgeschafft werden. Gleichzeitig jedoch bildet die Theorie des Wettbewerbs die Legitimationsgrundlage des gesamten privatkapitalistischen Systems und muß daher, jedenfalls so lange, wie noch keine neue Legitimationsgrundlage entwickelt worden ist, beibehalten werden ... Diese doppelten und entgegengesetzten Notwendigkeiten signalisieren eine ... Schwäche des Systems. Die Interessen der herrschenden Klassen an der Abschaffung des Wettbewerbs und der Einführung privatkapitalistischer Planung treten für einen Augenblick in Gegensatz zu den Interessen des Gesamtsystems an der Beibehaltung des Wettbewerbs als Legitimationsgrundlage für die Systemstruktur. Der Konflikt ist für die Herrschenden nicht unlösbar – seine Lösung wird darin bestehen, daß der konkrete Inhalt des Wortes Wettbewerb in Zukunft das exakte Gegenteil dessen bedeuten wird, was Wettbewerb früher bedeutete ..."[3]

a) Erklären Sie das Zitat.
b) Nehmen Sie zu dem Zitat Stellung, indem Sie den vermeintlich rechtfertigenden, ideologischen Charakter der Wettbewerbskonzeptionen diskutieren.

---

1 Monopolkommission, Hauptgutachten 1973/1975: Mehr Wettbewerb ist möglich, Baden-Baden (Nomos) 1976, S. 17.
2 Joseph A. Schumpeter: Kapitalismus, Sozialismus und Demokratie, Bern (Francke) 1950, S. 140.
3 Jörg Huffschmid: Die Politik des Kapitals, Frankfurt am Main (Suhrkamp) 1971, S. 67f.

6.2 Begriff und Arten der Konzentration

- Zwischen vertikaler, horizontaler und konglomerater Konzentration unterscheiden können.
- Zwischen Konzern, Kartell und Trust unterscheiden können.
- Verschiedene Möglichkeiten der Konzernbildung nennen können.
- Die wachsende Bedeutung der multinationalen Unternehmen erkennen können.

Der Begriff „*Konzentration*" in seinem ökonomischen Sinne geht auf Karl Marx zurück. Er versteht darunter die „Konzentration von Produktionsmitteln mit entsprechendem Kommando über eine größere oder kleinere Arbeiterarmee".[1] Marx unterscheidet nun zwei *Arten* der Konzentration:

Erstens diejenige Konzentration, „welche unmittelbar auf der Akkumulation beruht oder vielmehr mit ihr identisch ist".[2] Dabei bedeutet Akkumulation die „Rückverwandlung von Mehrwert in Kapital",[3] also den Einsatz des Gewinns zur Erweiterung des Unternehmens. In heutiger Terminologie wird diese Art der Konzentration als interne Konzentration bezeichnet.

Zweitens die „Konzentration bereits gebildeter Kapitale, Aufhebung ihrer individuellen Selbständigkeit, Expropriation von Kapitalist durch Kapitalist, Verwandlung vieler kleineren in wenigere größere Kapitale ... Das Kapital schwillt hier in einer Hand zu großen Massen, weil es dort in vielen Händen verloren geht".[4] Diese Art der Konzentration bezeichnet Marx als *Zentralisation,* heute wird sie *externe Konzentration* genannt. Die Zentralisation kann „auf dem gewaltsamen Weg der Annexion" oder durch „die Verschmelzung einer Menge bereits gebildeter ... Kapitale vermittelst des glatteren Verfahrens der Bildung von Aktiengesellschaften"[5] geschehen.

Im Verlauf der weiteren Diskussion (nach Marx) ist der Konzentrationsbegriff auf immer mehr Erscheinungen, die mit ökonomischer Macht verbunden sind, ausgedehnt worden. Vor allem ist die enge Bindung des Begriffs Konzentration an das *Privateigentum an Produktionsmitteln*, wie das bei Marx geschieht, aufgegeben worden. Beispielsweise sind Konzentration in Form von *Verfügungsmacht* der Manager von Publikumsgesellschaften oder Konzentrationserscheinungen in den sozialistischen Ländern nicht an das Privateigentum gebunden.

Im weitesten Sinne kann Konzentration „als *Ballung ökonomischer Größen*"[6] definiert werden oder, etwas anschaulicher, als „die Zusammenfassung wirtschaftlichen Einflusses in der Hand einzelner Wirtschaftssubjekte, wobei Wirtschaftssubjekte private Personen (wie John D. Rockefeller oder Friedrich Flick), Stiftungen (wie im Falle der Carl-Zeiß- oder Alfred-Krupp-von-Bohlen-und-Halbach-Stiftung) oder auch der Staat ... sein können"[7].

Wesentlich ist, daß Konzentration *ökonomische Macht* in den Händen von Wirtschaftssubjekten

1 Karl Marx: Das Kapital, Band 1, a. a. O., S. 575.
2 Ebenda, S. 575.
3 Ebenda, S. 526.
4 Ebenda, S. 576.
5 Ebenda, S. 578.
6 Helmut Arndt, Günter Ollenburg: Begriff und Arten der Konzentration. In: Helmut Arndt, Hrsg.: Die Konzentration in der Wirtschaft, Schriften des Vereins für Socialpolitik, N. F., Band 20/I, 2.Aufl., Berlin (Duncker & Humblot) 1971, S. 10.
7 Helmut Arndt: Macht, Konkurrenz und Demokratie. In: Dieter Grosser, Hrsg., Konzentration ohne Kontrolle, Köln und Opladen (Westdeutscher Verlag) 1970, S. 26.

entstehen läßt. Dies gibt die Möglichkeit, von anderen Wirtschaftssubjekten ein Tun oder Unterlassen gegen deren eigene Interessen zu verlangen und durchzusetzen.
Je nachdem, worauf sich die ökonomische Macht gründet bzw. welche „ökonomischen Größen geballt" sind, kann unterschieden werden: *Einkommenskonzentration* als Ballung von Einkommen, *Vermögenskonzentration* als Ballung von Vermögen, Faktorkonzentration als Ballung von Produktionsfaktoren in einem Betrieb, *Unternehmenskonzentration* als Zusammenfassung von Unternehmen. Im Vordergrund der folgenden Ausführungen steht die Unternehmenskonzentration, „die sich nicht nur auf die Unternehmensgröße, die Ballung von Betrieben in Unternehmen oder die Fusion von Unternehmen, sondern auch auf deren Verflechtung (Konzern- und Kartellbildung) erstreckt . . ., wobei sich die Konzentration im Unternehmen und die Konzentration von Unternehmen unterscheiden lassen".[1]

Die Unternehmenskonzentration läßt sich nach verschiedenen Gesichtspunkten klassifizieren. Nach der Beziehung zum Produktionsprozeß können *horizontale, vertikale* und *konglomerate* (diagonale) Konzentration unterschieden werden.

- **Horizontale Konzentration** entsteht durch Zusammenfassung von Unternehmen innerhalb *einer Produktionsstufe.* Sie kann in Form von Kartellen, Konzernen oder Einheitsunternehmen auftreten. Während beim *Konzern* die wirtschaftliche Selbständigkeit der Konzernunternehmen verlorengeht und auf die „Mutter-" oder „Dachgesellschaft" übertragen wird, behalten im *Kartell* die Unternehmen weitgehend ihre wirtschaftliche Selbständigkeit und verzichten nur auf einen Teil ihrer unternehmerischen Funktionen, beispielsweise auf eine autonome Preisfestsetzung oder eine eigenständige Bestimmung der Höhe der Produktion und des Absatzes. Im ersten Fall entstehen Preiskartelle, im zweiten Fall Quotenkartelle.
  Verzichten die im Kartell zusammengeschlossenen Unternehmen ganz auf die Absatzfunktion und übertragen sie diese auf Verkaufskontore, entstehen *Syndikate.* Weil das Syndikat den Absatz für die einzelnen Mitglieder des Kartells übernimmt, müssen für die einzelnen Mitglieder *Absatzquoten* (Anteile der einzelnen am Gesamtabsatz des Syndikats) festgelegt werden. Darüber hinaus gibt es Kartelle – nicht nur in der Form des Syndikats –, deren Mitglieder auf die selbständige Ausübung *aller* wesentlichen Unternehmensfunktionen (z. B. auch der Investitionsentscheidungen), ähnlich wie bei den Tochtergesellschaften eines Konzerns, verzichtet haben.
  Die Zusammenfassung zu einem Kartell kann auf *freiwilliger Basis* erfolgen oder aber auch vom Branchenführer oder der Mehrzahl der Unternehmen durch *ruinösen Wettbewerb* erzwungen werden.
  Wie mit dem Mittel der ruinösen Konkurrenz Nichtkartellmitglieder zum Anschluß an ein Kartell gezwungen oder in den Konkurs getrieben werden sollen, zeigt folgendes Beispiel, das sich 1968/69 ereignete: „Die Korf Industrie und Handel GmbH & Co. KG, die sich seit dem 28. 10. 1968 auf die Kostenvorteile eines neuen Elektrostahlwerkes in Kehl stützen kann, lieferte Betonstahl III um 10,— DM je Tonne billiger als das Stahlkontor[2] West. Um die lästigen Wettbewerber vom Markt zu verdrängen, senkte daraufhin das Stahlkontor West den Listenpreis um 95,— DM von 400,— DM auf 305,— DM je Tonne. Erst durch den Einspruch der Europäischen Kommission in Brüssel gelang es, die abrupte und genau gezielte Preissenkung

1 Helmut Arndt, Günter Ollenburg: Begriff und Arten der Konzentration, a. a. O., S. 22.
2 1967 durften sich die Stahlunternehmen zu einem Strukturkrisenkartell zusammenschließen. Dies bezog sich jedoch nur auf Normstähle. Die Stahlproduzenten schlossen sich zu Syndikaten zusammen, die die Bezeichnung „Stahlkontor" erhielten.

wenigstens teilweise rückgängig zu machen. Infolge dieses Eingreifens setzte das Stahlkontor West seinen Preis für Betonstahl III von 305,— DM auf 335,— DM wieder herauf."[1]
Auch die horizontale Konzentration im Konzern und innerhalb eines Unternehmens kann entweder durch freiwilligen Zusammenschluß in Form von *Kapitalverflechtungen* und *Verschmelzungen* (Fusionen) oder unfreiwillig durch *ruinöse Konkurrenz* entstehen. Ein berühmtes Beispiel für die unfreiwillige Verschmelzung von Unternehmen ist die Methode, mit der Rockefeller seine Wettbewerber aufkaufte. Auf dem amerikanischen Ölmarkt herrschte zu Beginn dieses Jahrhunderts ein intensiver Wettbewerb zwischen einer größeren Zahl von Unternehmen. „Doch dann gelang es Rockefeller durch schrittweisen Ankauf von Konkurrenzfirmen und laufende Fusionen in einem ununterbrochenen Monopolisierungsfeldzug eine das gesamte Absatzgebiet der USA umfassende Mammutfirma, einen gigantischen Öl-Trust, zu entwickeln. Die rigorosen Methoden kennzeichnet folgendes Beispiel: Unter Ausnutzung seiner Marktmacht zwang Rockefeller von ihm abhängige Eisenbahnen zu Sondertarifen auf den wichtigsten Linien für Transporte seines Trusts. Als gerissener Taktiker war er später, nachdem dieser Wettbewerbsvorsprung genügend ausgenutzt war, ‚großzügig' bereit, die Vorzugstarife auch anderen Ölgesellschaften, allerdings unter einer Bedingung, einzuräumen: Die auf seinen Trust angewiesenen Eisenbahngesellschaften mußten ihm Kopien aller Frachtbriefe der Konkurrenz aushändigen. So war es für Rockefeller leicht, Lieferbedingungen, Preise und Rabatte der Konkurrenz sowie die Anschriften der Abnehmer seiner Konkurrenten zu erfahren. Durch gezielte Angebote konnte er mit Hilfe dieser Informationen seine Konkurrenz im Wettbewerb ‚übertreffen'. Viele der größten und leistungsfähigsten Raffinerien zogen eine Verschmelzung mit der Standard Oil dem wirtschaftlichen Ruin vor. Mit ähnlich skrupellosen Geschäftsmethoden wuchs Rockefellers Öl-Trust zu einer absolut *marktbeherrschenden Firma* ohne Wettbewerber."[2]
Als Beispiele für eine freiwillige horizontale Konzernbildung können der Zusammenschluß der beiden großen Brauereien Dortmunder Union AG und Schultheiss AG und in der Automobilindustrie die Fusion von VW und Audi/NSU unter Führung der Volkswagen AG genannt werden.

- **Vertikale Konzentration** ergibt sich, wenn Unternehmen mit *vor und nachgelagerten Produktionsstufen* zusammengefaßt werden, also z. B. Kohle und Eisen abgebaut, Stahl verarbeitet, Walzwerkprodukte und Lastkraftwagen hergestellt werden (Kruppkonzern). Solche Konzentrationen können dadurch entstehen, daß Vorlieferanten und Unternehmen nachfolgender Produktionsstufen aufgekauft oder anderweitig miteinander verbunden werden. Vertikale Konzentration liegt auch dann vor, wenn z. B. Vorlieferanten von einem Großunternehmen abhängig werden, weil sie ausschließlich oder einen großen Teil ihrer Produktion an dieses Unternehmen liefern, das Unternehmen also Nachfragemacht besitzt und so beherrschend wird. Der Lieferant muß in einem solchen Fall keineswegs mit dem beherrschenden Unternehmen kapitalmäßig verflochten sein, er verliert trotzdem seine wirtschaftliche Selbständigkeit, weil er ohne die Aufträge des beherrschenden Unternehmens nicht existieren kann. Solche Abhängigkeitsverhältnisse aufgrund von Nachfragemacht können zur Ausbeutung der Lieferanten führen, indem diese zur Einräumung von Sondervorteilen gezwungen werden. Das Bundeskartellamt hat vor allem im Bereich des Handels solche Abhängigkeiten festge-

1 Helmut Arndt: Macht, Konkurrenz und Demokratie, a. a. O., S. 33 f.
2 Udo Müller: Wettbewerbspolitik und vorbeugende Fusionskontrolle. In: Gegenwartskunde, Heft 4, Leverkusen (Leske) 1970, S. 377.

stellt. Hier stehen die großen Warenhauskonzerne und Versandhändler oft Lieferanten mit geringem Marktpotential gegenüber.

- **Konglomerate (diagonale) Konzentrationen** gewinnen immer mehr an Bedeutung. Sie entstehen durch Zusammenfassung von Unternehmen der *verschiedensten Produktionsstufen und Branchen.* Es werden also Unternehmen zusammengefaßt, die produktions- und absatzmäßig nichts miteinander zu tun haben. Ein Beispiel für die konglomerate Konzentration in der Bundesrepublik Deutschland ist der Oetker-Konzern, in dem so unterschiedliche Produkte wie Bier, Spielkarten und Puddingpulver hergestellt werden, zu dem aber auch Reedereien und Hotels gehören. Durch konglomerate Konzentration ergibt sich eine Produktbreite, die zu einer Risikostreuung führt. Verluste in einer Branche können durch Gewinne in einer anderen Branche aufgefangen werden.
  Da außerdem die horizontale Konzernbildung seit der Novellierung des Gesetzes gegen Wettbewerbsbeschränkungen 1973 erheblich erschwert worden ist, bietet sich auf diesem Wege am ehesten die Möglichkeit, die wirtschaftliche Macht zu vergrößern.

Die Differenzierung der Unternehmenskonzentration in Kartell, Konzern und Einheitsunternehmen ist bereits beschrieben worden. Hier sei nur kurz auf die Möglichkeiten der Konzernbildung nach dem deutschen *Aktiengesetz* (AktG) eingegangen. Die wichtigsten Mittel der Konzernbildung sind *Kapitalbeteiligungen, Unternehmensverträge* und *personelle Verflechtungen.*

Bei der **Kapitalbeteiligung** als Mittel der Konzernbildung ist es nicht notwendig, daß z. B. Unternehmen A eine 100%ige Beteiligung an Unternehmen B erwirbt. Vielmehr kann mit relativ geringem Kapitaleinsatz über die sogenannte Schachtelbeteiligung – auch Planetsystem genannt – ein Konzern aufgebaut werden. Erwirbt z. B. A 75% des Grundkapitals von B und besitzt B eine Beteiligung von 75% an C sowie C eine solche Beteiligung an D usw., entsteht eine Abhängigkeitskette, bei der Unternehmen A nicht nur Unternehmen B, sondern auch die nachfolgenden Unternehmen beherrscht. Es genügen allerdings bereits 25% des Grundkapitals, um Satzungsänderungen (§ 179 AktG), Kapitalerhöhungen (§§ 182, 193, 202, 207 AktG), Unternehmensverträge (§ 293 AktG) und Verschmelzungen (§ 340 AktG) zu verhindern.

Das AktG unterscheidet zwischen *verbundenen Unternehmen* und *Konzernen,* wobei „verbundene Unternehmen" der umfassendere Begriff ist. Verbundene Unternehmen sind rechtlich selbständige Unternehmen, die in folgender Weise miteinander verflochten sein können:

- Ein Unternehmen, dessen Anteils- oder Stimmenmehrheit einem anderen Unternehmen zusteht, wird als ein *in Mehrheitsbesitz stehendes Unternehmen* bezeichnet (§ 16 AktG), von dem vermutet wird, daß es von dem *an ihm mit Mehrheit beteiligten Unternehmen abhängig* ist (§ 17 Abs. 2 AktG). Abhängigkeit besteht dann, wenn das herrschende Unternehmen unmittelbar oder mittelbar beherrschenden Einfluß auf das abhängige Unternehmen ausüben kann. Dabei muß Abhängigkeit nicht aufgrund einer Beteiligung entstehen (§ 17 Abs. 1 AktG). Besteht die Abhängigkeit, so wird vermutet, daß beide einen Konzern bilden (§ 18 Abs. 3 AktG).
- „Sind ein herrschendes und ein oder mehrere abhängige Unternehmen unter der einheitlichen Leitung des herrschenden Unternehmens zusammengefaßt, so bilden sie ... einen Konzern; die einzelnen Unternehmen sind Konzernunternehmen" (§ 18 Abs. 2 AktG). Während bei Bestehen eines Abhängigkeitsverhältnisses nach § 17 AktG nur vermutet wird, daß die verbundenen Unternehmen einen Konzern bilden, gelten Unternehmen, zwischen denen ein Beherrschungsvertrag (§ 291 AktG) besteht oder bei denen das eine in das andere eingegliedert ist (§ 319 AktG), als Konzern. Auch Unternehmen, die rechtlich selbständig sind und zwischen denen kein Abhängigkeitsverhältnis besteht, die aber unter einheitlicher Leitung stehen, gelten als Konzern.

– Zu den verbundenen Unternehmen zählt das Gesetz ferner *wechselseitig beteiligte Unternehmen,* die dadurch verbunden sind, daß jedem Unternehmen mehr als 25% der Anteile des anderen Unternehmens gehören (§ 19 AktG).
– Schließlich gehören zu den verbundenen Unternehmen solche, die durch *Vertragsteile eines Unternehmensvertrags* gemäß §§ 291, 292 AktG miteinander verflochten sind.

Unternehmensverträge und Kapitalbeteiligung sind die wichtigsten Mittel zur Einordnung eines Unternehmens in einen Konzernverband. Beide Mittel schließen sich nicht aus, sondern werden meistens kombiniert verwendet. Unternehmensverträge beziehen sich nicht auf einzelne Geschäfte, sondern auf das ganze Unternehmen des Vertragspartners. Nach § 291 AktG können zwei Arten von Unternehmensverträgen unterschieden werden: Beherrschungs- und Gewinnabführungsverträge. Beim *Beherrschungsvertrag* überläßt eine Aktiengesellschaft die Leitung ihrer Gesellschaft einem anderen Unternehmen, beim *Gewinnabführungsvertrag* verpflichtet sich die Aktiengesellschaft, ihren Gewinn an ein anderes Unternehmen abzuführen. Nach § 292 AktG können weitere Arten von Unternehmensverträgen unterschieden werden: Verträge über Gewinngemeinschaft, Teilgewinnabführung und Betriebsüberlassung sowie Betriebspacht.

Nicht als alleiniges – aber doch als ergänzendes – Mittel der Konzernbildung können die *personellen Verflechtungen* im Vorstand und Aufsichtsrat von Unternehmen angesehen werden. Selbst ohne Beteiligung und ohne Unternehmensverträge können durch diese personellen Verflechtungen Beteiligung gleichgeschaltet werden. Zwar begrenzt das Aktiengesetz die Zahl der Aufsichtsratsmandate, die eine einzelne Person wahrnehmen kann, auf zehn, dies verhindert aber z. B. nicht, daß ein zehnköpfiger Vorstand einer AG theoretisch in hundert anderen Aktiengesellschaften im Aufsichtsrat vertreten ist. So entfielen im Jahre 1973 beispielsweise auf die Mitglieder des Vorstands der Commerzbank, der Dresdner Bank und der Deutschen Bank rund 400 Mandate in Aufsichtsräten anderer deutscher Kapitalgesellschaften.[1] „Der Vorsitz im Aufsichtsrat wurde 1973 u. a. bei rd. neunzig deutschen Kapitalgesellschaften und der stellvertretende Aufsichtsratsvorsitz bei achtzig deutschen Kapitalgesellschaften von einem Vorstandsmitglied oder einem Aufsichtsratsvorsitzenden einer der drei deutschen Großbanken gestellt."[2] Wenn Kartellbildung und Fusionen gesetzlich untersagt sind, kann diese personelle Verflechtung als Ersatz für unzulässige Fusionen dienen.

Eine andere Unterscheidung der Unternehmenskonzentration kann danach vorgenommen werden, ob sich die Konzentration im *nationalen* oder *internationalen* Rahmen vollzieht. Konzerne, die in mehreren Ländern Unternehmen besitzen, werden als *multinationale Unternehmen* bezeichnet. Multinationale Unternehmen gibt es schon lange, jedoch haben sie ihre enorme wirtschaftliche und politische Macht erst nach dem Zweiten Weltkrieg gewonnen. Um die Wirtschaftskraft multinationaler Unternehmen zu veranschaulichen, werden häufig Jahresumsätze solcher Konzerne mit den Sozialprodukten einzelner Staaten oder deren Staatsausgaben verglichen.

„Mitte der achtziger Jahre werden nach einer amerikanischen Schätzung mehr als die Hälfte aller Waren und Dienstleistungen in der Welt von nur 300 Unternehmen hergestellt werden. Der Umsatz der größten von ihnen übertrifft heute schon das Sozialprodukt vieler Staaten. Bei General Motors entspricht der Jahresumsatz etwa dem Sozialprodukt von Belgien. Standard Oil of New Jersey kann es mit Dänemark aufnehmen. General Electric mit Griechenland und der Computer-Riese IBM mit Portugal und Norwegen."[3]

1 Vgl. Helmut Arndt: Wirtschaftliche Macht, München (Beck) 1974, S. 18.
2 Ebenda, S. 19.
3 Hans Jürgensen: Unternehmen als Weltbürger. In: FAZ vom 12.06. 1972.

Helmut Arndt gibt folgende Zahlenvergleiche: „Im Jahre 1972 waren die Ausgaben der Bundesrepublik Deutschland (als Bundesstaat) mit 34,6 Milliarden Dollar kaum größer als der Welt-Umsatz von General Motors (30,4 Milliarden Dollar). Der Umsatz der acht größten multinationalen Konzerne (General Motors, Exxon, Ford Motor, General Electric, Chrysler, IBM, Mobil Oil und Texaco) in Höhe von 118,3 Milliarden Dollar entsprach den Staatsausgaben der damaligen Mitgliedsstaaten der Europäischen Gemeinschaft (Belgien, Bundesrepublik, Frankreich, Italien, Luxemburg und Niederlande) in Höhe von insgesamt 119,3 Milliarden Dollar. Die zwanzig größten Unternehmen hatten 1972 einen Umsatz, der den damaligen Staatsausgaben der heute in der Europäischen Gemeinschaft vereinigten neun Länder (also einschließlich Großbritannien, Irland und Dänemark) gleichkam. Bereits im Jahre 1970 wurde ein Sechstel des Weltsozialprodukts von multinationalen Konzernen produziert. Die hundert größten multinationalen Unternehmen verfügen über – jederzeit einsetzbare – liquide Mittel in Höhe von 27 Milliarden Dollar. Hinzu kommt, daß ihre gegenwärtige Wachstumsrate doppelt so hoch ist wie die Wachstumsrate aller übrigen Unternehmen. Zwischen 1960 und 1971 haben sich die Auslandsinvestitionen britischer Firmen verdoppelt (von 12 auf 24 Milliarden Dollar), die US-amerikanischer Unternehmen nicht ganz verdreifacht (von 33 auf 86 Milliarden Dollar), (west)deutscher Gesellschaften fast verzehnfacht (auf 7,3 Milliarden Dollar) und japanische Konzerne verfünfzehnfacht (von 0,3 auf 4,5 Milliarden Dollar).“[1]

Zusammenfassung

Der *Konzentrationsbegriff* ist von *Karl Marx* in die Ökonomie eingeführt worden. Er unterscheidet zwei Arten der Konzentration: die *Akkumulation von Mehrwert* und die *Zusammenfassung bereits gebildeter Kapitale* (Zentralisation).

In einem erweiterten Sinne kann wirtschaftliche Konzentration nach *Arndt* als jede *Ballung ökonomischer Größen* definiert werden, die einzelnen Wirtschaftssubjekten ökonomische Macht verleiht. Je nachdem, welche ökonomischen Größen geballt sind, lassen sich *Einkommens-* und *Vermögenskonzentration, Faktor-* und *Unternehmenskonzentration* unterscheiden.

Unter *Unternehmenskonzentration* wird nicht nur das *interne Wachstum* eines Unternehmens oder die *Fusion* von Unternehmen verstanden, sondern auch das *externe Wachstum* in Form von *Kartellierung* und *Konzernbildung.*

Nach der Beziehung zum Produktionsprozeß kann die Unternehmenskonzentration in *horizontale, vertikale* und *konglomerate* Konzentration differenziert werden. Unter mehr rechtlichem Aspekt kann man bei der Konzentration *Kartell-, Konzern-* und *Trustbildung* unterscheiden.

Die Konzernbildung setzt nicht unbedingt eine *Kapitalbeteiligung* an einem anderen Unternehmen voraus, sondern kann auch auf dem Wege von Unternehmensverträgen in Form von *Beherrschungs-* und *Gewinnabführungsverträgen* geschehen. Daneben können *personelle Verflechtungen* durch Vorstandsmitglieder, die bei anderen Kapitalgesellschaften Aufsichtsratspositionen einnehmen, ein ergänzendes Mittel der Konzernbildung sein. Im allgemeinen werden sich Kapitalbeteiligung, Unternehmensverträge und personelle Verflechtung bei der Konzernbildung ergänzen. In den letzten Jahrzehnten nach dem Zweiten Weltkrieg haben die *multinationalen Konzerne* erheblich an Bedeutung gewonnen. Einzelne Konzerne verfügen über ein wirtschaftliches Potential, das dem Sozialprodukt einzelner Volkswirtschaften entspricht.

1 Helmut Arndt: Wirtschaftliche Macht, a. a. O., S. 47 f.

ÜBUNGEN

6/6 Beteiligt sich die Thyssen-Hütte an Rheinstahl?

Kursnotiz für Rheinstahl-Aktien ausgesetzt / Spekulationen über ein Abfindungsangebot

F.A.Z. FRANKFURT, 19. Februar. An der Frankfurter Börse vedichteten sich die Gerüchte, daß die August Thyssen-Hütte eine Mehrheit am Kapital der Rheinstahl AG anstrebe...

Sollten diese Gerüchte zutreffen, so würde die August Thyssen-Hütte, der größte Stahlkonzern auf dem Kontinent, eines der größten Unternehmen der deutschen Industrie werden. Die Thyssen-Gruppe hatte im letzten Geschäftsjahr einen konsolidierten Umsatz von 9,8 Milliarden DM, für Rheinstahl wurde der konsolidierte Umsatz zuletzt für 1971 mit 5,17 Milliarden DM ausgewiesen. Zusammen kämen die beiden Konzerne also auf einen Umsatz in der Größenordnung von 15 bis 16 Milliarden. Sie wären damit die Zweit- oder Drittgrößten nach dem Volkswagenwerk (17), und möglicherweise Siemens (15). Die Thyssen-Gruppe hat im Durchschnitt des letzten Geschäftsjahres 92 000 Arbeiter und Angestellte beschäftigt, Rheinstahl Ende 1941 etwa 67 000. Zum Vergleich: Beim Volkswagenwerk beläuft sich die Beschäftigungszahl einschließlich der Auslandswerke auf mehr als 200 000, bei Siemens auf über 300 000.

Die Stahlerzeugung des Rheinstahl-Konzerns ist im Vergleich zur August Thyssen-Hütte gering. Das Schwergewicht liegt in der Verarbeitung. Wenn die Gerüchte über eine Beteiligung der ATH an Rheinstahl zutreffen sollten, würde es also vor allem die Verarbeitung sein, die für die ATH interessant ist. Man erinnert sich, daß Thyssen-Chef Sohl in den vergangenen Jahren immer wieder erklärt hat, das ihm in den Mund gelegte Wort vom „lupenreinen“ Stahlkonzern könnte zu Mißverständnissen führen. Thyssen würde auch in der Verarbeitung eine bedeutende Position gewinnen...

Ue. DÜSSELDORF, 20. Februar. Die Erklärungen, die am Dienstag von den Vorständen der August Thyssen-Hütte AG (ATH) und der Rheinstahl AG herausgegeben worden sind, bestätigen und ergänzen das, was bereits am Montag an den Börsen zu hören war: Ein Bankenkonsortium unter Führung der Dresdner Bank und der Deutschen Bank wird den Aktionären der Rheinstahl AG eine Barabfindung vom 125 DM je 100 DM Rheinstahl-Aktie anbieten. Als Zweck wird der Erwerb der einfachen Mehrheit des Grundkapitals von 470 Millionen DM bezeichnet. Das bedeutet für das Bankenkonsortium einen Aufwand von rund 300 Millionen DM...

Gleichlautend gehen die Erklärungen beider Unternehmen auf die Motive des geplanten Zusammenrückens ein: Beide Vorstände hätten die Möglichkeiten der Kooperation geprüft. Es habe sich dabei erwiesen, daß ein Zusammengehen der beiden Unternehmen „erhebliche Chancen der Kostensenkung in Einkauf, Produktion und Absatz erschließen würde“. Dabei werden vor allem die Gebiete Edelstahl, Grob- und Mittelbleche, Werften, Stahlbau und Gießerei erwähnt. Die Vorstände beider Unternehmen seien davon überzeugt, so heißt es, daß „die Verwirklichung dieser Chancen auch Volkswirtschaftlich sinnvoll ist, zumal die jüngste Entwicklung auf dem Währungsgebiet den Ausleseprozeß der internationalen Wettbewerbsfähigkeit deutscher Betriebe beschleunigen dürfte“. In der Mitteilung der Rheinstahl AG wird das Übernahmeangebot ausdrücklich mit der Absicht begründet, „die Wahrung dieser Kooperationsmöglichkeiten zu sichern und die auf unbekannten Gründen beruhenden Spekulationen in Rheinstahl-Aktien abzuwehren“.[1]

a) Handelt es sich bei der Zusammenfassung der ATH und des Rheinstahlkonzerns um eine vertikale oder horizontale Konzentration?

b) Auf welche Weise sollte die Konzernbildung vor sich gehen?

c) Wie beurteilen Sie die Motive des Zusammenrückens der beiden Unternehmen?

1 Quelle: FAZ vom 20. und 21.02. 1973.

6/7 Informieren Sie sich anhand des Aktiengesetzes über die Möglichkeiten der Konzernbildung.

6/8 Versuchen Sie, die Auswirkungen der horizontalen, vertikalen und konglomeraten Konzentration auf die Funktionsfähigkeit des Wettbewerbs zu analysieren.

6.3 Stand und Entwicklung der Unternehmenskonzentration in der Bundesrepublik Deutschland

- Statistisches Material über Stand und Entwicklung der Unternehmenskonzentration in der Bundesrepublik Deutschland interpretieren können.
- Die Mängel der amtlichen Konzentrationsstatistik aufzeigen können.
- Die Ergebnisse der Monopolkommission und der Kommission für wirtschaftlichen und sozialen Wandel kennen und beurteilen können.

„In der Bundesrepublik Deutschland gibt es keine fortlaufende, umfassende Statistik der Unternehmenskonzentration ... Das Bundeskartellamt veröffentlicht seit 1968 industriestatistische Sonderaufbereitungen des Statistischen Bundesamtes, in denen die Umsatzanteile der jeweils drei und sechs größten Unternehmen in ausgewählten Industriezweigen nachgewiesen werden. Diese Angaben liegen bis jetzt für mehrere Jahre zwischen 1962 und 1972 vor. Weitergehende veröffentlichte Angaben der amtlichen Statistik, aus denen unmittelbar auf den Stand und die Entwicklung der Unternehmenskonzentration in den Wirtschaftszweigen geschlossen werden könnte, gibt es derzeit nicht."[1] Gemäß § 24b Abs. 1 des *Gesetzes gegen Wettbewerbsbeschränkungen* (GWB) in der Fassung vom 3. 8. 1973 ist zur regelmäßigen Begutachtung der Entwicklung der Unternehmenskonzentration in der Bundesrepublik eine Monopolkommission gebildet worden, die aus fünf unabhängigen Mitgliedern besteht (§ 24b Abs. 1 und 2). Deren Aufgabe liegt darin, alle zwei Jahre ein Gutachten zu erstellen, das den jeweiligen Stand der Unternehmenskonzentration sowie deren absehbare Entwicklung unter wettbewerbspolitischen Gesichtspunkten beurteilen und würdigen soll (§ 24b Abs. 3). Im Sommer 1976 hat die Monopolkommission ihr erstes Hauptgutachten unter dem Titel „Mehr Wettbewerb ist möglich" für den Zeitraum von 1973 bis 1975 veröffentlicht. Wie aus dem eingangs zitierten Satz hervorgeht, konnte die Kommission ihre Aufgabe nur unvollkommen erfüllen, weil eine aussagekräftige Statistik fehlt. So sind denn auch die Ergebnisse und Empfehlungen der Kommission erheblicher Kritik ausgesetzt.

Parallel zur Untersuchung der Monopolkommission hat die „Kommission für wirtschaftlichen und sozialen Wandel"* einen Forschungsauftrag an das Internationale Institut für Management und Verwaltung vergeben.[2] Das Ergebnis des Forschungsauftrages ist 1975 veröffentlicht worden. Da beide Analysen von unterschiedlichen methodischen Ansätzen ausgehen, die sich gleich-

1 Monopolkommission, Hauptgutachten 1973/1975: Mehr Wettbewerb ist möglich, a. a. O., S. 63.

2 Jürgen Müller, Rolf Hochreiter: Stand und Entwicklungstendenzen der Konzentration in der Bundesrepublik Deutschland, Göttingen (Schwartz) 1975.

sam ergänzen, wird in den folgenden Ausführungen auf beide Untersuchungen zurückgegriffen. Die folgenden Tabellen und Zitate der Monopolkommission werden in Klammer mit M und Seitenzahl, die der Untersuchung von Müller und Hochreiter mit W und Seitenzahl zitiert. Beide Gutachten beschränken sich im wesentlichen auf die Unternehmenskonzentration in der Industrie.

Um *Stand* und *Entwicklung der horizontalen Unternehmenskonzentration* in der Industrie zu analysieren, müßte man die Konzentration auf den *jeweiligen Märkten* messen. Da entsprechendes statistisches Material nicht vorhanden war, hat die Monopolkommission als „sehr grobe, aber ... zur Zeit bestmögliche Annäherung an die relevanten Märkte" (M, S. 18) die Konzentration in einzelnen *Wirtschaftszweigen* untersucht. Für die Messung der Unternehmenskonzentration wird dabei von der *Höhe* und der *Verteilung des Umsatzes* ausgegangen. Bezogen auf den Gesamtumsatz einer Branche kennzeichnet der Umsatz das Ausmaß, in dem ein Unternehmen am Marktgeschehen teilnimmt. Zu den am häufigsten verwendeten Konzentrationsmaßen zählen die *Konzentrationskoeffizienten* (concentration ratios, Konzentrationsgrade), die bezogen auf den Umsatz angeben, welcher Anteil des Branchenumsatzes auf eine bestimmte Zahl – z. B. 3 oder 6 – der größten Unternehmen entfällt. Die Monopolkommission hat solche concentration ratios für die drei, sechs und zehn größten Unternehmen einer Industriegruppe berechnet. Neben den Konzentrationskoeffizienten, bezogen auf den Umsatz, hat die Monopolkommission als weiteres Kennzeichen für das Ausmaß der horizontalen Unternehmenskonzentration die *Größenunterschiede zwischen den Unternehmen einer Branche* ermittelt. „Zwar sind bereits hohe Konzentrationskoeffizienten Ausdruck eines Übergewichts der Branchenführer, die Wettbewerbsverhältnisse unterscheiden sich jedoch erheblich, wenn sich viele oder nur wenige Unternehmen in den Rest des Marktes teilen. Es ist zu vermuten, daß die Größe eines Unternehmens von einem Wettbewerber auf dem gleichen Markt umso bedrohlicher empfunden wird, je mehr er der Größe nach unterlegen ist. Sofern es den kleineren Anbietern nicht gelingt, sich in Marktlücken zu etablieren, drohen hohe Größenunterschiede den Wettbewerb zu lähmen" (M, S. 82). Die Größenunterschiede zwischen den Unternehmen einer Branche mißt die Monopolkommission als Verhältnis des Durchschnittsumsatzes der zehn größten Unternehmen zum Durchschnittsumsatz der übrigen Unternehmen dieser Branche, also

$$\text{Größenunterschied} = \frac{\text{Durchschnittsumsatz der 10 größten}}{\text{Durchschnittsumsatz der übrigen Unternehmen}}.$$

Der Stand der Unternehmenskonzentration ist anhand dieser beiden Indikatoren – Konzentrationskoeffizienten und Größenunterschiede der Unternehmen einer Branche – jeweils für das Jahr 1973 von der Monopolkommission ermittelt worden. Die folgende Tabelle (M, S. 567 f.) enthält die Konzentrationskoeffizienten für die drei größten Unternehmen einer Branche. Dabei sind die Industriezweige nach der Höhe des Konzentrationsgrades geordnet.

Die Tabelle zeigt, daß der *Konzentrationsgrad* in den einzelnen Industriegruppen erhebliche Unterschiede aufweist. Während im Luftfahrzeugbau die drei größten Unternehmen 83,9% des Umsatzes der Branche auf sich vereinigen, beträgt der Konzentrationskoeffizient in der holzverarbeitenden Industrie nur 3,3%. Die Monopolkommission bezeichnet Industriegruppen mit Umsatzanteilen für die drei größten Unternehmen einer Branche in Höhe von

„50 und mehr Prozent als sehr hoch konzentriert,
25 bis unter 50 Prozent als hoch konzentriert,
10 bis unter 25 Prozent als mäßig konzentriert,
unter 10 Prozent als gering konzentriert" (M, S. 75).

Industriegruppen nach der Höhe des Anteils der drei größten Unternehmen am Umsatz der Industriegruppe 1973

Industriegruppen (Reihenfolge gem. Spalte d) Bezeichnung	Umsatz der 3 größten Unternehmen der Industriegruppe im Jahre 1973 (Mio. DM)	Umsatz aller Unternehmen der Industriegruppe im Jahre 1973 (Mio. DM)	Anteil der 3 größten Unternehmen am Umsatz der Industriegruppe (%)
a	b	c	d
Luftfahrzeugbau	2626	3167	82,9
Tabakverarbeitende Industrie	9046	12222	74,0
Herstellung von Büromaschinen, Datenverarbeitungsgeräten u. -einrichtungen	5430	8099	67,0
Bergbau	10273	16677	61,6
Straßenfahrzeugbau	30145	56875	53,0
Mineralölverarbeitung	19652	41354	47,5
Schiffbau	2639	5588	47,2
Eisenschaffende Industrie	13095	37721	34,7
Gummi- und asbestverarbeitende Industrie	3073	9082	33,8
Holzschliff, Zellstoffe, Papier und Pappe erzeugende Industrie	2269	6959	32,6
Elektrotechnische Industrie	22838	74208	30,8
Chemische Industrie (einschließlich Kohlenwertstoffindustrie)	20119	73252	27,5
Glasindustrie	1588	5892	26,9
NE-Metallindustrie	3469	13353	26,0
Ungewogenes Mittel aus 33 Industriegruppen			25,4
Feinkeramische Industrie	791	3178	24,9
Gewogenes Mittel aus 33 Industriegruppen			23,8
Ledererzeugende Industrie	164	838	19,6
Gießerei-Industrie	1445	8049	18,0
Feinmechanische u. optische sowie Uhrenindustrie	1413	8558	16,5
Lederverarbeitende und Schuhindustrie	693[1])	4863[1])	14,3[1])
Ziehereien und Kaltwalzwerke, Stahlverformung	1781	16998	10,5
Papier- und pappeverarbeitende Industrie	1024	9728	10,5
Maschinenbau	7577	80728	9,4
Stahl- und Leichtmetallbau	1259	13883	9,1
Sägewerke und holzbearbeitende Industrie	646	6003	7,7
Industrie der Steine und Erden	1607	21974	7,3
Musikinstrumenten-, Spiel-, Schmuckwaren- und Sportgeräte-Industrie	212	2943	7,2
Kunststoffverarbeitende Industrie	956	13504	7,1
Ernährungsindustrie	5583	80422	6,9
Druckerei- u. Vervielfältigungsindustrie	781	12974	6,0
Eisen-, Blech- und Metallwaren-Industrie	1600	27077	5,9
Bekleidungsindustrie	705	16936	4,2
Textilindustrie	1130	28286	4,0
Holzverarbeitende Industrie	608	18502	3,3

[1]) Angabe für 1970. Wegen der für die amtliche Statistik geltenden Geheimhaltungsbestimmungen keine Angabe für 1973.

Danach ergibt sich folgender Stand der Unternehmenskonzentration im Jahre 1973 in den Wirtschaftszweigen (M, S. 75):

Industriegruppen	Zahl der Industriegruppen	Anteil am Umsatz der gesamten Industrie (%)
mit sehr hoher Unternehmenskonzentration	5	13,1
mit hoher Unternehmenskonzentration	9	36,1
mit mäßiger Unternehmenskonzentration	7	7,1
mit geringer Unternehmenskonzentration	12	43,7
Insgesamt	33	100

Zusammenfassend urteilt die Monopolkommission: „Die Unternehmenskonzentration hat in der Industrie ein hohes Niveau erreicht. Der Umsatzanteil der jeweils drei größten Unternehmen in den Industriegruppen beträgt im Durchschnitt 25,4%. Mißt man die unterschiedliche wirtschaftliche Bedeutung der Industriegruppen an ihrem Umsatz, dann ergibt sich für den Umsatzanteil der drei größten Unternehmen in den 33 Industriegruppen ein gewogener Mittelwert* von 23,8%“ (M, S. 74).

Für die Größenunterschiede zwischen den Unternehmen im Jahre 1973 stellte die Monopolkommission fest: „Die ausgeprägtesten Größenunterschiede zwischen den Unternehmen sind in den folgenden Industriegruppen anzutreffen:

in der Industriegruppe	mit einem Verhältnis des durchschnittlichen Umsatzes der zehn größten Unternehmen zum Durchschnittsumsatz der restlichen Unternehmen in Höhe von
Straßenfahrzeugbau	184 : 1
Elektrotechnische Industrie	181 : 1
Tabakverarbeitende Industrie	146 : 1
Chemische Industrie	128 : 1
Bergbau	108 : 1

Vergleichsweise ausgeglichen sind die Unternehmensgrößen
- in der ledererzeugenden Industrie,
- in der Musikinstrumenten-, Spiel-, Schmuckwaren- und Sportgeräte-Industrie,
- in der eisenschaffenden Industrie,
- in der Nichteisenmetallindustrie und
- in der feinkeramischen Industrie,

in denen der durchschnittliche Umsatz der zehn größten Unternehmen nicht über das 20fache des durchschnittlichen Umsatzes der restlichen Unternehmen hinausgeht ... Mit abnehmendem Konzentrationskoeffizienten nimmt die Ausgeglichenheit der Unternehmensgrößen in den Industriegruppen spürbar zu. Enge Oligopole, in denen sich wenige Unternehmen größenmäßig deutlich von ihren Konkurrenten absetzen, treten ausschließlich in hoch und sehr hoch konzentrierten Industriegruppen auf. Bei niedrigem Konzentrationsgrad sind bestehende Oligopole tendenziell weiter. Unternehmensgrößenunterschiede erweisen sich in den ‚Oligopolspitzen' als weitgehend nivelliert. Lediglich

in der Mineralölverarbeitung,
im Schiffbau und
in der eisenschaffenden Industrie

sind die Unternehmensgrößenunterschiede der Branchenführer bei hohem Konzentrationsgrad vergleichsweise gering. Hierfür dürften nicht zuletzt die produktionstechnischen Voraussetzungen maßgeblich sein, die von den in diesem Industriezweig tätigen Unternehmen erbracht werden müssen" (M, S. 83 f.).

Die Entwicklung der Unternehmenskonzentration hat die Monopolkommission für den Zeitraum von 1960 bis 1973 untersucht. Sie kommt zu dem Ergebnis, daß die Unternehmenskonzentration „spürbar zugenommen hat" (M, S. 36). „Der Anteil der jeweils zehn größten Unternehmen am Branchenumsatz ist in ... 30 Industriegruppen ... von durchschnittlich 33,5 % im Jahre 1960 auf 39,6% im Jahre 1973 angestiegen ... In 24 von insgesamt 30 Industriegruppen ... hat sich der Konzentrationsgrad erhöht, in sechs dieser Gruppen verringert" (M, S. 89). Die Tabelle auf Seite 162 gibt einen detaillierten Überblick über die Entwicklung der Konzentrationskoeffizienten für die beiden Jahre. Auch die Größenunterschiede zwischen den Unternehmen haben sich in den meisten Branchen ausgeweitet. „Zum allgemeinen Umsatzanstieg, der zwischen 1968 und 1973 in fast allen Branchen festzustellen ist, haben bevorzugt die jeweils größten Unternehmen beigetragen. Durch ihr überproportionales Größenwachstum haben sich die Großunternehmen von den nachfolgenden Unternehmen der jeweiligen Industriegruppe abgesetzt.
In 16 von 30 Industriegruppen, für die vergleichbare Angaben vorliegen, ist zwischen 1968 und 1973 das Verhältnis des durchschnittlichen Umsatzes der zehn größten Unternehmen zum durchschnittlichen Umsatz der übrigen Unternehmen (Unternehmensgrößenproportion) angestiegen. In elf Industriegruppen ist die Unternehmensgrößenproportion gefallen: in drei Industriegruppen blieb dieses Verhältnis unverändert ...
Während sich die Unternehmensgrößenunterschiede in den meisten Industriegruppen zwischen 1968 und 1973 insgesamt erhöht haben, vollzog sich im gleichen Zeitraum überwiegend eine Nivellierung der Unternehmensgrößen im Kreis der umsatzstärksten Unternehmen. Die Großunternehmen haben sich als Gruppe von den kleineren Unternehmen der jeweiligen Branche größenmäßig abgesetzt und sich zugleich untereinander in ihrer Größe eher angenähert" (M, S. 95 u. 97).

Vergleich der Umsatzanteile der jeweils zehn größten Unternehmen der Industriegruppen 1960 und 1973

Industriegruppe[1]) (Reihenfolge gem. Spalte d) Bezeichnung	Umsatzanteile der jeweils zehn größten Unternehmen (%) 1960[2])	1973[3])	Zunahme (+) Abnahme (−)	1973[4]) (1960 = 100)
a	b	c	d	e
Bergbau	42,0	90,9	+48,9	216
Straßenfahrzeugbau	67,0	80,9	+13,9	121
Gießerei-Industrie	22,4	36,0	+13,6	161
Eisenschaffende Industrie	57,8	69,7	+11,9	121
Holzschliff, Zellstoff, Papier und Pappe erzeugende Industrie	41,5	52,6[5])	+11,1	127
Tabakverarbeitende Industrie	84,5	95,4	+10,9	113
Feinmechanische u. optische sowie Uhrenindustrie	25,2	34,8	+ 9,6	138
Schiffbau	69,0	78,4	+ 9,4	114
NE-Metallindustrie	44,7	53,0	+ 8,3	119
Sägewerke u. holzverarbeitende Industrie	11,9	20,0	+ 8,1	168
Elektrotechnische Industrie[6])	38,4	43,9	+ 5,5	114
Feinkeramische Industrie	37,5	42,6	+ 5,1	114
Papier- u. pappeverarbeitende Industrie	17,5	21,9	+ 4,4	125
Ziehereien u. Kaltwalzwerke, Stahlverformung	17,5	21,7	+ 4,2	124
Lederverarbeitende und Schuhindustrie	19,9	23,9	+ 4,0	120
Maschinenbau[6])	13,4	16,8	+ 3,4	125
Druckerei- u. Vervielfältigungsindustrie	13,4	16,8[7])	+ 3,4	125
Chem. Industrie (einschl. Kohlenwertstoffindustrie)[6])	40,6	43,8	+ 3,2	108
Ledererzeugende Industrie	37,3	40,3	+ 3,0	108
Eisen-, Blech- u. Metallwarenindustrie	9,3	11,7	+ 2,4	126
Textilindustrie	7,2	9,6	+ 2,4	133
Holzverarbeitende Industrie	7,3	9,5	+ 2,2	130
Bekleidungsindustrie	7,4	8,8[8])	+ 1,4	119
Ernährungsindustrie	12,0	13,2	+ 1,2	110
Industrie der Steine und Erden	17,9	16,8	− 1,1	94
Glasindustrie	51,7	50,0[8])	− 1,7	97
Stahl- und Leichtmetallbau	20,2	18,1	− 2,1	90
Gummi- u. asbestverarbeitende Industrie	59,7	57,2	− 2,5	96
Kunststoffverarbeitende Industrie	20,5	15,5	− 5,0	76
Mineralölverarbeitung[6])	91,5	83,8	− 7,7	92
Ungewogenes Mittel aus 30 Industriezweigen	33,5	39,3	+ 5,8	117,3
Gewogenes Mittel aus 30 Industriegruppen	31,8[9])	38,8	+ 7,0	122,0

[1]) Wegen Neubildung der Industriegruppe keine Angaben für die „Herstellung von Büromaschinen, Datenverarbeitungsgeräten und -einrichtungen". Aus untersuchungstechnischen Gründen keine Angaben für „Luftfahrzeugbau" und „Musikinstrumenten-, Spiel-, Schmuckwaren- und Sportgeräte-Industrie".

[2]) Nur beteiligte Unternehmen. [3]) Nur hauptbeteiligte Unternehmen.

[4]) Wegen unterschiedlicher Abgrenzung der erfaßten Unternehmen in den Jahren 1960 und 1973 Vergleich nur mit Einschränkungen möglich.

[5]) Angabe für 1970. Wegen der für die amtliche Statistik geltenden Geheimhaltungsbestimmungen keine Angabe für 1973.

[6]) Wegen unterschiedlicher Abgrenzung der Industriegruppen in den Jahren 1960 und 1973 Vergleich nur mit Einschränkungen möglich.

[7]) Angabe für 1968. Wegen der für die amtliche Statistik geltenden Geheimhaltungsbestimmungen keine Angabe für 1973.

[8]) Angabe für 1972. Wegen der für die amtliche Statistik geltenden Geheimhaltungsbestimmungen keine Angabe für 1973.

[9]) Wegen geheimhaltender (richtig: geheimgehaltener) Werte Mittelwertbildung unter Berücksichtigung von Schätzwerten für die Gesamtumsätze in den Industriegruppen „Holzschliff, Zellstoff, Papier und Pappe erzeugende Industrie" und „Papier- und pappeverarbeitende Industrie" (M, S. 638 f.).

Folgende Faktoren schränken die *Aussagefähigkeit* der Ergebnisse der Monopolkommission ein:

- Die Untersuchungen der Monopolkommission basieren auf den amtlichen konzentrationsstatistischen Angaben, die sich ausschließlich auf die Umsätze *rechtlich selbständiger Unternehmen* beziehen. „Konzerntatbestände sind in den Wirtschaftszweigen wegen des Fehlens einer amtlichen Konzernstatistik nicht darstellbar. Weil rechtlich selbständige Tochtergesellschaften, Arbeitsgemeinschaften, Betriebsführungsgesellschaften usw. getrennt ausgewiesen werden, wird durch die vorgelegten konzentrationsstatistischen Werte der tatsächliche Grad der Unternehmenskonzentration in der Tendenz unterschätzt. Statistisch unerkannt bleiben alle Formen der Unternehmenskonzentration, die sich trotz Aufgabe der wirtschaftlichen Unabhängigkeit nicht zugleich in einer Aufgabe der rechtlichen Selbständigkeit niederschlagen. Personelle, finanzielle und kapitalmäßige Beteiligungen können konzentrationsstatistisch nicht nachgewiesen werden. Aussagen über das Ausmaß dieser konzentrationsstatistischen Fehlergröße sind derzeit nicht möglich" (M, S. 67).
- Verzerrt werden die Konzentrationskoeffizienten ferner dadurch, daß in der amtlichen Statistik Unternehmen, die *verschiedene Waren* produzieren, mit ihrem Gesamtumsatz der Branche zugeordnet werden, in der sie den größten Teil ihres Umsatzes erzielen.

  Beispiel:
  Wenn ein Unternehmen Bier und Schiffe produziert und der Anteil aus dem Schiffbau am gesamten Umsatz des Unternehmens 51% beträgt, so werden die übrigen 49% des Unternehmensumsatzes, die aus der Bierproduktion resultieren, der Sparte Schiffbau zugerechnet. Dadurch wird die Konzentrationsrate im Schiffbau zu hoch und in der Nahrungsmittelindustrie zu niedrig ausgewiesen.
- Die horizontale Konzentration läßt sich messen, wenn die Konzentration auf den jeweils *relevanten Märkten* bekannt ist. Der relevante Markt wird durch produktmäßige, geographische und zeitliche Faktoren abgegrenzt. Die Erfassung der Konzentrationskoeffizienten für ganze Industriezweige verstößt gegen die *produktmäßige Abgrenzung* des relevanten Marktes und sagt kaum etwas über dessen Konzentration aus. Beispielsweise weist die Monopolkommission für die drei größten Unternehmen in der Industriegruppe „Straßenfahrzeuge" einen Konzentrationsgrad von 53% aus. „Für die Beurteilung der Wettbewerbssituation der genannten Branche ist dieser Befund kaum von Nutzen. Denn die Industriegruppe Straßenfahrzeugbau umfaßt, wie jede andere Industriegruppe auch, eine Vielzahl von relevanten Märkten, die sich trotz der Zugehörigkeit der hier vertretenen Anbieter zur gleichen Branche erheblich voneinander unterscheiden: So zählen zum Straßenfahrzeugbau u. a. die Märkte für (fabrikneue) Personenkraftwagen, für Nutzfahrzeuge, für Krafträder, für Fahrräder und für Kfz-Ersatzteile . . . Jeder der genannten ‚Märkte' zerfällt wiederum in eine Reihe von Teilmärkten, von denen jeder zur Beurteilung der für ihn geltenden Wettbewerbssituation der gesonderten Analyse bedarf. ‚Den' Markt für Nutzfahrzeuge beispielsweise gibt es eben nur als statistische Fiktion. Die hier relevanten Wettbewerbshandlungen vollziehen sich auf dem Markt für Omnibusse, für den wiederum die Teilmärkte ‚Omnibusse für den öffentlichen Personen(nah)verkehr' und ‚Omnibusse für den privaten Reise(fern)verkehr' zu unterscheiden sind, auf dem Markt für Spezialwagen, der in die Teilmärkte für Feuerwehrfahrzeuge, Tankwagen, Betontransporter, Autotransportwagen, Müllwagen, Abschlepp- und Kranwagen usw. zerfällt . . ."[1]

1 Hartmut Berg: Steigender Konzentrationsgrad gleich sinkende Wettbewerbsintensität? In: Wirtschaftsdienst, Heft 4, Frankfurt am Main 1977, S. 196.

Noch schwerer als die produktmäßige Abgrenzung gestaltet sich die *geographische Abgrenzung* des relevanten Marktes.

„Als natürliche Größe wird häufig der nationale Markt benutzt, der aber aufgrund der Entwicklung der EG und der großen Handelsintensität der Bundesrepublik oft nicht die richtige Bezugsgröße darstellt. Allerdings sind auch EG-weite Messungen fragwürdig, wenn aufgrund der hohen Transportkosten (z. B. bei Zement) der relevante Markt ... eher regionalen Charakter besitzt. Man muß also auch hier von Markt zu Markt differenzieren und kann statistische Daten nicht ohne weiteres übernehmen" (W, S. 44).

- Die ermittelten Konzentrationskoeffizienten geben nicht den *Marktanteil* der drei oder sechs größten Unternehmen wieder, sondern den Anteil der inländischen Unternehmen an den dem Wirtschaftszweig zugeordneten Unternehmensumsätzen. Damit werden eigentlich Produktionsanteile ausgewiesen, d. h., Exporte und Importe werden nicht berücksichtigt. „Die Vernachlässigung der Außenhandelsverflechtungen führt zu einer systematischen Überschätzung der Unternehmenskonzentration. Weil Importe das Marktvolumen erhöhen, liegen die Marktanteile unter sonst gleichen Umständen stets unter den Produktionsanteilen der Unternehmen. Exporte verringern sowohl das Marktvolumen wie den Anteil, mit dem die Unternehmen am Inlandsmarkt teilhaben. Da größere Unternehmen meist höhere Exportanteile aufweisen als kleinere Unternehmen, würde auch die Berücksichtigung der Ausfuhr zu niedrigeren konzentrationsstatistischen Kennziffern führen" (M, S. 69).
- Auch die ermittelten *Größenunterschiede* von Unternehmen in einer Industriegruppe sind fragwürdig, weil hier Unternehmen zueinander in Beziehung gesetzt werden, die völlig unterschiedliche Produkte herstellen (Fahrräder und Tankwagen) und deshalb nicht auf den gleichen relevanten Märkten miteinander konkurrieren. „Nimmt man beispielsweise als einen wichtigen Teilbereich der Industriegruppe Straßenfahrzeugbau den Markt für Personenkraftwagen, dann verhält sich hier der Umsatz des größten heimischen Herstellers, der Volkswagenwerk AG, zu dem des kleinsten westdeutschen Pkw-Produzenten, der Firma Porsche, etwa wie 20 : 1. Auch dieser Wert ist jedoch noch eher irreführend, da zwischen beiden Unternehmen Wettbewerbsbeziehungen kaum bestehen. Sinnvoller wäre ein Größenvergleich zwischen dem Volkswagenwerk und den Firmen Opel, Ford, Renault, Fiat und British Leyland als seinen wichtigsten Konkurrenten einerseits und ein solcher zwischen Porsche und anderen Herstellern exclusiver Sportwagen andererseits ... Der von der Monopolkommission errechnete Wert von 184 : 1 ist das Ergebnis eines Verfahrens, bei dem die Umsätze der großen Hersteller von Personenkraftwagen und Nutzfahrzeugen mit den Umsätzen der kleineren und kleinsten Unternehmen der gleichen Industriegruppe miteinander verglichen werden, obwohl diese kleinen Unternehmen, etwa als Fahrradproduzenten, als Anbieter von Spezialfahrzeugen und Kfz-Teilen oder als Kfz-Reparaturwerkstätten in der Regel völlig andere Märkte bedienen."[1]

Da die genannten Mängel nicht in der gleichen Richtung wirken, ist es kaum abzuschätzen, wie sich bei einer Berücksichtigung dieser Kritikpunkte die Konzentrationsraten verändern würden. Müller und Hochreiter haben in ihrer Studie versucht, einen Teil dieser Mängel zu vermeiden. Sie untersuchten 25 Märkte, die im Gegensatz zu den von der Monopolkommission untersuchten wesentlich stärker den *relevanten Märkten* angenähert sind. So werden beispielsweise nicht Konzentrationskoeffizienten für den Straßenfahrzeugbau, sondern für den Markt für Pkw und Kombifahrzeuge, für den Markt für Lkw unter 4 t und für den Markt für Lkw über 4 t berechnet. Für je-

1 Hartmut Berg: Steigender Konzentrationsgrad. . ., a. a. O., S. 196 f.

den der so bestimmten Märkte werden die Konzentrationsraten für die ersten vier und ersten acht Unternehmen ermittelt. Als Zeitpunkte für die Untersuchungen wurden die Jahre 1958, 1965 und 1971 gewählt. Ferner wurden von den Autoren *finanzielle Verflechtungen* berücksichtigt. „Dabei wurden Unternehmen, deren Aktienkapital zu über 50% bei einem anderen Unternehmen lag, diesem voll zugerechnet. Bei gemeinsamen Tochtergesellschaften wurde die Kapazität entsprechend der Beteiligung aufgegliedert" (W, S. 59 f.). Aber auch in dieser Untersuchung werden keine Marktanteile, sondern *Produktionsanteile* zugrunde gelegt, weil firmenspezifische Exportangaben nicht zu erhalten waren. Lediglich für einige Produkte konnten *Marktanteile* errechnet werden. Diese Produkte sind in der Tabelle auf Seite 165 ff. durch die Fußnote 4 gekennzeichnet.

Für die **horizontale Konzentration** kommen die Autoren zu folgendem Ergebnis: „Von den beobachteten 25 Märkten ergibt sich in allen betrachteten Perioden für die ersten vier Firmen bei 15 eindeutig eine zunehmende, bei 8 eine abnehmende, bei 1 eine gleichbleibende Entwicklung. Die entsprechenden Zahlen für die ersten acht Firmen sind 15, 9 und 0 ..." (W, S. 62).

„Neben dieser Tendenz zu einer höheren Unternehmenskonzentration fällt vor allem auf, wie weit der Grad der Konzentration schon fortgeschritten ist. Wenn man für die ersten vier Unternehmen oligopolistisches Verhalten bei über 40% Marktanteil annimmt, so würde das im Jahre 1971 nur in fünf Fällen nicht zutreffen. In allen anderen und besonders dort, wo die Zahlen wesentlich höher ausfallen, ist die Unternehmenskonzentration so hoch, daß oligopolistisches und monopolistisches Verhalten zu erwarten ist. Selbst wenn man die bedeutend höhere Zahl von 60% benutzt, so liegen in den von uns untersuchten Branchen nur zehn Fälle unter dieser Grenze" (W, S. 67 f.).

Aus der Tabelle über die Anteile der vier und acht größten Unternehmen lassen die Zahlen für die Automobilindustrie aber auch erkennen, daß bei einer Berücksichtigung der *Außenhandelsverflechtungen* der Konzentrationsgrad erheblich sinkt.[1] Insofern müßten auch die Ergebnisse dieser Studie korrigiert werden.

Obwohl ein direkter Vergleich zwischen den Ergebnissen der Monopolkommission und den Ergebnissen von Müller und Hochreiter nicht möglich ist, weil sich die Zahlen auf verschiedene Jahre beziehen, die „Märkte" anders abgegrenzt sind, die Konzentrationsraten für eine andere Zahl von Unternehmen berechnet wurden, läßt sich doch zusammenfassend feststellen, daß beide Studien eine *hohe horizontale Unternehmenskonzentration,* die in den letzten Jahren noch gewachsen ist, für die Bundesrepublik Deutschland konstatieren.

Anteile der 4 und 8 größten Unternehmen(-sgruppen) an der Gesamtproduktion

Produkt/Branche[1])	Jahr	Anteil in % der ersten 4	Anteil in % der ersten 8
Rohstahl (2713)	1960	49,8	74,4
	1965	50,7	75,9
	1971	64,8	90,0
Erdölraffinerien	1958	61,1	89,0
	1965	59,4	84,8
	1971	57,4	87,6

[1]) Vgl. Fußnote[1]) auf S. 167.

1 Vergleicht man beispielsweise die beiden Zeilen für Lastkraftwagen (unter 4 t) im Jahre 1971, so ergibt sich ein Produktionsanteil der ersten 4 von 100% und ein Marktanteil dieser ersten 4 von nur 93,8%.

Anteile der 4 und 8 größten Unternehmen(-sgruppen) an der Gesamtproduktion (Forts.)

Produkt/Branche[1])	Jahr	Anteil in % der ersten 4	Anteil in % der ersten 8
Reifen (5 911, 5 912, 5 913, 5 915)	1958 1965 1971	77 67 63	98 88 83
Straßenschuhe (6 253)	1958 1965 1971	31,2 29,3 38,2	39,5 39,8 52,6
Waschmittel (496 513–30)	1958 1965 1971	60[2]) 80[2]) 77[2])	– 95[3]) 88[3])
Chemiefasern (4 551)	1965 1971	90 84	– –
Hohlglas (522 111–38)	1958 1965 1971	66,4 74,7 69,5	74,1 83,7 80,5
Fensterglas (521 112–17)	1958 1965 1971	80[2]) 80[2]) 100[2])	98[3]) 100[3]) X
Wälzlager (3 277)	1958 1965 1971	98 90 92	– – –
Uhren (3 771–97)	1966 1971	34,7 32	37,3 45
Kühlschränke und Gefriertruhen (363 812–36)	1958 1965 1971	71 69 76,8	91,2 87,6 100
Personenkraftwagen und Kombinationskraftwagen (3 311, 3 312)	1958 1965 1971	82,1 92,2 94,6	97,6 99,6 99,8
Personenkraftwagen und Kombinationskraftwagen[4]) (3 311, 3 312)	1958 1965 1971	73,9 84,2 69,4	92,2 96,3 92,2
Lastkraftwagen (unter 4 t) (331 321, 331 341)	1958 1965 1971	81 90,9 100	X X X
Lastkraftwagen (unter 4 t)[4]) (331 321, 331 341)	1958 1965 1971	71,9 92,2 93,8	96,5 98,9 98,5
Lastkraftwagen (über 4 t) (331 361–99)	1958 1965 1971	92,9 93,4 99,9	99 99,7 100

Anteile der 4 und 8 größten Unternehmen(-sgruppen) an der Gesamtproduktion (Forts.)

Produkt/Branche[1])	Jahr	Anteil in % der ersten 4	Anteil in % der ersten 8
Lastkraftwagen (über 4 t)[4]) (331 361–99)	1958 1965 1971	83,8 90,2 96,6	96,8 96,6 98,5
Computer	1965 1973	88,6 71	95,7 82,3
Bier (687 110–75)	1958 1965 1971	11,8 12,9 33,9	19,6 20,9 41,8
Zucker (682 130)	1966/67 1973/74	60,4 55,4	74,1 69,2
Zigaretten (6 911)	1958 1965 1971	86 92,2 88,2	97,6 96,2 94,2
Margarine (684 410)	1958 1965 1971	67–68 76 84	– – –
Papier (5 531–39)	1967 1973	34,9 45,6	– –
Zement (253 110–90)	1958 1965 1971	41,9 48,7 58,3	54 58,8 70,1
Tageszeitungen	1967 (IV. Quartal) 1973 (IV Quartal)	42,6 49,7	51,8 60,5
Publikumszeitschriften	1967 (IV. Quartal) 1973 (IV. Quartal)	56[5]) 67,2[5])	– –
Lebensversicherungen	1960 1965 1971	38,8 39 39,4	51,6 51,6 53
Reedereien	1963 1967 1974	28,2 27,4 29,6	42,3 46 48,1

[1]) Die Ziffern in Klammern bezeichnen die Meldenummern des Warenverzeichnisses für Industriestatistik des Statistischen Bundesamts. Umfaßt der Markt *alle* sechsstelligen Warenarten einer Warenklasse (4-stellige Meldenummer), so wird nur letztere genannt. [2]) Zwei Unternehmen [3]) Drei Unternehmen [4]) Echte Marktanteile [5]) Fünf Verlage. (W, S. 63 ff.)

Die vertikale Konzentration ist von erheblichem wettbewerbspolitischen Interesse. „So wird z. B. vermutet, daß integrierte Unternehmen die Möglichkeit haben, über Beschränkungen des Zugangs zu den Beschaffungs- und Absatzmärkten den Marktzutritt von Wettbewerbern zu erschweren und durch preispolitische Maßnahmen Verdrängungswettbewerb zu betreiben. Um derartige Sachverhalte prüfen zu können, müssen umfassende quantitative Angaben zum Stand und zur Entwicklung der vertikalen Konzentration vorliegen“ (M, S. 19f.). Die Monopolkommission sah sich jedoch nicht in der Lage, die vertikale Konzentration zu untersuchen, da „zur Zeit noch unüberwindliche konzeptionelle und statistische Schwierigkeiten“ (M, S. 20) einen solchen Nachweis unmöglich machen. Die *konzeptionellen Schwierigkeiten* liegen darin begründet, daß ein eindeutiges Meßverfahren für die vertikale Konzentration gefunden werden muß. Hier ist eine befriedigende Lösung noch nicht erkennbar. Auch die Studie der Kommission für wirtschaftlichen und sozialen Wandel kann keine quantifizierenden Aussagen über den Stand und die Entwicklung der vertikalen Unternehmenskonzentration machen. Es werden lediglich die *großen* Unternehmenszusammenschlüsse, die nach § 23 GBW alter Fassung dem Bundeskartellamt anzuzeigen waren und die von diesem in den Tätigkeitsberichten veröffentlicht wurden, zusammengefaßt:

Art des Zusammenschlusses	Anzahl der „großen“ Zusammenschlüsse							
	1966	1967	1968	1969	1970	1971	1972	1973
horizontal	10	13	7	35	65	48	46	39
vertikal	1	–	1	1	–	–	3	1
diversifiziert (konglomerat)	1	7	8	25	30	21	26	21
insgesamt	12	20	16	61	95	69	75	61
alle aufgezeigten Zusammenschlüsse	43	65	65	168	305	220	269	242

(W, S. 113)

Ein *großer* Unternehmenszusammenschluß liegt vor, wenn das erworbene Unternehmen eine Bilanzsumme von mindestens 25 Mio. DM (bei Banken eine Bilanzsumme von 150 Mio. DM und bei Versicherungsunternehmen eine jährliche Prämieneinnahme von 50 Mio. DM) aufweist. Seit der Novellierung des Kartellgesetzes im Jahre 1973 und der damit verbundenen geänderten Anzeigepflicht bei Unternehmenszusammenschlüssen weist das Bundeskartellamt die großen Zusammenschlüsse nicht mehr gesondert aus. Auf der Grundlage des § 23 neuer Fassung hat das Bundeskartellamt die Gesamtzahl der anzuzeigenden Zusammenschlüsse für den Zeitraum von 1970–1976 ermittelt. Gegliedert nach der Art der Unternehmenszusammenschlüsse ergibt sich folgendes Bild:[1]

Während 1970 der Anteil der vertikalen Unternehmenszusammenschlüsse rund 9% betrug, hat sich dieser Anteil im Jahre 1976 auf 25% erhöht (vgl. die folgende Tabelle). Eine Erklärung für den drastischen Anstieg der vertikalen Unternehmenszusammenschlüsse im Jahre 1976 gibt der Tätigkeitsbericht des Bundeskartellamtes nicht.

1 Zusammengestellt aus Tätigkeitsberichten des Bundeskartellamtes für die Jahre 1975, 1976 und 1977, Bundestagsdrucksache 7/5390, S. 152ff., Bundestagsdrucksache 8/704, S. 148 und Bundestagsdrucksache 8/1925, S. 118.

Art des Zusammenschlusses	Anzahl der Zusammenschlüsse								insgesamt
	1970	1971	1972	1973	1974	1975	1976	1977	1970–1977
horizontal	217	167	218	196	235	336	283	367	2019
vertikal	27	19	21	19	50	53	113	122	424
konglomerat	47	33	28	28	33	59	57	65	350
insgesamt	291	219	267	243	318	448	453	554	2793

Die konglomerate Konzentration statistisch zu erfassen, bereitet ähnliche Schwierigkeiten wie die Ermittlung der vertikalen Konzentration. Die Monopolkommission hat im Rahmen ihrer Analyse der 100 größten Unternehmen untersucht, in welcher Zahl von Wirtschaftszweigen die größten Unternehmen im Durchschnitt tätig sind. Dazu hat die Monopolkommission eine Befragung durchgeführt, „in der die Unternehmen gebeten wurden, ihre Konzernumsätze 1974 in den (bis zu fünf) umsatzstärksten Wirtschaftszweigen anzugeben" (M, S. 123). 67 der hundert befragten Unternehmen haben 95% und mehr ihres Umsatzes 1974 nach Wirtschaftszweigen aufgegliedert. Die folgende Tabelle enthält die durchschnittliche Zahl der Wirtschaftszweige, in denen die 67 Unternehmen tätig waren:

Durchschnittliche Anzahl der Wirtschaftszweige, in denen 67 der „100 Größten" im Jahre 1974 Umsätze gemeldet haben

Die auf Platz ... bis ... stehenden (die ... größten) Unternehmen unter den 67 einbezogenen	entsprechender Rang unter den „100 Größten" 1972	haben im Durchschnitt Umsätze in ... Wirtschäftszweigen getätigt
1 – 3	1 – 3	1,33
4 – 6	4 – 7	2,33
7 – 10	8 – 12	2,25
11 – 25	12 – 37	3,00
26 – 50	38 – 74	2,44
51 – 67	77 – 98	2,18

(M, S. 28)

„Dabei fällt auf, daß die untersuchten Unternehmen im Durchschnitt in weniger als drei Wirtschaftszweigen tätig gewesen sind. Die drei größten Unternehmen beschränken sich auf durchschnittlich 1,3 Wirtschaftszweige, während die Unternehmen 11 bis 25 mit 3,0 die höchste Zahl erreichen" (M, S. 127). Der Aussagewert dieser Tabelle für die konglomerate Konzentration ist äußerst beschränkt, weil erstens 33 der hundert Größten nicht berücksichtigt wurden, zweitens durch die Fragestellung gerade die Unternehmen unberücksichtigt geblieben sind, die in sehr viel mehr als in fünf Wirtschaftszweigen tätig sind, und drittens die in die Untersuchung einbezogenen Unternehmen bis zu 5% ihres Umsatzes nicht aufgliedern mußten. Neben diesen methodischen Mängeln der Befragung sagt die durchschnittliche Zahl der Wirtschaftszweige, in denen Unternehmen tätig sind, für die konglomerate Konzentration wenig aus. Zur Beurteilung solcher Zahlen wäre es notwendig zu wissen, wie groß die Marktanteile der konglomeraten Konzerne in den einzelnen Branchen sind. Die Studie der Kommission für wirtschaftlichen und sozialen Wandel hat keine weiteren Ergebnisse zur konglomeraten Konzentration erbracht.

Die aggregierte Konzentration wurde zur Beurteilung der *wirtschaftlichen Macht* in der Studie der Kommission für wirtschaftlichen und sozialen Wandel untersucht. Darunter wird „die abso-

lute wirtschaftliche Macht eines (oder mehrerer) Unternehmen(s) innerhalb der Volkswirtschaft insgesamt dargestellt, z. B. anhand von Umsatzvolumen oder der Beschäftigtenzahl des (der) Unternehmen(s) im Verhältnis zur Gesamtwirtschaft" (W, S. 19).
Dazu sind u. a. die Anteile der 10, 20, 50 und 100 größten Unternehmen am industriellen Gesamtumsatz ermittelt worden:

Die Anteile der 10, 20, 50, 100 größten Unternehmen am industriellen Gesamtumsatz

Anteile der ersten	1954	1962	1965	1971	1973
10 Unternehmen	9,0	12,7	14,6	18,8	18,8
20 Unternehmen	–	21,0	23,9	28,8	28,6
50 Unternehmen	25,4	31,8	35,5	43,4	42,8
100 Unternehmen	33,6	37,2	42,0	51,8	50,1
Umsatz der Gesamtindustrie in Mrd. DM	144,8	334,0	406,6	623,9	741,0

(W, S. 117)

„Zwischen 1954 und 1971 ergibt sich eine kontinuierliche Zunahme aller Umsatzanteile, um dann allerdings zwischen 1971 und 1973 leicht abzunehmen. Aufschlüsse über die Veränderung der Struktur der ersten 100 Unternehmen erhält man auch, indem man die Wachstumsraten des Umsatzes der 10, 20 usw. Unternehmen untereinander vergleicht. Hierbei zeigt sich ... ein eindeutiges Vordringen für die ersten 10 Unternehmen ..." (W, S. 118).

Wachstumsraten der ersten 10, 20, 50 und 100 Unternehmen zwischen 1962 und 1973 (in %)

Wachstumsraten der ersten	1962–1965	1965–1973	1962–1973
10 Unternehmen	39	135	227
20 Unternehmen	38	119	202
50 Unternehmen	36	119	198
100 Unternehmen	37	117	198

(W, S. 119)

Zur Beurteilung der ökonomischen Macht der 100 größten Unternehmen sind auch die von der Monopolkommission ermittelten Zahlen interessant. Die Monopolkommission stellt dem Umsatz der 100 größten Unternehmen nicht den industriellen Umsatz, sondern den Umsatz der Gesamtwirtschaft gegenüber und kommt zu folgendem Ergebnis: „Der Anteil der Hundert am Umsatz der Gesamtwirtschaft betrug 1972 21,68% und 1974 24,62%" (M, S. 118).
Für die Wachstumsintensität der 100 Größten im Zeitraum 1972 bis 1974 hat die Monopolkommission für die ersten drei Unternehmen einen Umsatzzuwachs von 49,7% festgestellt. „Die höhere Wachstumsintensität der Unternehmen an der Spitze der Rangliste hat deren Stellung innerhalb der Hundert von 1972 bis 1974 noch einmal verstärkt. Bereits 1972 entfiel auf die ersten 25 Unternehmen ein Anteil von 54,46% des Gesamtumsatzes der Hundert. Bis 1974 hat er sich noch einmal um rund 4% auf 56,80% erhöht" (M, S. 119).

Die wiedergegebenen Ergebnisse der vorliegenden Untersuchungen erfassen nur einen *Teil* der Unternehmenskonzentration, da weder personelle und kapitalmäßige Verflechtungen noch die Kartellierung untersucht wurde. Naturgemäß gibt es über diese Formen der Unternehmenskonzentration kein zuverlässiges empirisches Material. Dies gilt im besonderen für die heimlich getroffenen Kartellvereinbarungen, die mit dem Gesetz gegen Wettbewerbsbeschränkungen nicht vereinbar sind.

Zusammenfassung

Das *statistische Material* zur Beurteilung der *Unternehmenskonzentration* in der Bundesrepublik Deutschland ist unvollständig. Dies gilt insbesondere im Hinblick auf die vertikale und konglomerate Konzentration. Hier existieren neben dem *Fehlen entsprechender Daten* auch noch *konzeptionelle Schwierigkeiten bei der Messung* der Konzentration.

Für die *horizontale Unternehmenskonzentration* sind im ersten Hauptgutachten der Monopolkommission und in einem Gutachten der Kommission für wirtschaftlichen und sozialen Wandel statistische Daten gesammelt und ausgewertet worden. Die ermittelten *Konzentrationsraten* besitzen jedoch nur einen beschränkten Aussagewert, weil wesentliche Faktoren der horizontalen Konzentration nicht berücksichtigt sind. Für beide Studien gilt, daß die *personellen Verflechtungen* und die *Absprachen* zwischen den Unternehmen nicht erfaßt wurden. Ebenso konnten nicht *Marktanteile,* sondern nur *Produktionsanteile* ermittelt werden, weil die Exportangaben für die einzelnen Unternehmen fehlen. Insbesondere für das Gutachten der Monopolkommission gilt, daß die *kapitalmäßige Verflechtung* nicht erfaßt wurde, sondern nur der *Umsatz* von rechtlich selbständigen Unternehmen, und zwar unabhängig von der wirtschaftlichen Abhängigkeit. Außerdem gibt die Ermittlung von Konzentrationskoeffizienten für ganze Industriegruppen keinen Aufschluß über die Konzentration und die damit verbundene *Macht auf den relevanten Märkten.* Trotz der unterschiedlichen Voraussetzungen und des verschiedenen methodischen Vorgehens kommen beide Studien zu dem gleichen Ergebnis, daß die Unternehmenskonzentration in der Bundesrepublik Deutschland einen hohen Stand erreicht und seit 1960 spürbar zugenommen hat.

ÜBUNGEN

6/9 Nehmen Sie – anhand der Tabellen über die Konzentrationsraten für einzelne Branchen – Stellung zu der häufig vertretenen These, daß es in der Bundesrepublik Deutschland nur noch monopolistisch und oligopolistisch strukturierte Märkte gäbe.

6/10 Die Monopolkommission stellt fest: „Der Stand und die Entwicklung der Unternehmenskonzentration sind für die Marktwirtschaft von existentieller Bedeutung" (M, S. 17). Andererseits schreibt die Monopolkommission, daß das amtliche statistische Material zur Beurteilung der Unternehmenskonzentration unvollständig ist.

a) Welche politischen Ursachen könnte es dafür geben, daß trotz der permanenten Betonung der Bedeutung des Wettbewerbs für eine freiheitliche Wirtschaftsordnung durch die Politiker der drei großen Parteien keine ausreichende statistische Basis für eine Beurteilung der Wettbewerbsverhältnisse auf den Märkten vorliegt?

b) Gemäß § 24b, Absatz 3, GWB soll die Monopolkommission den jeweiligen Stand und die Entwicklung der Unternehmenskonzentration feststellen und unter wirtschafts- und wettbewerbspolitischen Gesichtspunkten beurteilen.
Welcher Widerspruch besteht zwischen den Aufgaben und den Möglichkeiten der Monopolkommission, diesen Auftrag sachgerecht zu erfüllen? Wie läßt sich dieser Widerspruch erklären und welche gesetzgeberischen Möglichkeiten bestehen, diesen Widerspruch abzubauen?

6/11 Stellen Sie die Gründe zusammen, die im Gutachten der Monopolkommission zu einer systematischen Unterschätzung der horizontalen Unternehmenskonzentration führen, und erörtern Sie diese.

6/12 Versuchen Sie anhand der angegebenen Daten die ökonomische Macht der 100 größten Unternehmen zu beschreiben. Welcher politische – insbesondere wirtschaftspolitische – Einfluß könnte daraus hergeleitet werden?

6.4 Gründe für die Unternehmenskonzentration

- Argumente, die für die Unternehmenskonzentration angeführt werden, erklären können und anhand ausgewählter Beispiele und empirischen Materials kritisch reflektieren können.
- Die Verringerung des Risikos und das Machtstreben als primäre Ursachen der Unternehmenskonzentration erörtern und kennzeichnen können.

Helmut Arndt faßt die Argumente, die zumeist für die Unternehmenskonzentration angeführt werden, folgendermaßen zusammen:

„1. Durch die wirtschaftliche Konzentration werde eine optimale Ausnutzung der jeweils gegebenen Technik ermöglicht.
2. Allein die wirtschaftliche Konzentration führe zu jenen finanzkräftigen Großunternehmen, die in der modernen Wirtschaft noch den technischen Fortschritt vorantreiben können.
3. Die wirtschaftliche Konzentration sei in einer sich entwickelnden und unstet wachsenden Wirtschaft zur Verringerung des Risikos notwendig.
4. Im Machtkampf der Giganten können sich nur die Großen durchsetzen, während die Kleinen hilflos untergehen.“[1]

These 1: Konzentration zur optimalen Ausnutzung gegebener Technik. In der These 1 wird davon ausgegangen, daß *Kostensenkungen durch Massenproduktion* nur von Großunternehmen realisiert werden können, weil die hochentwickelte Technologie nur in Unternehmen, die sowohl absolut als auch in bezug auf den relevanten Markt groß sind, optimal genutzt werden könne. Dadurch würde eine Kostendegression* je produzierter Mengeneinheit – auch economies of scale* genannt – entstehen, die zu einer höheren Rentabilität der Großunternehmen führe und den Verbrauchern in Form günstigerer Preise zugute komme.
Kostenersparnisse bei Großunternehmen im *Produktionsbereich* können sich durch *Spezialisierungs-* und *Losgrößenvorteile* ergeben.

1 Helmut Arndt: Macht, Konkurrenz und Demokratie, a. a. O., S. 63.

- Bereits Adam Smith beschrieb die *Spezialisierungsvorteile*, die sich durch die *Arbeitsteilung* ergeben. Mit zunehmender Unternehmensgröße, also auch zunehmendem Output, können immer mehr spezialisierte Arbeitskräfte und Maschinen eingesetzt werden. Dabei können an Stelle der meist hohe fixe Kosten verursachenden Mehrzweckmaschinen technisch effizientere Spezialaggregate mit höherem Kapazitätspotential und geringerer Kostenbelastung pro Stück verwendet werden. Zu deren Bedienung sind nicht hochbezahlte Fachkräfte erforderlich, sondern es genügen angelernte Arbeitskräfte. Dadurch können die Lohnkosten pro Stück gesenkt werden. Außerdem fallen die Umrüstungskosten für die jeweilige Arbeitsvorbereitung bei Mehrzweckmaschinen fort.
- Die Spezialisierungsvorteile kommen nur dann voll zum Tragen, wenn es gelingt, große Produktionsserien aufzulegen. Daneben treten jedoch noch spezielle *Losgrößenvorteile* auf. Hohe Losgrößen, d. h. große Produktionsserien, führen dazu, daß die vom *Serienwechsel* abhängigen Kosten (Kosten für die Umrüstung auf eine andere Serie, Kosten für die Einarbeitung und den Anlauf usw.) und damit die durchschnittlichen Kosten pro Stück relativ gering sind. Diese Losgrößenvorteile können erheblich sein. Müller/Hochreiter führen in ihrer Studie als Beispiel ein amerikanisches Walzwerk mit einer geplanten Kapazität von 2,8 Mio. Tonnen im Jahr an, das bei hohen Losgrößen eine Kapazität von 4 Mio. Tonnen erreichen würde. Es ist offensichtlich, daß bei einer so starken Steigerung der Kapazität auch die fixen Kosten pro Stück erheblich fallen müssen. „Die Wahrnehmung dieses Kostenvorteils ist vielfach an eine Bereinigung des Produktionsprogramms und an konsequent durchgeführte Normung und Typisierung der Produkte gebunden. Horizontale und vertikale Verbundbetriebe weisen die besten Voraussetzungen zur Einführung von Großserien auf. Sie können – bei gleichbleibendem Produktionsprogramm – durch gezielte Programmbereinigung und Spezialisierung in den einzelnen Betrieben von der Alternativproduktion weitgehend zur kontinuierlichen Parallelproduktion oder Zwangslauffertigung übergehen.“[1]

Neben dem effizienten Einsatz der Produktionsfaktoren können sich im Produktionsbereich von Großunternehmen weitere Kostenersparnisse durch die *Zentralisierung von Reservekapazitäten*, die für unerwartete Produktionsausfälle (Maschinen- oder Mitarbeiterausfall) oder für Nachfrageschwankungen bereitgehalten werden müssen, ergeben.

Schließlich steigen die *Investitionskosten* nicht proportional mit der Kapazität, sondern fallen gewöhnlich pro Leistungseinheit. Beispielsweise nehmen die Investitionskosten für Motoren mit steigender Leistung pro PS ab.

Die Kostendegression im Produktionsbereich setzt sich jedoch bei steigender Betriebsgröße – der Betrieb wird hier als technische Produktionseinheit verstanden – nicht unbegrenzt fort. Vielmehr läßt sich eine *mindestoptimale technische Betriebsgröße* (MOTB) ermitteln. Die mindestoptimale technische Betriebsgröße ist durch die Produktionsmenge gekennzeichnet, bei der alle produktionstechnisch realisierbaren Ersparnisse ausgeschöpft sind. Wird die MOTB überschritten, können sich die economies of scale in diseconomies of scale* umkehren, weil Mängel im Bereich der Planung, Organisation und Kontrolle auftreten können, qualifizierte Arbeitskräfte fehlen usw.

Es ist versucht worden, die MOTB für einige Erzeugnisse zu ermitteln. Für Zement z. B. liegt die mindestoptimale Betriebsgröße bei einem Output von 1,2 Mio. Tonnen im Jahr, für Personenkraftwagen bei 400 000 Stück pro Jahr, für Kühlschränke bei 500 000 Stück pro Jahr, für Rohstahl bei 4,0 Mio. Tonnen pro Jahr (W, S. 156) usw. Müller/Hochreiter kommen aufgrund des

1 Edmund Heinen: Konzentration und Kosten, Teil 1, In: Helmut Arndt, Hrsg.: Die Konzentration in der Wirtschaft, Schriften des Vereins für Socialpolitik, N. F., Band 20/I, 2. Aufl., Berlin (Duncker & Humblot) 1971, S. 395.

von ihnen zusammengestellten empirischen Materials über die MOTB zu dem Ergebnis, daß die dadurch bedingten Betriebsgrößen „als nicht so groß anzusehen (sind), als daß aus Effizienzgründen eine hohe Unternehmenskonzentration gerechtfertigt wäre“ (W, S. 205). Ferner seien die durch die MOTB bedingten Kostenvorteile nicht so gravierend. Nur bei ca. 25% der untersuchten Branchen steigen die Stückkosten um mehr als 8%, wenn die tatsächliche Betriebsgröße um 50% unter der MOTB liegt, und um mehr als 10%, wenn die tatsächliche Betriebsgröße nur noch ein Drittel der MOTB beträgt. Bezogen auf die zunehmende Konzentration in der Bundesrepublik Deutschland bedeutet dies, daß „eine verstärkte Konzentration aufgrund der Größen- und Spezialisierungsvorteile, von einigen Einzelbranchen abgesehen, nicht als generell notwendig angesehen werden“ kann (W, S. 159). Die technische Entwicklung führt außerdem nicht zwangsläufig dazu, daß die mindestoptimale technische Betriebsgröße steigt und damit die betriebliche Konzentration begünstigt. „Neue Produktionsverfahren und insbesondere neue – synthetische – Werkstoffe können ebensogut umgekehrt eine Dekonzentration der Produktion in kleineren Werkseinheiten begünstigen. Ein Beispiel dafür ist die Herstellung von Wannen, Eimern und dergleichen ... Früher wurden diese Produkte aus Blech und Emaille oder Zink hergestellt. Damals wurde etwa 20 Blechverarbeitungsmaschinen benötigt, mit deren Hilfe dann 30 Metallarbeiter eine Stunde arbeiten mußten, um 45 verzinkte Blechwannen zu 60 Liter zu erzeugen. Heute werden die gleichen Produkte aus Kunststoff hergestellt, die überdies leichter und mitunter auch haltbarer sind. Anstelle von 20 Blechverarbeitungsmaschinen genügt nunmehr eine einzige Kunststoffspritzmaschine, an der ein Arbeiter in der gleichen Zeit die gleiche Anzahl von Produkten erstellt.“[1]

Kostenersparnisse in Großunternehmen können jedoch nicht nur im Bereich der Produktion, sondern auch im *Beschaffungs-*, *Verwaltungs-* und *Absatzbereich* auftreten. Deshalb muß von der rein produktionstechnisch determinierten mindestoptimalen technischen Betriebsgröße die mindestoptimale Unternehmensgröße unterschieden werden.

Im *Bereich der Beschaffung* können sich Kostendegressionen als Folge von Konzentrationsvorgängen vor allem durch günstigere Beschaffungspreise und sinkende Lagerkosten ergeben. Mit größer werdender Bezugsmenge gewähren Lieferanten Mengenrabatte. Außerdem können feste Liefertermine ausgehandelt werden, die die Lagerkosten für Vormaterialien auf die Lieferanten überwälzen. Darüber hinaus kann die starke Stellung eines Großunternehmens auf einem speziellen Beschaffungsmarkt die Lieferanten zu außerordentlichen Preiszugeständnissen zwingen.

Im *Absatzbereich* können Kostendegressionen primär bei den Werbungs- und Transportkosten entstehen. Bei homogenen Massengütern sinken mit zunehmender Unternehmensgröße die *Werbungskosten* pro Stück, da Werbungskosten einen hohen Fixkostenanteil besitzen. Diese Kostendegressionen sind in solchen Branchen ausschlaggebend, bei denen die Produktionskosten im Vergleich zu den Werbungskosten nur einen relativ geringen Anteil an den Gesamtkosten haben, wie das beispielsweise in der Zigarettenindustrie der Fall ist.

In anderen Branchen haben die *Transportkosten* den entscheidenden Anteil an den Gesamtkosten. Transportkostenintensive Produkte sind grundsätzlich solche, die relativ zu ihrem Wert ein hohes Eigengewicht haben und viel Laderaum in Anspruch nehmen (wie Zement und Bier). Haben Großunternehmen eine starke Marktposition, kann es ihnen gelingen, die Transportkosten auf die Nachfrage abzuwälzen. Andererseits kann bei transportkostenintensiven Produkten mit zunehmender Betriebsgröße, die eine räumliche Ausdehnung des Absatzmarktes erfordert, ein

1 Helmut Arndt: Macht, Konkurrenz und Demokratie, a. a. O., S. 64.

Anstieg der Transportkosten pro Stück verbunden sein. Dies kann eine Ursache dafür sein, neue Produktionsstätten zu errichten bzw. Unternehmen aufzukaufen, um durch diese *„Mehrbetrieblichkeit“* die Produkte näher an die Nachfrager heranzubringen. Der hohe Anteil der Transportkosten kann dazu führen, daß die optimale Unternehmensgröße unterhalb der mindestoptimalen technischen Betriebsgröße liegt. „Als Beispiel kann die MOTB-Schätzung von 5,4 Mio. hl Jahresausstoß für Brauereien ... gelten. Obwohl ... diese Werte sicher sehr gründlich ermittelt und überprüft (sind), gibt es nur eine Brauerei, die dieser Größe nahekommt. Ausschlaggebend ist sicher nicht die Ineffizienz der deutschen Braustätten, sondern die Tatsache, daß die Transportkosten für Bier sehr hoch liegen, und zudem nur knapp 60% des Preises ab Werk auf die Produktionskosten entfallen“ (W, S. 160). Die mindestoptimale Unternehmensgröße „dürfte je nach Marktdichte für Brauereien mit 3 und 4 Gebindearten* ... bei 2 bis 3 Mio. hl liegen, eine Zahl, die wesentlich realistischer klingt“ (W, S. 161). Durch Mehrbetrieblichkeit haben die Brauereien auf die hohe Transportkostenbelastung reagiert. Die drei größten Brauereien in der Bundesrepublik haben durchschnittlich je 13,7 Produktionsstätten errichtet oder erworben. Ähnliches gilt für die deutsche Zementindustrie, bei der die drei größten Unternehmen im Durchschnitt 9,2 Produktionsstätten besitzen (W, S. 168).

Wie sich im *Verwaltungsbereich* die Kosten mit zunehmender Unternehmensgröße entwickeln, ist nicht eindeutig. Mit zunehmender Unternehmensgröße verstärkt sich der Zwang zur Dezentralisierung von Entscheidungsbefugnissen und zur Spezialisierung bei betriebswirtschaftlichen Teilaufgaben. Damit wächst auch der quantitative und qualitative Bedarf an Informationen, die erforderlich sind, um unternehmerische Entscheidungen zu treffen. Andererseits steigt die Unvollkommenheit der Informationen, je komplexer das betriebliche Gebilde wird, so daß dadurch die Gefahr von Fehlleistungen und Fehlentscheidungen wächst. Sollen diese Mängel vermieden werden, muß die Informationsgewinnung und -verarbeitung verbessert werden, was wiederum zu zusätzlichen Kosten führt. Aufgrund dieser Überlegungen wird angenommen, daß die Verwaltungs- und hier insbesondere die Informationskosten überproportional zur Unternehmensgröße ansteigen, also diseconomies of scale entstehen. Demgegenüber wird argumentiert, daß es sich erst in Großunternehmen lohne, die moderne Informationstechnologie zu verwenden, so daß auch im Verwaltungsbereich mit zunehmender Unternehmensgröße Kosteneinsparungen auftreten. Die Frage der Kostendegression im Verwaltungsbereich läßt sich bisher auch anhand empirischer Materialien nicht eindeutig beantworten.

Die These von der höheren Leistungsfähigkeit der Großunternehmen, verursacht durch die optimale Ausnutzung der fortschrittlichsten Technik und der dadurch bedingten Kostendegression, kann nicht verallgemeinert werden. Es gibt Branchen und Unternehmensgrößen, die durch Konzentrationsvorgänge leistungsfähiger werden. Andererseits hat gerade die Untersuchung von Müller/Hochreiter gezeigt, daß in vielen Bereichen die Unternehmenskonzentration weiter fortgeschritten ist, als es von den technologischen Gegebenheiten her notwendig wäre.

These 2: Konzentration zur Förderung des technischen Fortschritts. Die These 2, daß der technische Fortschritt primär durch die Großunternehmen vorangetrieben werde, weil sie allein in der Lage und bereit seien, die finanziellen Mittel für Forschung und Entwicklung aufzubringen, läßt sich auf Schumpeter zurückführen, der behauptet, daß der technische Fortschritt in besonderem Maße von Großunternehmen getragen wird.[1]
Zu fragen ist, ob diese Schumpeter-Hypothese durch empirisches Material bestätigt werden

1 Vgl. Joseph A. Schumpeter: Kapitalismus, Sozialismus und Demokratie, Bern (Francke) 1950, S. 135.

kann. Um diese Hypothese überprüfen zu können, unterscheiden wir vier Stufen oder *Phasen*, in denen sich der Prozeß des technischen Fortschritts vollzieht:

„(1) Die Forschungs- und Entwicklungsaktivität (Einsatz von personellen und sachlichen Mitteln in Forschung und Entwicklung).

(2) Die Invention (Neuerung auf technischem Gebiet, Idee, wie Wissenschaft und Technik auf neue Art angewendet werden könn[t]en).

(3) Innovation (erste erfolgreiche Anwendung einer Invention).

(4) Diffusion, Nachahmung und Verbreitung von Inventionen."[1]

Der Einfluß der Unternehmensgröße und der Unternehmenskonzentration auf die **Forschungs- und Entwicklungsaktivität** (F&E-Aktivität) wird an den Ausgaben der Unternehmen für Forschung und Entwicklung gemessen. Das umfassendste empirische Material über die F&E-Aktivität liegt für die USA vor, da hier seit 1953 die statistische Erfassung der F&E-Ausgaben gesetzlich vorgeschrieben ist. Die folgende Tabelle[2] zeigt die prozentuale Verteilung der F&E-Ausgaben nach drei Unternehmensgrößenklassen gegliedert für die Zeit von 1960 bis 1969.

Prozentuale Verteilung der gesamten F & E-Ausgaben nach Unternehmensgrößenklassen in den USA für einige Jahre des Zeitraumes 1960–1969

<table>
<tr><th rowspan="2">Jahr</th><th colspan="4">Unternehmen mit einer Beschäftigungszahl von</th></tr>
<tr><th>weniger als 1000</th><th>1000 – 4999</th><th>5000 – 9999</th><th>mindestens 10000</th></tr>
<tr><td>1960</td><td>5,5</td><td>8,5</td><td colspan="2">86,0</td></tr>
<tr><td>1963</td><td>4,9</td><td>8,1</td><td colspan="2">87,0</td></tr>
<tr><td>1965</td><td>4,6</td><td>6,7</td><td colspan="2">88,6</td></tr>
<tr><td>1966</td><td>4,0</td><td>6,7</td><td>5,1</td><td>84,2</td></tr>
<tr><td>1967</td><td>4,2</td><td>6,2</td><td>5,4</td><td>84,2</td></tr>
<tr><td>1969</td><td>3,9</td><td>5,7</td><td>5,7</td><td>84,8</td></tr>
</table>

Die Tabelle macht deutlich, daß die Großunternehmen mit mindestens 10000 Beschäftigten bzw. mit mehr als 5000 Beschäftigten den überwiegenden Anteil der F&E-Ausgaben tragen, wobei sich der Anteil im Zeitablauf erhöht hat (1960: 86%; 1969: 90,5%). Eine noch weiter differenzierte Betrachtung zeigt, daß dabei der Hauptanteil der F&E-Ausgaben auf Unternehmen mit mindestens 10000 Beschäftigten entfällt. Nun könnte man meinen, daß der hohe Anteil der Großunternehmen an den Forschungs- und Entwicklungsausgaben dadurch bedingt ist, daß sich in der Größenklasse von 5000 und mehr Beschäftigten die Mehrzahl aller Unternehmen, die überhaupt Ausgaben für Forschung und Entwicklung tätigen, befinden. Das dem nicht so ist, zeigt die folgende Tabelle[3].

Prozentuale Verteilung der Anzahl F & E-aktiver Unternehmen auf Unternehmensgrößenklassen in den USA, 1960 und 1967

<table>
<tr><th rowspan="2">Jahr</th><th colspan="4">Unternehmen mit einer Beschäftigungszahl von</th></tr>
<tr><th>weniger als 1000</th><th>1000 – 4999</th><th>5000 – 9999</th><th>10000 und mehr</th></tr>
<tr><td>1960</td><td>90</td><td>7</td><td colspan="2">3</td></tr>
<tr><td rowspan="2">1967</td><td rowspan="2">88</td><td rowspan="2">7,6</td><td>1,9</td><td>2,5</td></tr>
<tr><td colspan="2">4,4</td></tr>
</table>

1 Udo Müller: Wettbewerb, Unternehmenskonzentration und Innovation, a. a. O., S. 29.

2 Ebenda, S. 65.

3 Ebenda, S. 66.

Faßt man die Ergebnisse der beiden letzten Spalten zusammen, zeigt sich für das Jahr 1967, daß auf 4,4% aller Unternehmen – das sind die mit mehr als 5000 Beschäftigten – 89,6% der gesamten F&E-Aufwendungen entfielen.

Beschäftigte, Umsatz und F & E-Aufwendungen der Unternehmen des verarbeitenden Gewerbes 1971

Staffelung der Unternehmen[1]) nach Höhe ihrer Umsätze	Beschäftigte	Umsatz		F&E-Aufwendungen				
		insgesamt	je Unternehmen	insgesamt	je Unternehmen	je Beschäftigten	Anteil am Umsatz	Anteil an den F&E-Aufwendungen insgesamt
	Tsd.	Mill. DM		Tsd. DM			%	
	1	2	3	4	5	6	7	8
die ersten 4	709	43 348	10 837	2 536 671	634 168	3,58	5,9	35,3
weitere 4	122	23 133	5 783	330 243	82 561	2,70	1,4	4,6
die ersten 8	832	66 482	8 310	2 866 914	358 364	3,45	4,3	39,9
weitere 12	396	38 389	3 199	795 738	66 311	2,01	2,1	11,1
die ersten 20	1 228	104 871	5 244	3 662 652	183 133	2,98	3,5	50,9
weitere 20	324	28 460	1 423	1 083 476	54 174	3,35	3,8	15,1
die ersten 40	1 552	133 331	3 333	4 746 128	118 653	3,06	3,6	66,0
weitere 20	208	14 408	720	270 580	13 529	1,30	1,9	3,8
die ersten 60	1 760	147 740	2 462	5 016 708	83 612	2,85	3,4	69,8
weitere 20	142	10 159	508	340 213	17 011	2,39	3,3	4,7
die ersten 80	1 902	157 898	1 975	5 356 921	66 962	2,82	3,4	74,5
weitere 20	128	6 323	416	131 595	6 580	1,02	1,6	1,8
die ersten 100	2 030	166 222	1 662	5 488 516	54 885	2,70	3,3	76,3
weitere 100	367	24 408	244	600 607	8 006	2,18	3,3	11,1
die ersten 200	2 397	190 629	953	6 289 123	31 446	2,62	3,3	87,5
weitere 100	195	11 926	119	335 727	3 357	1,72	2,6	4,7
die ersten 300	2 592	202 555	675	6 624 650	22 083	2,56	3,3	92,1
weitere 100	120	7 133	71	116 830	1 168	0,98	1,6	1,6
die ersten 400	2 712	209 688	524	6 741 680	16 854	2,49	3,2	93,8
weitere 100	90	4 980	50	186 052	1 651	2,07	3,7	2,6
die ersten 500	2 801	214 668	429	6 927 732	13 855	2,47	3,2	96,4
weitere 200	115	6 430	32	129 612	648	1,12	2,0	1,8
die ersten 700	2 917	221 098	316	7 057 344	10 082	2,42	3,2	98,2
weitere 200	72	3 752	19	67 083	335	0,93	1,8	0,9
die ersten 900	2 989	224 650	250	7 124 427	7 916	2,38	3,2	99,1
weitere 373	58	2 705	7	65 613	176	1,12	2,4	0,9
Insgesamt 1 273	3 047	227 554	179	7 190 040	5 648	2,36	3,2	100,0

[1]) Ohne Unternehmen der Chemischen Industrie.

Für die Bundesrepublik Deutschland liegen vom Stifterverband für die Deutsche Wissenschaft* veröffentlichte Erhebungen über die F & E-Ausgaben der Industrie seit 1956 vor. Das Datenmaterial wird auf der Grundlage von Befragungen einzelner Unternehmen, von denen angenommen wird, daß sie Ausgaben für Forschung und Entwicklung aufbringen, erhoben. Da die Beantwortung auf freiwilliger Basis erfolgt, hängen Umfang und Genauigkeit der Ergebnisse von der Bereitschaft der Unternehmen ab, auf diese Befragungen ausführlich zu antworten. Die Aussagefähigkeit des Zahlenmaterials ist daher beschränkt. Bei der Erhebung für das Jahr 1971 wurden 76% der Unternehmen befragt, wobei Unternehmen mit weniger als 500 Beschäftigten nicht mitgerechnet wurden. Von den befragten Unternehmen haben 63% mitgeteilt, daß sie keine Ausgaben für Forschung und Entwicklung tätigen. Die Tabelle[1] auf S. 177 zeigt die Ergebnisse der Befragung für 1971, bei der insgesamt 1237 Unternehmen angaben, Forschung und Entwicklung zu betreiben.

Danach entfallen auf die vier größten Unternehmen jeweils durchschnittlich 634 Mio. DM für Forschung und Entwicklung, was 35,3% der gesamten F & E-Ausgaben ausmacht. „Bis auf zwei Ausnahmen ist einem kleineren durchschnittlichen Umsatzvolumen auch ein kleineres durchschnittliches F & E-Budget zugeordnet. Eine Ausnahme findet sich beispielsweise in der fünften Zeile. Die zwanzig weiteren Unternehmen in dieser Zeile mit einem durchschnittlichen Umsatz von 508 Mill. DM haben ein durchschnittliches F & E-Budget von 17 Mill. DM, während die zwanzig größeren Unternehmen in der vierten Zeile mit einem Umsatzvolumen von durchschnittlich 720 Mill. DM nur durchschnittlich 13,5 Mill. DM für Forschung und Entwicklung ausgeben. Ein ähnlicher ‚Fehlstand' ist in der siebten Zeile zu beobachten."[2]

Die Zahlen für die F & E-Aufwendungen scheinen die These zu bestätigen, daß die Großunternehmen die Träger des technischen Fortschritts sind. Jedoch müssen bei der *Interpretation des Zahlenmaterials* folgende Aspekte berücksichtigt werden:

– Zu den Ausgaben für Forschung und Entwicklung werden auch die *staatlichen Forschungsausgaben* an Unternehmen hinzugerechnet. In den USA haben die öffentlichen Zuwendungen für Forschung und Entwicklung in einigen Branchen einen Anteil zwischen 60% und 90% an den entsprechenden Ausgaben der einzelnen Unternehmen. Diese Ausgaben kommen primär Großunternehmen zugute. „So entfielen 1964 beispielsweise in den USA 91% der staatlichen F & E-Ausgaben auf Unternehmen mit mehr als 5000 Beschäftigten, 6% auf Unternehmen mit 1000 bis 4999 Beschäftigten und 3% auf Unternehmen mit weniger als 1000 Beschäftigten."[3] Dadurch wird die Statistik zugunsten der Großunternehmen verzerrt.

  Obwohl der Anteil der Forschungsförderung durch den Staat an den Ausgaben der Unternehmen für Forschung und Entwicklung in der Bundesrepublik Deutschland nicht so hoch ist – 1971 betrug er 12% –, ergeben sich ähnliche Verzerrungen, weil die Mittel nur wenigen Großunternehmen zufließen. „Die Gesamtsumme aller Förderungsmittel, die vom Bundesministerium für Wissenschaft und Technologie an die Wirtschaft vergeben wurden und die in Projekten gebunden sind, welche entweder bis 1974 abgeschlossen waren oder teilweise bis 1978 weiterlaufen, beträgt 4876,9 Mio. DM. Auf die vier am stärksten geförderten Unternehmen entfallen davon 48,8%, auf die acht stärksten 65,3%. Die Einseitigkeit dieser Förderungsmaßnahmen wird noch weiter unterstrichen, wenn man sieht, daß diese Beträge schwerpunktmäßig auf wenige Sektoren konzentriert sind (Kernenergie, Luftfahrzeugbau, Datenverarbeitung),

1 Udo Müller: Wettbewerb, Unternehmenskonzentration und Innovation, a. a. O., S. 76.
2 Ebenda, S. 77.
3 Ebenda, S. 79.

und die genannten rechtlich selbständigen Unternehmen untereinander stark verflochten sind" (W, S. 208). Dieses Vorgehen fördert die Großunternehmen und damit die Unternehmenskonzentration.

– Ferner sind die Ausgaben für Forschung und Entwicklung *Inputgrößen*, die keine Auskunft über die Effizienz und Qualität der eingesetzten Mittel geben. Nach einer Befragung, die in den USA durchgeführt wurde, gaben die befragten Manager, die sowohl in kleinen als auch in großen Unternehmen Entwicklungsabteilungen geleitet hatten, an, daß „der F&E-Aufwand zur Entwicklung eines bestimmten neuen Produkts in Großunternehmen rund drei- bis zehnmal so groß wie in kleineren Unternehmen"[1] ist.
In einer Fallstudie konnte nachgewiesen werden, daß ein kleines Unternehmen mit zwei Chemikern in der Entwicklungsabteilung 12 Monate für die Entwicklung des neuen Produkts bei einem Aufwand von 1400 Dollar benötigte, während das Großunternehmen mit 50 Chemikern in der Entwicklungsabteilung 38 Monate Entwicklungszeit und 11000 Dollar für die Entwicklung eines ähnlichen Produkts benötigte. Solche Einzeluntersuchungen sind zwar in ihrer Aussagekraft nur beschränkt zu verallgemeinern, lassen jedoch Zweifel an der Effektivität der Forschungsaufwendungen in Großunternehmen aufkommen. Außerdem werden Ausgaben für F&E nicht nur für neue oder bessere Produkte und effizientere Produktionsverfahren verwandt, sondern auch zur Verschlechterung von Produkten, was den technischen Fortschritt sicher nicht vorantreibt. Ein Beispiel dafür ist das internationale Glühlampenkartell, dessen Ziel es unter anderem war, die Lebensdauer von Glühlampen zu verkürzen, um den Absatz zu erhöhen. „Im Jahre 1932 schrieb ein Ingenieur von General Electric an seinen Vorgesetzten: ‚Vor zwei oder drei Jahren schlugen wir eine Verringerung der Lebensdauer von Glühbirnen für Taschenlampen vor ... Vor einiger Zeit machten die Batteriefabrikanten hierbei teilweise gemeinsame Sache mit uns und waren mit Glühbirnen einverstanden, die nur zwei statt drei Batterien überdauerten. Dies hat sich bewährt. wir haben unsere Forschung und Bemühungen fortgesetzt, die Verwendung von Glühbirnen, welche die Dauer von einer Batterie haben, durchzusetzen ... Wenn dies geschehen könnte, so würde unser Taschenlampengeschäft nach unseren Schätzungen um ca. 60 Prozent ansteigen. Wir sehen weder von unserem Standpunkt aus noch von dem des Batterieproduzenten einen triftigen Grund, warum diese Änderung nicht schon jetzt vor sich gehen sollte.'"[2] Solche Manipulationen haben dann Aussicht auf Erfolg, wenn der Wettbewerb durch Kartellvereinbarungen oder Unternehmenskonzentration aufgehoben bzw. weitgehend eingeschränkt ist.

– Werden statt der *absoluten Werte* für die F&E-Ausgaben die *relativen* Aufwendungen für Forschung und Entwicklung zugrunde gelegt, d.h., werden die Aufwendungen auf Beschäftigungs- oder Umsatzgrößen bezogen, so wird der positive Zusammenhang zwischen Unternehmensgröße und F&E-Aufwendungen erheblich abgeschwächt. Für die Bundesrepublik Deutschland ergab sich dafür folgendes Bild: „Bei Messung der F&E-Intensität an den F&E-Ausgaben pro Beschäftigten wächst die F&E-Intensität in zwei Wirtschaftsbereichen mit der Unternehmensgröße an (Stahl-, Maschinen- und Fahrzeugbau; Elektrotechnik, Feinmechanik und Optik). Besonders ausgeprägt ist dieser Zusammenhang im Stahl-, Maschinen- und Fahrzeugbau. In den beiden anderen Wirtschaftsgruppen (Steine, Erden und Glas, Eisen- und NE-Metallerzeugung) ist kein hinreichend stringenter Zusammenhang festzustellen. Kleine und mittlere Unternehmen liegen hier mit der F&E-Intensität an der Spitze. Im Be-

1 Udo Müller: Wettbewerb, Unternehmenskonzentration und Innovation, a.a.O., S. 83.
2 Helmut Arndt: Macht, Konkurrenz und Demokratie, a. a. O., S. 72f.

reich Steine, Erden und Glas ist es die mittlere Unternehmensgrößenklasse mit einem Umsatzvolumen zwischen 5 und 10 Mill. DM, die die höchsten F&E-Ausgaben pro Beschäftigten aufweist."[1]

Werden statt der F&E-Ausgaben pro Beschäftigten die F&E-Aufwendungen pro Umsatzeinheit zur Messung der F&E-Aktivität herangezogen, wird der Einfluß der Unternehmensgröße auf die F&E-Aktivität auch in den Bereichen Stahl-, Maschinen- und Fahrzeugbau sowie Feinmechanik und Optik wesentlich geringer. In den anderen angeführten Wirtschaftsgruppen kehrt sich der Zusammenhang zwischen Unternehmensgröße und F&E-Aktivität geradezu um; nicht die größten, sondern die kleinsten Unternehmensgrößenklassen weisen die relativ größte F&E-Intensität auf. „Hildebrand kommt aufgrund seiner Interpretation des Zahlenmaterials zu dem Ergebnis, *daß kein Hinweis für eine mit der Unternehmensgröße zunehmende relative F&E-Aktivität besteht.*"[2]

Die Analyse der F&E-Ausgaben bestätigt jedenfalls nicht die generelle Überlegenheit der Großunternehmen im Bereich der Forschung und Entwicklung.

Entscheidend für den technischen Fortschritt sind nicht so sehr die Ausgaben für Forschung und Entwicklung, sondern die Zahl und Qualität der *grundlegenden Erfindungen*, der **Inventionen**. Besteht ein Zusammenhang zwischen der Unternehmensgröße und der Zahl und Qualität der Inventionen?

Galbraith u. a. gehen davon aus, daß die meisten billigen Erfindungen bereits gemacht worden sind. An die Stelle des Einzelerfinders trete das aus hochqualifizierten Wissenschaftlern bestehende Forscherteam. Die damit verbundenen Ausgaben könnten nur von Großunternehmen getragen werden. Außerdem würden in Großunternehmen im *Forschungsbereich* economies of scale aufgrund der besseren Labor- und sonstigen Forschungseinrichtungen entstehen.

Die These von der größeren Effizienz der Forschung in Großunternehmen hält jedoch Nachprüfungen nicht stand. „Eine Untersuchung von 61 wichtigen Erfindungen dieses Jahrhunderts, die von Jewkes, Sawers und Stillerman durchgeführt worden ist, ergab, daß ungefähr die Hälfte von Einzelerfindern gemacht wurde. Nur 12 Erfindungen stammen aus den Laboratorien von Großunternehmen und nur jede siebte Erfindung der amerikanischen Aluminiumindustrie stammt aus dem Hause eines großen Aluminiumproduzenten. Alle sieben grundlegenden Erfindungen in der Petroleumraffinerie, auf denen die früheren und heutigen Produktionsverfahren beruhen, kommen von unabhängigen Erfindern."[3]

Ein etwas günstigeres Ergebnis für die Großunternehmen hat Oberender ermittelt. Er hat die 62 wichtigsten Erfindungen nach dem Zeitpunkt der Erfindung und den Trägern der Erfindung aufgeschlüsselt. Die folgende Tabelle zeigt seine Ergebnisse:[4]

Zeitraum	Anzahl	Einzelerfinder	Großunternehmen
vor 1900	16	10 (62 %)	4 (25 %)
1900–1914	16	7 (48 %)	4 (25 %)
1914–1935	15	11 (73 %)	4 (27 %)
1939–1959	15	5 (33 %)	6 (40 %)

1 Udo Müller: Wettbewerb, Unternehmenskonzentration und Innovation, a.a.O., S. 98.

2 Ebenda, S. 193.

3 Eberhard Günther: Die Bedeutung der Konzentration für den technischen Fortschritt und die Internationale Wettbewerbsfähigkeit. In: Edgar Salin u. a., Hrsg.: Notwendigkeit und Gefahr der wirtschaftlichen Konzentration, Basel und Tübingen (Mohr) 1969, S. 60.

4 Peter Oberender: Industrielle Forschung und Entwicklung, Bern und Stuttgart (Haupt) 1973, S. 128.

Während bis zum Jahre 1939 die Einzelerfinder überwogen und ihr Anteil sogar zwischen den beiden Weltkriegen anstieg, hat sich nach 1939 die Tendenz umgekehrt; die Großunternehmen schoben sich bei den Erfindungen in den Vordergrund. Immerhin zeigt auch diese Tabelle den relativ geringen Anteil der Großunternehmen an den bedeutenden Inventionen. Gegen diese Ergebnisse ist eingewandt worden, daß es kein objektives Kriterium zur ökonomischen Beurteilung der Bedeutung von Erfindungen gebe: „Ausgewählte Gruppierungen sogenannter ‚wichtiger' Erfindungen, die angeblich die mangelnde Effizienz der großindustriellen Forschung zeigen, sind . . . deshalb nicht relevant, . . . weil das Kriterium, weshalb eine Erfindung ‚wichtig' ist, nicht objektiv bestimmbar ist. Die Gruppierung kann also je nach dem angestrebten Zweck vorgenommen werden."[1]

Die Frage, wer Träger der grundlegenden Erfindungen sei, habe für den technischen Fortschritt wenig Bedeutung, weil erst die **Innovation**, also die erstmalige erfolgreiche *Anwendung der Erfindung* im Rahmen der industriellen Produktion, den technischen Fortschritt bringe. Die enormen *Kosten* für die Entwicklung eines Produkts oder eines neuen Produktionsverfahrens könnten, ohne die Existenz des Unternehmens zu gefährden, nur von Großunternehmen getragen werden, so wird von denjenigen argumentiert, die in den Großunternehmen die Träger des technischen Fortschritts sehen.

Ferner, so wird argumentiert, bestehen bei Großunternehmen – insbesondere bei konglomeraten Unternehmen – Vorteile hinsichtlich der *Risikoverteilung*, da mehrere Produkte gleichzeitig entwickelt würden und daher eher die Chance bestehe, daß sich Fehlschläge und Erfolge in der Innovationsphase ausgleichen.

Dem wird entgegengehalten, daß Großunternehmen in stark konzentrierten Industrien ein Interesse daran haben, den erreichten *technischen Standard* aufrechtzuerhalten, weil eine schnelle Umstellung der Produktionsverfahren zu einer Entwertung des vorhandenen Maschinenbestandes führt. Da geringer Wettbewerb bestehe, zwinge die Großunternehmens nichts, solche Innovationen durchzuführen.

Der frühere Präsident des Bundeskartellamtes, Günther, hat darauf hingewiesen, daß zwischen der *Fähigkeit* und der *Bereitschaft* zur Innovation unterschieden werden müsse. „Ein Beispiel illustriert, was damit gemeint ist. Die Einführung des LD-Verfahrens – des Sauerstoffblasverfahrens – in der amerikanischen Stahlindustrie zeigt, daß gerade die größten Unternehmen der Branche das geringste Interesse an der Einführung dieses kostengünstigeren Verfahrens hatten. Während das vergleichsweise kleine Unternehmen McLouth-Steel mit einem Anteil von weniger als 1% der Produktionskapazität der amerikanischen Stahlindustrie im Jahre 1954 das von einem kleinen österreichischen Hersteller entwickelte Verfahren übernahm, folgten die Giganten United States Steel, Bethlehem und Republic erst im Jahre 1964 und 1965. Ähnliches gilt für die Einführung des Stranggußverfahrens und von den Planetenwalzwerken. Weitere Beispiele dieser Art finden sich in anderen Industriebereichen. Die empirischen Fakten dieser Art deuten darauf hin, daß die Fähigkeit zur Innovation nicht notwendig mit dem Willen zur Innovation gekoppelt ist. Im Gegensatz zu der These, daß in konzentrierten Industrien der Anreiz zur Innovation größer ist als in Industrien, in denen mittlere und kleinere Unternehmen vorherrschen, daß gerade die Großunternehmen in einer hochkonzentrierten Industrie . . . eher als Bremse für den technischen Fortschritt anzusehen sind."[2]

---

1 Peter Pawlowsky: Konzentration als Voraussetzung wirtschaftlichen Wachstums. In: Edgar Salin u. a., Hrsg.: Notwendigkeit und Gefahr der wirtschaftlichen Konzentration, Basel und Tübingen 1969. S. 228.

2 Eberhard Günther: Die Bedeutung. . ., a. a. O., S. 60.

Mit einer unangefochtenen Marktstellung von Großunternehmen und dem Bestreben, Investitionsgüter mit veralteter Technologie nicht zu gefährden, hängt auch die Tatsache zusammen, daß Erfindungen durch Sperrpatente und andere Praktiken nicht realisiert werden können. „In einer Untersuchung der ‚Patent Foundation' der George Washington-Universität wurde ermittelt, daß Großunternehmen nur 51% ihrer Erfindungen, kleinere Unternehmen indessen 71% kommerziell ausnutzen."[1]

Auch das kann als Hinweis darauf gelten, daß kleinere Unternehmen ihre Ausgaben für Forschung und Entwicklung effizienter nutzen und in der Innovationsphase nicht zwangsläufig den Großunternehmen unterlegen sein müssen. Das Ifo-Institut* kam für die Bundesrepublik Deutschland im Rahmen einer Sondererhebung zu folgendem Ergebnis: „In der Innovationsphase sind die kleineren und mittleren Unternehmen den Großunternehmen offenbar überlegen. Gemessen wurde diese Überlegenheit an der Zahl der nach zwei Jahren noch nicht genutzten Erfindungen. Sie lag bei Kleinfirmen und mittleren Unternehmen weit niedriger als bei Großfirmen. Daraus wurde der Schluß gezogen, daß kleine und mittlere Unternehmen offenbar einem andauernd starken Konkurrenzdruck ausgesetzt sind, der sie dazu zwingt, lohnende Erfindungen möglichst rasch zu innovieren..."[2]
Müller kommt nach eingehender Analyse der bisher vorliegenden Untersuchungen zu dem Ergebnis, „daß ein positiver Einfluß der Unternehmensgröße und der Unternehmenskonzentration auf die Innovationsaktivität... weder direkt noch indirekt durch die bisher dazu angestellten empirischen Analysen belegt werden kann."[3]

Für den technischen Fortschritt und die Steigerung der gesamtwirtschaftlichen Produktivität in einer Volkswirtschaft ist nicht nur die Innovationsphase, sondern vor allem auch die **Diffusionsphase** bedeutsam, die ausdrückt, in welchem Tempo die „Wirte" (in der Terminologie Schumpeters) die technologischen Innovationen der eigentlichen „Unternehmer" *nachahmen*. Die Diffusion hängt einerseits von der Lizenzbereitschaft der lizenzgebenden Unternehmen und der Bereitschaft der Wirte ab, solche Innovationen zu übernehmen. Das oben angeführte Beispiel der amerikanischen Stahlindustrie spricht nicht nur gegen deren Bereitschaft, Innovator zu sein, sondern auch gegen die Bereitschaft, erfolgreiche Innovationen zu übernehmen. Neue Produktionsverfahren führen häufig zu Kostensenkungen *und* zu Kapazitätserhöhungen. „Will ein Oligopolist den Kostensenkungseffekt voll zur Auswirkung bringen, so müßte er seine Ausbringung erhöhen. Das ist bei stagnierender Gesamtnachfrage nur zu Lasten anderer Anbieter möglich. Bei hoher oligopolistischer Interdependenz kann ein solches Verhalten wenig sinnvoll sein. Das vorpreschende Unternehmen muß mit einem Nachziehen der gleichstarken Konkurrenten rechnen. Der mögliche Kampf um die Marktanteile – für alle Unternehmen mit erheblichen Risiken verbunden – kann die Unternehmen zu stillschweigendem ‚agreement not to innovate bzw. not to imitate' veranlassen. Adaptives Wettbewerbsverhalten kleinerer Firmen wird man dulden, solange diese die Marktanteile der großen Unternehmen nicht bedrohen."[4]
Dies wäre auch eine Erklärung für das Verhalten der großen amerikanischen Stahlproduzenten bei der sehr langsamen Übernahme des LD-Verfahrens. Wieweit solche Überlegungen allgemeine Gültigkeit besitzen, konnte jedoch empirisch bisher nicht nachgewiesen werden.

---

1 Eberhard Günther: Die Bedeutung..., a. a. O., S. 61.

2 K. H. Oppenländer: Das Verhalten kleiner und mittlerer Unternehmen im industriellen Innovationsprozeß, Ifo-Institut München 1975, S. 16f.

3 Udo Müller: Wettbewerb, Unternehmenskonzentration und Innovation, a. a. O., S. 155.

4 Ebenda, S. 208.

Wie ist die These von der Überlegenheit der Großunternehmen bei der Realisierung des technischen Fortschritts vor dem Hintergrund des empirischen Materials zu beurteilen? „Es sprechen zwar viele Argumente für eine bessere Effizienz größerer Unternehmenseinheiten. Zu allen Argumenten lassen sich jedoch auch Gegenargumente und -beispiele finden. Die vorliegenden Ergebnisse über den Zusammenhang zwischen Größenstruktur und technischem Fortschritt lassen keine Verallgemeinerung zu.“[1]

„Verschiedene Unternehmensgrößen haben spezifische Vor- und Nachteile, die zudem vom zu betrachtenden Wirtschaftszweig abhängen. Es muß deswegen angenommen werden, daß eine Mischung von Unternehmen ungleicher Größe für die verschiedenen Innovationen ein größeres Entwicklungspotential als eine einseitige Struktur bietet. Es gibt eine ganze Bandbreite von Unternehmensstrukturen und -konzentration, in denen rascher technischer Fortschritt möglich ist. Insbesondere bei recht langen Entwicklungsprozessen sind jedoch gewisse Größen oder Mindestmarktanteile von Bedeutung. Strukturell wichtig ist auch, daß Eintrittsschranken für Firmen aus anderen Branchen relativ niedrig bleiben, da wichtige Innovationen oft erst von Außenseitern zur Produktreife gebracht werden, vor allem bei hohen Marktanteilen der Branchenführer“ (W, S. 203 f.).

Weder die These von den Kostenvorteilen der Großunternehmen aufgrund der optimalen Ausnutzung der Technik noch die von der Durchsetzung des technischen Fortschritts durch die Großunternehmen erwiesen sich als allgemein stichhaltig. So bleiben als wesentliche Gründe für die Unternehmenskonzentration Risikominderung und Sicherung vor Machtkämpfen übrig.

These 3: Konzentration zur Risikominderung. Unternehmen sind in einer Marktwirtschaft vielfältigen Risiken ausgesetzt. *Nachfrageschwankungen* können sich aus dem Konjunkturzyklus ergeben. So hat aufgrund des Nachfragerückganges in der Krise 1974/75 die Zahl der Konkurse beträchtlich zugenommen. Davon wurden primär kleinere und mittlere Unternehmen betroffen.

Konkurs- und Vergleichsverfahren insgesamt

Jahr		Konkurse			Vergleichsverfahren eröffnet	Insolvenzen^{+})	
	eröffnet	mangels Masse abgelehnt	zusammen	darunter Anschlußkonkurse		insgesamt	Zunahme gegenüber Vorjahr
	Anzahl						%
1973	2 596	2 681	5 277	63	301	5 515	20,6
1974	3 482	3 870	7 352	92	462	7 722	40,0
1975	3 056	5 886	8 942	102	355	9 195	19,1

$^{+}$) Konkurs- und Vergleichsverfahren ohne Anschlußkonkurse, denen ein eröffnetes Vergleichsverfahren vorausgegangen ist.

Quelle: Wirtschaft und Statistik, Stuttgart (Kohlhammer), Heft 5/1976, S. 294.

Darüber hinaus ergeben sich Absatzrisiken auch in einer wachsenden Wirtschaft durch die ständigen Änderungen der Verbrauchsgewohnheiten und die dadurch ausgelösten Verschiebungen der Nachfrage auf andere Produkte.

1 Bernhard Gahlen u. a.: Volkswirtschaftslehre, problemorientierte Einführung, München (Goldmann) 1971, S. 194.

Großunternehmen können solche Durststrecken infolge ihrer *finanziellen Stärke* und des leichteren Zugangs zum *Kapitalmarkt* eher überstehen als kleinere Unternehmen. Vor allem aber haben Großunternehmen – und dies gilt insbesondere für konglomerate Konzerne – die Möglichkeit, durch ein *breit gefächertes Produktionsprogramm* die Absatzrisiken zu mindern. Während ein Einproduktunternehmen durch Kundenabwanderung in seiner Existenz bedroht wird, kann innerhalb eines Konzerns die Abwanderung von Kunden bei einer Ware eher verkraftet werden. Großunternehmen mit hoher Beschäftigtenzahl würden außerdem bei drohendem Konkurs staatlich eher unterstützt, damit Arbeitslosigkeit vermieden wird. Als beispielsweise Krupp in finanzielle Schwierigkeiten geriet und Kreditinstitute bisher gewährte Kredite nicht verlängern wollten, hat die Bundesregierung für diese Kredite die Bürgschaft übernommen. Staatliche Stützungsaktionen für Großunternehmen sind wegen erheblicher gesamtwirtschaftlicher Folgen der Konkurse von Großunternehmen wesentlich wahrscheinlicher als für kleinere Unternehmen.

These 4: Konzentration zur Sicherung vor Machtkämpfen. Großunternehmen haben bei Machtkämpfen eine günstigere *Ausgangsposition* gegenüber kleineren Rivalen. „Internationale Konzerne sind heute auf vielen Märkten in der Lage, nationale Unternehmen, die ihnen durch technische Neuerungen unbequem werden, in kürzester Zeit zu eliminieren. An diese Seite des Konzentrationsproblems wird offenbar auch gedacht, wenn in der deutschen Diskussion immer wieder die Annäherung an ‚internationale Unternehmensgrößen‘ verlangt wird."[1] Größe bietet Schutz vor Ausbeutung durch andere Unternehmen. Helmut Arndt beschreibt am Beispiel der Adox-Fotowerke, die an den amerikanischen Chemiekonzern Du Pont verkauft wurden, vor welche Schwierigkeiten ein kleineres Unternehmen in der Auseinandersetzung mit großen Konkurrenten gestellt werden kann. „1. Die eigenen finanziellen Mittel seien zu gering, um sich auf die Dauer behaupten zu können; 2. die patentrechtlichen Schwierigkeiten seien zu groß; so sei das Unternehmen beispielsweise jahrelang an der Aufnahme der Produktion von Farbfilmen gehindert worden; 3. es hätten sich Störungen bei der Anlieferung von für die Produktion wichtigen chemischen Zusatzstoffen ergeben, wobei ... zwischen Konkurrenten und Lieferanten, chemischen Großkonzernen, Verflechtungen beständen..."[2]
Größe bietet nicht nur Schutz vor Macht, sondern gewährt selbst Macht; unliebsame Konkurrenten können zur Aufgabe gezwungen oder aufgekauft werden, über Lobbyisten kann Einfluß auf die Gesetzgebung genommen werden usw.

Daß für die Unternehmenskonzentration in der Bundesrepublik Deutschland die Risikominderung und die Sicherung vor Machtkämpfen ausschlaggebend sind, kann indirekt auch aus der Tabelle auf der folgenden Seite geschlossen werden.
Hier ist versucht worden, die *Veränderung des Konzentrationsgrades* für einige Branchen auf verschiedene Ursachen zurückzuführen. „Neben der relativen Bedeutung des internen und externen Unternehmenswachstums sind zusätzlich zwei andere Komponenten zu berücksichtigen, die auch die industrielle Konzentration beeinflussen: das Auftreten neuer Unternehmen und das Ausscheiden alter Unternehmen... Danach ergibt sich die Konzentrationsveränderung aus der Summe von internem Wachstum, externem Wachstum (Fusionseffekt), dem Veränderungseffekt und den Zu- und Abgangseffekten."[3] Unter dem Veränderungseffekt wird dabei der Anstieg des Marktanteils eines Unternehmens verstanden, der notwendig war, um ein führendes Unterneh-

1 Helmut Arndt: Macht, Konkurrenz und Demokratie, a. a. O., S. 69.
2 Ebenda, S. 69.
3 Jürgen Müller: Welche Bedeutung haben Fusionen für die wirtschaftliche Konzentration? In: Wirtschaftsdienst, Hamburg (Weltarchiv), Heft 4/1976, S. 181.

men – also hier eines der ersten acht Unternehmen – von seinem Platz zu verdrängen. Aus der Tabelle läßt sich ableiten, daß ein großer Teil der gestiegenen Unternehmenskonzentration in den ausgewählten Märkten auf Fusionen zurückzuführen ist. ,,Horizontale Unternehmenszusammenschlüsse haben besonders im Raffinerie-, Stahl-, Glasflaschen- und Brausektor die Konzentration erhöht. Auch bei LKW über 4 t finden wir diesen starken Effekt. Internes Wachstum war andererseits besonders wichtig auf dem PKW- und Schuhsektor, während sich für kleinere LKW, Zement und Zigaretten beide Faktoren mehr oder weniger die Waage hielten.“[1]

Produktionsanteile der ersten vier Unternehmen in ausgewählten Branchen und deren Veränderung aufgrund verschiedener Ursachen

Einfuhren als % der Inlandsnachfrage	Branche und Periode	Stand der Konzentration		Veränderung	Fusionseffekt	Internes Wachstum	Verdrängungseffekt	Abgang	Neuzugang
		Nationale Werte	Bereinigte Werte						
–	Raffinerien 1958	61,09	–	–	–	–	–	–	–
–	1958–1965	59,42	–	– 1,67	16,80	– 5,01	– 9,28	0,49	– 4,67
–	1965–1971	57,39	–	– 2,03	3,41	– 3,71	– 0,73	0,40	– 1,39
10,2	Rohstahl 1960	48,78	–	–	–	–	–	–	–
20,5	1960–1965	50,67	43,00	1,89	0,41	1,55	– 0,08	–	–
32,5	1965–1971	64,75	50,00	14,08	18,40	3,77	– 8,10	–	–
4,3	Wälzlager 1958	98,00	95,00	–	–	–	–	–	–
15,4	1958–1965	90,00	78,00	– 8,00	–	– 8,00	–	–	–
9,8	1965–1971	92,00	84,00	2,00	–	2,00	–	–	–
9,7	PKW u. Kombikraftwagen 1958	82,14 [1]	73,86	–	–	–	–	–	–
18,4	1958–1965	92,25	84,27	10,11	–	3,72	–	6,39	–
33,4	1965–1971	94,55	69,37	2,30	3,36	11,06	–	–	–
	LKW unter 4 t 1958	81,03	71,95	–	–	–	–	–	–
	1958–1965	90,92	82,22	9,89	5,88	6,85	– 9,93	7,11	– 0,02
0,7 }	1965–1971	100,00	93,84	9,08	12,45	0,60	– 3,39	0,02	–
4,0 }	LKW über 4 t 1958	92,88	83,81	–	–	–	–	–	–
12,8 }	1958–1965	93,41	90,21	0,53	4,21	11,79	– 4,21	1,85	–13,11
	1965–1971	99,92	96,59	6,51	19,81	0,23	–15,54	0,05	– 0,03
–	Kühl- und Gefrierschränke 1958	70,99	–	–	–	–	–	–	–
25,5	1958–1965	69,00	54,00	– 1,99	1,13	1,64	– 2,34	–	– 2,42
44,2	1965–1971	76,79	54,00	7,79	16,17	–10,48	–	2,10	–
2,3	Glasflaschen 1958	66,42	65,00	–	–	–	–	–	–
4,6	1958–1965	74,68	71,00	8,26	–	8,26	–	–	–
5,4	1965–1971	69,49	66,00	– 5,19	5,72	– 7,55	– 3,37	–	–
5,3	Leder-Straßenschuhe 1958	31,19	–	–	–	–	–	–	–
15,2	1958–1965	29,33	25,00	– 1,86	1,45	0,24	–	1,67	– 5,22
32,5	1965–1971	38,23	26,00	8,90	5,85	3,99	– 3,02	3,06	– 3,89
0,15	Bier 1958	11,82	11,00	–	–	–	–	–	–
0,55	1958–1965	12,91	12,00	1,09	0,84	0,52	– 0,28	–	–
0,53	1965–1971	33,86	33,00	20,95	20,07	5,52	– 4,63	–	–
0,0004	Zigaretten 1958	86,04	86,00	–	–	–	–	–	–
0,08	1958–1965	92,20	92,00	6,16	9,23	– 3,92	–	0,85	–
0,55	1965–1971	88,24	87,00	– 3,96	–	– 3,05	–	0,88	– 1,79
0,4	Zement 1956	41,90	41,73	–	–	–	–	–	–
0,9	1956–1965	48,70	48,26	6,80	2,00	4,80	–	–	–
2,4	1965–1971	58,30	56,93	9,60	7,75	1,85	–	–	–
	Durchschnittswert	–	–	4,19	6,42	0,61	– 2,70	1,12	– 1,21
	Standard-Abweichung	–	–	7,10	7,09	5,33	4,14	1,96	2,96

1) Die „echten" Marktanteile der ersten vier Unternehmen für PKW waren 78 %, 83 % und 78 % für die jeweiligen Jahre.

Quelle: Wirtschaftsdienst, Hamburg (Weltarchiv), Heft 4/1976, S. 182.

Da sich die externe Unternehmenskonzentration weder durch Massenproduktionsvorteile noch durch den technischen Fortschritt generell und eindeutig begründen läßt – es lassen sich für jedes Argument in hinreichendem Ausmaß Beispiele und Gegenbeispiele finden –, bleiben als vorrangige Beweggründe für Fusionen Risikominderung, Schutz vor Machtkämpfen, Ausdehnung der eigenen Machtposition übrig.

1 Jürgen Müller: Welche Bedeutung haben Fusionen. . . , a.a.O., S. 181.

Zusammenfassung

Als Grund für die Unternehmenskonzentration wird angeführt, daß bei Großunternehmen *durch Massenproduktion Kostenvorteile* (economies of scale) entstehen. Kostenersparnisse im Produktionsbereich können sich durch *Spezialisierungs- und Losgrößenvorteile* ergeben. Jedoch existiert eine *mindestoptimale technische Betriebsgröße*, bei deren Überschreitung diseconomies of scale entstehen können. Die ermittelten mindestoptimalen technischen Betriebsgrößen rechtfertigen in den meisten Branchen nicht die erreichte Unternehmenskonzentration. Die technische Entwicklung führt nicht zwangsläufig zu einem Anstieg der mindestoptimalen technischen Betriebsgröße. Neue Produktionsverfahren und Werkstoffe können im Gegenteil zum Sinken der MOTB führen.

Kostenersparnisse in Großunternehmen können sich auch im *Verwaltungs-, Beschaffungs-* und *Absatzbereich* ergeben. Jedoch können diesen Ersparnissen aufgrund der Unternehmensgröße erhebliche *zusätzliche Kosten* durch den Anstieg des *Informationsbedarfs, Reibungsverluste* usw. gegenüberstehen. Dies ist von Branche zu Branche verschieden. Generell kann die These von der höheren Leistungsfähigkeit der Großunternehmen, verursacht durch die optimale Ausnutzung der Technik, nicht aufrecht erhalten werden.

Als weiterer Grund für die Unternehmenskonzentration wird angeführt, daß die Großunternehmen die *Träger des technischen Fortschritts* seien, weil sie über den notwendigen und ausreichenden finanziellen Rückhalt verfügen. Der technische Fortschritt vollzieht sich in vier Phasen: Forschungs- und Entwicklungsaktivität, Invention, Innovation und Diffusion.

Als Indikator für die *F & E-Aktivität* werden die Ausgaben für Forschung und Entwicklung verwendet. Nach vorliegenden Untersuchungen entfällt auf die Großunternehmen der überwiegende Anteil der F & E-Aufwendungen. Werden jedoch die relativen Aufwendungen für Forschung und Entwicklung analysiert, schwächt sich der positive *Zusammenhang zwischen Unternehmensgröße und F & E-Aufwendungen* erheblich ab. In bestimmten Branchen liegen in der Bundesrepublik Deutschland die mittleren Unternehmen mit den F & E-Aufwendungen an der Spitze. Ferner sind die Ausgaben für Forschung und Entwicklung Inputgrößen, die nicht über die Effizienz des Mitteleinsatzes Auskunft geben. Die bisherigen empirischen Untersuchungen der F & E-Ausgaben bestätigen nicht die generelle Überlegenheit der Großunternehmen im Bereich der Forschung und Entwicklung.

Die grundlegenden *Inventionen* sind bisher in ihrer Mehrzahl nicht von den Großunternehmen, sondern von Einzelerfindern und kleineren Unternehmen gemacht worden.

Auch in der *Innovations- und Diffusionsphase* erweisen sich die Großunternehmen nicht generell als die Vorreiter des technischen Fortschritts. Da Konkurrenz fehlt, sind Großunternehmen nicht in dem Maße wie kleinere Unternehmen gezwungen, den technischen Fortschritt zu übernehmen. Dem wird entgegen gehalten, daß gerade Großunternehmen in der Lage seien, die erheblichen finanziellen Mittel für die Entwicklung einer Erfindung bis zur Produktreife aufzubringen. Alle bisherigen Untersuchungen können einen positiven *Zusammenhang zwischen Innovationsaktivität und Unternehmensgröße* nicht belegen. Ähnliches gilt für die Diffusionsphase.

Als wesentliche *Gründe für die Unternehmenskonzentration* können die *Risikostreuung*, die höhere *Sicherheit bei Machtkämpfen* sowie das *Streben nach Macht* angesehen werden. Dies wird für die Bundesrepublik Deutschland durch das Vorherrschen des externen Unternehmenswachstums als wesentliche Ursache des Anstiegs der Unternehmenskonzentration indirekt bestätigt.

ÜBUNGEN

6/13 „Insgesamt ist jedoch die Verschiebung der Unternehmensgrößenstruktur, die in einigen Bereichen wie z. B. im Handel und in der Bauwirtschaft besonders ausgeprägt war, ein Indiz für die Schwierigkeiten kleiner und mittlerer Unternehmen, sich im Wettbewerb gegenüber Großunternehmen erfolgreich zu behaupten. Darauf deutet auch die erhebliche Zunahme der Insolvenzen in den Jahren 1974 und 1975 hin, von denen kleine und mittlere Unternehmen mehr als in den Jahren zuvor betroffen waren. Für den Verlauf dieser Entwicklung haben neben anderen Faktoren auch wettbewerbliche Einflüsse eine wichtige Rolle gespielt. Kleine und mittlere Unternehmen weisen gegenüber großen Wettbewerbern einige größenbedingte Nachteile auf, die primär in Finanzierungsschwierigkeiten und der unzureichenden Wahrnehmung kostensparender produktionstechnischer Vorteile gesehen werden. Auch auf die geringere internationale Wettbewerbsfähigkeit kleiner und mittlerer Unternehmen und ihre Probleme bei der Durchsetzung des technischen Fortschritts wird häufig – wenn auch nicht immer zu Recht – hingewiesen. Obwohl leistungsfähige kleine und mittlere Unternehmen vielfach in der Lage sind, diese Nachteile durch höhere Anpassungsflexibilität, Spezialisierung und größere Marktnähe auszugleichen, kann sich aus diesen strukturellen Faktoren eine Beeinträchtigung der Startbedingungen und der Wettbewerbschancen ergeben. Neben den strukturellen Einflüssen können sich wettbewerbsverzerrende Praktiken durch marktmächtige Konkurrenten, Lieferanten und Abnehmer negativ auf die Wettbewerbsfähigkeit kleiner und mittlerer Unternehmen auswirken und dazu führen, daß auch an sich leistungsfähige Unternehmen aus dem Markt ausscheiden müssen." (Tätigkeitsbericht des Bundeskartellamtes 1975, Bundestagsdrucksache 7/5390, S. 7.)

a) Worin sieht das Bundeskartellamt die Vorteile der Unternehmenskonzentration?
b) Welche der vom Bundeskartellamt angeführten Gründe für die Nachteile von kleinen und mittleren Unternehmen halten Sie für ausschlaggebend? Begründen Sie Ihre Meinung.
c) Welche nicht im Zitat genannten Ursachen könnten für die Zunahme der Insolvenzen kleiner und mittlerer Unternehmen in den Jahren 1974/75 verantwortlich sein?

6/14 Anläßlich der Strukturkrise im Kohlenbergbau hat die Bundesregierung entscheidend die Gründung der Ruhrkohle AG gefördert und unterstützt. Dadurch ist ein nur durch Importe bedrohtes Monopol am deutschen Kohlenmarkt entstanden. Welche Überlegungen mögen die Bundesregierung zu ihrem Verhalten veranlaßt haben? Welche Auswirkungen können sich daraus für die deutsche Volkswirtschaft ergeben?

6/15 Stellen Sie solche Wirtschaftszweige zusammen, in denen sich aufgrund von technischen Verfahren Massenproduktionsvorteile bei Großunternehmen ergeben können. Welche Gründe können für die Konzentration im Handel angeführt werden?

6/16 In einer Studie kommt die Wettbewerbskommission der Europäischen Gemeinschaft zu dem Ergebnis, daß kein Zusammenhang zwischen der Rentabilität eines Unternehmens und seiner Größe bestünde. „Im Gegenteil. Der Vergleich zwischen den Unternehmen mit den höchsten Umsätzen zeigt, daß nur sechs der fünfzig umsatzstärksten auch in der Gruppe der fünfzig rentabelsten auftauchen. Umgekehrt sind in der Gruppe der fünfzig Unternehmen mit dem höchsten Ertrag nur acht, die auch in der Umsatzrangfolge auf den ersten fünfzig Plätzen zu finden sind."

(Die Zeit, 29. 04. 1977, S. 23.)

Versuchen Sie, die Ursachen für dieses Ergebnis zu finden.

6/17 Zu den Schwierigkeiten, in die der britische Automobilkonzern British Leyland geraten war, wird folgende Ansicht vertreten:

Vermutlich war es bereits ein großer Fehler, daß im Jahre 1968 British Motor Holdings und die Leyland Motor Corporation zusammengeschlossen wurden. Aber vorausgegangen war schon die Übernahme mehrerer kleiner Personenwagen-Hersteller durch den Bus- und Lastwagen-Produzenten Leyland. Hätte Leyland auf diesen Erwerb verzichtet und die Unternehmen sich selbst oder der British Motor Holdings überlassen, die ihrerseits hauptsächlich Personenwagen baute, dann wäre danach der Zusammenschluß von British Motor Holdings und Leyland Motor Corporation nicht so „naheliegend" erschienen. So aber entstand das Riesengebilde, das kaum noch zu übersehen ist und sich heute nur noch taumelnd voranbewegt, mit gegenwärtig etwa 180 000 Beschäftigten, mit 68 Fabriken in Großbritannien und 26 im Ausland. Das war das Verhängnis der sechziger Jahre, als Zusammenschlüsse groß im Schwange waren und jede Fusion immer weitere Konzentration nach sich zog. Die Regierungen, besonders Labour, förderten das, weil sie von einer neuen, hochmodernen britischen Technik träumten, die in erster Linie aus solchen übergroßen Unternehmen erwachsen sollte. British Leyland zählt vermutlich zu vielen Zusammenschlüssen in England und in anderen Industriestaaten, die im Rückblick als verfehlt und sinnlos beurteilt werden müssen.

Jochen Rudolph: Wenn viele Fehler sich addieren, FAZ, 09. 01. 78, S. 9.

a) Erklären Sie den Unterschied zwischen mindestoptimaler technischer Betriebsgröße und mindestoptimaler Unternehmensgröße.
b) Aufgrund welcher Ursachen können aus der Fusion bei British Leyland diseconomies of scale entstanden sein?

6/18 „Die Schaffung von Großunternehmungen und großen Konzernen ist nicht eine Willkürhandlung, ist nicht das Werk geldgieriger Kapitalisten, Spekulanten, Agioteure*, sondern sie ist *das notwendige Ergebnis der technischen Entwicklung*, die ihrerseits durch den gewaltigen Druck des ungeheuerlichen Bevölkerungswachstums immer weiter vorangetrieben wird... Konzentration ist nicht nur unvermeidbar, sondern verstärkte Konzentration ist wünschbar, ist erforderlich... Nur durch Konzentration kann die freie Wirtschaft des Westens die ihr gebotenen Chancen wahrnehmen und zugleich den Beweis erbringen, daß sie ebenso leistungsfähig ist wie die wachsende Planwirtschaft des Ostens!"

Edgar Salin: Soziologische Aspekte der Konzentration, III, Ein „westdeutsches" System, Die Zeit, 07. 10. 1960.

Nehmen Sie zu dem Zitat Stellung.

6.5 Auswirkungen der Unternehmenskonzentration

- Zwischen Konzentrationsprozessen, die den Wettbewerb fördern und solchen, die ihn beschränken, differenzieren können.
- Nachfragemacht, Behinderungs- und Ausbeutungsmißbrauch als Folgen überhöhter Unternehmenskonzentration an Beispielen erklären können.
- Privat-administrierte Preise und perverse Preisflexibilität als Auswirkungen einer überhöhten Unternehmenskonzentration beschreiben und deren Einfluß auf das Preisniveau analysieren können.
- Die durch die Monopolisierung bedingten Wohlfahrtsverluste theoretisch ableiten können und Versuche zu deren Quantifizierung kennen.
- Den Einfluß der Unternehmenskonzentration auf die Einkommensverteilung erklären können.
- Behinderungen der global konzipierten Konjunkturpolitik durch die Unternehmenskonzentration nachweisen können.
- Die Möglichkeiten der multinationalen Unternehmen, die nationale Konjunktur- und Wettbewerbspolitik zu unterlaufen, beschreiben können.
- Die arbeitsmarktpolitischen Auswirkungen von Direktinvestitionen im Ausland beurteilen können.
- Den Zusammenhang von ökonomischer und politischer Macht erläutern können.
- Die Gefährdung der demokratischen Grundordnung durch überhöhte Unternehmenskonzentration erklären können.

6.5.1 Auswirkungen der Unternehmenskonzentration auf den Wettbewerb

„Nur wenn eine hinreichend große Anzahl unabhängig handelnder Unternehmen auf den einzelnen Märkten tätig ist, vermag der Wettbewerb seine gesamtwirtschaftlichen Antriebs- und Steuerungsfunktionen zu erfüllen, und nur bei funktionsfähigem Wettbewerb ist es vertretbar, gesamtwirtschaftlich so wichtige Entscheidungen wie diejenigen über Produktionsverfahren, Produktqualität, Produktionsmengen, Preise und Investitionen den einzelnen Unternehmen zu überlassen. Die Funktionsfähigkeit des Wettbewerbs wird durch wettbewerbsbeschränkende Verhaltensweisen und Zusammenschlüsse von Unternehmen bedroht.“[1] Die in dem Zitat der Monopolkommission zum Ausdruck kommende Auffassung über die Auswirkungen der Unternehmenskonzentration auf den Wettbewerb entspricht der herrschenden Ansicht in Wissenschaft und Politik. Aus dem Zitat wird deutlich, daß nicht jede Unternehmenskonzentration zu einer Einschränkung des Wettbewerbs führen muß. Dies geschieht erst dann, „wenn eine hinreichend große Anzahl unabhängig handelnder Unternehmen“ auf einem Markt unterschritten wird. Solange dies nicht der Fall ist, kann durch Konzentration die Funktionsfähigkeit des Wettbewerbs gefördert werden. Sind auf einem Markt zu viele Wettbewerber, kann die Wettbewerbsintensität gering sein, weil die wechselseitige Abhängigkeit der Konkurrenten nicht spürbar wird, wie das im Fall der monopolistischen Konkurrenz möglich ist. Durch Kooperation zwischen kleinen oder mittleren Unternehmen kann der Wettbewerb erhöht werden, wenn auf einem Markt bisher wenige große und eine Anzahl kleinerer Anbieter existieren. Andererseits würde eine Teilfusion von Siemens, AEG und Bosch auf dem Markt für Elektroherde sicherlich die Funktionsfähigkeit des Wettbewerbs beschränken.

---

1 Monopolkommission, Hauptgutachten 1973/75: Mehr Wettbewerb ist möglich, Baden-Baden (Nomos) 1976, S. 17.

Angesichts der unterschiedlichen Wirkungen der Unternehmenskonzentration auf die Funktionsfähigkeit des Wettbewerbs ist eine verallgemeinernde Beurteilung der Unternehmenskonzentration einseitig und verfehlt. Vielmehr müssen die Auswirkungen der Konzentration auf den jeweiligen *relevanten Märkten* untersucht werden. Erst so kann entschieden werden, ob eine *überhöhte* Unternehmenskonzentration – die Anzahl der unabhängigen Unternehmen ist so gering, daß der Wettbewerb eingeschränkt wird – existiert.
Zu fragen bleibt ferner, was die Monopolkommission unter einer „hinreichend großen Anzahl unabhängig handelnder Unternehmen" versteht. Soll dabei das Marktmodell der polypolistischen Konkurrenz oder das Konzept des weiten Oligopols als Maßstab zugrunde gelegt werden? Die Beantwortung der Frage, wann im konkreten Fall eine überhöhte Konzentration den Wettbewerb einschränkt, ist offensichtlich von der jeweils gewählten wettbewerbspolitischen Konzeption abhängig.
Um die Auswirkungen der Unternehmenskonzentration auf den Wettbewerb beurteilen zu können, muß ferner berücksichtigt werden, daß der *Konzentrationsgrad*, selbst wenn er für eine relevanten Markt ermittelt worden wäre, nur ein Element der *Marktstruktur* darstellt. Wesentlich für die Marktstruktur sind neben dem Konzentrationsgrad der Grad der *Markttransparenz*, das Ausmaß der *Produktdifferenzierung*, die eingesetzte *Produktionstechnologie*, die *Marktzutrittsschranken*, die Struktur der *Nachfrageseite* (viele Nachfrager oder konzentrierte Nachfrage) und die jeweilige *Marktphase*.
„Ohne Kenntnis dieser Strukturelemente läßt sich die Frage, welche Konsequenzen sich aus einem bestimmten Konzentrationsgrad für die Funktionsfähigkeit des Wettbewerbs ergeben, nicht eindeutig beantworten. So kann sich ein hoher Konzentrationsgrad dadurch erklären, daß sich der betreffende Markt noch in seiner Einführungsphase befindet und vorerst nur von einem Pionier-Unternehmen und einem ‚fast second' bedient wird – Anbietern, denen jedoch in der anschließenden Expansionsphase ‚das Rudel der Nachahmer' (J. A. Schumpeter) folgen mag. . . Auch ist denkbar, daß dem konzentrierten Angebot eines Marktes eine nicht minder konzentrierte Nachfrage gegenübersteht, während die Nachfrage eines anderen Marktes mit dem gleichen Konzentrationsgrad auf der Angebotsseite sich als Summe der Käufe einer Vielzahl machtloser Konsumenten ergeben mag."[1]
Schließlich ist nicht nur die Marktstruktur, sondern auch das *Marktverhalten* von Anbietern und Nachfragern für das Marktergebnis von Bedeutung. Dabei besteht sicher eine Beziehung zwischen der Marktstruktur und dem Marktverhalten, aber nicht in der Strenge, „daß eine bestimmte Marktstruktur nur eine Art des Wettbewerbsverhaltens zuließe".[2]
Damit soll nicht der Eindruck erweckt werden, als ob der Grad der Unternehmenskonzentration für die Funktionsfähigkeit des Wettbewerbs irrelevant sei, vielmehr sollte darauf hingewiesen werden, daß bei der konkreten Beurteilung der Wettbewerbssituation auf einem Markt weitere Elemente der Marktstruktur und das Marktverhalten herangezogen werden müssen.

In den folgenden Ausführungen wird der Terminus *überhöhte* Unternehmenskonzentration verwandt. Damit soll zum Ausdruck gebracht werden, daß bei Berücksichtigung des Marktverhaltens und der übrigen Elemente der Marktstruktur die Unternehmenskonzentration durch internes und externes Wachstum sowie verabredetes Marktverhalten so groß geworden ist, daß der Preiswettbewerb auf dem jeweiligen relevanten Markt unterhöhlt ist. Der Wettbewerb umfaßt zwar mehr als den *Preiswettbewerb*, nämlich auch die Konkurrenz aufgrund von Produktgestal-

---

1 Hartmut Berg: Steigender Konzentrationsgrad. . ., a. a. O., S. 198.
2 Ebenda, S. 198.

tung, Werbung, Forschung usw., jedoch ist der Preiswettbewerb für die marktmäßige Koordination entscheidend, da sonst der Preis als Knappheitsindikator seine Lenkungs- und Steuerungsfunktion verliert. Außerdem „vermögen z. B. intensiver Produkt- und Werbungswettbewerb die Bildung unangemessen hoher Preise nicht zu verhindern; vielmehr sind sie geeignet, den Preissetzungsspielraum zu erhöhen und abzusichern. Zudem können bei fehlendem Preiswettbewerb volkswirtschaftliche Fehlleitungen von Ressourcen dadurch entstehen, daß die Kosten für Werbung und Produktentwicklung in einem Maße auf die Preise überwälzt werden, wie dies bei wesentlichem Wettbewerb nicht möglich wäre"[1].

Durch überhöhte Unternehmenskonzentration entsteht *Marktmacht*. „Marktmacht haben heißt, die Preisrelationen zu den eigenen Gunsten beeinflussen können; Marktmacht nutzen bedeutet, dem Preis- und Verteilungsautomatismus des Marktes durch organisierten Verteilungskampf entgegenwirken."[2]

Ein Unternehmen mit Marktmacht kann in dreierlei Hinsicht die Preisrelationen zu den eigenen Gunsten beeinflussen:

- Es kann im Bereich der Beschaffung seine Größe ausspielen, um von den *Lieferanten* niedrigere Preise und/oder bessere Qualitäten zu erhalten. Marktmacht gegenüber Lieferanten wird als *Nachfragemacht* bzeichnet. Dadurch können die Gewinne auf Kosten der Lieferanten erhöht werden.
- *Mitanbieter* können durch geeignete Maßnahmen in ihrer wettbewerblichen Handlungsfreiheit beschränkt werden. Dadurch lassen sich höhere Umsätze und Gewinne auf Kosten der Konkurrenten erzielen (*Behinderungsmißbrauch*).
- Durch Forderung überhöhter Preise kann die *Marktgegenseite* ausgebeutet werden, was als *Ausbeutungsmißbrauch* bezeichnet wird. Beim Ausbeutungsmißbrauch werden die Gewinne auf Kosten der Abnehmer, vor allem der Konsumenten, erhöht.

Während in den Fällen der Ausnutzung der Nachfragemacht und des Behinderungsmißbrauchs der Verteilungskampf gruppenintern ist, also zwischen den Unternehmen selbst stattfindet, vollzieht er sich beim Ausbeutungsmißbrauch zwischen Unternehmen und Konsumenten.

Nachfragemacht tritt im Bereich des Handels z. B. zwischen Warenhauskonzernen und deren industriellen Lieferanten mit kleiner und mittlerer Größe oder bei großen industriellen Abnehmern (z. B. Automobilkonzernen) gegenüber ihren Zulieferern auf. Nachfragemacht äußert sich darin, daß die Lieferanten zu besonderen Preisnachlässen und teilweise auch zu höherer Qualität genötigt werden. Diese Vorteile dürfen in solchen Fällen vertragsgemäß nur diesem Großkunden eingeräumt werden. Durch die Vereinbarung sogenannter *Meistbegünstigungsklauseln* muß sich der Lieferant verpflichten, etwaige Sondervorteile, die anderen Kunden eingeräumt werden, automatisch auch dem Großkunden zu gewähren. Die Preisnachlässe, die den Lieferfirmen abgepreßt werden, betragen häufig 40% der üblichen Abgabepreise und mehr. Ist der Preiswettbewerb auf dem entsprechenden Verbrauchermarkt eingeschränkt, wird dieser Einkaufsvorteil wahrscheinlich nicht in vollem Umfang an die Konsumenten weitergegeben.

Die Lieferanten können sich gegen solche Praktiken kaum wehren, denn wenn sie einen Warenhauskonzern oder auch einen Automobilhersteller als Kunden verlieren, gefährden sie ihre Existenz. Angesichts relativ fester Kunden-Lieferanten-Verhältnisse ist die Gewinnung neuer Kunden relativ schwierig. Wie gefährdet die Existenz dieser von der Nachfragemacht eines Großun-

---

1 Tätigkeitsbericht des Bundeskartellamtes für das Jahr 1974, Bundestagsdrucksache 7/3791, S. 12.

2 Sachverständigenrat zur Begutachtung der gesamtwirtschaftlichen Entwicklung, Jahresgutachten 1972/73, Stuttgart und Mainz (Kohlhammer) 1972, S. 154.

ternehmens abhängigen Lieferanten ist, zeigt der Konkurs des Unternehmens „Tänzers Original Grudeofen-Fabrik GmbH", Hannover, eines Unternehmens, das in den Jahren 1965 und 1966 über 28 Millionen DM Umsatz erzielte. 1966 produzierte das Unternehmen 110000 Tischkühlschränke, von denen 66000 Stück an die Neckermann-Versand KG geliefert wurden. Als Neckermann 1967 seine Aufträge zurückzog, mußte, weil andere Großkunden fehlten, 1968 der Konkurs angemeldet werden.[1]

Diese Abhängigkeit geht bisweilen soweit, daß die Lieferanten „ihren größeren Abnehmern ihre Kalkulationen und Steuerbilanzen auszuhändigen haben, damit diese den ‚angemessenen Preis' errechnen können... (und) mit der Begründung, daß sie auch die Produktion überwachen müssen, für ihre Mitarbeiter *jederzeit und ohne Voranmeldung* Zutritt zu den Fabrikationsräumen ihrer Lieferanten durchgesetzt haben."[2]

In konjunkturellen Schwächeprioden verstärkt sich der Druck auf die Lieferanten, da die Großunternehmen versuchen, ihre Gewinnsituation auf Kosten der Zulieferer zu erhalten. Die Nachfragemacht führt also zu einer *Verlagerung der Gewinne* von den ausgebeuteten Unternehmen zu den nachfragemächtigen Unternehmen von Industrie und Handel. Da die so ausgebeuteten Unternehmen aufgrund der geringeren Gewinne finanziell weniger widerstandsfähig sind, werden sie in Krisen *nicht durch den Leistungswettbewerb, sondern durch Machtmißbrauch vom Markt verdrängt*. Das Bundeskartellamt bemerkt dazu in seinem Tätigkeitsbericht von 1975: „Derartige wettbewerbswidrige Praktiken führen zu einer Beeinträchtigung der Wettbewerbsfähigkeit von Wettbewerbern und Lieferanten mit geringerem Marktpotential... Notwendige Anpassungen an veränderte wirtschaftliche Bedingungen dürfen sich in unserer Wirtschaftsordnung grundsätzlich nur im Wettbewerb vollziehen... Die Bekämpfung mißbräuchlicher Ausnutzung von Nachfragemacht... wird allerdings in der Praxis dadurch erschwert, daß sich die betroffenen Unternehmen häufig scheuen, dem Bundeskartellamt Tatbestände über die von ihnen wettbewerbswidrig erzwungenen Leistungen zur Kenntnis zu bringen, da sie sich von den diese Leistungen fordernden Unternehmen abhängig fühlen."[3]

Das Zitat weist darauf hin, daß nicht nur die ausgebeuteten Lieferanten, sondern auch Konkurrenten, die über keine Nachfragemacht verfügen, mit der Zeit vom Markt verdrängt werden. Auf diese Weise verliert der Markt seine *Auslesefunktion*, weil durchaus leistungsfähige Unternehmen aufgrund von Mißbrauch wirtschaftlicher Macht zur Aufgabe gezwungen werden. Die Konzentration erhöht sich dadurch sowohl auf der Angebots- als auch auf der Nachfrageseite. „Die Leidtragenden sind – neben den vernichteten oder aufgesaugten Unternehmen – die Konsumenten. Nach Ausschaltung der selbständigen (oder ‚mittelständischen') Unternehmen in Industrie und Handel stehen die Konsumenten einem konzentrierten Angebot gegenüber, in dem letztlich die Marktführer über Preise und Qualitäten entscheiden."[4]

Behinderungsmißbrauch kann in den verschiedensten Formen gegenüber Konkurrenten angewendet werden. Bereits die Ausnutzung der Nachfragemacht stellt eine Behinderung der Konkurrenten, die nicht Nachfragemacht besitzen, dar.
Vertikale und konglomerate Konzerne haben die Möglichkeit, einen lästigen Mitanbieter auf *einem* Markt dadurch zu behindern, daß ihm die für die Produktion benötigten Produkte einer *vor-*

1 Vgl. FAZ vom 02.10.1968.
2 Helmut Arndt: Wirtschaftliche Macht, München (Beck) 1974, S. 95.
3 Tätigkeitsbericht des Bundeskartellamtes 1975, Bundestagsdrucksache 7/5390, S. 6.
4 Helmut Arndt: Wirtschaftliche Macht, a. a. O., S. 99.

gelagerten Produktionsstufe von einem der Konzernunternehmen nicht geliefert werden (Bezugssperre, vgl. Beispiel S. 184, Fall Adox).

Vertikale und konglomerate Konzerne haben ferner die Möglichkeit, durch *Mischkalkulation* die Preise für eine Ware oder Dienstleistung so niedrig anzusetzen, daß die Kosten nicht mehr gedeckt sind, indem sie diese Verluste durch höhere Preise für andere vom Unternehmen angebotenen Waren ausgleichen. Durch solche gezielten Preisunterbietungen können Konkurrenten vom Markt verdrängt werden.

Eine andere Möglichkeit der Behinderung von Konkurrenten besteht darin, daß man versucht, die *Vertriebswege* für die Konkurrenz zu verstopfen. Dies kann dadurch geschehen, daß das marktmächtige Unternehmen mit Handelsunternehmen Verträge abschließt, die die Absatzwege des Handelsunternehmens für die Konkurrenz ausschließen.

Das Bundeskartellamt hat in seinem Geschäftsbericht von 1975 das Verhalten des größten deutschen Veranstalters für Pauschalreisen, der ein Drittel des Marktes beherrscht und mit anderen Unternehmen verflochten ist, untersucht und dabei die letztgenannten Methoden festgestellt:

„Im Dezember 1974 veröffentlichte das Unternehmen erstmals einen gesonderten Flugreisekatalog für das Zielgebiet Ischia, und zwar kurz vor dem regelmäßig im Dezember erscheinenden Katalog eines Spezialveranstalters. Es zeigte sich jedoch, daß die Preise des Unternehmens für vergleichbare Angebote allgemein erheblich über denen des Spezialveranstalters lagen. Das Unternehmen erstellte daraufhin eine neue Preisliste und ließ sie gegen die bisherige austauschen. Die neue Preisliste enthielt erhebliche Preisherabsetzungen in besonderem Maße bei den Hotels, die auch der Spezialveranstalter anbietet. Diese Maßnahme führte dazu, daß das Unternehmen in allen von beiden Veranstaltern belegten Hotels erheblich billiger war. Die Untersuchungen haben ergeben, daß die Preispolitik des Unternehmens auf einer Mischkalkulation beruht. Während die in der ersten Preisliste enthaltenen Preise nach Abzug der variablen Kosten für Flug, Unterbringung, Transfer und Reisebüroprovision noch mit einem allerdings unterdurchschnittlichen Beitrag zur Deckung der sonstigen Kosten (Deckungsbeitrag) kalkuliert worden waren, enthielt die Kalkulation für die zweite herabgesetzte Preisliste nur noch einen geringfügigen Deckungsbeitrag. Tatsächlich konnte jedoch auch dieser nicht realisiert werden, so daß im Durchschnitt noch nicht einmal die Auslagen des Unternehmens für Flug, Unterbringung, Transfer und Reisebüroprovision voll gedeckt wurden. Diese Preisgestaltung des Unternehmens war mißbräuchlich im Sinne des § 22 Abs. 4. Mit dieser Auffassung wendet sich das Bundeskartellamt nicht grundsätzlich gegen jede Art von Mischkalkulation. Hier war jedoch die Preisgestaltung wegen der besonderen, auf die Verdrängung des Spezialveranstalters gerichteten Zielsetzung, wegen der außerordentlichen Unterschreitung der Selbstkosten und deswegen als mißbräuchlich anzusehen, weil auf nur ein Zielgebiet spezialisierte Veranstalter in den Gewinnen aus anderen Zielgebieten keinen Ausgleich für zeitweilige Verluste finden...

Mit Wettbewerbsbeschränkungen im Vertriebsbereich wendet sich das Unternehmen besonders gegen seine größten Wettbewerber. Das Vertriebsnetz des Unternehmens besteht aus etwa 1200 Reisebüros. Die mit diesen abgeschlossenen Agenturverträge enthalten eine Konkurrenzklausel, nach der das Unternehmen den Vertrag kündigen kann, wenn das Reisebüro die Vertretung konkurrierender Reiseveranstalter übernimmt. Von dieser Möglichkeit macht das Unternehmen derzeit nur Gebrauch, wenn ein Reisebüro die Vertretung der beiden größten Konkurrenten – ein Reiseunternehmen eines Versandhauses und ein im Besitz von Gewerkschaften stehendes Reiseunternehmen – übernimmt. Da aus wirtschaftlichen Gründen kein Reisebüro die Vertretung des weitaus größten Veranstalters aufgeben kann, verhindert das Unternehmen auf diese

Weise insoweit den Vertrieb der Konkurrenten. Soweit Reisebüros vor Aufnahme von Geschäftsbeziehungen zu dem Unternehmen Reisen der beiden Konkurrenten vertrieben hatten, mußten sie diese Geschäftsbeziehung abbrechen. Die wirtschaftliche Bedeutung dieser Vertragsbestimmung und ihrer Anwendung liegt darin, daß das Unternehmen auf diese Weise nahezu alle erstrangigen selbständigen Reisebüros an sich gebunden hat. Zwar stehen den Konkurrenten die zahlreichen sonstigen Reisebüros zur Verfügung; diese unterscheiden sich aber von den erstrangigen Reisebüros wesentlich hinsichtlich der Ausstattung, der Qualifikation ihres Fachpersonals, der Breite der Angebotspalette, des Standorts und des Umsatzvolumens. In kleineren Orten gibt es oftmals nur ein einziges Reisebüro, so daß hier überhaupt keine Ausweichsmöglichkeit für die ausgeschlossenen Konkurrenten bleibt, wenn dieses Reisebüro wie üblich das führende Unternehmen vertritt. Unter diesen Umständen stellen die nicht an das Unternehmen gebundenen Reisebüros insgesamt keine ausreichende Alternative für die ausgeschlossenen Konkurrenten dar. Ihnen wird der Zugang zum Reisemarkt entscheidend erschwert, sofern ihnen nicht ein grundsätzlich anderer Vertriebsweg ausreichend zur Verfügung steht."[1]

Ausbeutungsmißbrauch auf Kosten der Abnehmer kann durch Marktmacht der Anbieter infolge überhöhter Konzentration entstehen. Monopolistische und enge oligopolistische Märkte gewähren die Möglichkeit von *Monopolgewinnen*. Die Modellanalysen zur Monopol- und Oligopolpreisbildung (vgl. Abschnitte 5.2 und 5.4) haben gezeigt, daß unter Berücksichtigung der Modellannahmen monopolistische und oligopolistische Anbieter im Vergleich zur vollkommenen Konkurrenz *überhöhte Preise bei reduziertem Angebot* fordern. Nun sind diese Ergebnisse wegen der realitätsfernen Annahmen nicht voll auf die Wirklichkeit zu übertragen. Jedoch zeigen Beobachtungen immer wieder, daß marktbeherrschende Anbieter ihre Marktmacht durchaus zu überhöhten Preisfestsetzungen ausnutzen. Das Bundeskartellamt hat im Rahmen seiner Mißbrauchsaufsicht gemäß § 22 GWB des öfteren auf den Mißbrauch marktbeherrschender Stellungen beim Fordern zu hoher Preise hingewiesen und entsprechende Verfahren gegen solche Produzenten eingeleitet. Besonderes Aufsehen haben die Verfahren gegen die Arzneimittelhersteller E. Merck wegen überhöhter Preise für Vitamin-B12-Arzneispezialitäten und Hoffmann-La Roche AG, Grenzach, wegen überhöhter Preise für die Tranquilizer Librium und Valium erregt. Der Firma E. Merck, deren Marktanteil 1972 bei Vitamin B12 40,6% betrug, wurde vom Bundeskartellamt auferlegt, die Preise für B12-Präparate zwischen 60 und 70% zu senken. Hoffmann-La Roche wurde aufgefordert, die Preise für Librium (Marktanteil bis 85%) um 35% und für Valium um 40% zu senken.[2]

Nach Ansicht des Bundeskartellamtes wird eine marktbeherrschende Stellung immer dann mißbräuchlich ausgenutzt, „wenn ein erheblich höherer Preis gefordert wird, als bei *wesentlichem Wettbewerb* erreichbar wäre. Zur Konkretisierung des Als-ob-Wettbewerbspreises wird der mißbrauchsverdächtige Preis dem Preis gegenübergestellt, der sich auf einem in *sachlicher, räumlicher oder zeitlicher Hinsicht anderen*, im übrigen aber vergleichbaren, nach Möglichkeit durch eine höhere Wettbewerbsintensität gekennzeichneten Markt gebildet hat."[3] Bei der Bildung der *Als-ob-Wettbewerbspreise* wird also nicht das Konzept der vollkommenen Konkurrenz zugrunde gelegt. Im Fall E. Merck wurde die Entscheidung auf einen sachlichen *und* räumlichen Vergleich und im Fall Hoffmann-La Roche auf einen räumlichen Vergleich gestützt. „Im Verfahren gegen die Firma Merck hat das Bundeskartellamt festgestellt, daß die von diesem Unternehmen für Vi-

1 Tätigkeitsbericht des Bundeskartellamtes 1975, a. a. O., S. 76f.

2 Vgl. Tätigkeitsbericht des Bundeskartellamtes 1974, a. a. O., S. 13.

3 Ebenda, S. 13.

tamin B12 im Absatzbereich der öffentlichen deutschen Apotheken geforderten Preise etwa das Zwei- bis Dreifache der Preise anderer Anbieter auf dem relevanten Markt betragen. Sie betragen bis zum Vierfachen der auf dem sachlichen Vergleichsmarkt der Vollapotheken in deutschen Krankenhäusern bezahlten Preise und das Vierfache der Herstellerabgabepreise im Absatzbereich der öffentlichen Schweizer Apotheken (räumlicher Vergleichsmarkt).“[1] Im Falle Hoffmann-La Roche sind die überhöhten Preise durch einen räumlichen Vergleich mit den Preisen in den übrigen EG- und EFTA-Staaten ermittelt worden. „Die deutschen Valiumpreise liegen über denen sämtlicher EWG- und EFTA-Staaten, so z. B. um 50% über den Valiumpreisen in Frankreich und Italien. Sie betragen das dreifache der Preise in Großbritannien, bevor dort die Regierung im April 1973 eine Senkung der Preise um 75% bei Valium und 60% bei Librium der 1970 geltenden Preise angeordnet hatte.“[2]
Die überhöhten Preise für Valium und Librium führten zu einer Belastung der Öffentlichkeit, einschließlich der gesetzlichen Krankenversicherung, von mehr als 30 Mio. DM jährlich. Diese Zahlen zeigen, in welchem Umfang Unternehmen mit Marktmacht ihre Gewinne auf Kosten der Verbraucher erhöhen können.
Der Bundesgerichtshof (BGH) hat durch Beschluß vom 03.07. 1976 die Verfügung des Bundeskartellamtes gegen die Firma Merck, die überhöhten Preise zu senken, aufgehoben; ebenso ist durch Beschluß des BGH vom 16.12. 1976 die Verfügung des Bundeskartellamtes gegen die Firma Hoffmann-La Roche aufgehoben worden und zur erneuten Verhandlung und Entscheidung an das Kammergericht Berlin zurückverwiesen worden.
Im August 1978 entschied das Kammergericht Berlin erneut. Es ermittelte einen vergleichbaren Wettbewerbspreis in den Niederlanden und bestimmte, daß Hoffmann-La Roche die Preise für Valium und Librium um mindestens 24% senken müsse. Allerdings ließ das Kammergericht eine erneute Rechtsbeschwerde des Arzneimittelherstellers beim Bundesgerichtshof zu. Auf einen sofortigen Vollzug der Preissenkung wurde verzichtet, so daß Hoffmann-La Roche weiterhin die nach Ansicht des Gerichts um mindestens 24% überhöhten Preise bis zur Rechtskraft des Beschlusses fordern kann.[3]

Die beiden Beispiele zeigen also auch, wie schwierig es ist, Preise, die wegen vorhandener Marktmacht überhöht sind, durch staatliche Behörden zu korrigieren. Auf die Problematik der Preiskontrolle wird im Abschnitt 6.6 näher eingegangen werden.

---

1 Tätigkeitsbericht des Bundeskartellamtes 1974, a.a.O., S. 13.
2 Ebenda, S. 64.
3 Vgl. Christa Meyer-Köster: Hoff-Roche macht weiter. In: Handelsblatt, 28.08. 1978, s. Übung 6/32, S. 242.

Zusammenfassung

Nicht jeder Konzentrationsvorgang gefährdet den Wettbewerb. Der Zusammenschluß sehr vieler kleiner Unternehmen, die sich unterhalb der mindestoptimalen technischen Betriebsgröße befinden, zu einer hinreichend großen Anzahl von unabhängigen Anbietern, deren Größe nunmehr eine optimale Ausnutzung der technischen Gegebenheiten ermöglicht, kann den Wettbewerb fördern. Bei der *Beurteilung der Auswirkungen der Unternehmenskonzentration auf den Wettbewerb* müssen neben dem *Konzentrationsgrad* auf dem jeweiligen relevanten Markt weitere *Elemente der Marktstruktur* berücksichtigt werden, nämlich: der Grad der *Markttransparenz*, das Ausmaß der *Produktdifferenzierung*, die eingesetzte *Produktionstechnologie*, die *Marktzutrittschancen*, die *Marktphase* und vor allem auch die Struktur der *Nachfrageseite*. Außer der Marktstruktur ist ferner das *Marktverhalten* der Anbieter entscheidend für die Wettbewerbsintensität, wobei zwar zwischen Marktstruktur und Marktverhalten enge, aber nicht eindeutige Beziehungen bestehen. Erst wenn, unter Berücksichtigung dieser Größen, durch interne oder externe Konzentration der Preiswettbewerb auf den jeweiligen relevanten Märkten unterhöhlt wird, ist die Unternehmenskonzentration negativ zu beurteilen. Eine solche *überhöhte Unternehmenskonzentration* führt zu *Marktmacht*, die den marktmächtigen Unternehmen die Möglichkeit gibt, die Preisrelationen durch *Nachfragemacht*, *Behinderungsmißbrauch* und *Ausbeutungsmißbrauch* zu den eigenen Gunsten zu beeinflussen.

Als *Nachfragemacht* wird die Möglichkeit, von Lieferanten Sondervorteile hinsichtlich der Preise und der Qualität der Güter zu erpressen, verstanden. Betroffen sind vor allem die Existenzen kleinerer und mittelgroßer Lieferfirmen.

Durch *Behinderungsmißbrauch* können Konkurrenten in ihrer Handlunsfreiheit beschränkt werden, indem sie von benötigten Vorprodukten abgeschnitten werden und indem ihre Vertriebswege blockiert werden.

Beim *Ausbeutungsmißbrauch* wird die Marktmacht eingesetzt, um von der Marktgegenseite überhöhte Preise zu fordern. Dadurch werden primär die Konsumenten „ausgebeutet".

6.5.2 Auswirkungen der Unternehmenskonzentration auf das Preisniveau

Wenn Marktmacht in Einzelfällen zu überhöhten Preisen führt, wie dies am Beispiel der Arzneimittelhersteller gezeigt wurde, wird dies auch Auswirkungen auf das Preisniveau haben.

Zunächst kann festgestellt werden, daß auf *Märkten ohne wesentlichen Preiswettbewerb* Preise allein unter Kosten- und Gewinngesichtspunkten festgesetzt werden, es sich also um *privat-administrierte Preise* handelt. Das Bundeskartellamt hat im Jahre 1973 den Versuch unternommen, die gesamtwirtschaftliche Bedeutung privat-administrierter Preise in der Bundesrepublik Deutschland zu ermitteln, indem jene Märkte bzw. Produktionsbereiche quantitativ erfaßt wurden, „in denen der Preiswettbewerb aus *strukturellen* Gründen oder *vertraglich* so weitgehend beschränkt ist, daß die Anbieter über ein relativ hohes Maß an preispolitischer Autonomie verfügen".[1] Dabei kam das Bundeskartellamt u. a. zu dem Ergebnis, daß es 450 Märkte bzw. Produktionsbereiche gibt, in denen der Wettbewerb aus strukturellen Gründen beschränkt ist, d. h. „monopolistische bzw. teilmonopolistische* sowie oligopolistische bzw. teiloligopolistische* Marktstellungen"[2] bestehen. Auf diesen 450 Märkten/Produktionsbereichen wurden Waren im

1 Tätigkeitsbericht des Bundeskartellamtes 1973, Bundestagsdrucksache 7/2250, S. 14.
2 Ebenda, S. 15.

Wert von 109 Mrd. DM produziert. „Für weitere etwa 600 Produktionsbereiche mit drei oder weniger Herstellern, in denen der Preiswettbewerb aus strukturellen Gründen ebenfalls wesentlich beschränkt ist, enthält die amtliche Produktionsstatistik aus Gründen der Geheimhaltung keine Produktionswertangaben"[1], d. h., tatsächlich ist der Produktionswert der Bereiche, in denen der Preiswettbewerb aus strukturellen Gründen beschränkt ist, wesentlich höher anzusetzen.

Werden alle Märkte/Produktionsbereiche, in denen der Preiswettbewerb durch dem *Kartellamt bekannte Verträge* eingeschränkt wird, zusammengefaßt, ergibt sich ein Produktionswert von 63 Mrd. DM. Auch hier dürfte der tatsächliche Produktionswert erheblich höher liegen, da die Dunkelziffer bei vertraglichen Absprachen zur Wettbewerbsbeschränkung sehr hoch sein dürfte. Bei der Würdigung dieser Zahlen „ist zu berücksichtigen, daß gesamtwirtschaftlich so bedeutende Bereiche wie Mineralölwirtschaft, Zementindustrie, Bergbau, Stahlverarbeitung und Bauwirtschaft im Rahmen der jetzigen Untersuchung wegen unzureichender Unterlagen unberücksichtigt bleiben mußten, obgleich mit Sicherheit auch hier die Preisbildung zumindest teilweise kosten- und gewinndeterminiert ist. Berücksichtigt man die Tatsache, daß neben den Bereichen privat-administrierter Preisbildung ein quantitativ nicht unbedeutender Sektor mit hoheitlich-administrierten Preisen (u. a. im Bereich der Versorgungs- und Landwirtschaft sowie im öffentlichen Dienstleistungsbereich) besteht, so erscheint die Erhaltung und – wo immer möglich – Ausweitung des gesamtwirtschaftlichen Bereichs mit wettbewerblicher Preisbildung als eine wettbewerbspolitische Aufgabe von großer Dringlichkeit."[2] Die hier wiedergegebenen Zahlen über privat-administrierte Preise stellen also nur eine vorsichtige Schätzung dar, die erheblich nach oben korrigiert werden müßte.

Administrierte Preise haben die Eigenschaft, daß sie konjunkturell und strukturell bedingten *Nachfrageschwankungen widerstehen*, d. h. beispielsweise, daß sie bei einem Nachfragerückgang nicht sinken. Nutzen die Unternehmen in Phasen der Hochkonjunktur ihren Preiserhöhungsspielraum voll aus, so resultieren aus diesem Verhalten langfristig Preissteigerungen. Die Preise auf hochkonzentrierten Märkten weisen also gegenüber Preisen auf wenig konzentrierten Märkten oder Märkten mit Preiswettbewerb v. a. in Krisen eine *relative Starrheit* auf. Für die USA konnte John M. Blair empirisch nachweisen, daß „die Preise in hochkonzentrierten Branchen generell seltener geändert werden als in den übrigen Wirtschaftsbereichen, was sich besonders in Zeiten wirtschaftlicher Rezession zeigt. In 40 untersuchten Industriebereichen wurden in den Jahren der Depression 1929 bis 1932 lediglich in vier Bereichen die Preise nicht gesenkt. Dabei handelt es sich ausschließlich um hochkonzentrierte Branchen, in denen die vier größten Unternehmen zusammen mindestens 60% der Umsätze auf sich vereinigten. Insgesamt läßt sich für diese Zeit eine ausgeprägte Korrelation zwischen dem Ausmaß der Preissenkungen und dem jeweiligen Konzentrationsniveau nachweisen"[3].

Das Bundeskartellamt hat 1974 eine ähnliche Untersuchung begonnen. Dabei hat es die Konzentrationsraten der am Preisindex gemessenen Preisentwicklung in den einzelnen Wirtschaftsbereichen im Zeitraum von 1962 bis 1973 gegenübergestellt. Das Bundeskartellamt kommt zu folgendem vorläufigen Ergebnis: „Nach einem ersten Überblick scheint ... eine Korrelation zwischen Konzentration und Preisentwicklung in der Art vorzuliegen, daß einzelne Sparten hochkonzentrierter Wirtschaftsbereiche zugleich die höchsten Preisindizes aufweisen (Maschinenbau- und NE-Metalle) und umgekehrt (Fliesen, Zellstoff, Papier und Pappe). Auch für die nach den Un-

1 Tätigkeitsbericht des Bundeskartellamtes 1973, a.a.O., S. 15.
2 Ebenda, S. 16.
3 Tätigkeitsbericht des Bundeskartellamtes 1974, a. a. O., S. 29.

tersuchungen der Kommission der Europäischen Gemeinschaften hochkonzentrierten Sparten des Maschinenbaubereichs, Textilmaschinen und Hebezeuge, weist der Preisindex überdurchschnittliche Preissteigerungen aus."[1]

Neben der Preisstarrheit konnte gerade in der Krise 1974/75 beobachtet werden, daß die Preise von Großunternehmen in hochkonzentrierten Branchen bei sinkender Nachfrage erhöht wurden. Dieses Verhalten widerspricht völlig den Erwartungen, die an ein funktionierendes Marktsystem gestellt werden. „Die Preise haben sich weitgehend von der Nachfrageentwicklung losgelöst oder reagieren genau entgegengesetzt zur theoretischen Vorstellung. Das ist nur möglich, wenn die Marktstrukturen den Akteuren autonome Handlungspielräume lassen."[2]
Dieses Verhalten wird als *perverse Preisflexibilität* bezeichnet. Es führt zu dem bekannten Phänomen der *Stagflation*. Die Preise in hochkonzentrierten Branchen steigen dann nicht nur im Boom, sondern auch in der Krise. Auf diese Art können die inflationären Tendenzen in den letzten Jahren erklärt werden. Ursache für die perverse Preisflexibilität ist das *kostenorientierte Preisverhalten* der Unternehmen und das Streben nach einer branchenüblichen oder *angemessenen Rendite*. Steigen aufgrund der rückläufigen Nachfrage in der Krise die fixen Kosten pro Stück, reagieren die Unternehmen mit einer Heraufsetzung der Preise (vgl. Grundlagen der Wirtschaftswissenschaften, Teil 2, Abschnitt 4.4.3).
Ein typisches Beispiel für die perverse Preisflexibilität bietet die deutsche Automobilindustrie, die während der Absatzflaute 1974/75 die Automobilpreise mit der Begründung kräftig erhöhte, daß die Fixkosten pro Stück gestiegen seien. Als sich dann jedoch 1976 die Automobilindustrie in einer Boomphase befand und die Fixkostenbelastung deshalb sank, wurden die zu hohen Lohnforderungen der Gewerkschaften und gestiegene Rohstoffpreise als Begründung für die Preiserhöhungen herangezogen.

Starke Konzentrationserscheinungen in der Wirtschaft sind also wesentliche Ursache für Inflationsprozesse in den meisten westlichen Industrienationen. Das Ausmaß des Einflusses der Unternehmenskonzentration auf die Entwicklung des Preisniveaus läßt sich bisher jedoch nicht quantifizieren.

Zusammenfassung

Auf Märkten ohne wesentlichen Preiswettbewerb existieren *privat-administrierte* Preise. Dies gilt nach Untersuchungen des Bundeskartellamtes für eine Vielzahl von Märkten entweder aus *strukturellen Gründen* oder aufgrund *vertraglicher Absprachen*. Privatadministrierte Preise widerstehen konjunkturell oder strukturell bedingten Nachfrageschwankungen, so daß z. B. in einer *Rezession* eine Tendenz zur *Preisstarrheit* festgestellt werden kann. Treten in Phasen der *Hochkonjunktur* dann *Preissteigerungen* auf, so resultiert daraus langfristig ein *steigendes Preisniveau*. Das Bundeskartellamt hat ermittelt, daß hochkonzentrierte Branchen zugleich die höchsten Preisindizes aufweisen.

Neben der Preisstarrheit kann in hochkonzentrierten Branchen eine *perverse Preisflexibilität* beobachtet werden. Darunter wird verstanden, daß entgegen typischer marktwirtschaftlicher Verhaltensweisen bei einem Nachfragerückgang die Preise erhöht werden. Dieses Verhalten führt zu einem steigenden Preisniveau bei Unterbeschäftigung. Auf diese Weise kann das Phänomen der *Stagflation* erklärt werden.

1 Tätigkeitsbericht des Bundeskartellamtes 1974, a.a.O., S. 29 f.

2 Heinz Kock u. a.: Stabilitätspolitik, Schriften der Kommission für wirtschaftlichen und sozialen Wandel, Band 99, Göttingen (Schwartz) 1976, S. 28.

6.5.3 Auswirkungen der Unternehmenskonzentration auf die Wohlfahrt und die Einkommensverteilung

Verliert der Wettbewerb durch überhöhte Unternehmenskonzentration seine Funktionsfähigkeit, so vollzieht sich die *Einkommensverteilung* nicht mehr nach der Marktleistung, sondern nach den *Machtverhältnissen* auf den Güter- und Faktormärkten. Durch überhöhte Unternehmenskonzentration „liegen die Preise oft beträchtlich über den Grenzkosten, führen zu überhöhten Profiten und beschränken die Nachfrage.“[1] Empirische Studien in den USA haben bei hoher Konzentration erhöhte Gewinne feststellen können. „Sie lagen ca. 50 % über den Gewinnraten in unkonzentrierten Branchen... Diese überhöhten Gewinne stellen Einkommenstransfers vom Konsumenten zum Produzenten dar und führen zu einer unerwünschten Einkommensstruktur. Andererseits entstehen durch die überhöhten Preise auch generelle, statische Wohlfahrtsverluste“[2], wie im folgenden Modell gezeigt werden soll.

Aus dem *Vergleich der Preisbildung beim Monopol und bei vollkommener Konkurrenz* lassen sich die Einkommensumverteilung zugunsten monopolistischer Anbieter und die damit einhergehenden Wohlfahrtsverluste modelltheoretisch erklären. In Abb. **199,1** stellt *NN* die Nachfragekurve dar, *GK* drückt die Grenzkostenkurve und gleichzeitig die gesamte Angebotskurve auf einem atomistischen Markt aus. Der langfristige Gleichgewichtspreis, der sich bei vollkommenem Wettbewerb bildet ist p_a, während $\overline{OA}$ die zum Gleichgewichtspreis verkaufte Menge angibt. Beim *langfristigen Gleichgewicht* auf dem vollkommenen, atomistischen Markt entsprechen die Grenzkosten dem Minimum der Durchschnittskosten (vgl. Abschnitt 5.1). Es sei nun angenommen, daß ein branchenfremder Konzern die Kapazitäten aller Anbieter des atomistischen Marktes aufkauft. Weiterhin läßt er die einzelnen Produktionsstätten bestehen, so daß sich die Kostenstruktur nicht verändert. Da dieser Anbieter nun Monopolist ist, kann er den Absatzpreis bestimmen. Entsprechend dem Schnittpunkt von Grenzkostenkurve (*GK*) und Grenzerlöskurve (*GEL*) ergibt sich der Cournotsche Punkt *C* auf der Nachfragekurve und damit der Monopolpreis p_M und das *verringerte* Angebot $\overline{OB}$ (vgl. **Abb. 199,1**). Das senkrecht schraffierte Rechteck (das Produkt aus abgesetzter Menge und der Differenz zwischen Monopolpreis und Preis bei vollkommener Konkurrenz) veranschaulicht den *Einkommenstransfer* von den Konsumenten zum Monopolisten. Das waagrecht schraffierte Dreieck symbolisiert den *Wohlfahrtsverlust*, der dadurch entsteht, daß die Käufer, die bei vollkommener Konkurrenz die Menge $\overline{BA}$ kaufen konnten, nicht mehr bedient werden. Es wird *weniger hergestellt*, dadurch verringert sich der Beitrag zum Bruttosozialprodukt. Die sinkende Kapazitätsauslastung kann ferner mit einer *Freisetzung von Arbeitskräften* einhergehen, so daß durch diesen angenommenen Konzentrationsprozeß die Arbeitslosenquote steigen würde. Zu

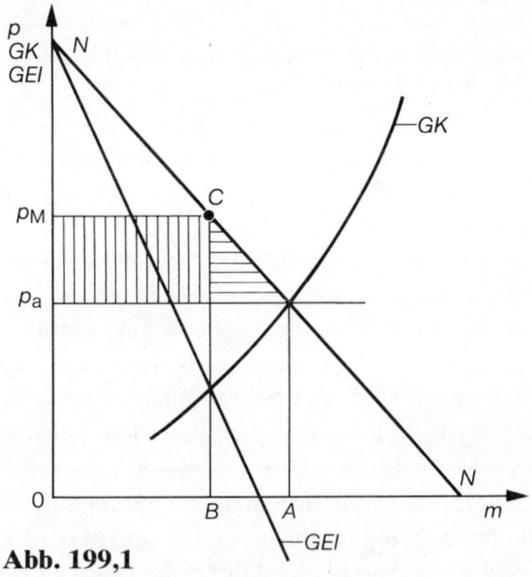

Abb. 199,1

1 Jürgen Müller, Rolf Hochreiter: Stand und Entwicklungstendenzen . . ., a. a. O., S. 308.
2 Ebenda, S. 308.

diesen Wohlfahrtsverlusten kommen weitere dadurch hinzu, daß überhöhte Preise für Vorprodukte auch in den weiterverarbeitenden Wirtschaftsbereichen entsprechende Preiserhöhungen auslösen.

Ferner stellen die Aufwendungen zur Erringung und Absicherung einer Monopolstellung z. B. in Form von Produktdifferenzierung durch Aufmachung und Verpackung *soziale Verluste* dar, da sie keinen produktiven und wohlstandsmehrenden Charakter haben.

Es sind verschiedene Versuche gemacht worden, das Ausmaß der Wohlfahrtsverluste durch überhöhte Konzentration quantitativ zu erfassen. „Scherer hat in einer Erweiterung der herkömmlichen Analyse die Wohlfahrtsverluste für die USA auf etwas über 1% des Bruttosozialprodukts geschätzt. Für die Bundesrepublik liegen ähnliche Zahlen nicht vor. Es kann jedoch aufgrund des hier gesammelten empirischen Materials darauf geschlossen werden, daß diese Werte für die Bundesrepublik mindestens genauso hoch sind.“[1] Legt man das Bruttosozialprodukt von 1975 zugrunde (1043,6 Mrd. DM), so hätten die Wohlfahrtsverluste eine Höhe von rund 10 Mrd. DM erreicht. Müller/Hochreiter schätzen die Wohlfahrtsverluste durch Unternehmenskonzentration wesentlich höher ein, nämlich auf 5 bis 10% des Bruttosozialprodukts.[2] Das würde für 1975 einen Betrag zwischen 50 und 100 Mrd. DM ergeben. Scherer hat ebenfalls versucht, die Monopolgewinne in den USA zu ermitteln. Er schätzt die Höhe dieser Gewinne auf 3% des BSP der USA.

Die Monopolgewinne beeinflussen die *funktionale Einkommensverteilung*, das Verhältnis von Lohn- und Gewinnquote, zugunsten der Gewinnquote. „In einer Sozialen Marktwirtschaft, welche neben Effizienz auch eine gerechte Einkommensverteilung zum Ziel hat, sind solche Effekte negativ zu bewerten.“[3]

Dieser Ansicht scheint die Tatsache zu widersprechen, daß trotz fortschreitender Unternehmenskonzentration die Lohnquote in der Bundesrepublik Deutschland in den letzten Jahren gestiegen ist. Dies besagt jedoch wenig darüber, wie hoch die Lohnquote ohne diese Konzentrationsentwicklung gewesen wäre. Die Erhöhung der Lohnquote ist wesentlich auch auf die Verringerung der Zahl der Selbständigen zugunsten der Zahl der Unselbständigen zurückzuführen; diese Strukturveränderung kann den Konzentrationseffekt überkompensieren.

Neben der funktionellen Einkommensverteilung wird durch die Konzentration auch die *gruppeninterne Verteilung* innerhalb der Gruppe der Bezieher von Unternehmens- und Vermögenseinkommen und innerhalb der Gruppe der Bezieher von Einkommen aus unselbständiger Arbeit beeinflußt. Wie oben erläutert, führt Marktmacht in Form von Nachfragemacht zur Verlagerung der Gewinne von Lieferanten auf die marktmächtigen Großunternehmen. Für die Gruppe der Bezieher von Einkommen aus unselbständiger Arbeit konnte festgestellt werden, daß in den USA die durchschnittlichen Stundenlöhne in der Zeit von 1950 bis 1970 in hochkonzentrierten Branchen wesentlich stärker gestiegen sind als in nichtkonzentrierten Wirtschaftsbereichen.

---

1 Jürgen Müller, Rolf Hochreiter: Stand und Entwicklungstendenzen . . ., a. a. O., S. 324.
2 Vgl. ebenda, S. 325.
3 Ebenda, S. 325.

Zusammenfassung

Wenn der Wettbewerb wegen überhöhter Unternehmenskonzentration seine Funktionsfähigkeit verliert, vollzieht sich die *Einkommensverteilung* nicht mehr nach der erbrachten Marktleistung, sondern nach den bestehenden Machtverhältnissen auf den Faktor- und Gütermärkten.

Empirische Untersuchungen ergaben um 50% höhere *Gewinnraten* in hochkonzentrierten gegenüber nichtkonzentrierten Wirtschaftszweigen. Diese Gewinne aufgrund von Marktmacht stellen *Einkommenstransfers* von den Konsumenten und den durch Nachfragemacht ausgebeuteten Lieferanten zu den Eigentümern der marktmächtigen Unternehmen dar. Die Höhe der so entstandenen *Monopolgewinne* ist in den USA auf 3% des Bruttosozialprodukts geschätzt worden. Durch die überhöhte Konzentration wird nicht nur die *funktionelle Einkommensverteilung* zwischen Lohnabhängigen und Selbständigen zugunsten der Selbständigen verschoben, sondern auch die *gruppeninterne Einkommensverteilung* beeinflußt. Beispielsweise tritt bei den Lohnabhängigen eine Verschiebung der Einkommen zugunsten der Beschäftigten in Branchen mit hohem Konzentrationsgrad ein.

Außerdem führen überhöhte Preise zu *Wohlfahrtsverlusten*, da die Produktion im Vergleich zu Märkten mit Wettbewerbspreisen eingeschränkt wird. Weiterhin ergeben sich Wohlfahrtsverluste durch die Aufwendungen zur Erringung und Absicherung von Monopolstellungen. Die Höhe der Wohlfahrtsverluste wird auf 1 bis 10% des BSP geschätzt. Für die Bundesrepublik Deutschland wäre dies im Jahre 1975 ein Betrag zwischen 10 und 100 Mrd. DM gewesen.

Text 9 Egon Sohmen:

„Augenfällige Vorteile der Massenproduktion"

Nur in wenigen anderen Industrien sind die Vorteile der Massenproduktion so augenfällig wie gerade in der Stahlindustrie. Auch dem technischen Laien ist ohne weiteres verständlich, daß sich die Stahlerzeugung und die Weiterverarbeitung zumindest bis zur Stufe der Walzwerkprodukte nur in riesigen Betriebsanlagen lohnen kann. Unter diesen Umständen überrascht es nicht, daß die Stahlindustrie heute noch lauter nach stärkerer Konzentration ruft als andere Wirtschaftsbereiche. Hinweise auf die Größenverhältnisse in den Vereinigten Staaten im Vergleich mit den Ländern der Montanunion* verfehlen auch bei skeptischeren Zuhörern ihre Wirkung nicht. Die Produktionskapazität des größten Unternehmens der amerikanischen Stahlindustrie, der United States Steel Corporation, entspricht ungefähr der gesamten Stahlerzeugung der Bundesrepublik. United States Steel hatte im Jahre 1962 in den Vereinigten Staaten einen Marktanteil von ungefähr 25 Prozent. Der größte Stahlerzeuger auf dem Gebiet des Gemeinsamen Marktes hatte dagegen im selben Jahre einen Marktanteil von 9 Prozent, die vier größten Unternehmen zusammen einen Marktanteil von nicht ganz 30 Prozent.

Diese Tatsachen sind weithin bekannt. Selten wird dagegen die naheliegende Frage erörtert, wie sich die stärkere Konzentration in der amerikanischen Stahlindustrie in der Praxis ausgewirkt hat. Der Laie würde erwarten, daß es den amerikanischen Giganten möglich sein müßte, Stahl zu niedrigeren Kosten zu produzieren und daher auch billiger anzubieten. In dieser Hinsicht ist jedoch von einer Überlegenheit der amerikanischen Großunternehmen nichts zu spüren. Wie das erste Schaubild zeigt, liegen die amerikanischen Exportpreise für Stahl seit etwa 1958 ständig, und zwar ganz beträchtlich über den westeuropäischen Exportpreisen. Die einzige Ausnahme war eine kurze Episode im Herbst und Winter 1959/60, als die amerikanische Stahlindustrie durch einen monatelangen Streik gelähmt war und die aus diesem Grunde beträchtlich erhöhte amerikanische Importnachfrage auch die Exportpreise der Stahlproduzenten in Westeuropa in die Höhe trieb. Höhere Preise könnten zwar auch Ausdruck eines komparativen Produktionsnachteils der amerikanischen Stahlindustrie gegenüber ihren ausländischen Konkurrenten sein. Zumindest im Vergleich mit Westeuropa besteht jedoch begründeter Anlaß für die umgekehrte Vermutung eines Standortvorteils der amerikanischen Produzenten.

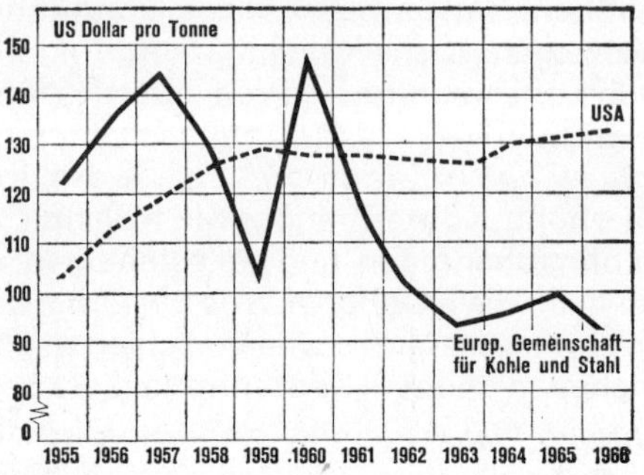

Durchschnittliche Exportpreise der fünf wichtigsten Walzwerkprodukte[1]

Abgesehen von der unterschiedlichen Höhe der Stahlpreise in den Vereinigten Staaten und in Westeuropa zeigt das Schaubild auch einen sehr ausgeprägten Unterschied der Preisflexibilität. Jeder Rückgang der Nachfrage hatte in Westeuropa sofort einen spürbaren Preisrückgang zur Folge, während die Preise in den Vereinigten Staaten auch in Zeiten jahrelanger Stagnation kaum jemals unter die vorher erreichten Höchstwerte fielen. Hohe und stabile Preise werden von den meisten Produzenten als ein erstrebenswertes Ziel betrachtet. Für die Wirtschaftspolitik interessieren hingegen weniger die tatsächlichen oder vermeintlichen Vorteile der Produzenten einer bestimmten Industrie, sondern vor allem die Konsequenzen, die sich daraus für die Volkswirtschaft insgesamt ergeben. Ein Vergleich der Kapazitätsausnutzung in den Vereinigten Staaten und in der Montanunion weckt begründete Zweifel, ob die Starrheit der Preise in den Vereinigten Staaten wirklich ein Vorteil für die amerikanische Wirtschaft war. Eine ständige maximale Auslastung der Stahlkapazität kann selbstverständlich nicht gesamtwirtschaftlich erwünscht sein. Jahrelange Kapazitätsausnutzung zu nur etwa zwei Dritteln, wie sie in den Vereinigten Staaten in den frühen sechziger Jahren zu beobachten war, ist jedoch eine offenkundige und besorgniserregende Fehlleistung der amerikanischen Stahlindustrie.

Die Starrheit der Stahlpreise in den Vereinigten Staaten hatte somit zunächst die direkte Wirkung, daß mehrere Jahre hindurch etwa 30 bis 40 Millionen Tonnen Stahl weniger produziert wurden als hätten produziert werden können. Der Produktionsausfall, der allein dadurch eintrat, betrug fast 1 Prozent des Sozialprodukts der Vereinigten Staaten. Er hielt sich damit ungefähr in der Größenordnung der gesamten jährlichen Stahlproduktion der Bundesrepublik. Die Produktionsfaktoren, die in der Stahlindustrie nicht genutzt wurden, kamen zum überwiegenden Teil in diesen Jahren, in denen die amerikanische Wirtschaft stagnierte, nicht anderen Produktionsbereichen zugute, sondern waren unwiederbringlich verloren. Die ungenutzten Produktionsanlagen der Stahlindustrie können selbstverständlich nicht in anderen Wirtschaftszweigen Verwendung finden. Aber auch die von der Stahlindustrie in diesen Jahren freigesetzten Arbeitskräfte konnten zum größten Teil nicht in anderen Industrien eingesetzt werden. Sie vermehrten die Zahl der Arbeitslosen, die zeitweise bis auf 7 Prozent der Arbeitswilligen anstieg.

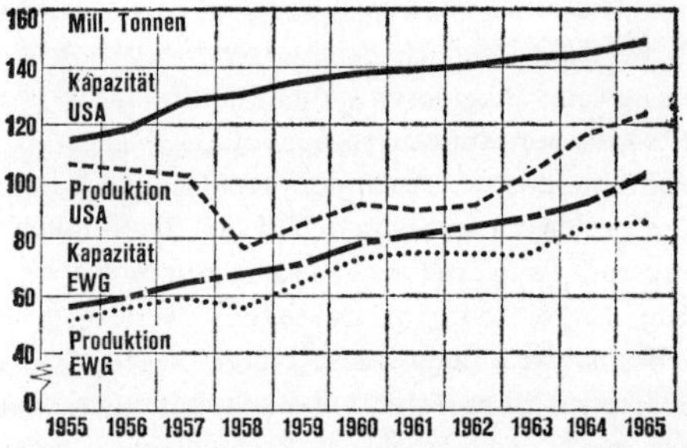

Maximale Produktionskapazität und tatsächliche Stahlproduktion in den Vereinigten Staaten und den Ländern der Montanunion

Die überhöhten Stahlpreise in den Vereinigten Staaten trugen nicht unwesentlich zur Verschlechterung der amerikanischen Zahlungsbilanz bei. Während die Vereinigten Staaten im Durchschnitt der Jahre 1956 bis 1958 einen Exportüberschuß an Stahlpro-

1 Die Europäische Gemeinschaft für Kohle und Stahl veröffentlicht Ausfuhrpreise nur für Bessemer-Stahl, während für die Vereinigten Staaten nur die Preise für den höherwertigen Siemens-Martin-Stahl bekannt sind. Um einen Vergleich der Preise im Schaubild 1 zu ermöglichen, sind die amerikanischen Exportpreise um zehn Prozent gesenkt worden. Das entspricht den größten beobachteten Preisdifferenzen zwischen den beiden Qualitäten.

dukten im Werte von über 600 Millionen Dollar erzielt hatten, stellte sich als Durchschnitt der Jahre 1962 bis 1964 ein Stahlhandelsdefizit von 50 Millionen Dollar ein. Die überhöhten Stahlpreise wirkten sich selbstverständlich nicht allein auf die Exporte und Importe des Stahls aus. Für viele andere amerikanische Industrien, wie etwa für die Autoindustrie oder den Maschinenbau, sind die Stahlpreise ein wichtiger Kostenfaktor. Die Verschlechterung der Wettbewerbsfähigkeit gerade dieser Industrien auf den Weltmärkten war sicherlich nicht zuletzt auch durch den raschen Anstieg der Stahlpreise in den fünfziger Jahren und die fehlende Preisflexibilität nach unten bedingt.

Die Bedeutung der Stahlpreise für die amerikanische Zahlungsbilanz wird noch plastischer durch eine einfache Überschlagsrechnung illustriert. Hätte sich die Kapazitätsausnutzung der amerikanischen Stahlindustrie ungefähr auf dem Niveau der europäischen gehalten (etwa 85 bis 90 Prozent) und wäre der zusätzlich produzierte Stahl zu Weltmarktpreisen (also zu etwa 100 Dollar pro Tonne) exportiert worden, so hätte allein dieser Mehrertrag an Devisen ausgereicht, in den kritischen Jahren von 1959 bis 1964 die Lücke in der amerikanischen Zahlungsbilanz zu schließen. (Um Mißverständnissen vorzubeugen, sei betont, daß dieses Beispiel lediglich die Größenverhältnisse veranschaulichen soll. Die Frage, um wieviel sich die amerikanische Zahlungsbilanz tatsächlich verbessert hätte, wenn die Exportpreise der Stahlindustrie auf das Weltmarktniveau gefallen wären, ist wegen der vielen Nebenwirkungen, die gleichzeitig eingetreten wären, nicht exakt zu beantworten.)

Die Ursachen für die Höhe und die Starrheit der Stahlpreise in den Vereinigten Staaten können hier nicht im einzelnen untersucht werden. Eines steht jedoch außer Zweifel: Diese Entwicklung hätte niemals eintreten können, wenn in der amerikanischen Stahlindustrie aktiverer Wettbewerb geherrscht hätte. Der Preiswettbewerb andererseits wäre nicht so schwach, wenn die amerikanische Stahlindustrie weniger stark konzentriert wäre. . .

Wenn ihre größere Marktmacht die Preisführer in der amerikanischen Stahlindustrie veranlaßt hat, die Preise höher zu halten als die Preise der (zumindest bisher) unter wesentlich stärkerem Konkurrenzdruck stehenden europäischen Stahlerzeuger, so bestätigt dies nur, was die herkömmliche nationalökonomische Theorie vermuten läßt. Als Folge höherer Preise ist die nachgefragte Menge und damit auch das Produktionsniveau kleiner als bei stärkerem Wettbewerb. Im Falle der amerikanischen Stahlindustrie liegt nicht die Marktform eines Monopols vor; vielmehr handelt es sich auf den einzelnen Stahlmärkten um Oligopole mit einem oder einigen wenigen dominierenden Anbietern. Daß die Preise in solchen Fällen nicht nur relativ hoch, sondern auch sehr starr sein können, entspricht durchaus den Schlußfolgerungen der traditionellen Preistheorie.

Wenn sich unter diesen Umständen schwerwiegende volkswirtschaftliche Nachteile in Gestalt ungenutzter Produktionsanlagen, von Arbeitslosigkeit, Zahlungsbilanzschwierigkeiten und verlangsamtem Wachstum ergeben, so zeigt sich allein darin bereits zur Genüge, wie oberflächlich eine Betrachtungsweise ist, welche die Entscheidung für oder gegen stärkere Konzentration einzig und allein unter dem Gesichtspunkt der rein produktionstechnischen Vorteile des Großbetriebes fällen möchte. Wie bedeutend auch immer die Kostenersparnisse sein mögen, die sich für die einzelne Unternehmung durch die Möglichkeit der Massenproduktion in Großbetrieben erzielen lassen, so stellen diese Vorteile nur privatwirtschaftlichen Gewinn dar, wenn sie nicht der übrigen Wirtschaft in Form niedrigerer Preise zugute kommen.

Wie wenig auch immer in einer Industrie mit geringem Wettbewerbsgrad produziert werden mag, so würde man dennoch in der Regel erwarten, daß größere Unternehmen alle Vorteile, die sich ihnen im Bereich der Forschung bieten, nach besten Kräften nutzen und neue, kostensenkende Produktionsverfahren möglichst rasch anwenden. So rühmt Galbraith die Vorteile von Großunternehmen in dieser Hinsicht in fast lyrisch bewegten Worten: ‚Eine gütige Vorsehung . . . wollte es, daß die moderne industrielle Organisationsform mit einigen wenigen großen Unternehmen den technischen Fortschritt in geradezu idealer Weise begünstigt . . . Diese Organisationsform bietet einen starken Anreiz für die Forschung und für die praktische Anwendung ihrer Ergebnisse. Der Wettbewerb des Konkurrenzmodells macht hingegen die Fortentwicklung der Technik fast unmöglich.‘ (American Capitalism, 2. Auflage, 1956, S. 86.)

Unter allen Fachleuten besteht heute Einigkeit darüber, daß das sogenannte Sauerstoff-Blasverfahren (auch LD-Verfahren genannt) die bedeutendste Neuerung des vergangenen halben Jahrhunderts auf dem Gebiet der Stahlerzeugung darstellt. Vorsichtige Schätzungen sprechen von einer Kostenersparnis von etwa 5 Prozent für die Herstellung von Rohstahl gleicher Qualität gegenüber anderen möglichen Herstellungsprozessen. Dürften wir der von Schumpeter und Galbraith (neben vielen anderen) vertretenen These von der Fortschrittsträchtigkeit des industriellen Großunternehmens uneingeschränkt Glauben schenken, so hätte diese revolutionäre neue Technik mit hoher Wahrscheinlichkeit von einem der amerikanischen Stahlgiganten entwickelt werden müssen. Das Verfahren wurde jedoch, nach Vorarbeiten einiger Hochschullehrer in Deutschland und in der Schweiz, erstmals in den Jahren 1950 bis 1952 im Linzer Stahlwerk der Vereinigten Österreichischen Eisen- und Stahlwerke angewandt. Der bisher größte Wurf der Stahltechnologie in diesem Jahrhundert war damit einem der Zwerge der Weltstahlwirtschaft mit einer Jahreskapazität von nur einer Million Tonnen gelungen.

Es mag ein reiner Zufallstreffer gewesen sein, daß sich die österreichische Stahlindustrie in diesem Falle als Avantgarde des technischen Fortschritts erwies. Man hätte jedoch erwarten können, daß die größten Unternehmen in der übrigen Welt eine so bedeutende Neuerung aufgreifen und praktisch anwenden würden. In den Vereinigten Staaten geschah das genaue Gegenteil. Das erste amerikanische Stahlunternehmen, das eine Lizenz für das LD-Verfahren erwarb, war die Kaiser Steel Company, einer der kleinsten Stahlerzeuger mit einer Produktionskapazität von weniger als einem Prozent der gesamten amerikanischen Stahlindustrie. Zum ersten Male wurde das Verfahren auf dem Territorium der Vereinigten Staaten im Jahre 1954 von der McLouth Steel Company praktisch angewandt, einem Unternehmen derselben Größenklasse wie Kaiser Steel. Erst im Jahre 1957 installierte einer der Giganten unter den amerikanischen Stahlfirmen, Jones & Laughlin (damals der viertgrößte Stahlerzeuger), einen Sauerstoff-Stahlblaskonverter. Die beiden größten Firmen, United States Steel und Bethlehem Steel, begannen die praktische Anwendung des neuen Verfahrens im Jahre 1964, also volle 12 Jahre, nachdem der neue Prozeß der Stahlgewinnung erstmals industriell angewandt und weltweit bekannt geworden war. Der drittgrößte Stahlproduzent, Republic Steel, folgte im Jahre 1965.

Einer der Gründe, die von den Leitern der führenden amerikanischen Stahlkonzerne immer wieder zur Rechtfertigung ihrer periodischen Preiserhöhungen ins Treffen geführt wurden, ist die Notwendigkeit, sich durch Gewinnerhöhung die Mittel zur Finanzierung dringend notwendiger Investitionen zu schaffen. Dazu ist zunächst zu bemerken, daß gerade die größten Industriekonzerne eines Landes wie die Vereinigten Staaten jederzeit die Möglichkeit haben, sich zu relativ geringen Kosten auf dem Kapitalmarkt zu finanzieren. Für sie besteht am wenigsten Veranlassung, Selbstfinanzierung aus aufgeblähten Gewinnen zu betreiben. Berechnungen zweier amerikanischer Nationalökonomen, Walter Adams und Joel B. Dirlam (veröffentlicht im Quarterly Journal of Economics vom Mai 1966), lassen die Geschäftsgebarung der amerikanischen Stahlfirmen in höchst eigenartigem Licht erscheinen. Nach ihrer Schätzung hätte die gesamte Stahlerzeugung der USA von 87 Millionen Tonnen im Jahre 1960 nach dem Sauerstoff-Blasverfahren hergestellt werden können, wenn die amerikanische Stahlindustrie nur 12 Prozent ihrer Investitionen während der Jahre seit Bekanntwerden des Verfahrens für diesen Zweck aufgewendet hätte. Bei einem Produktionsniveau von etwa 90 Millionen Tonnen hätte sich in diesem Falle eine jährliche Kostenersparnis von über 400 Millionen Dollar ergeben. Allein als Folge dieser Kostenersparnis hätte sich die durchschnittliche Nettorendite auf das Grundkapital um mehr als die Hälfte erhöhen können.

Wie ungenau Schätzungen dieser Art auch sein mögen, so kann man sich doch des Eindrucks nicht erwehren, daß die Manager der führenden amerikanischen Stahlkonzerne jahrelang nicht einmal dann von produktionstechnischen Neuerungen Notiz nahmen, wenn die dadurch gegebene Möglichkeit zur Senkung der Produktionskosten völlig außer Zweifel stand.

...

Wie eigenartig sich wohl die reale Welt gelegentlich für jemand darstellen muß, der in der Vorstellungswelt Schumpeters und Galbraiths lebt? Der behagliche Oligopolfrieden, in dem die amerikanischen Stahlkonzerne zu schlummern scheinen, läßt sie offenbar nicht selten vergessen, auch hier ihren eigenen Vorteil zu wahren."

Egon Sohmen: Konzentration und Wettbewerb (Auszüge). Das Beispiel der amerikanischen Stahlindustrie. In: FAZ, 07. 01. 1967, S. 5.

6.5.4 Auswirkungen der Unternehmenskonzentration auf die Konjunkturpolitik

„Je stärker die Marktmacht auf den Güter- und Faktormärkten wirkt, desto länger können die Preise auf diesen Märkten den konjunkturell bedingten Verschiebungen der Güterknappheit widerstehen, desto mehr ist also die rasche Anpassungsfähigkeit des Preissystems bedroht. Um so stärker müssen Mengenreaktionen die Anpassung an veränderte Marktbedingungen übernehmen. Konjunkturpolitik wird dadurch schwieriger... Je größer die Marktmacht in der Volkswirtschaft ist und je weniger reagibel deshalb die Preise sind, desto stärker muß die Gesamtnachfrage gedämpft werden, um den Preisauftrieb im gewollten Maße zu verringern. Vollbeschäftigung, stetiges Wachstum und Preisstabilität miteinander zu vereinbaren, wird daher um so schwerer gelingen, je stärker die Marktmacht großer Anbieter und der großen gesellschaftlichen Gruppen ist."[1]

Auf den ersten Blick scheint es nicht plausibel, warum durch Marktmacht die *Konjunkturpolitik* erschwert wird. Dies läßt sich folgendermaßen erklären.

Die Fiskal- und Geldpolitik wird in der Bundesrepublik Deutschland nach den Prinzipien der *Globalsteuerung* durchgeführt (vgl. Teil 3, Abschnitt 6.1), d. h., die Maßnahmen sollen für alle Betroffenen gleichermaßen negativ oder positiv wirken. Die konjunkturpolitischen Instrumente sind über eine *Veränderung der Nachfrage* primär darauf gerichtet, das *Preisniveau* und die *Beschäftigung* zu beeinflussen. In einer Hochkonjunktur soll durch eine Dämpfung der Nachfrage der Preisauftrieb verringert oder gar gestoppt werden, in der Rezession gilt es dagegen, das Beschäftigungsniveau über eine Belebung der Nachfrage zu erhöhen.
Voraussetzung für die Wirksamkeit dieser nachfrageorientierten Globalsteuerung der Konjunktur ist ein *funktionsfähiger Preiswettbewerb*, der bei einem Rückgang der Nachfrage die Anbieter zwingt, ihre Preise zu senken. Marktmächtige Großunternehmen haben jedoch die Möglichkeit, einer kontraktiven Geldpolitik und Fiskalpolitik dadurch zu entgehen, daß sie z. B. bei einer Verknappung des inländischen Kredits auf ausländische Kapitalmärkte *ausweichen*. Dies ist bei multinationalen Konzernen auch nicht mit Hilfe der Bardepotpflicht (vgl. Teil 2, Abschnitt 3.5.4) zu verhindern, weil inländische „Töchter" ausländischer Konzerne an ihre Muttergesellschaft Waren zu weit überhöhten Preisen verkaufen bzw. ausländische Tochtergesellschaften eines deutschen Konzerns von diesem Waren zu überhöhten Preisen kaufen können. Dadurch erfolgt jeweils eine Kreditgewährung, die durch das Bardepotgesetz nicht erfaßt werden kann. Daneben haben die marktmächtigen Unternehmen die Möglichkeit, Belastungen infolge einer restriktiven Geld- und Fiskalpolitik auf die Preise zu *überwälzen*. Die geplanten Wirkungen einer kontraktiven Konjunkturpolitik werden dadurch u. U. nicht oder nur teilweise erreicht. Preisstarrheit oder gar perverse Preisflexibilität werden dabei nicht nur durch die Überwälzung von gestiegenen Kreditkosten und höheren steuerlichen Belastungen verursacht, sondern auch durch die steigenden fixen Kosten pro Stück bei sinkendem Absatz. Wenn die traditionelle nachfrageorientierte Konjunkturpolitik auch auf vermachteten Märkten preisdämpfende Effekte erzielen soll, müssen die für die Konjunkturpolitik verantwortlichen Instanzen so starke Maßnahmen einsetzen, daß durchaus leistungsfähige, jedoch nicht so finanzstarke kleinere Unternehmen auf der Strecke bleiben. Ferner werden die Unternehmen härter getroffen, die auf wettbewerbsintensiven Märkten anbieten und daher nicht in dem Ausmaß wie Großunternehmen Möglichkeiten zur Überwälzung der Stabilitätslasten auf die Preise haben. Ebenso werden solche Unternehmen von den globalen Konjunkturdämpfungsmaßnahmen besonders hart getroffen, die sich in strukturell beding-

1 Sachverständigenrat zur Begutachtung der gesamtwirtschaftlichen Entwicklung, Jahresgutachten 1972/73, S. 154.

ten Schwierigkeiten befinden (z. B. wegen Nachfrageveränderungen). Zu den Belastungen, die aus der Umorientierung auf neue Produkte und Märkte resultieren, treten dann noch die Lasten der Stabilitätspolitik hinzu. Durch die mögliche *Übersteuerung der Konjunkturpolitik* infolge vermachteter Märkte wirkt die Globalsteuerung also nicht mehr global, sondern *selektiv*. Sie führt zum Ausscheiden leistungsfähiger Unternehmen. Dadurch gefährdet die nachfrageorientierte restriktive Konjunkturpolitik die Ziele Vollbeschäftigung und Wachstum. „Vor den Preisen reagieren die Mengen, so daß die Arbeitnehmer mit ihrem Beschäftigungsrisiko die Folgen der Vermachtung zu tragen haben. Die restriktive Globalsteuerung führt bei zunehmender Vermachtung der Märkte nur noch zu einer bescheidenen Reduktion der Inflationsraten. Stattdessen verschärft sie die Konzentration, da insbesondere die kleinen und mittleren Unternehmen von der Globalsteuerung betroffen werden (selektive Wirkung). Die Politik fördert demnach ungewollt eine noch weitere Vermachtung."[1] Unter diesen Voraussetzungen „verschärft die globale staatliche Antiinflationspolitik den Konflikt zwischen Preisniveaustabilität und Vollbeschäftigung, oder noch folgenschwerer, beide Ziele werden in zunehmendem Maße verletzt. Für das Verhältnis der beiden Ziele gilt dann nicht mehr ein Entweder-Oder, sondern ein Weder-Noch!"[2]
Entgegen dieser Ansicht wird die These vertreten, daß die Unternehmenskonzentration die Aufrechterhaltung eines hohen Beschäftigungsstandes erleichtere und dadurch den *Wirtschaftsablauf verstetige*, also die Konjunkturpolitik in ihrer beschäftigungspolitischen Zielsetzung unterstütze. „Erleichternde Einflüsse resultieren daraus, daß vor allem innerhalb horizontal konzentrierter Unternehmen ein Beschäftigungsausgleich über die Branche hinweg möglich ist und daß bei vertikal konzentrierten Unternehmen über Vorleistungsbezüge ebenfalls der Beschäftigungsgrad in nachgelagerten Konzernunternehmen größer sein kann, als er es ohne Konzentration wäre. Mithin dürfte es in konzentrierten Branchen – von starken Konjunktureinbrüchen abgesehen – eher zu einer zahlenmäßigen Stabilisierung der Belegschaften kommen, d. h., die Konzentration erscheint geeignet, dem zyklischen Abbau und Aufstocken von Belegschaften engere Grenzen zu setzen."[3]
Für diese These kann weiterhin angeführt werden, daß relativ große Unternehmen mit einer diversifizierten Angebotspalette dank ihrer breiteren Risikostreuung und besserer Finanzierungsmöglichkeiten *krisenfester* sind als Kleinbetriebe und sich daher konjunkturpolitisch stabiler verhalten. H. K. Schneider empfiehlt unter diesem Gesichtspunkt der Stabilitätspolitik, die Bildung von Konglomeraten zu unterstützen.[4] Dieser Argumentation kann entgegengehalten werden, daß durch überhöhte Preise potentielle *Nachfrager abgeschreckt* werden. Ferner haben Konzentration und Monopolisierung – wie oben gezeigt – auch eine *Verminderung der produzierten Menge* zur Folge. Überhöhte Preise *gefährden* zudem den *Export* und *erleichtern* bei freiem Welthandel den *Import* billiger ausländischer Waren, was zu einer passiven Handelsbilanz mit ihren negativen Folgen für die Beschäftigung führen kann. Im Text 9 wird am Beispiel der amerikanischen Stahlindustrie versucht, diese negativen Auswirkungen auf das Beschäftigungsniveau zu quantifizieren.
Ein weiteres Argument gegen die These von der beschäftigungsstabilisierenden Wirkung der Unternehmenskonzentration kommt hinzu. In der Regel sind die großen Konzerne multinational

1 Heinz Kock u. a.: Stabilitätspolitik, a. a. O., S. 45.
2 Ebenda, S. 28f.
3 Friedhelm Teusch: Unternehmenskonzentration und Wirtschaftspolitik, Wirtschaftsdienst, Hamburg (Weltarchiv), Heft 4/1976, S. 187.
4 Vgl. Hans K. Schneider: Beeinflussung der Konzentration als Ziel und Mittel der Wirtschaftspolitik. In: Helmut Arndt, Hrsg.: Die Konzentration in der Wirtschaft, a. a. O., S. 449.

organisiert und haben dadurch die Macht, die Beschäftigung in den Ländern, in denen sie tätig sind, durch *Verlagerungen innerhalb des Konzerns* zu beeinflussen. „Die Manager dieser Konzerne besitzen die Macht, die Produktion aus Ländern, deren Löhne zu hoch oder deren Gesetze ihnen unangenehm sind, abzuziehen und in die Länder zu verlagern, die sie aus irgendwelchen Gründen bevorzugen. Ohne daß dies die – von den einzelnen Staaten betriebene – nationale Beschäftigungspolitik verhindern kann, lassen sie auf diese Weise in den einen Ländern Unterbeschäftigung und in anderen Voll- oder Überbeschäftigung entstehen. Dies zeigt zugleich auch, daß es nicht unbedingt ein Vorteil zu sein braucht, wenn ein Land viele multinationale Firmen hat. Die Amerikaner wären weitaus besser dran, wenn die Güter, die in den Tochtergesellschaften in Europa produziert werden, im eigenen Lande hergestellt und dann exportiert würden. Würde nur die europäische Automobilproduktion der amerikanischen Konzerne ins Mutterland zurückverlegt, so wären die USA praktisch ohne jede Arbeitslosigkeit. Nicht nur ein Land wie die Vereinigten Staaten, sondern auch die multinationalen Konzerne Nordamerikas treiben Beschäftigungspolitik. Da die staatliche amerikanische Politik von nationalen Gesichtspunkten, die Politik des multinationalen Konzerns jedoch von seinen internationalen Geschäftsinteressen bestimmt wird, stimmen sie ... in vielen Fällen nicht nur nicht überein, sondern widersprechen einander!“[1]

Zusammenfassung

Durch die Unternehmenskonzentration wird die *global konzipierte Konjunkturpolitik* in der Bundesrepublik Deutschland erheblich *erschwert.* Da durch den Einsatz des konjunkturpolitischen Instrumentariums die Konjunktur – entsprechend der Keynesschen Theorie – über die Beeinflussung der Nachfrage gesteuert werden soll, setzt deren Wirksamkeit einen funktionierenden Marktmechanismus und daher Wettbewerbspreise voraus. Bei privat-administrierten Preisen aufgrund von Marktmacht haben die Unternehmen die Möglichkeit, die Belastungen einer restriktiven Geld- und Fiskalpolitik auf die Preise zu *überwälzen* und die kontraktiven Maßnahmen der Bundesbank durch Kreditaufnahme im Ausland bei Tochter- oder Muttergesellschaften zu unterlaufen. Sollen diese Preisauftriebstendenzen durch weitere geld- und fiskalpolitische Maßnahmen wirksam verhindert werden, besteht die Gefahr einer zu starken Dämpfung der Gesamtnachfrage und damit einer durch *Übersteuerung* herbeigeführten *Rezession*. Dadurch werden insbesondere kleinere Unternehmen, Unternehmen auf wettbewerbsintensiven Märkten und solche Unternehmen hart getroffen, die sich aufgrund von Strukturveränderungen in einer Produktionsumstellung befinden. Die *Stabilitätspolitik* wirkt also dann nicht mehr global, sondern *selektiv*. Dadurch wird zugleich die Konzentration gefördert und das Ziel der Vollbeschäftigung gefährdet. Ob die Unternehmenskonzentration positive oder negative Wirkungen für das Ziel der *Vollbeschäftigung* hat, ist umstritten. Die Möglichkeit der Konzerne, Gewinne und Produktion ins Ausland zu verlagern, kann die Zahl der Arbeitsplätze im Inland verringern. Ebenso bewirken überhöhte Preise Wettbewerbsnachteile gegenüber der ausländischen Konkurrenz, wodurch ebenfalls heimische Arbeitsplätze gefährdet werden.

Gegen diese Argumente wird eingewandt, daß vertikale und insbesondere konglomerate Konzerne *krisenfester* seien und durch internen Beschäftigungsausgleich beschäftigungsstabilisierend wirken würden.

1 Helmut Arndt: Konzentrationsprobleme der Marktwirtschaft. In: Basis, Dschungel, Dogma? Hrsg.: Landeszentrale für politische Bildung NRW, Köln (Wissenschaft und Politik) 1973, S. 149 f.

6.5.5 Politische Auswirkungen der Unternehmenskonzentration

Eine Aufgabe des Wettbewerbs soll in „der Gewähr von Entfaltungsmöglichkeiten individueller Freiheit" bestehen (vgl. S. 138f.). Überhöhte Unternehmenskonzentration *gefährdet die Freiheitsspielräume* der übrigen Marktteilnehmer, weil Freiheit als Abwesenheit von Zwang durch andere und Freiheit als der Bereich der einem Menschen offenstehenden Möglichkeiten beschränkt wird, und zwar nicht nur im Hinblick auf *Konsumentscheidungen* und *Arbeitsplatzwahl*. Die Macht der Manager von Großunternehmen reicht erheblich weiter: „Nicht allein haben sie entscheidenden Einfluß auf Preise und Löhne, auf Art und Quantität der erzeugten Güter und damit auf die Gestaltung der materiellen Daseinsbedingungen großer Teile der Bevölkerung; nicht nur bestimmen sie maßgeblich die wissenschaftliche wie die technische Entwicklung und die Formen der Arbeitsorganisation und auf diese Weise abermals die Umstände, unter denen ungezählte Individuen heute und in der Zukunft zu leben haben; nicht nur sind die Behauptungschancen zahlreicher Kleinunternehmer, breiter Kreise des Mittelstandes abhängig von den Maßnahmen, zu denen die Spitzen der Großunternehmen sich entschließen"[1], ihre Macht beeinflußt viele Bereiche des *gesellschaftlichen Lebens,* ähnlich wie die Macht des Staates, nur mit dem Unterschied, daß eine demokratische Legitimation und eine institutionalisierte Kontrolle fehlen.

Für eine freiheitlich demokratische Grundordnung birgt daher eine Ballung wirtschaftlicher Macht in den Händen relativ weniger Manager von Großunternehmen eine erhebliche Gefahr. „Wirtschaftliche Macht heißt bei den gegebenen Unternehmensgrößen aber gleichzeitig auch politische Macht."[2] Freilich darf diese Feststellung von Urs Jaeggi nicht so verstanden werden, als ob *wirtschaftliche und politische Macht* völlig identisch seien. Denn den Interessen der Großunternehmen stehen die Interessen anderer Gruppen (z. B. der Gewerkschaften) als „countervailing power" entgegen, so daß Regierungen und Parteien auf eine. Vielzahl von Interessen Rücksicht nehmen müssen, wenn sie in Wahlen erfolgreich sein wollen. Selbst in den Belangen, die die Großunternehmen direkt berühren, können die Unternehmen nicht immer ihre Ansichten durchsetzen. Beispielsweise ist die Mitbestimmung – wenn auch in abgeschwächter Form – gegen den massiven Widerstand der Unternehmensverbände im Bundestag verabschiedet worden.

Der Einfluß der Interessenverbände der Unternehmen auf die Politik ist aber nicht zu unterschätzen. Die beiden bedeutendsten Verbände sind der Bundesverband der Deutschen Industrie (BDI) und die Bundesvereinigung der Deutschen Arbeitgeberverbände (BDA). In beiden Verbänden besitzen die Großunternehmen entscheidenden Einfluß. Im BDI z. B. richtet sich die Verteilung der Stimmen in den einzelnen Gremien nach den Beschäftigtenzahlen der Unternehmen. Das Präsidium des BDI, bestehend aus 24 Mitgliedern, ist schon bis zu 90% mit Persönlichkeiten der Großunternehmen besetzt gewesen.[3] Die Konzentration der Wirtschaft spiegelt sich also in der Besetzung der Entscheidungsgremien der Wirtschaftsverbände wider.

Wie stark der Einfluß dieser beiden Verbände auf die *Gesetzgebung* ist, läßt sich beispielhaft an der Entstehungsgeschichte des Gesetzes gegen Wettbewerbsbeschränkungen (GWB) demonstrieren.

Der erste Entwurf für ein solches Gesetz wurde bereits im Juli 1949 vom Bundeswirtschaftsministerium (BMWi, früher auch BWM) vorgelegt. Dieser im wesentlichen vom damaligen Ministe-

1 Helge Pross: Manager und Aktionäre in Deutschland, Frankfurt am Main (Europäische Verlagsanstalt) 1965, S. 186f.

2 Urs Jaeggi: Macht und Herrschaft in der Bundesrepublik, Frankfurt am Main (Fischer) 1969, S. 46.

3 Vgl. ebenda, S. 80.

rialdirektor im BMWi, Josten, erarbeitete Entwurf wurde wegen seiner strikten Ablehnung von Kartellen und anderen Wettbewerbsbeschränkungen allgemein verworfen.
Ein neuer Entwurf wurde vom BMWi 1951 der Regierung zugeleitet, die ihn Anfang 1952 als Entwurf der Bundesregierung (mit einigen Änderungen versehen) billigte. Ludwig Erhard, der damalige Bundeswirtschaftsminister, schildert den weiteren Gang des Gesezgebungswerkes folgendermaßen:
„Dieser Vorschlag wurde am 2. Mai 1952 dem Bundesrat als ‚Entwurf eines Gesetzes gegen Wettbewerbsbeschränkungen' zugestellt. Das Plenum des Bundesrates beschäftigte sich am 23. Mai 1952 mit dieser Vorlage.

Auch hierbei verdient es in das Gedächtnis zurückgerufen zu werden, daß der Bundesrat bei dieser ersten Auseinandersetzung den vielumstrittenen Verbotsgrundsatz des § 1 des Entwurfs bejahte. Diese Entscheidung stellte einen *bemerkenswerten Sieg meiner Konzeption* dar...
Die Bundesregierung nahm unverzüglich zu den Anregungen des Bundesrates Stellung und leitete den Entwurf bereits am 16. Juni 1952 dem Bundestag zu. Zehn Tage später erfolgte in der 220. Sitzung des Parlaments die erste Lesung. Die dem Bundestag in der ersten Legislaturperiode noch zur Verfügung stehenden 12 Monate erwiesen sich indessen als zu kurz, um dieses gewiß schwierige Gesetz zu verabschieden. Allerdings konnte schon seinerzeit nicht mehr übersehen werden, daß vielfältige Widerstände seitens der Gegner eines allgemeinen Kartellverbots die Beratung im Bundestag beeinflußten – Widerstände, die sich *sehr störend* bemerkbar machten und zeitraubend waren.

Ich habe nicht gezögert, dem Bundeskabinett bereits wenige Monate nach der Bildung der zweiten ‚Regierung Adenauer' erneut einen Entwurf des Kartellgesetzes vorzulegen, der mit demjenigen der ersten Legislaturperiode identisch war. Trotz heftiger und vielschichtiger Versuche, den von mir vertretenen Verbotsgrundsatz zu Fall zu bringen, verabschiedete das Bundeskabinett am 17. Februar 1954 mit beträchtlicher Mehrheit meinen Entwurf. Hierbei unterbreitete das Kabinett ausdrücklich den Wunsch, der Bundestag möge bei der weiteren parlamentarischen Verhandlung an die früheren Beratungsergebnisse der ersten Legislaturperiode anknüpfen.
Am 21. Mai 1954 nahm der Bundesrat zu dem Vorschlag Stellung, wobei er trotz heftiger und dramatischer Auseinandersetzungen, die dieser Sitzung vorausgingen, den Grundgedanken des Entwurfs, der im Verbotsprinzip des § 1 seinen Niederschlag gefunden hat, mit Mehrheit billigte. Es dauerte dann allerdings mehrere Monate, bis sich die Bundesregierung entschloß, den Vorschlag an den Bundestag weiterzuleiten. Für *diese Verzögerung* bis zum 22. Januar 1955 *trage ich* durchaus *die Verantwortung*.
Gegen meinen Entwurf wurde von seiten der Wirtschaft immer und immer wieder geltend gemacht, daß die Wirtschaft nicht in einen uneingeschränkten Wettbewerb gestoßen werden dürfe, solange der Staat über die Steuer dem wirtschaftenden Menschen zuviel von dem Ertrag seiner Arbeit fortnimmt. Da diese Argumentation in materieller Hinsicht einer gewissen Berechtigung nicht entbehrte, erklärte ich mich in der Zeit der Beratung der Steuerreform mit einer Verschiebung einverstanden, wobei zudem noch die Überlegung ins Gewicht fiel, daß das Parlament infolge der Steuerreformarbeiten in der Tat überlastet war.

Diese Pause bot im übrigen noch einmal die Gelegenheit, mit den interessierten Wirtschaftskreisen, insbesondere mit dem Bundesverband der Deutschen Industrie, die wichtigsten Vorschläge des Gesetzentwurfes zu erörtern. Diese Besprechungen führten zu der sehr häufig mißverstandenen und vieldiskutierten Zusammenfassung jener Beratungen am 18. Oktober 1954. Der Bundestag selbst schritt dann am 24. Mai 1955 in seiner 76. Sitzung zur ersten Lesung des Regierungsentwurfs. Dem Parlament standen damit über zwei Jahre bis zum Schluß der Beratungsperiode zur Verfügung."[1]

Erst am 3. und 4. Juli 1957 wurde das Gesetz vom Bundestag in zweiter und dritter Lesung verabschiedet und trat zum 1. Jan. 1958 in Kraft. Es hat also mehr als acht Jahre gedauert, bis dieses Gesetz gegen den Widerstand der Spitzenverbände der Wirtschaft durchgesetzt werden konnte. Ludwig Erhard deutet vorsichtig an, welchen Druck gerade der BDI auf dieses Gesetzgebungsverfahren ausgeübt hat. Mit welchen Mitteln und welchem Erfolg dies geschah, wird aus dem Text 10 deutlich, in dem anläßlich des 10. Jahrestages des Inkrafttretens des GWB der BDI seine Anstrengungen schildert, dieses Gesetz zu verhindern bzw. zu verwässern.
Dabei steht die *Beeinflussung der Ministerialbürokratie und der Abgeordneten* im Vordergrund. Durch finanzielle Zuwendungen an Parteien kann der Druck auf die Abgeordneten verstärkt werden. Schließlich haben Unternehmen, ähnlich wie die Gewerkschaften, ihre „eigenen" Abgeordneten, d. h. Abgeordnete, die Mitglieder der Wirtschaftsverbände oder selbst Unternehmer sind. Wie das Beispiel zeigt, besteht die Gefahr, daß durch das Wirken einflußreicher Gruppen der Wirtschaft die Politik weniger am *Gesamtwohl* der Bevölkerung als an den *Sonderinteressen* mächtiger Verbände ausgerichtet wird. „Je größer die Konzentration wirtschaftlicher Macht in Privathand wird, desto schwieriger dürfte es dem Staat werden, eine auf das Gesamtinteresse zielende Politik zu verfolgen... Je größer die Unternehmen werden, desto mehr Möglichkeiten haben sie, auch Länder- und Zentralregierungen unter Druck zu setzen: Sie errichten neue Betriebe, die im Interesse der Vollbeschäftigung dringend erwünscht sind, nur, wenn sie hohe staatliche Subventionen erhalten oder die Infrastruktur mit öffentlichen Mitteln ausgebaut wird. Wirtschafts- und sozialpolitische Maßnahmen, die von größtem Interesse für die Allgemeinheit sind, wie wirksame Gesetze gegen Luft- und Wasserverschmutzung, können vor allem von internationalen Konzernen dadurch blockiert werden, daß mit Investitionsstopp im Inland und einer Verlagerung von Betrieben ins Ausland gedroht wird... Dieser Zwang zur Rücksichtnahme auf das Gewinninteresse der Unternehmer, unter dem die Wirtschaftspolitik jeder demokratischen Regierung in einer kapitalistischen Wirtschaft steht, ist überaus schwer zu druchbrechen und gibt den Unternehmern ein weitaus höheres politisches Gewicht als sie es aufgrund ihrer Stimmzahl oder ihrer finanziellen Zuwendungen an Parteien hätten."[2]

Erheblich können auch die Sondervorteile sein, die Gemeinden großen Konzernen einräumen, um sie für eine Ansiedlung in ihrer Gemeinde zu gewinnen. Beispielsweise übernahm die Stadt Unna die Infrastrukturkosten für den amerikanischen Chemiekonzern DuPont. „Der Konzern IBM konnte die Stadt Hannover überreden, ihm die Pferderennbahn ‚auf dem Bult' als Baugelände anzubieten und ihm zu vertraglichen Bedingungen zu überlassen, die es ihm selbst nach Abriß der Tribüne und Stallungen erlaubten, ohne Zahlung einer Konventionalstrafe vom Kauf wieder zurückzutreten."[3]

Eine der bedenklichsten Folgen zunehmender Konzentration liegt jedoch in der *Verflechtung von wirtschaftlichen und politischen Interessen*. „Die Verfilzung von wirtschaftlichen und militärischen Interessen der USA, im ‚military-industrial complex', dessen Einfluß sogar Präsident Eisenhower beklagte, zeigt, wohin die Entwicklung bei zunehmender Konzentration führen wird. Bürokratisierte Konzernverwaltungen und öffentliche Verwaltungen weisen ähnliche Entscheidungsstrukturen auf und können von den gleichen Spezialisten geleitet werden. Ein Austausch

1 Ludwig Erhard: Wohlstand für alle, Gütersloh (Signum) o. J., Copyright Econ 1957, S. 102f.
2 Dieter Grosser: Einführung, in: Dieter Grosser, Hrsg.: Konzentration ohne Kontrolle, a. a. O., S. 19.
3 Helmut Arndt: Wirtschaftliche Macht, a. a. O., S. 63.

von Personal, der unter dem Gesichtspunkt größerer Effizienz der öffentlichen Verwaltung in gewissem Umfang sogar wünschenswert wäre, könnte in einer von Großunternehmen beherrschten Wirtschaft leicht den Zustand herbeiführen, den marxistische Kritik jetzt schon als gegeben annimmt; die direkte und indirekte Lenkung mindestens der staatlichen Wirtschaftspolitik durch private Monopole."[1] Wie stark bereits die Verfilzung von wirtschaftlicher und politischer Macht ist, haben die Ergebnisse eines Ausschusses des amerikanischen Senats ergeben, der den Einfluß der multinationalen Unternehmen auf die amerikanische Außenpolitik untersuchte. Der folgende Zeitungsausschnitt berichtet, wie der amerikanische multinationale Konzern ITT gemeinsam mit dem CIA und mit Kenntnis von Regierungsstellen versuchte, die Wahl von Salvador Allende zum chilenischen Präsidenten zu vereiteln und nach dessen Wahl seinen Sturz herbeizuführen.

Allende sollte gestürzt werden

International Telephone bot dem CIA eine Million Dollar

International Telephone & Telegraph Corp. (ITT), New York. Die Gesellschaft hat 1970 und 1971 mit allen Mitteln versucht, die Wahl des Marxisten Allende zum chilenischen Präsidenten zu verhindern und nach seiner Wahl seinen baldigen Sturz zu erzwingen. Aus Unterlagen des Unternehmens, die einem Ausschuß des amerikanischen Senats vorliegen, der den Einfluß der multinationalen Unternehmen auf die amerikanische Außenpolitik untersucht, und aus Aussagen von Angehörigen der Gesellschaft vor dem Ausschuß geht unter anderem hervor, daß ITT dem außenpolitischen Berater des Präsidenten, Henry Kissinger, und einem Direktor des amerikanischen Geheimdienstes CIA eine Million Dollar für eine amerikanische Initiative zum Sturz Allendes angeboten hat. Bevor Allende zum Präsidenten gewählt worden war, schlugen ITT-Vertreter dem Südamerika-Experten des CIA vor, eine auf schwachen finanziellen Beinen stehenden konservativen chilenischen Zeitung durch Werbegelder für eine Anti-Allende-Kampagne zu gewinnen und deren Artikel durch den U.S. Information Service überall in Südamerika und Europa verteilen zu lassen. Der Plan soll die Billigung des CIA gefunden haben.

Als Allende schließlich doch gewählt worden war und die Chile Telephone Co. und andere amerikanische Gesellschaften verstaatlicht hatte, versuchte ITT, die amerikanische Regierung und andere große amerikanische Gesellschaften für einen Plan zu gewinnen, Allende durch einen „wirtschaftlichen Kollaps" gefügiger zu machen und ihn zu zwingen, eine den Vorstellungen von ITT entsprechende Entschädigung für das enteignete Vermögen der Gesellschaft zu zahlen. „Wenn Allende vor dem wirtschaftlichen Kollaps steht, wird er bereitwilliger sein, uns angemessen zu entschädigen", war die Überlegung von ITT. Es scheint, daß der Vorschlag bei den zahlreichen anderen angesprochenen Gesellschaften auf wenig Gegenliebe gestoßen ist. Schließlich schlug ITT dem damaligen Assistant for International Economic Affairs und späteren Handelsminister Peterson in einem Brief unverblümt vor, „in aller Stille, aber mit großem Nachdruck dafür zu sorgen, daß Allende die entscheidenden nächsten sechs Monate nicht überlebt".

Die „Enthüllungen" vor dem Senatsausschuß lassen auf eine politische Instinktlosigkeit und Hemdsärmeligkeit, aber auch auf einen Grad von Kumpanei zwischen ITT und der amerikanischen Regierung schließen, die auch mit der Angst vor und schließlich dem Ärger über die Verstaatlichung des eigenen Vermögens nicht zu entschuldigen sind. Für die multinationalen Unternehmen, die seit einiger Zeit in Amerika und auch anderswo in der Welt mit Mißtrauen betrachtet werden, dürften die ITT-Enthüllungen ungefähr der schlechteste Dienst sein, den man ihnen zur Zeit erweisen kann. Js.

Quelle: FAZ.

1 Dieter Grosser: Einführung, a. a. O., S. 20.

Weniger spektakulär und deshalb weniger bekannt sind die Versuche der amerikanischen Regierung, über amerikanische multinationale Unternehmen Druck auf politische Entscheidungen anderer Regierungen auszuüben.

„Zwei andere Fälle, in denen die Regierung der Vereinigten Staaten Druck auf amerikanische Unternehmen im Ausland ausübte, ereigneten sich in Frankreich, was die ohnehin in der Ära de Gaulle stark ausgeprägten Ressentiments gegenüber ausländischer (sprich: amerikanischer) Einflußnahme noch zusätzlich verstärkte. So verweigerte 1964 die amerikanische Regierung IBM den Export bestimmter Computer-Ausrüstungen an deren französische Tochtergesellschaft mit der Begründung, daß die aus dem Kernwaffen-Nichtverbreitungsvertrag eingegangenen Verpflichtungen, einem Land – in diesem Fall Frankreich – nicht beim Aufbau einer eigenen Atom-Streitmacht behilflich zu sein, verletzt werden könnten; 1965 versuchte die amerikanische Regierung, französische Unternehmen davon abzuhalten, ihre Vorprodukte an ein anderes französisches Unternehmen zu verkaufen, weil letzteres die erhaltenen Zulieferungen in ein Produkt einbaute, das zum Verkauf für die Volksrepublik China bestimmt war. Aus französischer Sicht handelte es sich in den genannten Fällen um den Versuch einer ausländischen Regierung, durch den Einsatz ihrer wirtschaftlichen Macht Einfluß auf die politischen Entscheidungen des eigenen Landes zu nehmen."[1]

Beide Beispiele zeigen die Verflechtung von Wirtschaft und Politik. Während im ersten Beispiel ein multinationaler Konzern versuchte, seine Interessen im Ausland mit Hilfe amtlicher Stellen durchzusetzen, zeigt das zweite Beispiel den Versuch der Regierung, ihre Interessen im Ausland über die multinationalen Konzerne zu realisieren. Gemeinsamkeit der Interessen von Konzernen und Regierung wurden auch sichtbar, als die amerikanische Regierung versuchte, das Reaktorgeschäft deutscher Konzerne mit Brasilien zu verhindern. Nach Presseberichten war dieses Bemühen nicht nur durch die außen- und sicherheitspolitischen Interessen der Regierung bestimmt, sondern soll auch dem Drängen amerikanischer Konkurrenzunternehmen entsprochen haben.

Eine Gefährdung der freiheitlichen Grundordnung der Bundesrepublik Deutschland ergibt sich aus der zunehmenden *Pressekonzentration*. Wie immer auch Demokratie definiert werden mag, ein wesentliches Kriterium für Demokratie ist die freie und offene Diskussion aufgrund vielfältiger und offen zugänglicher Informationen. Die Massenkommunikationsmittel haben daher für ein reichhaltiges und politisch nicht einseitiges Informationsangebot zu sorgen.

Dies ist auch ein Bestandteil der im Grundgesetz verankerten Pressefreiheit (Art. 5 GG). Durch die Pressekonzentration wird das *Informationsangebot* eingeschränkt und das Recht, „sich ungehindert zu unterrichten" sowie „seine Meinung in Schrift und Bild frei zu äußern und zu verbreiten" (Art. 5 GG), faktisch bedroht.

Wenn ein großes Verlagshaus in Westberlin bei Tageszeitungen einen Marktanteil von rund 70% besitzt (BZ rund 33%, Berliner Morgenpost rund 22%, Berliner Ausgabe der Welt rund 15%), so kann dies ein verringertes und gesiebtes Informationsangebot für einen großen Teil der Bevölkerung bedeuten. Denn „wer die Macht über die Presse besitzt, kann letztlich auch bestimmen, wer in ihr schreibt und was in ihr geschrieben wird. Wirtschaftliche und politische Macht konzentrieren sich in einer Hand. Dabei wächst das Ausmaß dieser konzentrierten Macht wiederum nicht proportional zum Eigentum. Der Machtbereich der Starken findet am Privateigentum anderer keine Schranken. Sowohl ökonomisch wie politisch – und auch kulturell – geht der Einfluß weit über den eigenen Anteil am ‚Eigentum' hinaus. . . Eine freie und unabhängige Presse kann es

1 Frohmund Grünärml: Multinationale Unternehmen und staatliche Wirtschaftspolitik, Schriften der Kommission für wirtschaftlichen und sozialen Wandel, Band 101, Göttingen (Schwartz) 1975, S. 21f.

nur geben, wenn sich die Journalisten frei fühlen. Sind Journalisten jedoch noch frei, wenn infolge der zunehmenden Pressekonzentration ein Wechsel von einem Unternehmen zum anderen immer schwieriger wird und wenn große Verlage Journalisten bei vollem Gehalt in den Wartestand versetzen, so daß sie jederzeit einen von der gewünschten Linie abweichenden Journalisten durch einen anderen ersetzen können? Auch insofern geht die Konzentration von Verfügungsmacht im Bereich der Presse weit über das Ausmaß der bloßen Eigentumskonzentration hinaus. Das 18. und 19. Jahrhundert ist davon ausgegangen, daß die Pressefreiheit nur vom *Staat* bedroht werden kann. Heute weiß man (oder sollte es zumindest wissen), daß die Pressefreiheit nicht minder durch die Konzentration von wirtschaftlicher und politischer Macht in der Hand einzelner *Privater* gefährdet oder aufgehoben werden kann"[1].

Es ist also nicht nur aus ökonomischen und sozialen Gründen notwendig, die Unternehmenskonzentration zu kontrollieren, sondern auch um die Freiheit des einzelnen zu sichern.

Zusammenfassung

Unternehmenskonzentration führt zu *ökonomischer Macht,* die die *Freiheitsspielräume* der übrigen Marktteilnehmer einschränkt und zu *Abhängigkeiten* führt. Auch wenn diese Macht durch Gegenmächte eingeschränkt wird, verschafft sie denen, die sie ausüben, die Möglichkeit, bestimmte gesellschaftliche und politische Entwicklungen zu fördern und andere zu hemmen. Insofern geht wirtschaftliche Macht auch mit *politischer Macht* einher. Der Einfluß der bedeutenden *Interessenverbände der Wirtschaft* (BDI, BDA) und einzelner *Großunternehmen* auf die Wirtschaftspolitik und andere politische Bereiche ist erheblich. Er kann entstehen über finanzielle Zuwendungen an Parteien, Beratung und Beeinflussung von Abgeordneten und der Ministerialbürokratie sowie gezielte Öffentlichkeitsarbeit und kann dadurch verstärkt werden, daß Regierungen die Interessen der Großunternehmen berücksichtigen müssen, da auch von deren Verhalten Vollbeschäftigung, wirtschaftliches Wachstum und Geldwertstabilität abhängen, also Faktoren, durch die das Wählerverhalten stark bestimmt wird.

Eine der bedenklichsten Folgen der zunehmenden Konzentration resultiert aus der *Verflechtung wirtschaftlicher und politischer Interessen*, die letztlich zu einer Lenkung der staatlichen Politik durch einige private Monopole führen kann. Damit würde praktisch die *demokratische Grundordnung* beseitigt.

Daß wirtschaftliche Macht auch politische Macht bedeuten kann, zeigt sich unmittelbar an der *Pressekonzentration* in der Bundesrepublik Deutschland. Wenn wenige Verleger aufgrund ihrer wirtschaftlichen Machtposition die Presse beherrschen, besteht die Gefahr, daß das *Grundrecht auf freie Meinungsäußerung* und damit auch die freie Meinungsbildung eingeschränkt wird. Nicht mehr die Meinung vieler unabhängiger Redakteure, sondern das politische Credo einiger Verleger prägt dann die veröffentlichte Meinung und damit beispielsweise das Wahlverhalten der Bürger. Die *Pressefreiheit*, ein unabdingbarer Bestandteil einer Demokratie, wird in diesem Fall durch die Konzentration von wirtschaftlicher und politischer Macht in der Hand weniger Verleger eingeschränkt. Hieran wird deutlich, daß eine übermäßige Konzentration eine freiheitlich demokratische Grundordnung beeinträchtigt.

1 Helmut Arndt: Macht, Konkurrenz und Demokratie, a. a. O., S. 58 f.

Text 10 Guido Ziersch: Einfluß des BDI auf die Kartellgesetzgebung

„Es scheint mir angebracht, eine ehrliche Bilanz über das zu ziehen, was wir gewollt haben und was im Gesetz erreicht worden ist. Dabei drängt sich von neuem berechtigterweise die Frage auf: Konnten wir als BDI und als Ausschuß für Wettbewerbsordnung die Gesetzesformulierung nicht besser, also in andere Bahnen lenken? Aber *Mißbrauchsprinzip* oder *Verbotsprinzip* war immer wieder die entscheidende Frage, die uns als einzige Alternative gestellt war. Zur Beantwortung dieser Frage sei es mir an diesem Wendepunkt unserer Ausschußarbeit gestattet, einen kurzen Rückblick auf unser Wirken in nunmehr 8 Jahren zu werfen. Unser Ausschuß wurde geboren am 18. Juli 1949. ... Die Arbeit unseres Ausschusses hat sich in den 8 Jahren auf zwei große Gebiete erstreckt:

1. Beratung im Hinblick auf die Dekartellierungsgesetze,
2. Mitarbeit an der Gestaltung des deutschen Kartellgesetzes. ...

Zu 2. Die Mitarbeit am deutschen Kartellgesetz.
Das Hauptgewicht unserer Arbeit galt aber dem Kartellgesetz. Ich sagte vorhin, daß das verabschiedete Kartellgesetz zwar schlecht sei, daß es aber noch weit schlechter hätte ausfallen können. Um Ihnen zu dokumentieren, wie schlecht es hätte sein können, brauche ich nur einige Stichworte in Ihr Gedächtnis zu rufen:

1. Den Josten-Entwurf, der als geradezu katastrophal zu bezeichnen war und den wir erfolgreich in die Aktenschränke der Ministerien zurückschleusen konnten;
2. Das Ahlener Programm und die Düsseldorfer Leitsätze der CDU, die auf strikter Verbotskonzeption basierten;
3. Der Regierungsentwurf kannte nur drei Ausnahmemöglichkeiten im *Erlaubnisverfahren* für Konjunkturkrisenkartelle, Rationalisierungskartelle und Ausfuhrkartelle. Demgegenüber verzeichnen wir aber im neuen deutschen Kartellgesetz fünf Generalausnahmen für Einzelkartellarten und sechs Ausnahmemöglichkeiten im Einzelerlaubnisverfahren, neben sonstigen zahlreichen Verbesserungen.

Nur wer die Bonner Atmosphäre und die unermeßlichen Widerstände gegen unsere Bestrebungen kennt, vermag die geleistete Arbeit und trotz aller Enttäuschungen den Erfolg zu würdigen. Was haben wir getan, um dieses Ziel zu erreichen?
Ich kann hier nur Stichworte aufführen:

1. zahlreiche Gutachten, insbesondere die von Prof. Isay, Peter, Vershoven und Forsthoff,
2. viele hundert Artikel und Abhandlungen in Zeitungen und Zeitschriften, ferner zahlreiche Schriften,
3. eine Unzahl von Veranstaltungen, Diskussionen und vor allem Sitzungen und Besprechungen mit Abgeordneten,
4. Ausarbeitung von Einzelvorschlägen zum Gesetz, deren Anzahl Legion ist.

Nachdem feststand, daß das Mißbrauchsprinzip keine Aussicht hatte auf Erfolg, und wir wohl oder übel mit dem Verbotsprinzip rechnen mußten, wurden immer neue Wege gesucht, um das Verbotsprinzip aufzulockern. Begriffe, wie das Rabattkartell, das Strukturkrisenkartell, Typisierungs- und Normungskartell, Generalklausel und vieles andere sind Neuschöpfungen, die *wir* erstmalig in die Debatte geworfen haben.
Ein wesentlicher Markstein in unserer Arbeit am Kartellgesetz war wohl der Vorschlag zur Gründung des *Arbeitskreises Kartellgesetz* am 14. Dezember 1953. Dieser Arbeitskreis, der von Anfang an vom BWM heftig befehdet wurde, hat, so glaube ich feststellen zu können, nicht nur im Jahr 1954, in dem er in monatelangen Verhandlungen mit dem BWM rang, sondern auch in den nachfolgenden Jahren wertvollste Arbeit geleistet und entscheidend zur Durchsetzung der zahlreichen Verbesserungen im endgültigen Gesetz beigetragen. Er hat Mitte 1954 eine solch große Bedeutung erlangt, daß das Problem ‚Kartellgesetz' zu einem Politikum erster Ordnung wurde. Es kam zum Abbruch der Verhandlungen seitens des BWM dem Arbeitskreis gegenüber. Der Einwirkung von Finanzminister *Etzel* ist es zu danken, daß die Klausur in Ems vom 10. bis 12. Mai 1954 die Verhandlungen wieder neu eröffnete."

Guido Ziersch: Der BDI-Ausschuß für Wettbewerbsordnung und das Gesetz gegen Wettbewerbsbeschränkungen (Rede vom 15. 11. 1957). In: 10 Jahre Kartellgesetz, 1958–1968. Eine Würdigung aus der Sicht der deutschen Industrie, herausgegeben vom Arbeitskreis Kartellgesetz im Ausschuß für Wettbewerbsordnung des Bundesverbands der Deutschen Industrie, Bergisch-Gladbach 1968, S. 445 ff.
Der BDI hat seine Einstellung zum GWB in den letzten Jahren geändert (vgl. Text 16, S. 243).

6/19

Ein frecher Zwerg lebt gefährlich

IBM bekämpft mit Preissenkungen den Herausforderer Amdahl / Von Hermann Bößenecker

Es war einmal ein Zwerg, der von einem Riesen abstammte. Und dieser Zwerg ärgerte seinen Vater, wo er konnte. Er zupfte und rupfte ihn, bis es dem Riesen schließlich zu bunt wurde. Er schlug zurück. So kann man in der schlichten Form der Märchenerzähler die nüchterne Meldung des Computergiganten IBM kommentieren, daß ein neuer, leistungsfähigerer und billigerer Großrechner auf den Markt kommen wird und daß gleichzeitig die Preise der laufenden Serie in der Bundesrepublik bis zu 20, in den USA bis zu 30 Prozent gesenkt werden.

Der Riese: IBM mit einem Jahresumsatz von über 16 Milliarden Dollar und einer phantastischen Gewinnquote von 14,7 Prozent vom Umsatz. Seit der Erfindung der elektronischen Rechner hat der in Armonk (New York) beheimatete Konzern mindestens jeden zweiten in aller Welt installierten Computer geliefert.

Der Zwerg: Die Amdahl Corp. in Sunnyvale (Kalifornien) mit einem Jahresumsatz von 93 Millionen Dollar, von denen letztes Jahr knapp 12 Millionen Dollar Gewinn blieben. Das Unternehmen hat bisher 37 Großrechner ausgeliefert. 1970 schied Gene M. Amdahl, der heute 54 Jahre alt ist, bei IBM aus, wo er die Abteilung „Fortgeschrittene Computer-Systeme" geleitet hatte. Er gilt als der Vater der berühmten Computer-„Familie" 360, mit der IBM der Datenverarbeitung weltweit zum Durchbruch verholfen hat.

In seiner neuen Firma entwickelte er einen Größtcomputer, der dank moderner Halbleitertechnik mindestens 50 Prozent schneller ist als vergleichbare Konkurrenzprodukte. Mit einem Kaufpreis von 4,5 Millionen Dollar wurde er zudem bisher billiger angeboten. Dabei sparte sich Amdahl die Zeit und die Mühe, eigene Betriebssysteme *(software)* und Peripheriegeräte zu entwickeln; den Kunden wird empfohlen, sich diese von IBM zu besorgen...

In Wallstreet, dem Finanzzentrum von New York, hatte man seit langem mit einem Gegenschlag, nämlich mit Preissenkungen bei IBM gerechnet. „Die Sensation besteht in dem Ausmaß der Preissenkung", meinte jetzt der Sprecher einer Investmentfirma. In New York, so berichtet unser Korrespondent Jes Rau, deutet man die gewaltige Preisreduzierung bei IBM dahingehend, daß der Konzern jetzt damit rechnet, aus der gegen ihn laufenden Prozeßserie unversehrt hervorzugehen. Mehrere Konkurrenzfirmen haben gegen IBM ein Antitrustverfahren eingeleitet; und das amerikanische Justizministerium hat bei einem Bundesgericht in New York eine Klage erhoben, die auf die Zerschlagung des Konzerns abzielt.

Amerikanische Finanzexperten meinen, daß den IBM-Managern ein Rückgang der Gewinne durch die Preissenkung gelegen komme. Angesichts der Kartellklagen müsse ihnen die Gewinnflut fast schon peinlich sein. Andererseits hatten bisher unter dem von IBM hochgehaltenen Preisschirm auch die „Zwerge" im Computergeschäft prosperieren können. Nun werden auch sie — Sperry Rand, Burroughs Honeywell oder auch NCR — ihre Preise senken müssen und damit ihre Gewinnchancen mindern. Nur Control Data, wie Amdahl auf Computer-Jumbos spezialisiert — ihr neuestes Modell Cyber 176 hat doppelt so viel Kapazität wie das neue IBM-Modell 3033 —, bleibt fast außerhalb der Konkurrenz.

Der neue IBM-Großrechner mit der Typenbezeichnung 3033 soll in England gebaut und vom zweiten Quartal 1978 an ausgeliefert werden. Die Leistung dieses Rechners, der noch keineswegs zu dem mit Spannung erwarteten „Zukunftssystem" gehört, sondern zur „Familie" 370 zu zählen ist, soll um 60 bis 80 Prozent höher liegen als die des heutigen IBM-Spitzenmodells 370/168. Mit 9,5 Millionen Mark liegt der Preis zudem unter dem des Amdahl-Rechners (elf Millionen Mark). Das Ziel der Preisstrategie ist klar.

Mit einem Trick sucht IBM zudem Amdahl auszumanövrieren. Für das neue Modell werden ausgesprochen günstige Mietkonditionen geboten. Bei einem Vierjahresvertrag muß der Kunde monatlich nur ein Sechsundvierzigstel des Kaufpreises auf den Tisch legen; bei dem alten Spitzenmodell machte die Monatsmiete ein Siebenunddreißigstel des Kaufpreises aus.

Außerdem wurde für das neue System ein zusätzliches Betriebssystem entwickelt, das die Rechenvorgänge nochmals um schätzungsweise 20 Prozent beschleunigt und — so hat es jedenfalls den Anschein — nur den Kunden des Typs 3033 zur Verfügung stehen soll.

Das ist eindeutig gegen Amdahl und andere „Steckdosen-Anschluß-Hersteller" gerichtet. Amdahl reagierte schnell: Anfang der Woche kündigte das Unternehmen einen weiteren Mammutcomputer an, der bei einem Kaufpreis von 3,63 Millionen Dollar — also wieder billiger als IBM — eine größere Speicherkapazität habe als die neue IBM 3033 und 1,5 bis 1,7mal so schnell wie die bisherigen Amdahl-Computer sei.

Hermann Bößenecker, Die Zeit, 08. 04. 1977, S. 17.

6/19 a) Welche Marktstrukturelemente können Sie aus dem Text für den Computermarkt herauslesen?

b) Welche Bedeutung haben der Konzentrationsgrad und das im Text geschilderte Marktverhalten für die Wettbewerbsintensität auf dem Computermarkt?

c) Erörtern Sie am Beispiel des Computermarktes das Verhältnis von Marktstruktur und Marktverhalten.

d) Erläutern Sie an diesem Beispiel die Funktionen des Wettbewerbs.

6/20 Erläutern Sie, auf welche Weise ein marktmächtiges Unternehmen die Preisrelationen zu seinen Gunsten beeinflussen kann.

6/21 Nach welchem Konzept versucht das Bundeskartellamt mißbräuchlich überhöhte Preise, die sich aufgrund einer marktbeherrschenden Stellung ergeben, zu ermitteln, und welche Schwierigkeiten treten dabei auf?

6/22 Erklären Sie, was unter privat-administrierten Preisen und perverser Preisflexibilität zu verstehen ist. Worin sind die Ursachen für die perverse Preisflexibilität zu suchen?

6/23 „Nach der traditionellen Theorie haben oligopolistische und monopolistische Preise für die Inflation keine Bedeutung. Eine aktivere Wettbewerbspolitik hätte demnach keine Erfolgschance bei der Bekämpfung inflationärer Entwicklungen."

(Jürgen Müller, Rolf Hochreiter: Stand und Entwicklungstendenzen ..., a.a.O., S. 327.)

Nehmen Sie zu dem Zitat Stellung, indem Sie den Einfluß überhöhter Unternehmenskonzentration auf das Preisniveau untersuchen.

6/24 „Die Kontrolle wirtschaftlicher Macht in privater Hand wird aus vier Gründen von Tag zu Tag dringlicher:

Erstens, um nicht das bestehende Wirtschaftssystem durch private Willkür, etwa multinationaler Unternehmen und dergleichen, zu zerstören.

Zweitens, um die Funktionsfähigkeit eines wirtschaftlichen Wettbewerbs zu verbessern, um der Sicherung und der Vermehrung des Wohlstands willen.

Drittens, und das ist noch wichtiger, um durch Ausschaltung oder Kontrolle wirtschaftlicher Macht Ausbeutung zu verhindern und eine gleichmäßigere Verteilung der Einkommen und Vermögen zu ermöglichen.

Viertens, und dies scheint mir persönlich am bedeutsamsten, um die menschliche Freiheit zu sichern, die nicht nur von politischer, sondern auch von wirtschaftlicher Willkür bedroht ist: Konzentrationspolitik ist notwendig, um menschliche Freiheit zu erhalten, die durch ungeregelten Verlauf der Konzentrationsprozesse gefährdet und aufgehoben wird."

Helmut Arndt: Konzentrationsprobleme der Marktwirtschaft. In: Basis, Dschungel, Dogma? Hrsg.: Landeszentrale für politische Bildung NRW, Köln (Wissenschaft und Politik) 1973, S. 151.

a) Verdeutlichen Sie die von Helmut Arndt angeführten Gründe für eine Kontrolle wirtschaftlicher Macht.

b) Erläutern Sie dabei insbesondere die Rolle der multinationalen Unternehmen.

6.6 Wettbewerbspolitik

- Zwischen Verbots- und Mißbrauchsprinzip unterscheiden können.
- Die Ausnahmen vom Kartellverbot nennen können.
- Die Mängel des Gesetzes gegen Wettbewerbsbeschränkungen in der Fassung vom 27.07.1957 erörtern können.
- Die wesentlichen Bestimmungen zur Fusionskontrolle beschreiben können.
- Die Problematik der Preiskontrolle im Rahmen der Mißbrauchsaufsicht erläutern können.
- Die Mängel der zweiten Kartellgesetznovelle im Bereich der Fusionskontrolle nennen können.
- Vorschläge zur Verbesserung der Fusionskontrolle und Mißbrauchsaufsicht kennen und diskutieren können.

6.6.1 Das Kartellgesetz von 1957 und seine Mängel

Wenn, wie im vorhergehenden Abschnitt erörtert, eine starke Unternehmenskonzentration die marktwirtschaftliche und demokratische Ordnung der Bundesrepublik Deutschland gefährden kann, ist es eine *politische Aufgabe*, diese Entwicklung zu verhindern. Das wurde bereits von der ersten Bundesregierung erkannt und in Angriff genommen. Jedoch konnte das „*Gesetz gegen Wettbewerbsbeschränkungen*" (GWB), auch Kartellgesetz genannt – gegen den Widerstand der betroffenen Wirtschaftskreise – erst 1957, unter erheblichen Abstrichen von den ursprünglichen Entwürfen, durchgesetzt werden. Die jahrelangen Auseinandersetzungen um die Kartellgesetzgebung gingen primär darum, ob Kartelle

- grundsätzlich, also abgesehen von Ausnahmen, verboten (Verbotsprinzip) oder
- grundsätzlich zugelassen und nur Mißbräuche verfolgt werden sollten (Mißbrauchsprinzip).

Während sich die damalige Bundesregierung unter dem Einfluß ihres Wirtschaftsministers Ludwig Erhard für eine *Verbotsgesetzgebung* aussprach, versuchten die Interessenverbände der Wirtschaft – allen voran der BDI – das *Mißbrauchsprinzip,* dessen Anwendung keine tatsächliche Kontrolle von Kartellen bewirken würde, durchzusetzen (vgl. Text 10). Als dies nicht gelang, konzentrierte der BDI seine Aktivitäten darauf, den strikten Verbotsgrundsatz des ursprünglichen Regierungsentwurfs durch Ausnahmeregelungen zu durchlöchern. Während der Regierungsentwurf vom generellen Kartellverbot nur Ausnahmen für Rationalisierungs-, Ausfuhr- und Krisenkartelle zuließ, gelang es dem BDI, acht weitere *Ausnahmeregelungen* und darüber hinaus eine *Generalklausel* durchzusetzen, nach der der Bundesminister für Wirtschaft die Möglichkeit hat, „auf Antrag die Erlaubnis zu einem Vertrag oder Beschluß im Sinne des § 1" zu „erteilen, wenn ausnahmsweise die Beschränkung des Wettbewerbs aus überwiegenden Gründen der Gesamtwirtschaft und des Gemeinwohls notwendig ist" (§ 8 Abs. 1, vgl. Text 14).

Es können anmelde- und genehmigungspflichtige Kartelle unterschieden werden (vgl. S. 218). Während *anmeldepflichtige Kartelle* generell erlaubt sind und nur in das beim Bundeskartellamt geführte Kartellregister eingetragen werden, müssen *genehmigungspflichtige Kartelle* in den Fällen 1 bis 5 vom Bundeskartellamt und im Fall der Generalklausel (Fall 6) vom Bundesminister für Wirtschaft genehmigt werden. Wird eine Genehmigung erteilt, so gilt sie in der Regel für drei Jahre, wobei eine Verlängerung möglich ist (§ 11). Verstöße gegen das Kartellverbot des § 1 GWB können mit Geldbußen geahndet werden. Spezialisierungskartelle und Kooperationserleichterungen für kleine und mittlere Unternehmen sind erst durch die erste (1966) und zweite Kartellnovelle (1973) aufgenommen worden. Die folgende Übersicht zeigt die im GWB enthaltenen Ausnahmen vom grundsätzlichen Kartellverbot.

Ausnahmen vom Kartellverbot nach GWB in der Fassung vom 03. 08. 73

anmeldepflichtige Kartelle	genehmigungspflichige Kartelle
1. Konditionenkartelle, § 2	1. Strukturkrisenkartelle § 4
2. Rabattkartelle, § 3	2. Rationalisierungskartelle, § 5 Abs. 2
3. Normungskartelle, § 5 Abs. 1	3. Einkaufs- u. Verkaufskartelle, § 5 Abs. 3 (Syndikate)
4. Typisierungskartelle, § 5 Abs. 1	4. Importkartelle, § 7
5. Angebotskartelle, § 5 Abs. 4	5. Ausfuhrkartelle, § 6 Abs. 2 (mit Auswirkungen auch auf inländische Märkte)
6. reine Ausfuhrkartelle, § 6 Abs. 1 (mit Auswirkungen nur auf ausländische Märkte)	6. sonstige Kartelle (Generalklausel), § 8
7. Spezialisierungskartelle, § 5 a	
8. Kooperationserleichterungen, § 5 b (für kleine und mittlere Unternehmen)	

Für bestimmte Bereiche der Wirtschaft (Landwirtschaft, Banken, Verkehr usw.) gilt das Kartellverbot nicht oder nur beschränkt.

Das Kartellverbot des § 1 GWB (s. Text 14) erwies sich im Laufe der Zeit als relativ unwirksam, weil verbotene vertragliche Vereinbarungen und Beschlüsse zur Beschränkung des Wettbewerbs durch *Verhaltensabstimmungen* zwischen den Konkurrenten umgangen wurden. Bei diesem abgestimmten Verhalten – auch Frühstückskartelle genannt – handelt es sich um formlose Absprachen zwischen den Konkurrenten, aus denen sich ein Parallelverhalten der Anbieter auf dem Markt ergibt. Berühmt geworden sind die sogenannten Gary-Dinners. Als gegen Ende des vorigen Jahrhunderts in den USA Verträge, die den Wettbewerb ausschlossen, verboten wurden, lud der Stahlproduzent Gary seine Konkurrenten von Zeit zu Zeit zu einem Dinner ein. „Am Schluß eines jeden Dinners brachte er einen Toast aus, den er regelmäßig mit der Bemerkung schloß, daß er ab Ersten nächsten Monats seine Stahlpreise um 3,5 oder 15% erhöhen werde. Tatsächlich erhöhte freilich nicht nur er, sondern auch alle anderen ab nächsten Ersten ihre Stahlpreise um 3,5 oder 15%.“[1]

Diese Verhaltensabstimmung diente also dem gleichen Zweck wie ein Preiskartell, nur mit dem Unterschied, daß kein schriftlicher Vertrag oder Beschluß zwischen den Beteiligten zustande gekommen war.

Das Bundeskartellamt hat einen solchen Fall aufgegriffen. Es konnte nachweisen, daß sich Vertreter der europäischen Teerfarbenhersteller 1967 in Basel getroffen haben und nach diesem Treffen einheitlich die Preise um 8% erhöhten. Das Bundeskartellamt sah darin einen Verstoß gegen § 1 GWB und belegte die verantwortlichen Manager der deutschen Unternehmen u. a. mit einem Bußgeld von 262 000,— DM. Die betroffenen Unternehmen legten dagegen Berufung und Revision ein. Sowohl das Kammergericht Berlin als auch der Bundesgerichtshof entschieden (BGH am 17. 12. 1970) im berühmt gewordenen Teerfarbenurteil, daß abgestimmtes Verhalten nicht unter das Kartellverbot des § 1 GWB falle, weil in solchen Fällen nicht „mit der erforderlichen, an Sicherheit grenzenden, reale Zweifel ausschließenden Wahrscheinlichkeit“ der Nachweis geführt werden könne, daß auch tatsächlich ein Vertrag zustande gekommen sei. Damit war praktisch das Kartellverbot aufgehoben, weil die an einem Kartell beteiligten Unternehmen nicht

1 Helmut Arndt: Konzentrationsprobleme der Marktwirtschaft, a. a. O., S. 146.

so naiv waren, ihre Absprachen schriftlich zu fixieren und sie dem Kartellamt zugänglich zu machen.

Neben diesen erheblichen Einschränkungen des Verbotsprinzips ist die schwache *Stellung des Bundeskartellamtes* gegenüber dem Bundesminister für Wirtschaft kritisiert worden. Entgegen dem ursprünglichen Regierungsentwurf ist das Bundeskartellamt als eine weisungsgebundene, dem Bundesminister für Wirtschaft untergeordnete Behörde institutionalisiert worden, so daß sich die betroffenen Unternehmen unter Umgehung des Bundeskartellamtes direkt an den Bundesminister für Wirtschaft wenden können, um ihren Kartellinteressen unter Einsatz ihrer wirtschaftlichen und politischen Macht Geltung zu verschaffen.

Die wesentlichste Schwäche des 1957 verabschiedeten Kartellgesetzes bestand jedoch darin, daß *Unternehmenszusammenschlüsse,* die eine sehr viel festere und umfassendere Form der Wettbewerbsbeschränkungen darstellen als Kartelle, keinerlei Kontrolle unterlagen. Diese Zusammenschlüsse waren beim Bundeskartellamt nach § 23 GWB nur dann anzuzeigen, wenn dadurch ein Marktanteil von 20% und mehr erreicht wurde. Die so durch externe Unternehmenskonzentration entstandenen marktbeherrschenden Unternehmen fielen ebenso wie die durch internes Wachstum entstandenen marktbeherrschenden Unternehmen lediglich unter die *Mißbrauchsaufsicht* nach § 22 GWB. Sie war das einzige Instrument, die aufgrund externer und interner Konzentrationsprozesse entstandenen marktbeherrschenden Unternehmen einer *nachträglichen Verhaltenskontrolle* zu unterziehen. Danach kann das Bundeskartellamt mißbräuchliches Verhalten untersagen. Die Mißbrauchsaufsicht umfaßt außer dem *Behinderungsmißbrauch* auch die *Preiskontrolle.* Die Preiskontrolle ist jedoch mit erheblichen Schwierigkeiten verbunden, weil es kaum möglich ist, die machtbedingten von den marktbedingten Ursachen einer Preiserhöhung zu trennen.

Als Folge dieser Unausgewogenheit des GWB ergab sich eine ständige Zunahme der externen Unternehmenskonzentration.

Zusammenfassung

Zur Vermeidung von Wettbewerbsbeschränkungen durch vertragliche Vereinbarungen zwischen Unternehmen besteht seit 1957 in der Bundesrepublik ein *Kartellverbot.* Für im Gesetz (GWB) klar umrissene Ausnahmen gilt das Kartellverbot jedoch nicht. Diese erlaubten Kartelle sind entweder beim Bundeskartellamt nur anzumelden (*anmeldepflichtige Kartelle*) oder aber müssen von diesem genehmigt werden (*genehmigungspflichtige Kartelle*). Der Bundesminister für Wirtschaft kann jedes Kartell genehmigen, sofern es aus Gemeinwohlgründen angebracht erscheint.

Neben den genannten Ausnahmen vom Kartellverbot bestand auch die Möglichkeit, durch formlose Absprachen zwischen den Unternehmen das Kartellverbot zu umgehen (*abgestimmtes Verhalten*).

Zu diesen erheblichen Einschränkungen des Verbotsprinzips kommt noch die relativ schwache Stellung des Bundeskartellamtes gegenüber dem weisungsbefugten Bundesminister für Wirtschaft, so daß die betroffenen Unternehmen über diesen Umweg ihre Macht geltend machen können.

Die wesentlichste Schwäche des Kartellgesetzes in der Fassung von 1957 bestand darin, daß Unternehmenszusammenschlüsse, die den Wettbewerb beschränken, keiner Kontrolle unterlagen, sondern lediglich wie die durch internes Wachstum entstandenen marktbeherrschenden Unternehmen unter die *Mißbrauchsaufsicht* gemäß § 22 GWB fielen.

6.6.2 Die zweite Kartellgesetznovelle

Nachdem die erste Novelle zum Kartellgesetz (1966) der Wettbewerbspolitik keine verschärften Instrumente gebracht hatte, sondern weitere Ausnahmen vom Kartellverbot in Form der (nur anmeldepflichtigen) Spezialisierungskartelle zuließ, mußte man aufgrund der immer stärker werdenden öffentlichen Kritik an der Unternehmenskonzentration und an den Mängeln der Wettbewerbsgesetzgebung eine ernsthafte Verbesserung der Wettbewerbsgesetzgebung ins Auge fassen. Ein noch während der Zeit der Großen Koalition 1968 erarbeiteter Referentenentwurf zur Novellierung des GWB scheiterte an der Uneinigkeit der Koalitionsparteien SPD und CDU/CSU sowie am Widerstand der Interessenverbände.
Erst 1973 konnte die zweite Novelle zum Kartellgesetz, durch die der Gesetzgeber versuchte, wesentliche Schwächen des Gesetzes zu beseitigen, verabschiedet werden. Diese Novelle brachte der Wettbewerbspolitik folgende wesentliche Verbesserungen:

Es wurde eine **vorbeugende Zusammenschlußkontrolle (Fusionskontrolle)** eingeführt, die der Erhaltung des Wettbewerbs dort dienen soll, wo seine Funktionsfähigkeit durch *externe Unternehmenskonzentration* bedroht ist. Als Zusammenschluß im Sinne des GWB gilt nicht nur die volle Übernahme des Vermögens eines anderen Unternehmens, sondern u.a. auch der Erwerb von *Anteilen* (mindestens 25%) und die *personelle Verflechtung,* wenn dadurch eine Personengleichheit von mindestens der Hälfte der Mitglieder des Aufsichtsrats oder des Vorstandes herbeigeführt wird (§ 23 Abs. 2).
Das Bundeskartellamt kann nunmehr Unternehmenszusammenschlüsse untersagen, wenn zu erwarten ist, „daß durch einen Zusammenschluß eine marktbeherrschende Stellung entsteht oder verstärkt wird, ... es sei denn, die beteiligten Unternehmen weisen nach, daß durch den Zusammenschluß auch Verbesserungen der Wettbewerbsbedingungen eintreten und daß diese Verbesserungen die Nachteile der Marktbeherrschung überwiegen" (§ 24 GWB).

Danach wird also nicht jede Fusion untersagt. *Fusionen* sind *möglich,* wenn
- keine marktbeherrschende Stellung entsteht oder verstärkt wird,
- durch den Zusammenschluß eine Verbesserung der Wettbewerbsbedingungen eintritt,
- die beteiligten Unternehmen insgesamt im letzten Geschäftsjahr weniger als 500 Mio. DM Umsatz erzielten,
- ein Unternehmen im letzten Geschäftsjahr weniger als 50 Mio. DM erzielte und sich einem anderen Unternehmen anschließt (Anschlußfusionen),
- auf dem relevanten Markt weniger als zehn Mio. DM Umsatz erzielt wurden,
- sich die Wettbewerbsbeschränkungen nicht im gesamten Bundesgebiet oder in wesentlichen Teilen desselben auswirken,
- der Bundesminister für Wirtschaft auf Antrag die Erlaubnis zu dem Zusammenschluß erteilt, weil „die Wettbewerbsbeschränkung von gesamtwirtschaftlichen Vorteilen des Zusammenschlusses aufgewogen wird oder der Zusammenschluß durch ein überragendes Interesse der Allgemeinheit gerechtfertigt ist" (§ 24 Abs. 3 GWB).

Die letztgenannte Ausnahme macht deutlich, daß ähnlich wie beim Kartellverbot die Kontrolle von Unternehmenszusammenschlüssen nicht allein beim Bundeskartellamt liegt. Vielmehr handelt es sich um ein „dualistisches" Verfahren, bei dem die Beurteilung der *wettbewerblichen Auswirkungen* einer Fusion dem Bundeskartellamt obliegt, während die Prüfung der *übergeordneten gesamtwirtschaftlichen Aspekte* einer Fusion dem Bundesminister für Wirtschaft übertragen ist.

Entscheidendes Kriterium für die Beurteilung einer Fusion durch das Kartellamt ist, ob dadurch eine *marktbeherrschende Stellung* entsteht oder verstärkt wird. Marktbeherrschend war nach der ursprünglichen Fassung des GWB ein Unternehmen, wenn es als Anbieter oder Nachfrager auf einem Markt *ohne Wettbewerber* war oder *keinem wesentlichen Wettbewerb* ausgesetzt war. Der Begriff Marktbeherrschung ist durch den weitergehenden Begriff der *überragenden Marktstellung* abgelöst worden, bei dem zusätzliche Kriterien herangezogen werden. Als Kriterien für eine überragende Marktstellung werden im § 22 Abs. 1, Ziff. 2 außer dem *Marktanteil* eines Unternehmens dessen *Finanzkraft,* sein *Zugang zu Beschaffungs- oder Absatzmärkten,* seine *Verflechtungen* mit anderen Unternehmen sowie die *Marktzutrittschancen* für andere Unternehmen genannt. Dadurch kann sich die Fusionskontrolle nicht nur auf horizontale, sondern auch auf vertikale und konglomerate Zusammenschlüsse erstrecken.

Die vorbeugende Fusionskontrolle kann nur neue Unternehmenszusammenschlüsse verhindern. Jedoch hat die bereits entstandene interne und externe Konzentration zu marktbeherrschenden Stellungen auf vielen Märkten geführt, weiterhin können aus dem internen Unternehmenswachstum neue marktbeherrschende Positionen resultieren. Die **Mißbrauchsaufsicht als nachträgliche Verhaltenskontrolle** bereits marktbeherrschender Unternehmen ist daher ein wichtiges zusätzliches wettbewerbspolitisches Instrument, um den Mißbrauch wirtschaftlicher Macht zu bekämpfen. Durch die Kartellgesetznovelle sind neben den bereits erwähnten Kriterien für die Beurteilung einer überragenden Marktstellung *Marktbeherrschungsvermutungen* in Form von Marktanteilskriterien eingeführt worden, die zu einer Beweiserleichterung für das Bundeskartellamt im Falle horizontaler Konzentration bei Mißbrauchsverfahren führen. Nach § 22 Abs. 3 wird eine Marktbeherrschung vermutet, wenn

- ein Unternehmen einen Marktanteil von einem Drittel besitzt und nicht weniger als 250 Mio. DM Umsatzerlöse im letzten Geschäftsjahr erzielte,
- drei oder weniger Unternehmen zusammen einen Marktanteil von 50% oder mehr haben und die Unternehmen im letzten Geschäftsjahr nicht weniger als 100 Mio. DM Umsatzerlöse hatten,
- fünf oder weniger Unternehmen zusammen einen Marktanteil von zwei Drittel oder mehr haben und die Umsatzerlöse im letzten Geschäftsjahr ebenfalls nicht weniger als 100 Mio. DM betrugen.

Mißbräuchliches Verhalten – überhöhte Preise, Behinderung von Konkurrenten, Diskriminierungen in Form von Liefer- und Bezugssperren (vgl. dazu Abschnitt 6.5) – kann das Bundeskartellamt aufgrund dieser Marktbeherrschungskriterien untersagen.

„Die Bedeutung der widerlegbaren Marktbeherrschungsvermutungen für eine wirksame Mißbrauchsaufsicht nach § 22 ist insbesondere in ihrer Eigenschaft als Aufgreiftatbestände zu sehen: Bei ihrem Vorliegen kann mit hoher Wahrscheinlichkeit das Bestehen einer marktbeherrschenden Stellung angenommen werden, wodurch dem Bundeskartellamt die Einleitung von Mißbrauchsverfahren erleichtert wird.“[1] Dadurch erfolgt eine *Umkehr der Beweislast.* Liegen die Marktanteilskriterien vor, müssen im Falle eines Mißbrauchsverfahrens die *betroffenen Unternehmen widerlegen,* daß sie entgegen den Marktbeherrschungsvermutungen keine marktbeherrschende Stellung besitzen. Die Marktbeherrschungsvermutungen sind nicht nur im Rahmen der Mißbrauchsaufsicht, sondern auch für die Fusionskontrolle von Bedeutung.

Schließlich hat der Gesetzgeber die Lücke, die durch das „Teerfarbenurteil“ in bezug auf das abgestimmte Verhalten sichtbar geworden war, geschlossen. Nach § 25 ist nunmehr **abgestimmtes Verhalten verboten.** „Das Bundeskartellamt wird damit in die Lage versetzt, auch gegen solche Wettbewerbsbeschränkungen vorzugehen, die die Voraussetzungen eines Vertrages nach

1 Tätigkeitsbericht des Bundeskartellamtes 1973, a. a. O., S. 6.

den allgemeinen Regeln des bürgerlichen Rechts (zwei oder mehrere wechselseitig übereinstimmende Willenserklärungen, U.T.) nicht erfüllen und somit vom Kartellverbot des § 1 nicht erfaßt werden."[1]

Zwei weitere neue Regelungen des Gesetzes sollen kurz erwähnt werden. Um die Wettbewerbsfähigkeit kleiner und mittlerer Unternehmen gegenüber Großunternehmen zu verbessern, hat ihnen der Gesetzgeber Kooperationserleichterungen eingeräumt. § 5b gewährt kleinen und mittleren Unternehmen **Freistellungsmöglichkeiten vom Kartellverbot** des § 1 für Verträge, die der Rationalisierung wirtschaftlicher Vorgänge durch zwischenbetriebliche Zusammenarbeit dienen, sofern dadurch ihre Leistungsfähigkeit gesteigert wird und sie den Wettbewerb nicht wesentlich behindern. Ferner wurde die nach der alten Fassung des GWB erlaubte **Preisbindung** für Markenartikel **verboten** (Ausnahme: Verlagserzeugnisse), um dadurch mehr Wettbewerb im Handel zu ermöglichen.

Zusammenfassung

Um der zunehmenden *externen* Unternehmenskonzentration zu begegnen, wurde 1973 die vorbeugende *Zusammenschlußkontrolle* (Fusionskontrolle) eingeführt. Danach können Unternehmenszusammenschlüsse untersagt werden, wenn dadurch eine *marktbeherrschende Stellung* entsteht oder verstärkt wird. Jedoch gibt es einige *Ausnahmen* von der Fusionskontrolle. Weiterhin kann der Bundesminister für Wirtschaft Fusionen genehmigen, wenn deren wettbewerbsbeschränkende Folgen durch Gemeinwohlinteressen aufgewogen werden.

Die *Mißbrauchsaufsicht* ist durch die zweite Kartellgesetznovelle verbessert worden. Die Einführung von *Marktbeherrschungsvermutungen* erleichtert dem Bundeskartellamt die Einleitung eines Mißbrauchsverfahrens und kehrt die *Beweislast* um. Machtmißbrauch aufgrund vertikaler und konglomerater Konzentration ist durch die Aufnahme des Begriffs „überragende Marktstellung" als Element der Marktbeherrschung und durch zusätzliche Kriterien für diesen Tatbestand in einem stärkeren Maße als vorher der Mißbrauchsaufsicht unterworfen worden.

Seit 1973 ist auch *abgestimmtes Verhalten* verboten, so daß das Bundeskartellamt auch Wettbewerbsbeschränkungen, denen kein Vertrag nach den allgemeinen Regeln des Bürgerlichen Rechts zugrundeliegt, unterbinden kann.

Um Wettbewerbsnachteile kleiner und mittlerer Unternehmen gegenüber Großunternehmen auszugleichen, sind durch die Kartellgesetznovelle des Jahres 1973 für die zwischenbetriebliche Zusammenarbeit dieser Unternehmen *Kooperationserleichterungen* geschaffen worden.

Die *Preisbindung* der zweiten Hand wurde – außer im Bereich des Verlagswesens – abgeschafft.

6.6.3 Mängel der zweiten Kartellgesetznovelle und Änderungsvorschläge

Die hochgesteckten Erwartungen an die wettbewerbspolitischen Auswirkungen der Kartellgesetznovelle haben sich jedoch nicht voll erfüllt.

Die externe Unternehmenskonzentration hat sich trotz der Fusionskontrolle fortgesetzt. 1974 wurden 318, 1975 wurden 448, 1976 wurden 453 und 1977 wurden 554 Zusammenschlüsse nach

1 Tätigkeitsbericht des Bundeskartellamtes 1973, a.a.O., S. 7.

§ 23 angezeigt.[1] Die Zahl der einer *Fusionskontrolle* unterliegenden Zusammenschlüsse ist jedoch gering. Insgesamt hat das Bundeskartellamt von der Einführung der Fusionskontrolle bis zum Jahresende 1977 von den 940 zu prüfenden Zusammenschlüsse nur 12 untersagt. Bis August 1978 sind weitere 6 Untersagungen ausgesprochen worden. Von diesen insgesamt 18 Untersagungen sind allerdings nur 6 unanfechtbar, die restlichen Fälle waren zu diesem Zeitpunkt (noch) nicht rechtskräftig geworden, oder die Zusammenschlüsse wurden aus Gründen des Gemeinwohls vom Bundesminister für Wirtschaft genehmigt.
„Die Zahl der Untersagungen allein ist kein Maßstab für die Wirksamkeit der Fusionskontrolle. Die bloße Existenz dieses Instruments hat bereits generalpräventive Wirkung. Darüber hinaus entfaltet die Fusionskontrolle positive ‚Vorfeld-Wirkungen'. Bereits im Gesetzgebungsverfahren bestand Klarheit darüber, daß das sog. informelle Verfahren bei der Fusionskontrolle große Bedeutung haben würde. In ein förmliches Kontrollverfahren gelangen daher in erster Linie diejenigen Fälle, die entweder vom Tatsächlichen oder Rechtlichen her einer eingehenden Prüfung bedürfen oder bei denen sich die Unternehmen große Erfolgsaussichten ausrechnen können."[2]
„Dennoch müssen diese Zahlen ernüchternd auf diejenigen wirken, die sich von der Einführung der Fusionskontrolle eine Abschwächung der allgemeinen Konzentrationsentwicklung in der Bundesrepublik erhofft haben".[3]

Schlüsselt man die *Untersagungsverfügungen* auf, ergibt sich, daß sie hauptsächlich *horizontale* Unternehmenszusammenschlüsse betreffen. „Bei horizontalen Zusammenschlüssen von Unternehmen, die schwergewichtig auf wenigen Märkten tätig sind und bereits vor dem Zusammenschluß hohe Marktanteile haben, lassen sich mit Hilfe der Marktbeherrschungsvermutungen des § 22 Abs. 3 die Untersagungsvoraussetzungen relativ leicht nachweisen. Größere Schwierigkeiten bereitet dieser Nachweis hingegen bei vertikalen und konglomeraten Zusammenschlüssen ... In derartigen Fällen kommt es auf den Nachweis einer ‚überragenden Marktstellung' anhand der in § 22 Abs. 1 Nr. 2 genannten Kriterien an ..."[4]

Da diese Kriterien jedoch nicht in quantitativen Vermutungsmerkmalen konkretisiert sind, wie das mit den Marktbeherrschungsvermutungen bei horizontalen Zusammenschlüssen der Fall ist, hat das Bundeskartellamt offensichtlich Schwierigkeiten, vertikale und konglomerate Unternehmenszusammenschlüsse zu untersagen. Bereits im Tätigkeitsbericht für das Jahr 1974 vermerkt das Bundeskartellamt, daß 43 % der *angezeigten* Zusammenschlüsse deshalb der Fusionskontrolle nicht unterlagen, weil sich ein Unternehmen mit weniger als 50 Millionen Umsatz an ein anderes Unternehmen angeschlossen hat. Diese Tendenz, daß Großunternehmen kleinere Unternehmen aufkaufen, hat sich seither weiter fortgesetzt. Dabei ist ferner zu beobachten, daß einzelne Großunternehmen kleinere Unternehmen in größerer Zahl erwerben. So hat die Veba AG in zwei Jahren 26 Unternehmen, die unter 50 Millionen DM Umsatz erzielten, aufgekauft. Offenbar wird in der Bagatellklausel des § 24 Abs. 8 Nr. 2 eine Möglichkeit zur Umgehung der Fusionskontrolle gesehen.
Aber bereits in der Begründung zum Regierungsentwurf für die zweite Novelle des Kartellgesetzes wurde dazu ausgeführt: „Solche Zusammenschlüsse sind wettbewerbspolitisch nicht irrele-

---

1 Vgl. Tätigkeitsbericht des Bundeskartellamtes 1977, a. a. O., S. 105.

2 Tätigkeitsbericht des Bundeskartellamtes 1976, a. a. O., S. 17.

3 Erhard Kantzenbach: Vorschläge der Monopolkommission. In: Wirtschaftsdienst, Hamburg (Weltarchiv), Heft 8/1977, S. 381.

4 Tätigkeitsbericht des Bundeskartellamtes 1976, a. a. O., S. 20.

vant, da Großunternehmen auch durch wiederholte Übernahmen von Klein- und Mittelunternehmen marktbeherrschende Positionen erlangen oder verstärken können."[1]

Faßt man die bisherigen Erfahrungen mit der vorbeugenden Fusionskontrolle zusammen, zeigen sich einige erhebliche Lücken.

Die Monopolkommission hat in ihrem ersten Hauptgutachten auf diese Lücken hingewiesen und der Bundesregierung Vorschläge zur Beseitigung dieser Mängel gemacht. Sie schlug daher folgende ergänzende Bestimmungen vor, um die *Kontrollmöglichkeiten bei vertikalen und konglomeraten Zusammenschlüssen* durch die Aufnahme von *Vermutungstatbeständen* zu erleichtern:

„Es wird vermutet, daß durch den Zusammenschluß marktbeherrschende Stellungen im Sinne von § 24 Abs. 1 verstärkt werden, wenn sich ein Unternehmen, das

- im letzten Geschäftsjahr vor dem Zusammenschluß Umsatzerlöse von mindestens 2 Mrd. DM erzielte *und*
- auf drei oder mehr Märkten über marktbeherrschende Stellungen verfügt, mit einem Unternehmen zusammenschließt, das
- im letzten abgeschlossenen Geschäftsjahr vor dem Zusammenschluß Umsatzerlöse von mindestens 2 Mrd. DM erzielte *oder*
- auf einem oder mehreren Märkten über eine marktbeherrschende Stellung verfügte."[2]

„Es wird vermutet, daß durch einen Zusammenschluß marktbeherrschende Stellungen im Sinne von § 22 Abs. 1 Ziff. 2 begründet oder verstärkt werden, wenn im letzten abgeschlossenen Geschäftsjahr die am Zusammenschluß beteiligten Unternehmen insgesamt Umsatzerlöse von mindestens 10 Mrd. DM und wenn mindestens zwei der beteiligten Unternehmen Umsatzerlöse von mindestens 1 Mrd. DM hatten."[3] Um das *ungehinderte Eindringen von Großunternehmen* in Märkte mit kleinen und mittleren Unternehmen *kontrollpflichtig zu machen* bzw. zu verhindern, hat die Monopolkommission ferner die Streichung der Anschluß(Bagatell)klausel des § 24 Abs. 8 Ziff. 2 gefordert und die Aufnahme von besonderen Vermutungstatbeständen für das Entstehen einer überragenden Marktstellung auf solchen mittelständigen Märkten vorgeschlagen.

Im Gegensatz zu den Regelungen in den USA enthält das GWB auch in der neuen Fassung kein generelles Monopolverbot und keine *Entflechtungsbestimmungen.* Zwar ist das Entstehen und Verstärken von marktbeherrschenden Stellungen aufgrund externer Unternehmenskonzentration kontrollpflichtig, jedoch kann dadurch nicht die Monopolisierung aufgrund des internen Unternehmenswachstums vermieden werden. Ebenso können die bereits vorhandenen marktbeherrschenden Positionen von einzelnen Unternehmen nicht rückgängig gemacht werden. Die Monopolkommission hat daher der Bundesregierung empfohlen, die Möglichkeit der *Entflechtung bestehender* wettbewerbsbeschränkender Unternehmensstrukturen zu prüfen. „Die Forderung nach diesem Instrument ist zu stellen, weil auf andere Weise in einzelnen Marktkomplexen keine befriedigenden Wettbewerbsvoraussetzungen mehr hergestellt werden können. Daß es heute unverzichtbar erscheint, ist nicht zuletzt darauf zurückzuführen, daß der Gesetzgeber mit der Einführung der Fusionskontrolle zu lange gewartet hat, um den Konzentrationsprozeß nach dem Zweiten Weltkrieg in erträglichen Grenzen halten und in erwünschte Richtungen lenken zu können. Die Kommission hat nicht verkannt, daß die Entflechtung von Unternehmen außerordentliche praktische Probleme stellt. Dies zeigt insbesondere die Geschichte der amerikanischen Antitrustpolitik und der alliierten Nachkriegspolitik in Deutschland. Möglich und auch geboten

1 Bundestagsdrucksache VI/2520, S. 32.
2 Hauptgutachten der Monopolkommisssion 1973/75, a. a. O., Tz. 952.
3 Ebenda, Tz. 957.

erscheint sie jedoch schon heute dort, ‚wo es sich um finanzielle Kontrollbeteiligungen handelt, von denen nachhaltige wettbewerbsbeschränkende Wirkungen ausgehen, ohne daß sie aus technischen, betrieblichen oder wirtschaftlichen Gründen gerechtfertigt sind'."[1]

Die Bundesregierung hat zu diesen Forderungen und Vorschlägen der Monopolkommission Stellung genommen und deren Berücksichtigung in einer vierten Kartellgesetznovelle in Aussicht gestellt (die dritte Kartellgesetznovelle, die primär gesetzliche Regelungen zur Kontrolle der Pressekonzentration gebracht hat, kann hier nicht erörtert werden). Die Möglichkeit der Entflechtung von marktbeherrschenden Unternehmen ist zwar nicht grundsätzlich ausgeschlossen worden, sollte jedoch erst dann geprüft werden, „wenn die vorhandenen wettbewerbsrechtlichen Instrumente auch nach den noch möglichen Verbesserungen nicht greifen sollten."[2] Die wesentlichen Inhalte der von der Bundesregierung geplanten vierten Kartellgesetznovelle (Stand 17.05.78) enthält Text 15.

Nach der Novellierung des Kartellgesetzes hat das Bundeskartellamt in verstärktem Maße *Mißbrauchsverfahren* gegenüber marktbeherrschenden Unternehmen wegen *Forderns überhöhter Preise* eingeleitet. Diese als *„Preiskontrolle"* bezeichneten Aktivitäten haben heftige Diskussionen darüber ausgelöst, ob das Bundeskartellamt überhaupt dazu befugt sei.

In der Stellungnahme der Bundesregierung zum Tätigkeitsbericht des Bundeskartellamtes für das Jahr 1973 vertrat sie zu dieser Frage folgende Ansicht:

„Die Mißbrauchsaufsicht ist das notwendige Regulativ beim Fehlen wirksamen Wettbewerbs. Sie richtet sich auch gegen mißbräuchlich überhöhte Preise. Insofern kann Mißbrauchsaufsicht im Einzelfall auch Preiskontrolle bedeuten ... Die ersten Mißbrauchsverfahren aufgrund des neuen § 22 GWB haben die großen praktischen Schwierigkeiten deutlich gemacht, die sich zwangsläufig ergeben, wenn Kostenelemente in die Prüfung einbezogen werden müssen. Jede Verhaltenskontrolle ist in einer marktwirtschaftlichen Ordnung problematisch. Dies gilt besonders für die Mißbrauchsaufsicht über Preise marktbeherrschender Unternehmen in Zeiten starker Preissteigerungstendenzen. Die Kartellbehörde steht dann vor der schwierigen Aufgabe, bei der Beurteilung von Preiserhöhungen etwaige ‚machtbedingte' von den ‚marktbedingten' Komponenten zu trennen. Nur die machtbedingten Preiserhöhungen will das Kartellgesetz treffen. Die Kartellbehörde kann sich dieser schwierigen Prüfung nicht dadurch entziehen, daß sie in solchen Situationen überhaupt untätig bleibt. Sie würde sich dem berechtigten Vorwurf zu großer Zurückhaltung bei der Wahrung der Verbraucherinteressen aussetzen. Sie darf aber auch nicht die marktbedingten Ursachen von Preiserhöhungen unterbewerten, weil sie dann den Marktkräften entgegenwirken und sich in die Rolle eines dirigistischen ‚Preiskommissars' begeben würde ... Für die Sicherung der marktwirtschaftlichen Ordnung ist eine funktionierende Mißbrauchsaufsicht über vermachtete Märkte unerläßlich. In dem Maße, in dem die Mißbrauchsaufsicht über marktbeherrschende Unternehmen ihrer Aufgabe nicht gerecht wird und auch die Wiederherstellung wettbewerblicher Marktstrukturen sich nicht realisieren ließe, würden sich voraussichtlich die Forderungen nach nichtmarktwirtschaftlichen Kontrollmechanismen verstärken."[3]

Während sich hier die Bundesregierung noch recht nachdrücklich für eine Preiskontrolle des Bundeskartellamtes im Rahmen seiner Mißbrauchsaufsicht ausspricht, ist ihre Stellungnahme zu

---

1 Erhard Kantzenbach: Vorschläge der Monopolkommission, a. a. O., S. 382.

2 Bundesminister für Wirtschaft: Kurzfassung der Stellungnahme der Bunderegierung zum ersten Hauptgutachten der Monopolkommission, Bonn, 29. 06. 1977.

3 Stellungnahme der Bundesregierung zum Tätigkeitsbericht des Bundeskartellamtes für das Jahr 1973, Drucksache 7/2250, S. IIf.

diesem Problem ein Jahr später schon sehr viel vorsichtiger. Hier vertritt sie im Anschluß an ein Sondergutachten der Monopolkommission die Ansicht, „daß die Mißbrauchsaufsicht in ihrer Zielrichtung primär auf die strukturellen Aspekte mißbräuchlichen Verhaltens marktbeherrschender Unternehmen ausgerichtet sein muß“[1], das bedeutet: Abkehr von der Preiskontrolle, Beschränkung der Mißbrauchsaufsicht auf den Behinderungsmißbrauch.

Durch den Bundesgerichtshof ist in den bereits erwähnten Verfahren gegen die Firmen Merck und Hoffmann-La Roche 1976 entschieden worden, daß die Mißbrauchsaufsicht grundsätzlich auch die Preiskontrolle umfaßt. Allerdings entstehen in der Praxis erhebliche Schwierigkeiten, für einen vermachteten Markt Preise zu ermitteln, die sich ergeben haben würden, wenn auf ihm Wettbewerb bestünde. Zur Feststellung dieser *fiktiven Als-ob-Wettbewerbspreise* geht das Bundeskartellamt von dem *Vergleichsmarktkonzept* aus (vgl. Abschnitt 6.5.1).

Da jeder Markt aber seine Besonderheiten hat, enthalten solche Vergleiche immer ein erhebliches Maß von Unsicherheit (vgl. Text 11). So hat auch der Bundesgerichtshof im Fall Hoffmann-La Roche den ermittelten, mutmaßlichen Wettbewerbspreis nicht akzeptiert, weil seiner Ansicht nach wesentliche Fakten nicht berücksichtigt wurden.

Kritiker der Preiskontrolle im Rahmen der Mißbrauchsaufsicht machen geltend, daß dadurch die marktwirtschaftliche Ordnung bedroht werde. So argumentiert die Monopolkommission in ihrem Sondergutachten, daß die Preiskontrolle aus Mangel an Als-ob-Wettbewerbskriterien dazu tendiere, „weitere unternehmerische Aktionsparameter wie Gewinne, Kosten und Investititionen in die Kontrolle einzubeziehen und Preisänderungen einer vorherigen Genehmigungspflicht zu unterwerfen. Die Monopolkommission empfiehlt deshalb, solange noch ein Mindestmaß an funktionsfähigem Wettbewerb vorhanden ist, die Kontrolle des Preismißbrauchs zurückhaltend zu handhaben“.[2]

Dem wird entgegengehalten, daß auf hochkonzentrierten Märkten marktwirtschaftliche Spielregeln ohnehin nicht mehr gelten. Es wird sogar eine *vorbeugende Preiskontrolle,* wie sie in England praktiziert wird (vgl. Text 12), gefordert.

In der geplanten vierten Kartellgesetznovelle beabsichtigt die Bundesregierung nicht, die Mißbrauchsaufsicht zu verschärfen, etwa durch Einführung einer vorbeugenden Preiskontrolle. Es wird lediglich erwogen, die *aufschiebende Wirkung von Beschwerden* der betroffenen Unternehmen gegen Untersagungen durch das Bundeskartellamt einzuschränken. Damit soll verhindert werden, daß während des folgenden, oft jahrelangen Rechtsstreites das marktbeherrschende Unternehmen seinen Mißbrauch ungehindert fortsetzen kann.

Um die Bekämpfung des *Nachfragemachtmißbrauchs* zu verbessern, plant die Bundesregierung das Untersagungsverfahren bei Diskriminierungen nach § 26 GWB dadurch zu vereinfachen, daß auch hierfür *Vermutungstatbestände* eingeführt werden. Danach könnte das Bundeskartellamt die Abhängigkeit eines Unternehmens von einem anderen vermuten, wenn der Nachfrager beim Anbieter wiederholt günstigere Bedingungen durchsetzen konnte als andere Nachfrager (vgl. Text 15).

Daß die beabsichtigten Verbesserungen des Kartellgesetzes nicht überall auf Gegenliebe stoßen, zeigt der Text 13. Mit bereits traditionellem Verhalten wehrt sich der BDI gegen jede Verschärfung der Instrumente der Wettbewerbspolitik. Schon Ludwig Erhard hat dieses Verhalten der

---

1 Stellungnahme der Bundesregierung zum Tätigkeitsbericht des Bundeskartellamtes für das Jahr 1974, Drucksache 7/3791, S. II.

2 Erhard Kantzenbach: Vorschläge der Monopolkommission, a. a. O., S. 382.

Unternehmer und deren Interessenverbände nicht gutheißen können. Er hat ihnen anläßlich des Kampfes um das Kartellgesetz folgende Worte „ins Stammbuch geschrieben“:

„Der freie Unternehmer steht und fällt meiner felsenfesten Überzeugung nach mit dem System der Marktwirtschaft. In jeder anderen Ordnung wird er mehr und mehr zum bloßen Vollzugsorgan fremden Willens und zum Funktionär planwirtschaftlicher Entscheidungen herabgewürdigt. Wenn der Unternehmer nicht mehr die volkswirtschaftliche Aufgabe erfüllen will, sich im freien Wettbewerb zu messen – wenn eine Ordnung gesetzt wird, die nicht mehr die Kraft, die Phantasie, den Witz, die Tüchtigkeit und den Gestaltungswillen der individuellen Persönlichkeit erfordert, wenn der Tüchtigere nicht mehr über den weniger Tüchtigen obsiegen kann und obsiegen darf, dann wird auch die freie Unternehmerwirtschaft nicht mehr lange Bestand haben ...

Ich bin mir bewußt, daß der Angriff der Kollektivisten aller Sorten gegen die Marktwirtschaft die Unterhöhlung der Unternehmerfunktion zum Ziele hat. Wenn darum das Streben nach Kollektivbindungen sogar im Lager der Unternehmer überhand nimmt, dann wird wahrscheinlich früher, als es diese Unternehmer glauben, der Zeitpunkt kommen, der auf der politischen Ebene die Frage auftauchen läßt, mit welchen Gründen denn noch privates Eigentum an den Produktionsmitteln und das freie wirtschaftliche Entscheidungsrecht des Unternehmers vertreten werden kann.“[1]

Zusammenfassung

Auch nach Einführung der Fusionskontrolle hat sich die externe Unternehmenskonzentration fortgesetzt. Die Zahl der *Untersagungen* durch das Bundeskartellamt ist gering. Auffallend ist die relativ hohe Zahl der *Anschlußfusionen,* bei denen Großunternehmen mehrere kleine Unternehmen mit weniger als 50 Mio. DM Umsatz aufkaufen. Da für die Marktbeherrschung bei vertikalen und konglomeraten Zusammenschlüssen keine Vermutungstatbestände bestehen, ist die Kontrolle solcher Fusionen erheblich erschwert.

Da das Kartellgesetz keine Entflechtung von marktbeherrschenden Unternehmen kennt, ist die Monopolisierung von Märkten durch *internes Wachstum* nicht zu verhindern. Während die Bundesregierung die Mängel der Fusionskontrolle durch eine neue *Novelle zum Kartellgesetz* beseitigen will, erwägt sie dabei die Einführung der Maßnahme der Entflechtung nur für den Fall, daß alle übrigen Instrumente der Wettbewerbspolitik die Funktionsfähigkeit des Wettbewerbs nicht mehr sichern können.

Text 11 Erich Hoppmann:

„...

Mißbrauch und die Philosophie des Als-ob

Will man mißbräuchliche Preiserhöhungen bekämpfen, so muß die Kartellbehörde zunächst die ‚machtbedingten‘ und die ‚marktbedingten‘ Effekte in Mark und Pfennig auseinanderrechnen. Die Wirtschaftswissenschaften können ihnen hierbei jedoch nicht helfen, denn sie können nichts darüber aussagen, wie hoch in einem konkreten Fall der ‚richtige‘ Wettbewerbspreis ist. Deshalb konstruierte man eine Fiktion, den sogenannten Als-ob-Wettbewerbspreis, und es ist eine heftige Diskussion darüber entbrannt, ob die Kartellbehörden rechtlich befugt sind, den Als-ob-Wettbewerb zur Grundlage ih-

1 Ludwig Erhard: Wohlstand für alle, a. a. O., S. 116f.

rer Mißbrauchsaufsicht zu machen. Da bisher jedoch niemand in der Lage gewesen ist, konkret zu spezifizieren, wie dieser Als-ob-Wettbewerbspreis eigentlich ermittelt oder ausgerechnet werden kann, mutet diese Diskussion recht kurios an, denn sie streitet um etwas, was es nicht gibt.

Um Spekulationen und Fiktionen auszuweichen, verfiel man auf den Ausweg, jeweils einen sogenannten Vergleichsmarkt zu suchen. Entweder macht man einen Zeitvergleich (before-after-Methode) oder man vergleicht regional verschiedene Märkte (yardstick-Methode), wozu man eine Rechtsprechung aus der Mißbrauchsaufsicht über freigestellte Kartelle anwenden zu können glaubte. Die Vergleichsmarktmethode mag in dem Kartellfall eine gewisse Berechtigung gehabt haben, hier ist sie jedoch genauso problematisch wie die Als-ob-Methode. Da nämlich die verglichenen Märkte verschieden sind, müssen sie erst vergleichbar gemacht werden. Alle Faktoren, die die Vergleichbarkeit stören, müssen gedanklich eliminiert und ihre Einflüsse auf den Preis hypothetisch rechnerisch addiert oder subtrahiert werden. Die Fiktionen und Spekulationen, die hierbei notwendig sind, sind keinesfalls weniger gravierend als beim Als-ob-Verfahren.

Die Idee der Kostenkontrolle

Um überhaupt einen Ansatzpunkt für die Preiskontrolle zu finden, muß man den zu kontrollierenden Preis zu irgendeinem Maßstab in Beziehung setzen. Deshalb pflegt man auf die Kosten Bezug zu nehmen. Man sagt, die Preise müssen in einer angemessenen Relation zu den Kosten stehen. Dieser Ansatz, daß die Preise durch die Kosten ‚gerechtfertigt' sein müßten, hat jedoch gravierende Mängel. Es ist eine alte Erkenntnis der Wettbewerbstheorie, daß restriktive Marktmacht durchaus nicht zu hohen Gewinnen führen muß, sondern daß in derartigen Unternehmen ‚ein ruhiges Leben' geführt wird, daß ‚organizational slack'* gebildet wird, daß ein konfliktfreies Betriebsklima auf Grundlage geringerer Effizienz praktiziert wird, kurz, daß keine Gewinne, sondern Kostenüberhöhungen entstehen. Wenn man das Konzept der Kostenrechtfertigung dennoch anwenden will, wird es deshalb notwendig, eine Kostenkontrolle vorzunehmen, um festzustellen, wie hoch die ‚richtigen' Kosten, d.h. die ‚Wettbewerbskosten' wären.

Kosten werden von Unternehmen jedoch in der Hoffnung und Erwartung eingesetzt, daß der Markt sie erstatten wird. Ob man fixe Kosten progressiv, degressiv oder proportional verteilt, ob man die Lebensdauer einer Anlage länger oder kürzer einschätzt, ob man die technische Veralterung früher oder später erwartet usw., das alles erfordert eine unternehmerische Entscheidung unter Ungewißheit. Es ‚gibt' deshalb keine objektiv zurechenbaren Kosten, die durch einen Akt der Erkenntnis im Wege empirischer Forschung ‚entdeckt' werden könnten. Die Zurechnung der Kosten wird immer nur durch einen die Risiken und Chancen abwägenden Akt unternehmerischer Entscheidung bestimmt. Das Ergebnis des Marktprozesses und die ex ante ‚richtige' unternehmerische Entscheidung können durch einen Verwaltungsbeamten oder durch einen Richter ebensowenig vorweggenommen werden wie durch einen analysierenden Nationalökonomen. Die hypothetische Ermittlung von ‚Wettbewerbskosten' erfordert eine Beurteilung des gesamten Geschäftsverhaltens einer Unternehmung und ist darüber hinaus ebenso spekulativ und fiktiv wie die Ermittlung eines Als-ob-Wettbewerbspreises.

Das Gewinnargument

Selbst wenn man jedoch einmal unterstellt, daß es ‚Wettbewerbskosten' als objektiv feststellbare Kosten gäbe, wäre der preiskontrollierenden Behörde noch nicht gedient, denn sie müßte zusätzlich noch wissen, wie hoch der ‚Wettbewerbsgewinn' wäre. Auch diese Frage ist objektiv nicht beantwortbar. Die Unternehmen werden unter anderem dadurch zu Wettbewerb stimuliert, daß es eine einigermaßen aussichtsreiche Chance auf Gewinne gibt. Und in der Tat sind hoch progressive Wirtschaftszweige, d.h. Wirtschaftszweige mit hoher Innovationsrate und großer Wettbewerbsintensität, häufig durch hohe Gewinnraten gekennzeichnet. ‚Wettbewerbsgewinne' können also recht hoch sein, sie können aber auch infolge wettbewerblicher Erosion niedrig sein. Andererseits mögen ‚Monopolgewinne' zwar gelegentlich hoch sein, sie können aber auch – und das ist oft beschrieben worden – sehr gering sein. Einen ‚Wettbewerbsgewinn", den man als operationalen Maßstab für die ‚richtige' Höhe der Preise verwenden könnte, gibt es deshalb ebensowenig wie objektive ‚Wettbewerbskosten'.

Folgen für den Wettbewerb

Zur Beantwortung der Frage, ob und wann der Preis, den ein Unternehmen für eines seiner Produkte

nimmt, ‚machtmäßig' überhöht ist, gibt es keine objektiven Kriterien. Weder gibt es objektiv feststellbare ‚Wettbewerbskosten', noch gibt es einen ‚Wettbewerbsgewinn', um aus ihnen einen Als-ob-Preis abzuleiten.
Es sind deshalb Eingriffe der Kartellbehörde zum Zwecke der Preiskontrolle für die Betroffenen nicht vorhersehbar. Daraus entstehen den Unternehmen neue Risiken. Diese lassen sich dadurch ausschalten, daß man nicht darauf wartet, ob die Kartellbehörde irgendwann einmal überraschend sich als Preiskommissar in Szene setzt, sondern daß man sich mit ihr bereits vorher arrangiert. Man wird sich bei Preisänderungen vorsorglich mit ihr in Verbindung setzen, um eine verbindliche Antwort zu erhalten, ob die Preise als ‚mißbräuchlich' angesehen werden oder nicht.
Eine derartige ‚Vorprüfung' hat für ein Unternehmen mehrere Vorteile. Es erhält die Sicherheit, daß die Kartellbehörde für den Planungszeitraum keine Preisherabsetzungen anordnen wird, es vermeidet ferner das Risiko eines kostspieligen, das Ansehen in der Öffentlichkeit eventuell schädigenden Prozesses, und es kann schließlich nach außen geltend machen, daß seine Preise kartellbehördlich ‚genehmigt', also gerechtfertigt sind. Auf Seiten der Kartellbehörde wird man in jedem Falle einen ‚angemessenen Gewinnaufschlag' auf die ‚angemessenen Kosten' konzidieren müssen, den man zugleich in seiner Höhe begrenzt. Werden jedoch in dieser Weise ein ‚angemessener Gewinn' und ‚angemessene Kosten' fixiert, dann sind die Anreize für Unternehmen, durch wettbewerbliche Anstrengungen einen höheren Gewinn zu erzielen, ebenso reduziert wie die Anreize, Kosten zu senken, Verbesserungen einzuführen und die Leistungen zu steigern.

Transformation des Marktsystems

Die Kartellbehörde wird mit den Unternehmen einen ständigen Dialog führen, welche Kosten und Gewinne ‚angemessen' sind, und die Unternehmen werden sich dabei ihre Preise behördlich ‚absegnen' lassen. Der Wettbewerb erlahmt und mit ihm die innovatorische Kraft des Marktsystems. Verfahren wegen mißbräuchlich überhöhter Preise wird es dann nicht mehr geben, denn die Unternehmen werden es schnell begriffen haben, daß man mit der Kartellbehörde nur früh genug kooperieren muß, um genehmigte Preise zu erlangen.
So würde dann die kartellamtliche Preiskontrolle nicht nur als Instrument der Inflationsbekämpfung, sondern auch zum Schutz der Verbraucher untauglich sein. Im Gegenteil hätten die Verbraucher letztlich für die Erstarrung des Wettbewerbs zu zahlen, wie es durch die Preispolitik staatlich kontrollierter Unternehmen oft genug demonstriert worden ist. Weder die These der Inflationsbekämpfung noch die These des Verbraucherschutzes hält einer kritischen Überprüfung stand, zutreffend ist allein die These der Jungsozialisten, daß Preiskontrolle ein geeignetes Instrument zur Transformation des Marktsystems in ein System behördlicher Steuerung des Wirtschaftsprozesses ist."

Erich Hoppmann: Preiskontrolle – Mittel der Systemveränderung. In: Wirtschaftsdienst, Hamburg (Weltarchiv), Heft 8/1974, S. 391 f.

Text 12 Uwe Jens:

„. . .

Ordnungspolitische Überlegungen

Die Kommission (Monopolkommission, U. T.) führt noch verschiedene weitere Argumente gegen die Preiskontrolle durch die Kartellbehörde bei marktbeherrschenden Unternehmen ins Feld. Aber was soll dann geschehen? Sollen marktbeherrschende Unternehmen, sofern es keinen regionalen oder sachlichen Vergleichsmarkt gibt, was häufig der Fall ist, ihre Preise festlegen können, wie sie wollen? Wenn sich die Kartellbehörde in diesen Fällen in die Ecke der Untätigkeit begibt, setzt sie sich dem berechtigten Vorwurf aus, die Wahrnehmung der Verbraucherinteressen zu mißachten. Dann werden mit Sicherheit die Forderungen nach nicht marktwirtschaftlichen Kontrollmechanismen immer lauter werden. Deshalb muß die Kartellbehörde auch weiterhin gegen spezielle Preiserhöhungen von marktbeherrschenden Unternehmen einschreiten und versuchen, Ausbeutungsmißbrauch soweit wie möglich zu unterbinden. Diese Art von Preiskontrolle scheint mir als letztes Mittel auch erforderlich, um die marktwirtschaftliche Ordnung zu erhalten. Durch eine derartige Preiskontrolle wird schließlich der Drang großer Unternehmen zur Marktbeherrschung abgeschwächt, was wettbewerbsfördernde Effekte haben kann. Den gegebenen Ordnungsrahmen wird m. E. die Preiskontrolle erst dann sprengen, wenn sie generell durchgeführt wird. Unternehmen, die mit bestimmten Produkten eine marktbeherrschende Stellung einnehmen, müssen es sich gefallen lassen, daß ihre Preisbildung für diese Produkte einer Kontrolle der Kartellbehörde unterliegt.

Besonders problematisch wird es für die Mißbrauchsaufsicht über Preise durch das Amt dann, wenn alle angeführten Vergleichsmarktkonzepte völlig versagen. In diesem Fall hätte die Kartellbehörde zu überlegen, ob auf dem beherrschten Markt Preise, wie sie aufgrund von Marktbeherrschung gefordert werden, bei Wettbewerb auch durchsetzbar wären. Hier stoßen wir an die Grenze der Mißbrauchsaufsicht, obwohl man sich fragen muß, ob diese Preise nicht auch einer Kontrolle zu unterwerfen sind.

Vorbeugende Kontrolle

Nach englischem Recht sind die Eingriffsmöglichkeiten gegenüber marktbeherrschenden Unternehmen im allgemeinen schärfer gefaßt. Die britische Monopolkommission geht z. B. davon aus, daß es beim Fehlen von Preiswettbewerb unbedingt eine Schranke für Preise und Gewinne eines Unternehmens geben muß. Sie urteilt über die Preise marktbeherrschender Unternehmen in diesem Fall anhand eines Vergleichs zwischen dem Ertrag auf das investierte Kapital des betroffenen Unternehmens und der Industrie im allgemeinen. Kommt dort die Monopolkommission zu dem Ergebnis, daß die Preispolitik eines Unternehmens gegen das öffentliche Interesse verstößt, so tritt eine ministerielle Aufsicht über die zukünftige Preispolitik, insbesondere die Anzeigepflicht für Preiserhöhungen in Kraft. Auch dieses Vorgehen wirft selbstverständlich Probleme auf. Die Frage: Will man unkontrollierte Preisgestaltung oder problematische Kontrolle marktbeherrschender Unternehmen, kann nicht wissenschaftlich, sondern nur politisch entschieden werden. . .

Politische Aufgaben

Natürlich muß das Pro und Contra einer vorbeugenden Preiskontrolle von marktbeherrschenden Unternehmen noch intensiv diskutiert werden. Es wäre interessant, von der Monopolkommission zu erfahren, wie sie die beiden hier angeführten Fälle von Preismißbrauch auf dem Arzneimittelmarkt beurteilen würde. Ob die Kommission wirklich nur die Interessen der Verbraucher im Auge hatte, als sie ihr Gutachten schrieb, erscheint mit ein wenig zweifelhaft. Allerdings, und das muß einmal klargestellt werden, eine weitere Beschränkung des Wettbewerbs auf Märkten mit marktbeherrschenden Unternehmen durch weitere Regulierungen ist nicht wünschenswert. Aber die bessere Kontrolle von vorhandenen marktbeherrschenden Unternehmen kann auch – wie gesagt – die weitere Vermachtung der Märkte in Grenzen halten. Die Politik muß gewissermaßen das eine tun und das andere nicht lassen. Die Wiederbelebung des Wettbewerbs ist eine ständige Aufgabe für alle, die für die Gesamtwirtschaft verantwortlich sind. Doch genauso ist die optimale Preiskontrolle von Unternehmen, die nicht mehr im Wettbewerb stehen, eine wichtige Aufgabe im Interesse der Verbraucher."

Uwe Jens: Möglichkeiten und Grenzen der Preiskontrolle. In: Wirtschaftsdienst, Hamburg (Weltarchiv), Heft 5/1977, S. 245 f.

Text 13 Werner Benisch:

„Gefährlicher Zugzwang

In der vergangenen Legislaturperiode haben Bundesregierung und alle Fraktionen des Bundestages mit vereinten Kräften das Kartellgesetz grundlegend erweitert und verändert. Reformen dieser Tragweite lassen es normalerweise geraten erscheinen, erst über einen längeren Zeitraum Erfahrungen zu sammeln, ehe der Gesetzgeber sich zu erneutem Eingreifen entschließt. Man muß daher die Frage stellen, welche Gründe dazu Anlaß geben, daß schon am Beginn der neuen Legislaturperiode bewährte Gesetzgebungsgrundsätze vernachlässigt werden.

Mangelnde Wettbewerbsintensität der deutschen

Wirtschaft kann es nicht sein. Insbesondere die deutsche Industrie ist einem anhaltenden Wettbewerbsdruck ausgesetzt, dessen wichtigste Ursachen die langfristig verhaltene Nachfrageentwicklung, die unausgelasteten Kapazitäten und die Verschlechterung der Standortbedingungen im Verhältnis zur internationalen Konkurrenz sind. Bundesregierung, Bundeskartellamt und Sachverständigenrat bestätigen das. Ausdruck des scharfen Wettbewerbsdrukkes sind das Mißverhältnis zwischen Kosten und Erlösen, die stetig rückläufige Entwicklung der industriellen Erzeugerpreise und die anhaltend hohen Insolvenzen. Der Index industrieller Erzeugerpreise ist im Juni unverändert geblieben und hat die Teuerungsrate gegenüber dem Vorjahr auf 2,7% gedrückt. Es besteht kein Anlaß zu der Annahme, daß dieser Wettbewerbsdruck in den nächsten Jahren nachlassen wird. Was erwarten eigentlich diejenigen Kreise, die der Industrie noch immer mangelnden Wettbewerb vorwerfen?...

Angesichts dieser bisherigen Messungsergebnisse amtlicher Stellen erscheint zumindest eine zurückhaltende Beurteilung der Konzentrationsentwicklung geboten. Auf keinen Fall ist ein besorgniserregender Trend in den vier Jahren seit Einführung der Fusionskontrolle zu verzeichnen. So sind es im wesentlichen nur einzelne Zusammenschlüsse wie Karstadt-Neckermann und GKN-Sachs, die – bei durchaus unterschiedlicher Beurteilung durch die Organe der Kartellaufsicht – die Diskussion über eine strengere Konzentrationsverfolgung angefacht haben.[1] Beispielsweise erklärte der CDU-Abgeordnete Müller-Hermann, daß die Fusion Karstadt-Neckermann der Opposition Anlaß zu der Frage gebe, ob die bisherige Fusionskontrolle ausreiche.

Wenig Anlaß für Gesetzesänderungen

Infolge dieser in den Wechsel der Legislaturperiode fallenden Diskussion, insbesondere aber mit Rücksicht auf die Aktivitäten der Monopolkommission, nahm die neue Bundesregierung die Ankündigung einer weiteren Kartellgesetznovelle in ihr Regierungsprogramm auf. Eine eingehende Untersuchung der Ansatzpunkte für eine Novellierung ergab allerdings sehr bald, und zu Recht, daß nur wenig Anlaß für Gesetzesänderungen besteht. Die Bundesregierung widersprach vielmehr ‚nach sorgfältiger Prüfung der Argumente der Monopolkommission' deren Auffassung, ‚daß sich die Fusionskontrolle in ihrer bisherigen Ausgestaltung und Anwendung generell als ungeeignet erwiesen habe, die Konzentrationstendenzen spürbar zu dämpfen'. Sie entdeckte zwar einige Löcher in den Maschen des Aufsichtsnetzes. Jedoch blieb das Beweismaterial für eine gesamtwirtschaftlich spürbare Ausnutzung dieser Löcher dünn.

Von der Anschlußklausel für Mittelunternehmen an Großunternehmen hat die Wirtschaft sicherlich in vielen Fällen Gebrauch gemacht, was aber nicht erstaunlich ist angesichts der Tatsache, daß 96% der Industrieunternehmen weniger als 50 Mill. DM umsetzen. Der Anteil dieser Bagatellzusammenschlüsse an der Gesamtzahl der angezeigten Fälle ist laufend zurückgegangen: von 1973 44%, 1974 43%, auf 1975 41% und 1976 34%. Andererseits hat das Bundeskartellamt dargelegt, daß bei 33 von 184 Anschlußfällen hohe Marktanteile im Spiel standen. Wenn auch ‚die erworbenen Unternehmen überwiegend auf Märkten mit relativ geringer volkswirtschaftlicher Bedeutung tätig waren', liegt in diesem Loch der Konzentrationskontrolle unzweifelhaft eine Gefahrenquelle auf Sicht. Es ist aber auch das einzige Loch, das sich in seinen Konturen näher abzeichnen läßt. Hier bietet sich als einfachste Lösung eine Herabsetzung der 50 Mill.-Grenze auf eine Umsatzhöhe an, die aus gesamtwirtschaftlicher Sicht Bagatellcharakter hat. Die anderen wenigen Vorschläge zur Fusions- und Mißbrauchskontrolle, die die Bundesregierung aus dem einfallsreichen Novellierungsarsenal der Monopolkommission für prüfenswert betrachtet, sind weder dringlich noch ausgereift. Man kann erwarten, daß die hier angeschnittenen Probleme in befriedigender Weise durch die Verwaltungspraxis mit den Mitteln des geltenden Rechts gelöst werden.

Inzwischen ist auch für einen weiteren, in der Regierungserklärung angesprochenen Gesichtspunkt, nähmlich den Mißbrauch von Nachfragemacht, ein Novellierungsbedürfnis in Zweifel zu ziehen. Die Diskussion der letzten Monate hat geklärt, daß dieses Problem weitgehend auf dem Verwaltungswege, aber auch durch die Selbstverwaltung der Wirtschaft bewältigt werden könnte. Zudem hat die neuere Rechtsprechung zum Gesetz gegen den unlauteren

1 Zum Zusammenschluß Karstadt-Neckermann bemerkte die Monopolkommission in einem eigens erstellten Sondergutachten, ‚daß es lohnend werde, Sanierungssituationen zu schaffen, oder doch auf die Fusion als Ausweg aus aufgetretenen Schwierigkeiten zu vertrauen'. (Der Zusammenschluß GKN-Sachs kam nicht zustande. U.T.)

Wettbewerb einen großen Beitrag zur Mißbrauchsbekämpfung geleistet.

Circulus Vitiosus

Im Gesamtergebnis verbleibt somit nur ein schmaler Bereich sachlich begründeter und dringlicher Novellierungsthemen. Um so größer ist die Gefahr, daß diese wenigen Punkte durch weitere unausgegorene Ideen ergänzt werden, um der Novelle doch noch zu einem Volumen zu verhelfen, das sich als politische Leistung verkaufen läßt. Hier bahnt sich ein gefährlicher Zugzwang an, der eine laufende Umgestaltung des Kartellgesetzes erwarten läßt. Die Monopolkommission entwirft jedes zweite Jahr unter Berufung auf ihren gesetzlichen Auftrag ein Bündel von Novellierungsvorschlägen. Die Bundesregierung wagt in ihrer Stellungnahme nicht, alle Vorschläge zurückzuweisen, und kündigt eine Teilverwirklichung an. An die Novelle hängen sich Parteien- und Gruppenwünsche an. Und so läuft der circulus vitiosus weiter. Welche Nachteile eine solche laufende Veränderung des Ordnungsrahmens auslöst, scheint wenig zu interessieren. Kartellgesetznovellen kosten ja den öffentlichen Haushalt nichts, es sei denn, die Vermehrung einiger Beamtenstellen."

Werner Benisch: Gefährlicher Zugzwang. In: Wirtschaftsdienst, Hamburg (Weltarchiv) Heft 8/1977, S. 385 ff.

Text 14

Gesetz gegen Wettbewerbsbeschränkungen (GWB)+

In der Fassung vom 4. April 1974 (BGBl. I S. 869)
(BGBl. III 703–1)

„...

Erster Teil. Wettbewerbsbeschränkungen

Erster Abschnitt. Kartellverträge und Kartellbeschlüsse

§ 1 [Unwirksamkeit wettbewerbsbeschränkender Vereinbarungen]

(1) [1]Verträge, die Unternehmen oder Vereinigungen von Unternehmen zu einem gemeinsamen Zweck schließen, und Beschlüsse von Vereinigungen von Unternehmen sind unwirksam, soweit sie geeignet sind, die Erzeugung oder die Marktverhältnisse für den Verkehr mit Waren oder gewerblichen Leistungen durch Beschränkung des Wettbewerbs zu beeinflussen.[2] Dies gilt nicht, soweit in diesem Gesetz etwas anderes bestimmt ist.

(2) Als Beschluß einer Vereinigung von Unternehmen gilt auch der Beschluß der Mitgliederversammlung einer juristischen Person, soweit ihre Mitglieder Unternehmen sind.

§ 2. [Konditionenkartelle] (1) [1] § 1 gilt nicht für Verträge und Beschlüsse, die die einheitliche Anwendung allgemeiner Geschäfts-, Lieferungs- und Zahlungsbedingungen einschließlich der Skonti zum Gegenstand haben. [2] Die Regelungen dürfen sich nicht auf Preise oder Preisbestandteile beziehen.

(2) [1] Bei der Anmeldung nach § 9 Abs. 2 ist nachzuweisen, daß die Lieferanten und Abnehmer, die durch die Verträge oder Beschlüsse der in Absatz 1 bezeichneten Art betroffen werden, in angemessener Weise gehört worden sind. [2] Ihre Stellungnahmen sind der Anmeldung beizufügen.

(3) [1] Verträge und Beschlüsse der in Absatz 1 bezeichneten Art werden nur wirksam, wenn die Kartellbehörde innerhalb einer Frist von drei Monaten seit Eingang der Anmeldung nicht widerspricht. [2] Der Widerspruch kann nur darauf gestützt werden, daß die Voraussetzungen des § 12 Abs. 1 gegeben sind.

§ 3. [Rabattkartelle] (1) § 1 gilt nicht für Verträge und Beschlüsse über Rabatte bei der Lieferung von Waren, soweit diese Rabatte ein echtes Leistungsentgelt darstellen und nicht zu einer ungerechtfertigt unterschiedlichen Behandlung von Wirtschaftsstufen oder von Abnehmern der gleichen Wirtschaftsstufe führen, die gegenüber den Lieferanten die gleiche Leistung bei der Abnahme von Waren erbringen...

§ 4. [Strukturkrisenkartelle] Die Kartellbehörde kann im Falle eines auf nachhaltiger Änderung der Nachfrage beruhenden Absatzrückganges auf An-

+ Der Gesetztestext konnte aus Platzgründen hier nur auszugsweise abgedruckt werden. Deshalb muß in Kauf genommen werden, daß Stellen, auf die im Gesetztestext verwiesen werden, fehlen (U.T.).

trag die Erlaubnis zu einem Vertrag oder Beschluß der in § 1 bezeichneten Art für Unternehmen der Erzeugung, Herstellung, Bearbeitung oder Verarbeitung erteilen, wenn der Vertrag oder Beschluß notwendig ist, um eine planmäßige Anpassung der Kapazität an den Bedarf herbeizuführen, und die Regelung unter Berücksichtigung der Gesamtwirtschaft und des Gemeinwohls erfolgt.

§ 5. [**Rationalisierungskartelle**] (1) [1] § 1 gilt nicht für Verträge und Beschlüsse, die lediglich die einheitliche Anwendung von Normen oder Typen zum Gegenstand haben. [2] Der Anmeldung nach § 9 Abs. 2 ist die Stellungnahme eines Rationalisierungsverbandes beizufügen. [3] Rationalisierungsverbände im Sinne dieses Gesetzes sind Verbände, zu deren satzungsmäßigen Aufgaben es gehört, Normungs- und Typungsvorhaben durchzuführen oder zu prüfen und dabei die Lieferanten und Abnehmer, die durch die Vorhaben betroffen werden, in angemessener Weise zu beteiligen.

(2) [1] Die Kartellbehörde erteilt auf Antrag die Erlaubnis zu einem Vertrag oder Beschluß der in § 1 bezeichneten Art, wenn die Regelung der Rationalisierung wirtschaftlicher Vorgänge dient und geeignet ist, die Leistungsfähigkeit oder Wirtschaftlichkeit der beteiligten Unternehmen in technischer, betriebswirtschaftlicher oder organisatorischer Beziehung wesentlich zu heben und dadurch die Befriedigung des Bedarfs zu verbessern. [2] Der Rationalisierungserfolg soll in einem angemessenen Verhältnis zu der damit verbundenen Wettbewerbsbeschränkung stehen.

(3) [1] Soll der Vertrag oder Beschluß die Rationalisierung in Verbindung mit Preisabreden oder durch Bildung von gemeinsamen Beschaffungs- oder Vertriebseinrichtungen (Syndikaten) verwirklichen, darf die Erlaubnis nur erteilt werden, wenn der Rationalisierungszweck auf andere Weise nicht erreicht werden kann und wenn die Rationalisierung im Interesse der Allgemeinheit erwünscht ist. [2] Der Rationalisierungserfolg soll in einem angemessenen Verhältnis zu der damit verbundenen Wettbewerbsbeschränkung stehen. . .

§ 5a. [**Spezialisierungskartelle**] (1) [1] § 1 gilt nicht für Verträge und Beschlüsse, die die Rationalisierung wirtschaftlicher Vorgänge durch Spezialisierung zum Gegenstand haben, wenn sie einen wesentlichen Wettbewerb auf dem Markt bestehen lassen. [2] Satz 1 ist auch anzuwenden, wenn der Vertrag oder Beschluß die Spezialisierung in Verbindung mit Abreden der in § 5 Abs. 2 oder 3 bezeichneten Art verwirklichen soll und die Abreden zur Durchführung der Spezialisierung erforderlich sind. . .

§ 5b. [**Kooperationserleichterungen für kleine und mittlere Unternehmen**] (1) § 1 gilt nicht für Verträge und Beschlüsse, die die Rationalisierung wirtschaftlicher Vorgänge durch eine andere als die in § 5a bezeichnete Art der zwischenbetrieblichen Zusammenarbeit zum Gegenstand haben, wenn dadurch der Wettbewerb auf dem Markt nicht wesentlich beeinträchtigt wird und der Vertrag oder Beschluß dazu dient, die Leistungsfähigkeit kleiner oder mittlerer Unternehmen zu fördern. . .

§ 6. [**Ausfuhrkartelle**] (1) § 1 gilt nicht für Verträge und Beschlüsse, die der Sicherung und Förderung der Ausfuhr dienen, sofern sie sich auf die Regelung des Wettbewerbs auf Märkten außerhalb des Geltungsbereichs dieses Gesetzes beschränken.

(2) [1] Die Kartellbehörde hat auf Antrag die Erlaubnis zu einem Vertrag oder Beschluß der in § 1 bezeichneten Art zu erteilen, wenn eine in Absatz 1 bezeichnete Regelung auch den Verkehr mit Waren oder gewerblichen Leistungen innerhalb des Geltungsbereichs dieses Gesetzes umfaßt, soweit diese Regelung notwendig ist, um die erstrebte Regelung des Wettbewerbs auf den Märkten außerhalb des Geltungsbereichs dieses Gesetzes sicherzustellen. [2] § 15 steht dem nicht entgegen. [3] Dem Antrag ist eine Stellungnahme der betroffenen inländischen Erzeuger und Abnehmer beizufügen.

(3) Die Kartellbehörde darf eine Erlaubnis nach Absatz 2 nicht erteilen, wenn der Vertrag oder Beschluß oder die Art seiner Durchführung

1. die von der Bundesrepublik Deutschland in zwischenstaatlichen Abkommen anerkannten Grundsätze über den Verkehr mit Waren oder gewerblichen Leistungen verletzt oder
2. zu einer wesentlichen Beschränkung des Wettbewerbs innerhalb des Geltungsbereichs dieses Gesetzes führen kann und das Interesse an der Erhaltung des Wettbewerbs überwiegt.

(4) Die Kartellbehörde kann die Beteiligten zum Abschluß einer unter Absatz 2 fallenden Regelung innerhalb eines bestimmten Rahmens ermächtigen.

§ 7. [**Einfuhrkartelle**] (1) Die Kartellbehörde kann auf Antrag die Erlaubnis zu einem Vertrag oder Beschluß der in § 1 bezeichneten Art erteilen, sofern die Regelung lediglich die Einfuhr in den Geltungsbereich dieses Gesetzes betrifft und die deutschen Bezieher keinem oder nur unwesentlichem Wettbewerb der Anbieter gegenüberstehen.

(2) § 6 Abs. 2 Satz 3 und Abs. 3 gilt entsprechend.

§ 8. [**Sonderkartelle**] (1) Liegen die Voraussetzungen der §§ 2 bis 7 nicht vor, so kann der Bundesminister für Wirtschaft auf Antrag die Erlaubnis zu einem Vertrag oder Beschluß im Sinne des § 1 erteilen, wenn ausnahmsweise die Beschränkung des Wettbewerbs aus überwiegenden Gründen der Gesamtwirtschaft und des Gemeinwohls notwendig ist...

Dritter Abschnitt. Marktbeherrschende Unternehmen

§ 22. [**Marktbeherrschendes Unternehmen; Befugnisse der Kartellbehörde**] (1) Ein Unternehmen ist marktbeherrschend im Sinne dieses Gesetzes, soweit es als Anbieter oder Nachfrager einer bestimmten Art von Waren oder gewerblichen Leistungen

1. ohne Wettbewerber ist oder keinem wesentlichen Wettbewerb ausgesetzt ist oder
2. eine im Verhältnis zu seinen Wettbewerbern überragende Marktstellung hat; hierbei sind außer seinem Marktanteil insbesondere seine Finanzkraft, sein Zugang zu den Beschaffungs- oder Absatzmärkten, Verflechtungen mit anderen Unternehmen sowie rechtliche oder tatsächliche Schranken für den Marktzutritt anderer Unternehmen zu berücksichtigen.

(2) Als marktbeherrschend gelten auch zwei oder mehr Unternehmen, soweit zwischen ihnen für eine bestimmte Art von Waren oder gewerblichen Leistungen allgemein oder auf bestimmten Märkten aus tatsächlichen Gründen ein wesentlicher Wettbewerb nicht besteht und soweit sie in ihrer Gesamtheit die Voraussetzungen des Absatzes 1 erfüllen.

(3) [1] Es wird vermutet, daß

1. ein Unternehmen marktbeherrschend im Sinne des Absatzes 1 ist, wenn es für eine bestimmte Art von Waren oder gewerblichen Leistungen einen Marktanteil von mindestens einem Drittel hat; die Vermutung gilt nicht, wenn das Unternehmen im letzten abgeschlossenen Geschäftsjahr Umsatzerlöse von weniger als 250 Millionen Deutscher Mark hatte;
2. die Voraussetzungen des Absatzes 2 vorliegen, wenn für eine bestimmte Art von Waren oder gewerblichen Leistungen

   a) drei oder weniger Unternehmen zusammen einen Marktanteil von 50 vom Hundert oder mehr haben oder

   b) fünf oder weniger Unternehmen zusammen einen Marktanteil von zwei Dritteln oder mehr haben;

   die Vermutung gilt nicht, soweit es sich um Unternehmen handelt, die im letzten abgeschlossenen Geschäftsjahr Umsatzerlöse von weniger als 100 Millionen Deutscher Mark hatten.

[2] Für die Berechnung der Marktanteile und der Umsatzerlöse gilt § 23 Abs. 1 Satz 2 bis 7 entsprechend.

(4) Die Kartellbehörde hat gegenüber marktbeherrschenden Unternehmen die in Absatz 5 genannten Befugnisse, soweit diese Unternehmen ihre marktbeherrschende Stellung auf dem Markt für diese oder andere Waren oder gewerbliche Leistungen mißbräuchlich ausnutzen.

(5) [1] Die Kartellbehörde kann unter den Voraussetzungen des Absatzes 4 marktbeherrschenden Unternehmen ein mißbräuchliches Verhalten untersagen und Verträge für unwirksam erklären; § 19 gilt entsprechend. [2] Zuvor soll die Kartellbehörde die Beteiligten auffordern, den beanstandeten Mißbrauch abzustellen.

(6) Soweit die Voraussetzungen des Absatzes 1 bei einem Konzernunternehmen im Sinne des § 18 des Aktiengesetzes vorliegen, stehen der Kartellbehörde die Befugnisse nach Absatz 5 gegenüber jedem Konzernunternehmen zu.

§ 23. [**Anzeigepflicht beim Zusammenschluß von Unternehmen**]

(1) Der Zusammenschluß von Unternehmen ist dem Bundeskartellamt unverzüglich anzuzeigen, wenn

1. im gesamten Geltungsbereich dieses Gesetzes oder in einem wesentlichen Teil desselben durch den Zusammenschluß ein Marktanteil von mindestens 20 vom Hundert erreicht oder erhöht wird oder ein beteiligtes Unternehmen auf einem anderen Markt einen Anteil von mindestens 20 vom Hundert hat oder
2. die beteiligten Unternehmen insgesamt zu einem Zeitpunkt innerhalb des letzten vor dem Zusammenschluß endenden Geschäftsjahres mindestens 10 000 Beschäftigte oder in diesem Zeitraum Umsatzerlöse von mindestens 500 Millionen Deutscher Mark hatten...

§ 24. [**Zusammenschlußkontrolle**] (1) Ist zu erwarten, daß durch einen Zusammenschluß eine marktbeherrschende Stellung entsteht oder verstärkt wird, so hat die Kartellbehörde die in den folgenden Bestimmungen genannten Befugnisse, es sei denn, die beteiligten Unternehmen weisen nach, daß durch den Zusammenschluß auch Verbesserungen der Wettbewerbsbedingungen eintreten und daß diese Verbesserungen die Nachteile der Marktbeherrschung überwiegen.

(2) [1] Liegen die Voraussetzungen des Absatzes 1 vor, so untersagt das Bundeskartellamt den Zusammenschluß. [2] Das Bundeskartellamt darf einen Zusammenschluß untersagen, sobald ihm das Vorhaben des Zusammenschlusses bekanntgeworden ist; vollzogene Zusammenschlüsse darf das Bundeskartellamt nur innerhalb einer Frist von einem Jahr seit Eingang der vollständigen Anzeige nach § 23 untersagen; § 24a Abs. 2 Satz 2 Nr. 1 und 5 bis 6 gilt entsprechend. [3] Vor einer Untersagung ist den obersten Landesbehörden, in deren Gebiet die beteiligten Unternehmen ihren Sitz haben, Gelegenheit zur Stellungnahme zu geben. [4] Hat das Bundeskartellamt die Verfügung nach Satz 1 erlassen, so ist es unzulässig, den Zusammenschluß ohne Erlaubnis des Bundesministers für Wirtschaft zu vollziehen oder am Vollzug des Zusammenschlusses mitzuwirken; Rechtsgeschäfte, die gegen dieses Verbot verstoßen, sind unwirksam; dies gilt nicht für Verträge über die Verschmelzung, Umwandlung, Eingliederung oder Gründung eines Unternehmens und für Unternehmensverträge im Sinne der §§ 291 und 292 des Aktiengesetzes, sobald sie durch Eintragung in das Handelsregister oder in das Genossenschaftsregister rechtswirksam geworden sind. [5] Ein vollzogener Zusammenschluß, den das Bundeskartellamt untersagt hat, ist aufzulösen, wenn nicht der Bundesminister für Wirtschaft die Erlaubnis zu dem Zusammenschluß erteilt.

(3) [1] Der Bundesminister für Wirtschaft erteilt auf Antrag die Erlaubnis zu dem Zusammenschluß, wenn im Einzelfall die Wettbewerbsbeschränkung von gesamtwirtschaftlichen Vorteilen des Zusammenschlusses aufgewogen wird oder der Zusammenschluß durch ein überragendes Interesse der Allgemeinheit gerechtfertigt ist; hierbei ist auch die Wettbewerbsfähigkeit der beteiligten Unternehmen auf Märkten außerhalb des Geltungsbereiches dieses Gesetzes zu berücksichtigen. [2] Die Erlaubnis darf nur erteilt werden, wenn durch das Ausmaß der Wettbewerbsbeschränkung die marktwirtschaftliche Ordnung nicht gefährdet wird. [3] Die Erlaubnis kann mit Beschränkungen und Auflagen verbunden werden. [4] Diese dürfen sich nicht darauf richten, die beteiligten Unternehmen einer laufenden Verhaltenskontrolle zu unterstellen. [5] § 22 bleibt unberührt.

(4) [1] Der Antrag auf Erteilung der Erlaubnis zum Zusammenschluß ist binnen einer Frist von einem Monat beim Bundesminister für Wirtschaft schriftlich einzureichen. [2] Die Frist beginnt mit der Zustellung der in Absatz 2 Satz 1 bezeichneten Verfügung des Bundeskartellamtes; wird die Verfügung des Bundeskartellamtes innerhalb der in § 65 Abs. 1 Satz 1 und 2 vorgesehenen Frist angefochten, so beginnt die Frist für den Erlaubnisantrag in dem Zeitpunkt, in dem die Verfügung des Bundeskartellamtes unanfechtbar wird. [3] Der Bundesminister für Wirtschaft soll über den Antrag innerhalb von vier Monaten seit Ablauf der in den Sätzen 1 und 2 genannten Frist für den Erlaubnisantrag entscheiden. [4] Vor der Entscheidung ist den obersten Landesbehörden, in deren Gebiet die beteiligten Unternehmen ihren Sitz haben, Gelegenheit zur Stellungnahme zu geben.

(5) [1] Der Bundesminister für Wirtschaft kann die Erlaubnis widerrufen oder durch Anordnung von Beschränkungen ändern oder mit Auflagen versehen, wenn die beteiligten Unternehmen einer mit der Erlaubnis verbundenen Auflage zuwiderhandeln. [2] Der Bundesminister für Wirtschaft kann die Erlaubnis zurücknehmen, wenn die beteiligten Unternehmen sie durch arglistige Täuschung, Drohung, Bestechung oder durch Angaben erwirkt haben, die in wesentlicher Beziehung unrichtig oder unvollständig waren.

(6) [1] Die Auflösung eines vollzogenen Zusammenschlusses kann auch darin bestehen, daß die Wettbewerbsbeschränkung auf andere Weise als durch Wiederherstellung des früheren Zustands beseitigt wird. [2] Das Bundeskartellamt ordnet die zur Auflösung des Zusammenschlusses erforderlichen Maßnahmen an, wenn

1. seine in Absatz 2 Satz 1 bezeichnete Verfügung unanfechtbar geworden ist und,
2. falls die beteiligten Unternehmen beim Bundesminister für Wirtschaft einen Antrag auf Erteilung der Erlaubnis zum Zusammenschluß gestellt hatten, die Ablehnung dieses Antrags oder in den Fällen des Absatzes 5 der Widerruf oder die Rücknahme unanfechtbar geworden ist.

[3] Hierbei hat es unter Wahrung der Belange Dritter diejenigen Maßnahmen anzuordnen, die mit dem geringsten Aufwand und der geringsten Belastung für die Beteiligten zum Ziele führen.

(7) Zur Durchsetzung seiner Anordnung kann das Bundeskartellamt insbesondere

1. durch einmalige oder mehrfache Festsetzung eines Zwangsgeldes von 10 000 bis eine Million Deutscher Mark die zur Auflösung des Zusammenschlusses Verpflichteten dazu anhalten, daß sie unverzüglich die angeordneten Maßnahmen ergreifen,

2. untersagen, daß das Stimmrecht aus Anteilen an einem beteiligten Unternehmen, die einem anderen beteiligten Unternehmen gehören oder ihm zuzurechnen sind, ausgeübt wird, oder die Ausübung des Stimmrechts oder die Art der Ausübung von der Erlaubnis des Bundeskartellamtes abhängig machen,
3. den Zusammenschluß bewirkende Verträge der in § 23 Abs. 2 Nr. 1 und 3 bezeichneten Art für unwirksam erklären; dies gilt nicht für Verträge über die Verschmelzung, Umwandlung, Eingliederung oder Gründung eines Unternehmens und für Unternehmensverträge im Sinne der §§ 291 und 292 des Aktiengesetzes, sobald sie durch Eintragung in das Handelsregister oder in das Genossenschaftsregister rechtswirksam geworden sind,
4. einen Treuhänder bestellen, der für die zur Auflösung des Zusammenschlusses Verpflichteten die erforderlichen Willenserklärungen abzugeben und die erforderlichen tatsächlichen Handlungen vorzunehmen hat; hierbei ist zu bestimmen, in welchem Umfang während der Dauer der Treuhänderschaft die Rechte der Betroffenen ruhen; für das Rechtsverhältnis zwischen dem Treuhänder und dem Verpflichteten sind die §§ 664, 666 bis 670 des Bürgerlichen Gesetzbuches entsprechend anzuwenden; der Treuhänder kann von dem Verpflichteten eine angemessene Vergütung beanspruchen.

(8) [1] Die Absätze 1 bis 7 gelten nicht,
1. wenn die beteiligten Unternehmen insgesamt im letzten abgeschlossenen Geschäftsjahr Umsatzerlöse von weniger als 500 Millionen Deutscher Mark hatten oder
2. wenn ein Unternehmen, das im letzten abgeschlossenen Geschäftsjahr Umsatzerlöse von nicht mehr als 50 Millionen Deutscher Mark hatte, sich einem anderen Unternehmen anschließt oder
3. soweit zu erwarten ist, daß die Wettbewerbsbeschränkung sich nicht im gesamten Geltungsbereich dieses Gesetzes oder in einem wesentlichen Teil desselben auswirkt oder
4. soweit ein Markt für Waren oder gewerbliche Leistungen betroffen ist, auf dem im letzten abgeschlossenen Kalenderjahr weniger als zehn Millionen Deutscher Mark umgesetzt wurden.

[2] Bei der Berechnung der Umsatzerlöse ist § 23 Abs. 1 Satz 2 bis 7 anzuwenden.

(9) Absatz 8 Satz 1 Nr. 2 und 3 ist nicht anzuwenden, soweit durch den Zusammenschluß der Wettbewerb beim Verlag, bei der Herstellung oder beim Vertrieb von Zeitungen oder Zeitschriften oder deren Bestandteilen im Sinne des Absatzes 1 beschränkt wird.

§ 24a [**Anmeldung von Zusammenschlußvorhaben**] (1) [1] Das Vorhaben eines Zusammenschlusses kann beim Bundeskartellamt angemeldet werden. [2] Das Vorhaben ist beim Bundeskartellamt anzumelden, wenn mindestens zwei der am Zusammenschluß beteiligten Unternehmen im letzten abgeschlossenen Geschäftsjahr Umsatzerlöse von jeweils einer Milliarde Deutscher Mark oder mehr hatten; das Zusammenschlußvorhaben ist ferner anzumelden, wenn der Zusammenschluß nach Landesrecht durch Gesetz oder sonstigen Hoheitsakt bewirkt werden soll. [3] Für die Anmeldung gilt § 23 entsprechend mit der Maßgabe, daß bei Anwendung des § 23 Abs. 1 Satz 1 Nr. 2 und Abs. 6 an die Stelle des Zeitpunktes des Zusammenschlusses der Zeitpunkt der Anmeldung tritt und daß in den Fällen der Verschmelzung oder Umwandlung die Inhaber, die Vertreter oder zur Vertretung berufenen Personen der am Zusammenschluß beteiligten Unternehmen zur Anmeldung verpflichtet sind. [4] Die Anmeldung gilt nur als bewirkt, wenn sie die in § 23 Abs. 5 bezeichneten Angaben enthält. [5] § 46 Abs. 8 und 9 sowie § 47 finden auf die anläßlich der Anmeldung erlangten Kenntnisse und Unterlagen entsprechende Anwendung. . .

Vierter Abschnitt. Wettbewerbsbeschränkendes und diskriminierendes Verhalten

§ 25. [**Verbot eines aufeinander abgestimmten Verhaltens und wettbewerbsbeschränkender Maßnahmen**] (1) Ein aufeinander abgestimmtes Verhalten von Unternehmen oder Vereinigungen von Unternehmen, das nach diesem Gesetz nicht zum Gegenstand einer vertraglichen Bindung gemacht werden darf, ist verboten.

(2) Unternehmen und Vereinigungen von Unternehmen dürfen anderen Unternehmen keine Nachteile androhen oder zufügen und keine Vorteile versprechen oder gewähren, um sie zu einem Verhalten zu veranlassen, das nach diesem Gesetz oder nach einer auf Grund dieses Gesetzes ergangenen Verfügung der Kartellbehörde nicht zum Gegenstand einer vertraglichen Bindung gemacht werden darf.

(3) Unternehmen und Vereinigungen von Unternehmen dürfen andere Unternehmen nicht zwingen,
1. einem Vertrag oder Beschluß im Sinne der §§ 2 bis 8, 29, 99 Abs. 2, § 100 Abs. 1 und 7, §§ 102 und 103 beizutreten oder

2. sich mit anderen Unternehmen im Sinne des § 23 zusammenzuschließen oder
3. in der Absicht, den Wettbewerb zu beschränken, sich im Markt gleichförmig zu verhalten.

§ 26. [**Verbot von Liefer- oder Bezugssperren; Diskriminierung**]

(1) Unternehmen und Vereinigungen von Unternehmen dürfen nicht ein anderes Unternehmen oder Vereinigungen von Unternehmen in der Absicht, bestimmte Wettbewerber unbillig zu beeinträchtigen, zu Liefersperren oder Bezugssperren auffordern.

(2) [1] Marktbeherrschende Unternehmen, Vereinigungen von Unternehmen im Sinne der §§ 2 bis 8, 99 Abs. 2, § 100 Abs. 1 und 7, §§ 102 bis 103 und Unternehmen, die Preise nach den §§ 16, 100 Abs. 3 oder § 103 Abs. 1 Nr. 3 binden, dürfen ein anderes Unternehmen in einem Geschäftsverkehr, der gleichartigen Unternehmen üblicherweise zugänglich ist, weder unmittelbar noch mittelbar unbillig behindern oder gegenüber gleichartigen Unternehmen ohne sachlich gerechtfertigten Grund unmittelbar oder mittelbar unterschiedlich behandeln. [2] Satz 1 gilt auch für Unternehmen und Vereinigungen von Unternehmen, soweit von ihnen Anbieter oder Nachfrager einer bestimmten Art von Waren oder gewerblichen Leistungen in der Weise abhängig sind, daß ausreichende und zumutbare Möglichkeiten, auf andere Unternehmen auszuweichen, nicht bestehen."

Heinrich Schönfelder, Begründer: Deutsche Gesetze, Sammlung des Zivil-, Straf- und Verfahrensrechts, Stand 1. Januar 1978, München (Beck) 1978.

Text 15

„Fusionen sollen erschwert werden

Verschärfungen im Kartellgesetz geplant/Das Kabinett billigt die vierte Novelle

Ho. BONN, 17. Mai. Die Bundesregierung mißt der vierten Kartellgesetznovelle, die das Kabinett am Mittwoch verabschiedet hat, eine besondere Bedeutung bei. Das hat der parlamentarische Staatssekretär im Bundeswirtschaftsministerium, Grüner, nach der Kabinettssitzung deutlich gemacht. Besonders die Erweiterung der Fusionskontrolle und die Verschärfung der Mißbrauchsaufsicht über marktbeherrschende Unternehmen sei ein Beitrag zur dezentralen Steuerung der Wirtschaft.

Daß dem Aufkauf kleiner und mittlerer Unternehmen durch Großbetriebe künftig ein Riegel vorgeschoben werde, ist nach Grüner im Sinn der Mittelstandsförderung. Dabei müsse die Regierung in Kauf nehmen, daß die Vorschriften über die Fusionskontrolle immer komplizierter werden. Grüner sprach sich schließlich gegen jede Form von ‚Beschäftigungsauflagen' für nachträgliche Fusionsgenehmigungen durch den Wirtschaftsminister aus.

Mit der Gesetzesänderung, die seit ungefähr einem Jahr im Bundeswirtschaftsministerium vorbereitet wird, sollen einige Lücken geschlossen werden. Die wichtigsten Änderungen sind:

1. Fusionskontrolle: Für vertikale Zusammenschlüsse und Fusionen von Mischkonzernen werden neue Aufgreifkriterien geschaffen, die durch das Vordringen großer Unternehmen auf mittelständisch strukturierten Märkten, durch Größe und Marktbeherrschung oder durch Größe schlechthin gekennzeichnet sind. Die sogenannte ‚Anschlußklausel' in Paragraph 24 des Gesetzes wird so geändert, daß Großunternehmen nicht mehr ungehindert in Märkte kleiner und mittlerer Unternehmen eindringen können. Darüber hinaus wird ein neuer Umgehungstatbestand in das Gesetz aufgenommen, damit ein ‚Unterlaufen' der Fusionskontrolle verhindert werden kann. Die zwingend präventive Fusionskontrolle für ‚Elefanten-Hochzeiten' wird ausgedehnt. Grundsätzlich hält die Novelle am bisherigen Begriff der Marktbeherrschung und der überragenden Marktstellung als Bezugspunkt für die Fusionskontrolle fest und spricht sich damit gegen den Wunsch vom Bundeskartellamt nach ‚Abkoppelung' aus.

2. Mißbrauchsaufsicht über marktbeherrschende Unternehmen: Hier geht es hauptsächlich um die Schließung der sogenannten „Sanktionslücke'. Nach geltendem Recht kann nämlich ein durch mißbräuchliches Verhalten Geschädigter nur dann Schadensersatz verlangen, wenn der Mißbrauch nach der rechtskräftigen Feststellung fortgesetzt wird. Für die Zeit zwischen dem Erlaß der Miß-

brauchsverfügung und seiner rechtskräftigen Feststellung sind Schadensersatzansprüche oder andere Sanktionsmöglichkeiten nicht gegeben. Die Novelle sieht nun unter anderem die sofortige Vollziehbarkeit von Mißbrauchsverfügungen kraft Gesetzes vor. Die von den Wirtschaftsverbänden dagegen erhobenen verfassungsrechtlichen Bedenken werden vom Justizministerium als nicht gerechtfertigt angesehen.

3. Nachfragemacht: Mit einer Änderung von Paragraph 26 sollen vor allem die durch marktstarke Nachfrager veranlaßten ‚Diskriminierungsmißbräuche‘ (zum Beispiel übermäßige Rabatte; ‚Eintrittsgelder‘ und ‚Regalmieten‘ für Markenartikelhersteller in Verbrauchermärkten) leichter erfaßt werden. Außerdem soll das allgemeine Diskriminierungsverbot anhand eines Vermutungstatbestandes für die Abhängigkeit eines Anbieters von einem Nachfrager ‚griffiger‘ gemacht werden. Die Vorschläge halten an der bisherigen Grundkonzeption fest, wonach Eingriffsbefugnisse der Kartellbehörden nur bei Mißbrauch von Marktmacht gerechtfertigt sind. Die Novelle läßt den im Wettbewerb erforderlichen Verhandlungsspielraum zwischen Lieferanten und Abnehmern voll bestehen.

Darüber hinaus sieht die Novelle gewisse Verschärfungen bei den Ausnahmebereichen, insbesondere bei der Versorgungswirtschaft, vor. Hier soll die Mißbrauchsaufsicht mit einer ausdrücklichen gesetzlichen Regelung besonders wichtiger Mißbrauchstatbestände verstärkt werden. So wird ein Mißbrauch besonders dann als gegeben angenommen, wenn ein Versorgungsunternehmen in seinem Marktverhalten den Grundsätzen zuwiderläuft, die für das Marktverhalten von Unternehmen bei wirksamen Wettbewerb bestimmend sind. Auch wenn ein Versorgungsunternehmen spürbar höhere Preise verlangt als die Konkurrenz, ist das Bundeskartellamt berechtigt, den Verdacht auf mißbräuchliche Ausnutzung der marktbeherrschenden Position zu äußern.

Für Exportkartelle, die nach der Rechtsprechung des Bundesgerichtshofes nicht der Anmeldepflicht beim Bundeskartellamt unterliegen, ist schließlich folgende Neuerung von Bedeutung: ‚Reine‘ Exportkartelle sollen mit einer ausdrücklich gesetzlichen Begründung der Anmeldepflicht unterworfen werden.

Außerdem ist eine Erweiterung der Mißbrauchsaufsicht über solche Exportkartelle ohne Inlandsauswirkung vorgesehen.“

FAZ, 18.05.1978.

ÜBUNGEN

6/25 Erarbeiten Sie aus Text 10 in Verbindung mit dem Kartellgesetz, welchen Einfluß der BDI auf die gesetzlichen Regelungen zum Kartellverbot hatte.

6/26

Eine Million Mark Bußgeld für Zementfirmen

Kartellamt: Verbotene Lieferabsprachen in der süddeutschen Zementindustrie

Ho. BERLIN, 7. November. Ein halbes Jahr nach dem aufsehenerregenden Bußgeldverfahren des Bundeskartellamtes gegen die deutsche Chemiefaserindustrie hat die Berliner Behörde jetzt weitere, beträchtliche Bußgelder gegen die süddeutsche Zementindustrie verhängt. Wie das Amt am Dienstag mitgeteilt hat, sind gegen 8 Unternehmen und 18 Vorstandsmitglieder, Geschäftsführer oder Verkaufsleiter Geldbußen von insgesamt 928 000 DM verhängt worden. Die Betroffenen sind: die Portland-Zementwerke Heidelberg AG, die Dyckerhoff Zementwerke AG in Wiesbaden, die E. Schwenk Zement- und Steinwerke KG in Ulm, das Portlandzementwerk Dotternhausen Rudolf Rohrbach KG in Balingen, die Portland- Cement-Fabrik GmbH, das württembergische Portland-Cement-Werk in Lauffen und das Portland-Zementwerk Wössingen GmbH in Walzbachtal. Ihnen wirft das Kartellamt vor, Anfang 1967 ein verbotenes Quotenkartell abgeschlossen und praktiziert zu haben, das vor allem das Land Baden-Württemberg umfaßt hat. Es wird angenommen, daß die Betroffenen Einspruch beim Berliner Kammergericht einlegen, so daß die Entscheidung noch keine Rechtskraft besitzt.

In den frühen sechziger Jahren hatten die süddeutschen Zementfirmen vergeblich versucht, Kartelle wie vor dem Krieg genehmigen zu lassen. 1967 schließlich wurden gemeinsame Verkaufsstellen (Agenturverträge) eingerichtet, über die die Unternehmen einen Teil ihrer Produktion absetzten. Außerdem wurde eine Meldestelle gegründet, die bestimmte Statistiken anfertigte. Aus ihnen war zu entnehmen, welche Mengen monatlich von den beteiligten Unternehmen abgesetzt wurden. Das Kartellamt hatte indessen den Verdacht, daß über das in Berlin vorgelegte Agentur- und Meldeverfahren hinaus weitere Abmachungen getroffen worden waren, die möglicherweise gegen das Kartellverbot verstoßen. Im Herbst letzten Jahres erhielten die Berliner Beamten von einem Anwalt einen „heißen Tip": er nannte Datum, Uhrzeit und Ort einer offenbar geheimen Sitzung der Firmen. Was dann folgte, war von einem Krimi nicht mehr allzu weit entfernt: Mit Hilfe der Kriminalpolizei brach das Kartellamt am 28. Oktober 1971 zu einer „Luftlandeaktion" bei den Portland-Zementwerken in Heidelberg auf. Die Beamten betraten den Versammlungsraum, als gerade mit Hilfe eines Projektors Marktzahlen an die Wand geworfen wurden. Die Beteiligten notierten sich die für sie relevanten Werte. Bei dieser Gelegenheit stellten die Beamten handgeschriebene Zettel mit den festgesetzten Quoten sicher. Ein solcher Zettel, so teilt die Behörde mit, sei einem Angestellten der Portland-Zementwerke förmlich aus der Brieftasche gezogen worden. Das „papierarme" Verfahren, mit Projektoraufzeichnungen, Kartellsitzungen zu veranstalten, wertet die Behörde als typisches „Unrechtsbewußtsein" bei den betroffenen Unternehmen.

Als wertvollstes Beweisstück haben die Berliner Beamten zwei Tabellen über die Zementeinlieferungen der Beteiligten in den Jahren 1970 und 1971 mitgenommen. Aus Vergleichen mit den tatsächlichen Zementverkäufen will das Amt herausgefunden haben, daß sich die Firmen „praktisch hundertprozentig an die vereinbarten Quoten gehalten haben". Ein derartiges Marktergebnis, so schreibt das Amt, könne nicht auf Zufälligkeiten beruhen. Es sei Ausdruck einer auf Wettbewerbsbeschränkung gerichteten Vereinbarung.

Die in Heidelberg zutage geförderten Beweisstücke lassen nach Ansicht des Kartellamts darauf schließen, daß sich die Firmen verpflichtet hatten, bestimmte Marktanteile einzuhalten. Diese seien prozentual bis auf drei Stellen hinter dem Komma festgelegt worden. Dabei hätten die Heidelberger Portland-Zementwerke eine gewisse führende Rolle innegehabt, schreibt das Amt; denn dort sei die Meldestelle eingerichtet worden, an die die Beteiligten monatlich die genauen Versandzahlen in jeden Kreis in Baden-Württemberg mitzuteilen hatten. Heidelberg habe dann, ebenfalls monatlich, Tabellen versandt, aus denen jedes Kartellmitglied ersehen konnte, ob es die ihm zugemessene Quote eingehalten hatte oder nicht. Dabei seien Über- oder Unterlieferungen jeweils kenntlich gemacht und als Saldo verrechnet worden.

Die betroffenen Personen, schreibt das Kartellamt weiter, hätten alle bestritten, einen Kartellvertrag abgeschlossen zu haben. In der Tat konnte ein Vertrag mit Brief und Siegel nicht gefunden werden.

FAZ, 08. 11. 1972.

a) Erklären Sie den Unterschied zwischen Preis- und Quotenkartellen. Worin bestehen die Vorteile eines Quotenkartells für die süddeutschen Zementhersteller?
b) Wie könnte sich das Quotenkartell auf den Wettbewerb des süddeutschen Zementmarktes ausgewirkt haben?
c) Erläutern Sie an diesem Beispiel die Schwierigkeiten des Bundeskartellamtes, dem Kartellverbot des § 1 GWB Geltung zu verschaffen.

6/27

Zementkartell könnte Arbeitsplätze retten

Handelsblatt-Gespräch mit Harald Dyckerhoff

HANDELSBLATT, Sa./So., 13./14. 3. 1976

df. DÜSSELDORF. „Der Zweite Westfälische Zementkrieg kann nur durch ein Strukturkrisenkartell beendet werden, das die Überkapazitäten planmäßig unter vorsichtiger Preiserhöhung abbaut und dabei allein den Verlust von Arbeitsplätzen ausschließt.“ Das erklärte Harald Dyckerhoff, Vorstandsvorsitzender der Dyckerhoff Zementwerke AG und Präsident des Bundesverbandes Steine und Erden, in einem Gespräch mit dem Handelsblatt.

Bis 1966 hat in der westfälischen Zementindustrie ein Kartell funktioniert, das dann aber vom Kartellamt aufgelöst worden sei. In der Folgezeit guter Konjunkturen hat dann diese Industrie auch leidlich ohne Kooperation bestehen können. Noch in den Jahren 1972 und 1973 waren, so Dyckerhoff, die Zementwerke dieses Raumes voll ausgelastet. Es gab keinerlei Überkapazitäten. Erst mit dem Zusammenbruch der Konjunktur in den Jahren 1974 und 1975 und mit den Strukturveränderungen in der Bauindustrie fand dann ein Teil der einmal angemessenen Produktionskapazität keine Beschäftigung mehr.

Die zur Zeit vorhandene westfälische Zementkapazität beträgt rund 15 Mill. t, von denen etwa 30% oder rd. 4 Mill. t Überkapazität sind. Davon könnten von einem Strukturkrisenkartell 2 Mill. t abgebaut und 2 Mill. t durch globale Unterauslastung zum Spitzenausgleich für Zeiten besserer Konjunktur vorgehalten werden. Seit 1972/73 haben in NRW nur drei Zementwerke Kapazitätserweiterungen vorgenommen, die insgesamt eine Tonnage von etwa 1,6 Mill. t oder 11% des Marktes ausmachten. Im gleichen Zeitraum seien natürlich auch Kapazitäten abgebaut und stillgelegt worden.

Dyckerhoff verwahrt sich deshalb auch energisch gegen den Vorwurf, die Zementindustrie sei schuldhaft in eine Überinvestitionskrise hineingesteuert worden. Die Gruppe Westfalen hätte sich in den Jahren 1972 und 1973 auf Grund der Prognosen der Bundesregierung, der Wirtschaftsforschungsinstitute, der Verbände und nicht zuletzt der Gewerkschaften auf Vollbeschäftigung einstellen können.

„Ich wäre dem DGB-Vorsitzenden Heinz-Oskar Vetter sehr dankbar gewesen, wenn er uns in jener Zeit auf künftige Überkapazitäten aufmerksam gemacht und vor Investitionen gewarnt hätte. Damals meldeten sich jedoch weder Vetter noch andere Investitionslenker zu Wort. Das Problem der Invistitionssenkung ist es, künftige Marktänderungen im voraus zu erkennen. Wenn die veränderten Marktdaten aber auf dem Tisch liegen, dann kann jedermann klug sein. Mit solchen Nachträglichkeiten ist jedoch weder uns noch den Arbeitnehmern geholfen."

Nachdem das Bundeskartellamt hartnäkkig ein „Verkaufssyndikat" nach § 5 Abs. 3 des GWB verweigert, eine „Verkaufsagentur" nach der Kooperationsfibel ohne Andienungszwang und Quotenregelung in Westfalen nicht funktioniert — „Der Agentur gehören nur noch sechs von 15 Anbietern an" — und nachdem auch ein „Notstandskartell" nach § 8 in Bonn keine Gnade gefunden hat, versucht die Industrie jetzt die Lösung des Kapazitätsproblems durch ein „Strukturkrisenkartell" nach § 4 GWB. Denn auch ein „Mittelstandskartell" nach 5b, das ebenfalls in der Branche diskutiert wurde, hätte keinen Sinn gehabt, da es nach dem Gesetz nur für die mittelständischen Unternehmen gilt.

Die Beantragung des Strukturkrisenkartells hängt noch ab von der Einigung mit einem Unternehmen, der Firma Readymix. Ein solches Kartell wird übrigens nachdrücklich vom Bundeswirtschaftsministerium, den beiden beteiligten Gewerkschaften, das sind die IG Chemie und die IG Steine und Erden, sowie sämtlichen politischen Parteien befürwortet. Auch bei der zuständigen Beschlußabteilung des Bundeskartellamtes sieht Dyckerhoff gute Aussichten auf Erlaubnis.

Die Fa. Dyckerhoff würde in ein solches Strukturkrisenkartell mit 32% den größten Kapazitätsanteil der westfälischen Werke einbringen. Indirekt verfügt sie in Westfalen mit dem Betrieb der Bonner Zementwerk AG, die ebenfalls mehrheitlich Dyckerhoff gehört, über weitere 8%. Ferner sind am Markt Anneliese Portland Cement mit etwa 16%, Readymix mit 25%, die Thyssen-Gruppe mit ca. 15%.

Ziel des Strukturkrisenkartells müßte es nach Dyckerhoff sein, die Werkserlöse um 40 bis 50%, das sind etwa 20 DM/t anzuheben. „Alle westfälischen Zementhersteller verkaufen zur Zeit mit Verlust. Aber selbstverständlich würden wir den Verbrauchern nicht zumuten, nun die Preise im Sturm zu erhöhen. Es kann sich bei der Anhebung des Preisniveaus nur um einen langsamen und vorsichtig gesteuerten Prozeß handeln."

Ein „Strukturkrisenkartell" könne auch dafür garantieren, daß durch den Verzicht auf Neueinstellungen Entlassungen von Arbeitnehmern vermieden würden. Es sei im übrigen mit Ausnahme eines Konkurses unzutreffend, daß, wie der DGB-Vorsitzende fälschlich behaupte, Belegschaften „auf der Strecke geblieben sind". Vielmehr wären die Betriebsräte der Werke Zeugen dafür, daß alle bisher eingeleiteten Anpassungsmaßnahmen an den verringerten Absatz ohne soziale Härten durchgeführt worden seien. „Die Firma Seibel ist auch in dieser Beziehung ein Außenseiter."

Handelsblatt, 15.03.1976.

a) Erklären Sie die in dem Zeitungsausschnitt erwähnten Kartellarten unter Verwendung des GWB.
b) Welche Vor- und Nachteile hätte ein Strukturkrisenkartell der westfälischen Zementindustrie (es ist nicht zustande gekommen) für die betroffenen Unternehmen, die Arbeitnehmer und Verbraucher gehabt?
c) Wie hätten Sie anstelle des Bundeskartellamtes in diesem Fall entschieden? Begründen Sie Ihre Meinung.

6/28 Der Wettbewerb kann durch Verhaltensabstimmung, Verträge, personelle und kapitalmäßige Verflechtungen und Unternehmenszusammenschlüsse beschränkt werden.
a) Unter welchen Voraussetzungen wird ein Zusammenschluß anzeigepflichtig (vgl. § 23 Abs. 1 Ziffer 1 GWB)?
b) Welche wettbewerbspolitischen Instrumente existieren in der Bundesrepublik Deutschland zur Bekämpfung solcher Wettbewerbsbeschränkungen?

6/29 a) Stellen Sie die Argumente zusammen, die Hoppmann in Text 11 gegen die Preiskontrolle anführt.
b) Erarbeiten Sie die Argumente, die Jens in Text 12 für eine Preiskontrolle anführt.
c) Vergleichen Sie die Argumentation beider Autoren und nehmen Sie Stellung.

6/30 Diskutieren Sie die Argumente, die der Leiter der Abteilung Wettbewerbsordnung im BDI, Werner Benisch, gegen eine erneute Novellierung des Kartellgesetzes anführt (vgl. Text 13). Nehmen Sie zu dieser Argumentation unter ordnungspolitischen Gesichtspunkten Stellung.

6/31 Welche Änderungen plant die Bundesregierung (Stand 1978) bezüglich der Fusionskontrolle (vgl. Text 15)? Inwieweit lassen sich dadurch die Mängel der Fusionskontrolle beseitigen? Halten Sie eine gesetzliche Regelung zur Entflechtung von Großunternehmen für *politisch* durchsetzbar?

6/32

Hoff-Roche macht weiter

Von CHRISTA MEYER-KÖSTER

Auf den ersten Blick sieht es so aus, als könnte das Bundeskartellamt froh sein: Im Streit mit dem Pharmakonzern Hoffmann-La Roche bestätigte das Kammergericht die Marktbeherrschung sowie den Preismißbrauch und ordnete eine Senkung der Preise für Valium und Librium an.

Soweit die vordergründige Betrachtung. Aber was geschieht denn nun wirklich? Da auf eine sofortige Vollziehbarkeit verzichtet wurde, kann Hoff-Roche bis zum endgültigen Spruch des BGH weiterhin einen Preis fordern, der nach Erkenntnis des Gerichts seit mindestens 1974 um 24% zu hoch ist. Geschädigt ist der Verbraucher, der in diesem Fall eindeutig das Risiko eines so langen Verfahrensweges zu tragen hat.

Hier liegt zweifellos eine Lücke im Kartellgesetz, die nach dem Willen zahlreicher Politiker mit der vierten Novelle zum GWB geschlossen werden muß. Kommt die beabsichtigte Neufassung des relevanten § 35 in diesem Sinn zum Tragen, kann der Geschädigte im Fall einer unanfechtbaren Verfügung des Kartellamtes Schadenersatz auch für den Zeitraum verlangen, der zwischen dem Erlaß der Verfügung und ihrer Rechtswirksamkeit liegt.

Das Bundeskartellamt und die Regierung möchten sogar noch einen Schritt weiter gehen und den Mehrerlös abschöpfen, den ein Unternehmen in der Spanne zwischen Mißbrauchsverfügung und ihrer Rechtskraft erwirtschaftet hat, falls sich ein individueller Schadensersatzanspruch nicht durchsetzen ließ.

Ob sich das allerdings realisieren läßt, ist zweifelhaft, da sich auch die Monopolkommission dagegen aufgesprochen hat, schadensrechtliche und verwaltungsrechtliche Sanktionen zu vermischen und damit die Weiterentwicklung des Wettbewerbsrechts in eine falsche Richtung zu lenken.

Auf jeden Fall sind sich nahezu alle Kartellpolitiker einig, daß der Valiumfall ein geradezu klassischer Anlaß ist, auf die notwendige Novellierung des Gesetzes zum Schutz des Verbrauchers zu verweisen.

Die Entscheidung des Kammergerichts löst aber noch ein anderes Bedenken aus, und das ist die aus der Kurzbegründung anklingende Definierung des Begriffs „erheblicher" Mißbrauch. Hier wurde unter Zugutehaltung aller möglichen Zuschläge auf den holländischen Vergleichspreis ein fiktiver Wettbewerbspreis errechnet, der noch einmal zugunsten von Hoff-Roche mit 25% „Erheblichkeitszuschlag" honoriert wurde. Erst was oberhalb dieser Toleranzgrenze liegt, erscheint dem Kammergericht als mißbräuchlich.

Sollte sich eine solche Betrachtungsweise durchsetzen, dann wäre die Mißbrauchsaufsicht praktisch tot. Wie soll das Bundeskartellamt etwa gegen Pfennigüberschreitungen beim Benzinpreis oder gegen zwei bis drei Prozent Preisheraufsetzungen bei Autos wettern, wenn einer anderen Branche 25% als „erheblich" zugestanden werden?

Aus diesem Blickwinkel ist es verständlich, wenn das Kartellamt die Vokabel „erheblich", die dem Kammergericht im übrigen vom BGH vorgegeben wurde, lieber durch eine Definierung wie „spürbar" oder „feststellbar" ersetzt sehen möchte. Eine wie hier vorgegebene Größenordnung würde darüber hinaus eine eindeutige Privilegierung von Marktbeherrschung sein, immer unter der Voraussetzung, daß sie quantitativ und nicht qualitativ ausgelegt wurde.

Christa Meyer-Köster, in: Handelsblatt, 28.08.1978

a) Das Bundeskartellamt hat Hoffmann-La Roche 1974 untersagt, weiterhin überhöhte Preise zu fordern. Dagegen hat das Unternehmen Beschwerde eingelegt. Bis Ende 1978 ist der Rechtsstreit nicht entschieden. Kann Hoffmann-La Roche in der Zwischenzeit weiterhin die alten Preise fordern?

b) Erörtern Sie anhand des Zeitungsausschnitts die Schwierigkeiten des Bundeskartellamtes bei der Preiskontrolle im Rahmen der Mißbrauchsaufsicht. Welche Lücke könnte die beabsichtigte Neufassung des § 35 GWB schließen?

Text 16 Rolf Rodenstock

„... Wenn von Meinungsverschiedenheiten während der Entstehungsphase des GWB die Rede ist, wird ... die Spitzenorganisation der Industrie, der BDI, kritisch zitiert. Er habe damals durch seine führenden Repräsentanten geradezu leidenschaftlich gegen ein solches Gesetz protestiert und erbitterten Widerstand geleistet. Diese schon mehr als 20 Jahre zurückliegenden Geschehnisse können und sollen von mir heute gar nicht in Abrede gestellt werden...

Im Unterschied zum damaligen Dogmenstreit sind die vergangenen 20 Jahre glücklicherweise nicht vorübergegangen, ohne einen gewissen Annäherungsprozeß bei den ursprünglich so unterschiedlichen geistigen Ausgangspositionen bewirkt zu haben.

Um von der Seite der Unternehmen zu beginnen: Der Grundsatz des Kartellverbots wird anerkannt, seitdem die Unterscheidung zwischen Kartellabsprachen mit preis-, ertrags- oder absatzstabilisierenden bzw. einschlägig kombinierten Zielsetzungen, wie sie etwa in den zwanziger Jahren die Regel waren, und Kooperationsabkommen zum Zwecke der Leistungssteigerung und Wettbewerbsförderung gesetzlich anerkannt ist. Auch eine wirkungsvolle Fusionskontrolle wird heute von der Industrie befürwortet, wobei allerdings der noch fehlenden europäischen Bezugsgröße und Kompetenz Priorität zuerkannt wird. Schließlich wird auch eine Marktbeherrschungskontrolle gutgeheißen, sofern sie sich wirklich auf Märkte ohne wesentlichen Wettbewerb und auf vernünftige wirtschaftliche Größenordnungen beschränkt.

Auf der anderen Seite werden denjenigen, die im statu nascendi der 50er Jahre ein äußerst rigoroses Kartellgesetz anstrebten, einräumen müssen, daß auch sie hinzugelernt haben."

Rolf Rodenstock: Wettbewerbspolitik, Rahmenbedingungen und struktureller Wandel. In: Wirtschaft und Wettbewerb (Handelsblatt), Heft 2 und 3/1978, S. 121f.

Literatur

Helmut Arndt: Wirtschaftliche Macht, München (Beck) 1974.

Helmut Arndt, Günter Ollenburg: Begriff und Arten der Konzentration. In: Helmut Arndt, Hrsg.: Die Konzentration in der Wirtschaft, Schriften des Vereins für Socialpolitik, N. F., Band 20/I, 2. Aufl., Berlin (Duncker & Humblot) 1971.

Bundeskartellamt: Tätigkeitsberichte des Bundeskartellamtes 1974–1977, Bundestagsdrucksachen 7/3791, 7/5390, 8/704 und 8/1925.

Bernhard Gahlen u. a.: Volkswirtschaftslehre, problemorientierte Einführung, München (Goldmann) 1971.

Jörg Huffschmid: Die Politik des Kapitals, Frankfurt am Main (Suhrkamp) 1971.

Erhard Kantzenbach: Die Funktionsfähigkeit des Wettbewerbs, 2. Aufl., Göttingen (Vandenhoeck & Ruprecht) 1967.

Monopolkommission: Hauptgutachten 1973/1975: Mehr Wettbewerb ist möglich, Baden-Baden (Nomos) 1976.

Jürgen Müller, Rolf Hochreiter: Stand und Entwicklungstendenzen der Konzentration in der Bundesrepublik Deutschland, Göttingen (Schwartz) 1975.

Udo Müller: Wettbewerb, Unternehmenskonzentration und Innovation, Schriftenreihe der Kommission für wirtschaftlichen Wandel, Band 37, Göttingen (Schwartz) 1975.

Joseph A. Schumpeter: Kapitalismus, Sozialismus und Demokratie, Bern (Francke) 1950.

Reihe 6

1 Zu den dynamischen Wettbewerbsfunktionen werden gezählt:
a) die Verteilung von Einkommen nach der Marktleistung,
b) die Ausrichtung der Produktionsstruktur nach der effektiven Nachfrage,
c) die Förderung der Anpassungsflexibilität der Wirtschaft,
d) die Lenkung des Faktoreinsatzes nach der Produktivität.

2 Unter konsolidierendem Verhalten wird der Versuch eines Unternehmens verstanden,
a) vor den Konkurrenten durch technische Neuerungen, Erschließung neuer Absatzmärkte usw. einen Vorsprung zu gewinnen,
b) neue Faktorkombinationen durchzusetzen,
c) Maßnahmen der Neuerer nachzuahmen,
d) eine Stabilisierung der eigenen Wettbewerbsposition zu erreichen.

3 Die Expansionsphase ist gekennzeichnet durch
a) adaptives Verhalten, Senkung der Stückkosten, Erschließung neuer Märkte,
b) ein Sinken der Zahl der Anbieter,
c) die Entwicklung des Produkts zur Marktreife,
d) abnehmende Zuwachsraten bei der Produktion des betreffenden Gutes.

4 Die wettbewerbspolitische Konzeption der Freiburger Schule
a) beinhaltet eine Förderung der Monopolbildung,
b) geht vom theoretischen Grenzfall des vollkommenen, atomistischen Marktes aus,
c) sieht im weiten Oligopol die dynamischen Wettbewerbsfunktionen am besten gewährleistet,
d) versteht den Wettbewerb als Entdeckungsverfahren.

5 Karl Marx versteht unter Konzentration
a) die Akkumulation des Kapitals,
b) allein die externe Unternehmenskonzentration,
c) die Zusammenlegung mehrerer Unternehmen,
d) die Zentralisierung des Kapitals.

6 Die Konzernbildung kann vorgenommen werden
a) durch Schachtelbeteiligung, bei der mindestens 75% des Grundkapitals eines Unternehmens erworben werden müssen,
b) durch Unternehmensverträge in Form von Beherrschungs- und Gewinnabführungsverträgen,
c) ohne die Existenz eines Abhängigkeitsverhältnisses, wenn die Unternehmen unter eine einheitliche Leitung gestellt werden,
d) durch Preisabsprachen.

7 Die Monopolkommission hat in ihrem ersten Hauptgutachten die horizontale Unternehmenskonzentration untersucht, indem sie
a) ausschließlich vom Umsatz rechtlich selbständiger Unternehmen ausging,
b) die Konzentration auf den jeweiligen relevanten Märkten analysierte,
c) die Exporte und Importe berücksichtigte,
d) die kapitalmäßigen Verflechtungen von Unternehmen berücksichtigte.

8 Die Monopolkommission kam in bezug auf die Unternehmenskonzentration zu dem Ergebnis, daß die
a) horizontale Konzentration von 1960 bis 1973 in allen untersuchten Branchen zugenommen hat,
b) Größenunterschiede zwischen den Unternehmen in den meisten Branchen zugenommen haben,
c) Unternehmenskonzentration ein hohes Niveau erreicht hat,
d) vertikale und konglomerate Konzentration nicht ermittelt werden konnte, weil keine geeigneten Meßverfahren zur Verfügung stehen.

9 Jede externe Unternehmenskonzentration
a) führt zu einer Beschränkung des Wettbewerbs,
b) führt zu Kostensenkungen aufgrund von Massenproduktionsvorteilen,
c) muß dem Bundeskartellamt angezeigt werden,
d) kann nicht mit der mindestoptimalen technischen Betriebsgröße gerechtfertigt werden.

10 Großunternehmen
a) tätigen die absolut höchsten Ausgaben für Forschung und Entwicklung,
b) haben die meisten bedeutenden Inventionen gemacht,
c) können die Innovationen eher als kleinere Unternehmen finanzieren,
d) sind in der Diffusionsphase aktiver als kleinere Unternehmen.

11 Großunternehmen sind kleineren Unternehmen im allgemeinen überlegen, weil sie
a) gegenüber Konjunkturschwankungen weniger anfällig sind,
b) mit niedrigeren fixen Kosten pro Stück arbeiten,
c) leichteren Zugang zum Kapitalmarkt haben,
d) bei Machtkämpfen eher bestehen können.

12 Beim Ausbeutungsmißbrauch
a) wird die Marktgegenseite durch überhöhte Preisforderungen ausgebeutet,
b) werden die Gewinne primär auf Kosten der Konsumenten erhöht,
c) werden die Mitanbieter in ihrer wettbewerblichen Handlungsfreiheit beschränkt,
d) können Großunternehmen von ihren Lieferanten niedrigere Preise und bessere Produktqualitäten erpressen.

13 Überhöhte Unternehmenskonzentration kann dazu führen, daß
a) die Preise primär unter Kosten- und Gewinngesichtspunkten festgesetzt werden,
b) eine perverse Preisflexibilität existiert,
c) die Preise konstant bleiben, so daß das Preisniveau nicht steigt,
d) das Arbeitsplatzangebot steigt.

14 Die überhöhte Unternehmenskonzentration
a) kann zu einem verringerten Güterangebot führen,
b) kann negative Auswirkungen auf die Zahlungsbilanz haben,
c) hat keinen Einfluß auf den Geldwert,
d) kann zu Wohlfahrtsverlusten führen, die auf 1% des BSP geschätzt werden.

15 Die Globalsteuerung wirkt in einer hochkonzentrierten Volkswirtschaft
a) nicht global, sondern selektiv, weil kleinere Unternehmen von kontraktiven konjunkturpolitischen Maßnahmen härter getroffen werden als Großunternehmen,
b) nur begrenzt, weil sich die Großunternehmen konjunkturpolitischen Maßnahmen entziehen können,
c) nur bedingt, weil sie einen funktionierenden Marktmechanismus voraussetzt,
d) besser, da wenige Manager von der Regierung eher zu beeinflussen sind.

16 Die freiheitlich demokratische Grundordnung der Bundesrepublik Deutschland
a) kann durch eine Ballung wirtschaftlicher Macht in wenigen Händen gefährdet werden, vor allem wenn eine Gegenmachtbildung fehlt,
b) wird durch die Pressekonzentration bedroht, da die in Art. 5 GG verankerte Presse- und Informationsfreiheit eingeschränkt wird,
c) kann durch die Verflechtung wirtschaftlicher und politischer Interessen gefährdet werden,
d) kann durch die Unternehmenskonzentration nicht beeinflußt werden, da dies ein rein ökonomisches Problem ist.

17 Nach dem Gesetz gegen Wettbewerbsbeschränkungen (in der Fassung vom 03.08.75) sind grundsätzlich verboten:
a) Rationalisierungskartelle,
b) Quotenkartelle,
c) die Preisbildung der zweiten Hand (Ausnahme: Verlagserzeugnisse),
d) Liefer- und Bezugssperren.

18 Nach dem GWB in der Fassung vom 03.08.75 wird vermutet, daß eine marktbeherrschende Position vorliegt, wenn
a) ein Marktanteil von mindestens einem Drittel auf ein Unternehmen entfällt,
b) drei Unternehmen zusammen einen Marktanteil von 50% besitzen,
c) fünf Unternehmen zusammen einen Marktanteil von zwei Drittel besitzen,
d) ein Unternehmen im letzten Geschäftsjahr mindestens 10000 Beschäftigte und Umsatzerlöse von 500 Mio. DM hatte.

19 Das GWB gibt dem Bundeskartellamt die Möglichkeit,
a) marktbeherrschende Unternehmen zu entflechten,
b) überhöhte Preisforderungen marktbeherrschender Unternehmen rückgängig zu machen,
c) jegliche Kartellbildung zu verhindern,
d) jeden Unternehmenszusammenschluß zu untersagen.

Literaturverzeichnis

Alfred Amonn: Grundzüge der theoretischen Nationalökonomie, Bern (Francke) 1948.

Helmut Arndt: Konzentrationsprobleme der Marktwirtschaft. In: Basis, Dschungel, Dogma? Hrsg.: Landeszentrale für politische Bildung NRW, Köln (Wissenschaft und Politik) 1973.

–: Macht, Konkurrenz und Demokratie. In: Dieter Grosser, Hrsg.: Konzentration ohne Kontrolle, Köln und Opladen (Westdeutscher Verlag) 1970.

–: Wirtschaftliche Macht, München (Beck) 1974.

Helmut Arndt, Günter Ollenburg: Begriff und Arten der Konzentration. In: Helmut Arndt, Hrsg.: Die Konzentration in der Wirtschaft, Schriften des Vereins für Socialpolitik, N. F., Band 20/I, 2. Aufl., Berlin (Duncker & Humblot) 1971.

Werner Benisch: Gefährlicher Zugzwang. In: Wirtschaftsdienst, Hamburg (Weltarchiv), Heft 8/1977.

Hartmut Berg: Steigender Konzentrationsgrad gleich sinkende Wettbewerbsintensität? In: Wirtschaftsdienst, Heft 4, Frankfurt am Main 1977.

Gottfried Bombach: Technischer Fortschritt und Konzentration. In: Notwendigkeit und Gefahr der wirtschaftlichen Konzentration, Frankfurter Gespräche der List-Gesellschaft 1969, Tübingen und Basel (Mohr) 1969.

Bundeskartellamt: Tätigkeitsberichte des Bundeskartellamtes für die Jahre 1974, 1975, 1976 und 1977, Bundestagsdrucksachen 7/3791, 7/5390, 8/704 und 8/1925.

Bundesminister für Wirtschaft: Kurzfassung der Stellungnahme der Bundesregierung zum ersten Hauptgutachten der Monopolkommission, Bonn, 29.06.1977.

Bundesregierung: Stellungnahmen der Bundesregierung zu den Tätigkeitsberichten des Bundeskartellamtes für die Jahre 1973 und 1974, Drucksachen 7/2250 und 7/3791.

–: Presse- und Informationsamt der Bundesregierung, Hrsg.: Gesellschaftliche Daten in der Bundesrepublik Deutschland 1973, Bonn 1973.

Ludwig Erhard: Wohlstand für alle, Gütersloh (Signum) o. J., Copyright Econ 1957.

Walter Eucken: Grundsätze der Wirtschaftspolitik, 4. Aufl., Tübingen und Zürich (Mohr) 1968.

Bernhard Gahlen u. a.: Volkswirtschaftslehre, problemorientierte Einführung, München (Goldmann) 1971.

Herbert Giersch: Allgemeine Wirtschaftspolitik. Grundlagen, Wiesbaden (Gabler) 1961.

Hermann H. Gossen: Entwicklung der Gesetze des menschlichen Verhaltens und der daraus fließenden Regeln für menschliches Handeln, Braunschweig 1854.

Frohmund Grünärml: Multinationale Unternehmen und staatliche Wirtschaftspolitik, Schriften der Kommission für wirtschaftlichen und sozialen Wandel, Band 101, Göttingen (Schwartz) 1975.

Eberhard Günther: Die Bedeutung der Konzentration für den technischen Fortschritt und die Internationale Wettbewerbsfähigkeit. In: Edgar Salin u. a., Hrsg.: Notwendigkeit und Gefahr der wirtschaftlichen Konzentration, Basel und Tübingen (Mohr) 1969.

Erich Gutenberg: Grundlagen der Betriebswirtschaftslehre, Band 1: Die Produktion, 22. Aufl., Berlin, Heidelberg, New York (Springer) 1976.

–: Grundlagen der Betriebswirtschaftslehre, Band 2: Der Absatz, 9. Aufl., Berlin, Göttingen, Heidelberg (Springer) 1966.

Edmund Heinen: Konzentration und Kosten, Teil 1. In: Helmut Arndt, Hrsg.: Die Konzentration in der Wirtschaft, Schriften des Vereins für Socialpolitik, N. F., Band 20/I, 2. Aufl., Berlin (Duncker & Humblot) 1971.

E. Heuss: Allgemeine Markttheorie, Tübingen und Zürich (Mohr) 1965.

J. R. Hicks, R. G. D. Allen: Eine erneute Betrachtung der Werttheorie. In: Alfred E. Ott, Hrsg.: Preistheorie, Köln und Berlin (Kiepenheuer & Witsch) 1965.

Werner Hofmann: Wert- und Preislehre, Berlin (Duncker & Humblot) 1964.

Erich Hoppmann: Fusionskontrolle, Tübingen (Mohr) 1972.

–: Preiskontrolle – Mittel der Systemveränderung. In: Wirtschaftsdienst, Hamburg (Weltarchiv), Heft 8/1974.

Jörg Huffschmid: Die Politik des Kapitals, Frankfurt am Main (Suhrkamp) 1971.

Urs Jaeggi: Macht und Herrschaft in der Bundesrepublik, Frankfurt am Main (Fischer) 1969.

Uwe Jens: Möglichkeiten und Grenzen der Preiskontrolle. In: Wirtschaftsdienst, Hamburg (Weltarchiv), Heft 5/1977.

Hans Jürgensen: Unternehmen als Weltbürger? FAZ vom 12.06.1972.

Erhard Kantzenbach: Vorschläge der Monopolkommission. In: Wirtschaftsdienst, Hamburg (Weltarchiv), Heft 8/1977.
–: Konzentration als Problem der Konkurrenzwirtschaft. In: Helmut Arndt, Hrsg.: Die Konzentration in der Wirtschaft, Schriften des Vereins für Socialpolitik, N. F., Band 20/I, 2. Aufl., Berlin (Duncker & Humblot) 1971.
–: Die Funktionsfähigkeit des Wettbewerbs, 2. Aufl., Göttingen (Vandenhoeck & Ruprecht) 1967.
George Katona: Das Verhalten der Verbraucher und Unternehmer. Über die Beziehungen zwischen Nationalökonomie, Psychologie und Sozialpsychologie, Tübingen (Mohr) 1960.
Wolfgang Kilger: Produktions- und Kostentheorie, Wiesbaden (Gabler) 1958.
Joachim Klaus und Gerhard Hahn: Produktions- und Kostentheorie, Stuttgart (UTB) 1974.
Heinz Kock u. a.: Stabilitätspolitik, Schriften der Kommission für wirtschaftlichen und sozialen Wandel, Band 99, Göttingen (Schwartz) 1976.
Campbell R. McConnell: Volkswirtschaftslehre, Band 2, Köln (Bund) 1975.
Karl Marx: Das Kapital. Kritik der politischen Ökonomie, Band 1: Der Produktionsprozeß des Kapitals, 6. Aufl., Frankfurt am Main, Berlin und Wien (Ullstein) 1969.
Monopolkommission, Hauptgutachten 1973/1975: Mehr Wettbewerb ist möglich, Baden-Baden (Nomos) 1976.
Karl Muhs: Anti-Marx, Band I: Der Produktionsprozeß des Kapitals. Jena (Gustav Fischer) 1927.
Jürgen Müller: Welche Bedeutung haben Fusionen für die wirtschaftliche Konzentration? In: Wirtschaftsdienst, Hamburg (Weltarchiv), Heft 4/1976.
Jürgen Müller, Rolf Hochreiter: Stand und Entwicklungstendenzen der Konzentration in der Bundesrepublik Deutschland, Göttingen (Schwartz) 1975.
Udo Müller: Wettbewerb, Unternehmenskonzentration und Innovation, Schriftenreihe der Kommission für wirtschaftlichen Wandel, Band 37, Göttingen (Schwartz) 1975.
–: Wettbewerbspolitik und vorbeugende Fusionskontrolle. In: Gegenwartskunde, Heft 4, Leverkusen (Leske) 1970.
Peter Oberender: Industrielle Forschung und Entwicklung, Bern und Stuttgart (Haupt) 1973.
K. H. Oppenländer: Das Verhalten kleiner und mittlerer Unternehmen im industriellen Innovationsprozeß, Ifo-Institut München 1975.
Alfred E. Ott: Preistheorie. In: Werner Ehrlicher u. a., Hrsg.: Kompendium der Volkswirtschaftslehre, Band 1, Göttingen (Vandenhoeck & Ruprecht) 1969.
–: Hrsg.: Preistheorie, Köln und Berlin (Kiepenheuer & Witsch) 1965.
Peter Pawlowsky: Konzentration als Voraussetzung wirtschaftlichen Wachstums. In: Edgar Salin u. a., Hrsg.: Notwendigkeit und Gefahr der wirtschaftlichen Konzentration, Basel und Tübingen 1969.
Helge Pross: Manager und Aktionäre in Deutschland, Frankfurt am Main (Europäische Verlagsanstalt) 1965.
Hans Raffée: Grundprobleme der Betriebswirtschaftslehre, Göttingen (UTB) 1974.
Horst C. Recktenwald: Zur Lehre von den Marktformen. In: Alfred Eugen Ott, Hrsg.: Preistheorie, Köln und Berlin (Kiepenheuer & Witsch) 1965.
Rudolf Richter: Preistheorie, Wiesbaden (Gabler) 1963.
Rolf Rodenstock: Wettbewerbspolitik, Rahmenbedingungen und struktureller Wandel. In: Wirtschaft und Wettbewerb (Handelsblatt), Heft 2 und 3/1978, S. 121f.
Sachverständigenrat zur Begutachtung der gesamtwirtschaftlichen Entwicklung, Jahresgutachten 1972/73, Stuttgart und Mainz (Kohlhammer) 1972.
Edgar Salin: Soziologische Aspekte der Konzentration III, Ein „westdeutsches" System, Die Zeit vom 07.10.1960.
P. A. Samuelson: Volkswirtschaftslehre, Köln (Bund) 1965.
Heinz Sauermann: Einführung in die Volkswirtschaftslehre, Band II, Wiesbaden (Gabler) 1964.
Erich Schneider: Einführung in die Wirtschaftstheorie, II. Teil, 9. Aufl., Tübingen (Mohr) 1964.
Hans K. Schneider: Beeinflussung der Konzentration als Ziel und Mittel der Wirtschaftspolitik. In: Helmut Arndt, Hrsg.: Die Konzentration in der Wirtschaft, Schriften des Vereins für Socialpolitik, N.F., Band 20/I, 2. Aufl., Berlin (Duncker & Humblot) 1971.
Jochen Schumann: Grundzüge der mikroökonomischen Theorie, Berlin, Heidelberg, New York (Springer) 1971.
Joseph A. Schumpeter: Theorie der wirtschaftlichen Entwicklung, 5. Aufl., Berlin (Duncker & Humblot) 1952.

–: Kapitalismus, Sozialismus und Demokratie, Bern (Francke) 1950.
–: Kapitalismus, Sozialismus und Demokratie, 2. Aufl., München (Lehner) 1950.
Egon Sohmen: Konzentration und Wettbewerb. Das Beispiel der amerikanischen Stahlindustrie. In: FAZ vom 07.01.1967.
Heinrich von Stackelberg: Grundlagen der theoretischen Volkswirtschaftslehre, 2. Aufl., Tübingen (Mohr) 1951.
Statistisches Bundesamt Wiesbaden, Hrsg.: Statistische Jahrbücher für die Bundesrepublik Deutschland, Stuttgart und Mainz (Kohlhammer).
Erich und Monika Streissler: Einleitung. In: Erich und Monika Streissler, Hrsg.: Konsum und Nachfrage, Köln und Berlin (Kiepenheuer & Witsch) 1966.
Friedhelm Teusch: Unternehmenskonzentration und Wirtschaftspolitik, Wirtschaftsdienst, Hamburg (Weltarchiv), Heft 4/1976.
Günter Wiswede: Motivation und Verbraucherverhalten, 2. Aufl., München und Basel (UTB) 1973.
Artur Woll: Allgemeine Volkswirtschaftslehre, 4. Aufl., München (Vahlen) 1974.
Guido Ziersch: Der BDI-Ausschuß für Wettbewerbsordnung und das Gesetz gegen Wettbewerbsbeschränkungen (Rede vom 15. 11. 1957). In: 10 Jahre Kartellgesetz, 1958–1968. Eine Würdigung aus der Sicht der deutschen Industrie, herausgegeben vom Arbeitskreis Kartellgesetz im Ausschuß für Wettbewerbsordnung des Bundesverbandes der Deutschen Industrie, Bergisch-Gladbach 1968, S. 445ff.

Zeitungen und Zeitschriften:

Frankfurter Allgemeine Zeitung
Frankfurter Rundschau
Handelsblatt
Der Spiegel
Die Welt
Die Zeit

Lösungen der Testaufgaben

(Die mit × gekennzeichneten Spalten enthalten die richtigen Lösungen.)

①	a	b	c	d
1		×		
2		×		×
3	×		×	×
4	×	×		×
5	×		×	×
6	×	×		×
②				
1	×	×		×
2		×		×
3		×	×	
4	×		×	
5	×	×		
6	×	×	×	
7			×	×
8	×	×		×
9			×	
10		×		×
11	×			
12	×		×	
13	×		×	×
14				×
③				
1	×		×	
2	×	×		×
3			×	×
4	×	×	×	×
5		×	×	

③	a	b	c	d
6	×	×		×
7			×	×
8		×	×	
9		×		
10	×	×	×	
11				×
12		×		×
13		×		×
14	×		×	×
15	×		×	×
16		×	×	
④				
1		×	×	×
2	×			
3			×	
4	×			×
5			×	
6	×	×		×
7		×	×	×
8			×	
9	×	×	×	
10	×		×	×
⑤				
1	×	×	×	
2		×	×	
3	×	×	×	
4		×	×	×

⑤	a	b	c	d
5			×	×
6		×		
7	×	×		×
8	×		×	
9		×	×	×
10	×	×	×	
⑥				
1			×	
2				×
3	×			
4		×		
5	×		×	×
6		×	×	
7	×			
8		×	×	×
9				×
10	×			
11	×		×	×
12	×	×		
13	×	×		
14	×	×		×
15	×	×	×	
16	×	×	×	
17		×	×	×
18	×	×	×	
19		×		

Register und Erläuterungen

Neben dem alphabetischen Sach- und Namensverzeichnis, dessen Stichwörter **halbfett** gedruckt sind, enthält das Register bei manchen Begriffen und Namen zusätzliche Erläuterungen, die *kursiv* gesetzt sind. **Halbfett** gedruckte Seitenzahlen verweisen auf Stellen in der Darstellung, wo Definitionen von einzelnen Sachverhalten oder Begriffen gefunden werden können, soweit nicht die zuerst genannte Seitenzahl eine Begriffsbestimmung enthält.